曾国藩

领导学

ZENGGUOFAN LINGDAOXUE

居官四败曰：
昏惰任下者败，傲狠妄为者败，贪鄙无忌者败，反复多诈者败。
至于担当大事，全在明强二字。

曾国藩 / 著

当代世界出版社

图书在版编目（CIP）数据

曾国藩领导学/（清）曾国藩著．—北京：当代世界出版社，2010.1

ISBN 978-7-5090-0596-5

Ⅰ.①曾…　Ⅱ.①曾…　Ⅲ.①曾国藩（1811～1872）—领导学　Ⅳ.①K827=52②C933

中国版本图书馆 CIP 数据核字（2009）第 224602 号

书　　名：曾国藩领导学
出版发行：当代世界出版社
地　　址：北京市复兴路 4 号（100860）
网　　址：http：//www. worldpress. com. cn
编务电话：（010）83908404
发行电话：（010）83908410（传真）
（010）83908408
（010）83908409
（010）83908423（邮购）
经　　销：新华书店
印　　刷：北京明月印务有限责任公司
开　　本：787 毫米×1092 毫米　1/16
印　　张：27.25
字　　数：420 千字
版　　次：2010 年 4 月第 1 版
印　　次：2010 年 4 月第 1 次
印　　数：3000 册
书　　号：ISBN 978-7-5090-0596-5
定　　价：49.90 元

目　录

第一章　正身——提高自己的个人魅力

凡天下官宦之家
多只一代享用便尽
能庆延一二代者鲜矣
孝友之家，则可以绵延十代八代

【原典】

居官四败曰：昏惰任下者败，傲狠妄为者败，贪鄙无忌者败，反复多诈者败。居家四败曰：妇女奢淫者败，子弟骄怠者败，兄弟不和者败，侮师慢客者败。

崇俭约以养廉。昔年州县佐杂在省当差，并无薪水银两。今则月支数十金，而犹嫌其少。此所谓不知足也。欲学廉俭，必先知足。观于各处难民，遍地饿莩，则吾人之安居衣食，已属至幸，尚何奢望哉？尚敢暴殄哉？不特当廉于取利，并当廉于取名。

凡天下官宦之家，多只一代享用便尽，其子孙始而骄佚，继而流荡，终而沟壑，能庆延一二代者鲜矣；商贾之家，勤俭者能延三四代；耕读之家，谨朴者能延五六代；孝友之家，则可以绵延十代八代。

【译文】

居官有四个致败之道：昏庸懒惰，放纵部下者败；骄狂凶狠，胡作非为者败；贪婪成性，无所顾忌者败；反复无常，奸诈者败。居家也有四个致败之道：家中妇女奢侈淫逸者败；后辈子弟骄傲懒惰者败；兄弟不和睦者败；轻慢老师和宾客者败。

崇尚节俭，可以养廉。过去州县的一般官员到省城任职，并没有固定的薪水。如今，每月可以得到数十两银子，还嫌得到的少，这就是不知足了。要学到廉俭二字，必须要先知足。看到各地的难民，到处都是饿死的人，我们不缺衣食住房，已属万幸了，还有什么奢望呢？还敢任意糟踏东西吗？我们不仅要在获取利益方面做到“廉”字，还应当在获取名誉上做到一个“廉”字。

大凡天下官宦之家，大多只一代，便享用殆尽。他们的子孙开始时骄奢放纵，接着便是四处流荡，最终尸填沟壑，能庆幸地延续一两代人的富贵的人家，很少；商贾之家，靠勤俭而传家三四代；耕读之家，谨慎朴实者能传五六代；孝友之家，则可以传家十代八代。

点　评

诸葛亮说：“屋漏在下，止之在上。”民谚也说：“上梁不正下梁歪。”这说明对于一个领导者，“正身”是多么重要。正人先正己，己身不正，何以正人！何以为官！有道是：“其身正，不令而行；其身不正，虽令不从。”

曾国藩作为一代名臣，在“正身”方面做得十分完美，这一点已为后世所公认，许多同情太平天国，骂曾为“汉奸”的人也承认这一点。

下面从三个方面来探讨曾氏的正身之术。

一、修己之身

1. 自立课程十二条，律己极严

在传统社会里，曾国藩可能是对自己要求最严格的人之一，简直近似于苛求。左宗棠曾经怀疑他不过是说说而已，未必去做，因而极具虚伪性，但是接触交往多了，左公就改变了自己的看法，认为他言行一致。

曾氏在33岁以前吸水烟成癖，每天早上就吸一袋烟。1841年9月开始戒烟后，时停时吸，他在日记中自责道：“不能立地放下屠刀，则终不能自拔耳。”“客去后，念每日昏锢，乃因多吸烟，因立毁折烟袋，誓永不再吃烟。”戒烟是很困难的，戒烟以来，“心神彷徨，几若无主，遏欲之难，类如此矣！”曾氏终于“携破釜沉舟之志”，以坚韧

曾国藩朝服图

的毅力戒绝了烟瘾。对于朋友的忠告，曾氏强迫自己虚心接受，力求改过，邵蕙西曾当面责他“交友不能久而敬”，“看诗文多执己见”，“对人作几副面孔”。曾氏视之为直友，并决心对自己的过失“重起炉灶，痛与血战一番”。一个月后，邵蕙西就对他刮目相看了。

戒烟和闻言改过，这两件事本来很难，但曾氏却能做到，可见他自律甚严，决不是仅仅说说而已。曾氏不仅自律甚严，而且对自己的要求涉及到方方面面，道光二十二年十二月二十日（1842 年 1 月）与诸弟书中，他写下了自己的“自立课程”，一则供诸弟效仿，二则让诸弟督促自己。“课程”内容包括修身、养生、读书等方面：

主敬——整齐严肃，无时不惧。

　　　无事时心在腔子里，应事时专一不杂。

静坐——每日不拘何时，静坐一会。

　　　体验静极生阳来复之仁心。

　　　正坐凝神，如鼎之稳。

早起——黎明即起，醒后勿沾恋床第。

读书不二——一书未点完，断不看他书。

　　　　东翻西阅，终无益处。

读史——二十三史每日读十页，虽有事不间断。

写日记——须端楷。

　　　　凡日间过恶：身过、口过、心过，皆记出。终身不间断。

日知其所亡——每日写“茶馀偶谈”一则。分德行门、学问门、经济门、艺术门。

月无忘所能——每月作诗文数首。以验积累之多寡，养气之盛否。

谨言——刻刻留心。

养气——无不可对人言之事。气藏丹田。

保身——谨遵大人手谕，节欲、节劳、节饮食。

作字——早饭后作字。凡笔墨应酬，当作自己功课。

夜不出门——旷功疲神，切戒切戒。

以上“课程”，曾氏力行终身，很少有间断。比如“写日记”一项，他的日记，一直写到临终前一天，现存的《曾文正公日记》，从道光二十五年三月底至二十九年五月这四年，不知何故有欠缺，但这并不一定是曾氏造成的。不论怎样，现存的曾氏日记也有 100 多万字，已足以令人为之震惊！非坚持不懈，何能至此！

2. 清廉节俭

道光十八年，曾国藩中进士，入翰林院。他十二月回家，贺客盈门。当时，祖父对他父亲说："宽一虽点了翰林，我家仍靠种田为业，不可靠他吃饭。"有教他不贪之意。后来，曾氏兄弟均已封爵开府，曾氏想起这一庭训，深情地对弟弟说："此语最有道理，今当守此二语为命脉。"他发誓说："予自三十岁以来，即以做官发财为可耻，以宦囊积金遗子孙为可羞可恨。故私心立誓，总不靠做官发财以遗后人。"

在廉俭方面，曾氏的思想有许多值得人学习和领会的地方，由此亦可见曾氏境界之高：

(1) 不占人便宜，"施情于我者，皆钓饵也"。

道光二十七年六月二十七日与澄沅季弟书中说："将来万一作外官，或督抚，或学政，从前施情于我者，或数百，或数千，皆钓饵也。他若到任上来，不应则失之刻薄，应之则施一报十，尚不足以满其欲。故兄自庚子年到京以来，于今八年，不肯轻受人惠，情愿人占我的便宜，断不肯我占人的便宜。"

史　鉴

贞观十六年，太宗对侍臣说："古人说：'鸟儿栖息于树林中，唯恐不高，把巢建在树的顶端；鱼儿藏在水中，唯恐不深，把窝设在深水的洞中。但是终究还是被人猎获，都是由于贪恋钓饵的缘故啊。'今天做臣子的，如果贪赃枉法而自毁其身，与鱼、鸟有什么不同呢?"

太宗对官员们的受贿很恼火，于是暗中派左右亲信之人，试探官员中谁受贿。有个负责看守禁门的官员不知是计，收受了一匹绢，太宗大怒，要杀他。民部尚书裴矩谏道："为官受贿，罪诚当死。但陛下派人给他行贿，这是陷人于不法之地，恐怕不符合'道之以德，齐之以礼'吧。"

(2) 只按常规寄钱回家，决不多寄。

咸丰八年九十月间，与澄季二弟书中说："去年我在家中，嫌用度太广，今年我既出，务求澄弟减省用之。若难于裁减，则我与澄弟共食而分用，或者可以略少。我在军中，决不肯多寄银回家，改向来之样子。一则因父母在时我未多寄，二则因百姓穷困异常，我不忍独丰也。"咸丰十一年四月二十四日与丹阁十叔书中又说："故年来不敢多寄

唐太宗画像

银回家，且不敢分润宗族乡党者，一则目击军士穷窘异常，不忍彼苦而我独甘。一则上念高曾以来屡代寒素，国藩虽皈食旧德，不欲享受太过。”

不多寄银钱回家也利于子弟成长，同治三年正月十四日与澄弟书中说：“吾不欲多寄银物至家，总恐老辈失之奢，后辈失之骄，未有钱多而子弟不骄者也。吾兄弟欲为先人留遗泽，为后人惜馀福，除却勤俭二字，别无他法。”

（3）决不要钱，不苟取以示下。

咸丰六年十一月二十九日与澄弟书中说：“盖凡带勇之人，皆不免稍肥私囊，余不能禁人之不苟取，但求我身不苟取，以此风示僚属，即以此仰答圣主。今年江西艰困异常，省中官员有穷窘而不能自存者，即抚藩各衙门亦不能寄银赡家，余何敢妄取丝毫。”咸丰八年五月五日与沅弟书说：“余在外未付银至家，实因初出之时，默立此誓，又于发州县信中，以‘不要钱不怕死’自明，不欲自欺其志，而令老父在家受尽窘迫，百计经营，至今余以为深痛。弟之取与，与塔、罗、杨、彭、二李诸公相仿，有其不及，无或过也。尽可如此办理，不必多疑。”

（4）不买田起屋。

咸丰五年十二月一日与诸弟书中说：“闻长夫多次言及，我家去年在衡阳五马冲买田一所，系国藩私分等语，并云系澄侯弟玉成其事。国藩出仕二十年，官至二品，封妻荫子，且督师于外，薄有时名。今父亲叔父尚未分析，两世兄弟怡怡一堂，国藩无自私田之理。”并认为此风一开，诸弟必将效尤，加速家族的分裂。咸丰十年十月四日与澄弟书中又谈到买田及起屋一事：“家事有弟照料，甚可放心，但恐黄金堂买田起屋，以重余之罪戾，则寸心大为不安，不特生前做人不安，即死后做鬼也是不安。特此预告贤弟，切莫玉成黄金堂买田起屋。弟若听我，我便感激你；弟若不听我，我便恨你。”

（5）不忘卖菜篮，拖碑车情景。

同治六年正月初四与澄弟书中说：“吾家现虽鼎盛，不可忘寒士家风味。子弟力戒傲惰，戒傲以不大声骂仆从为首，戒惰以早起为首。吾则不忘蒋市街卖菜篮情景，弟则不忘竹山坳拖碑车情景。昔日苦况，安知异日不再尝之？自知谨慎矣。”

（6）若罢官归家，衣服均分，书籍公存。

道光二十九年三月二十一日与诸弟书中说：“我仕宦十余年，现在京寓所有，惟衣服、书籍二者。衣服则当差者必不可少，书籍则我生平嗜好在此，是以二物略多。将来我罢官归家，我夫妇所有之衣服，则与五兄弟拈阄均分。我所办之书籍，则存贮利见斋中，兄弟与后辈皆不得私取一本。除此二者，余断不别存一物以为宦囊，一丝一粟不以自私，此又我待兄弟素志也。”

在廉俭方面，曾氏是这样说，这样想，也是这样做的。这方面的事例不少。

曾氏终身过着清淡的生活，他早起晚睡，布衣粗食，死守寒素家风。吃饭，每餐仅一荤，非客至，不增一荤。他 30 岁生日时，缝了一件青缎马褂，平时舍不得穿，只逢喜庆或新年时才穿上，这件衣服到他死的时候，还跟新的一样。赵烈文在日记中曾记载了曾国藩关于“食单”的一段对话：

曾氏故居富厚堂

“材官持一纸示师，师颔之。顾余曰：‘此何物？足下猜之。’余说不敢敏。师曰：‘此吾之食单也。每餐二肴，一大碗，一小碗，三簌，凡五品，不为丰，然必定之隔宿。’余称佩佑德，因曰：‘在师署中久，未见常馔中有鸡鹜（即鸭），亦食火腿否？’师曰：‘无之。往时人送皆不受，今成风气，久不见人馈送矣。即绍兴酒亦每斤零沽。’余曰：‘大清二百年，不可无此总督衙门。’师曰：‘君他日撰吾墓铭，皆作料也。’相笑而罢。”

五位兄弟成家之后，人口增多，弟弟们新建了不少房子，曾国藩很不高兴。后来在外带兵的国荃弟更是在家乡修建了华丽的“新大夫第”，他阻止无效，就发誓此生此世，决不踏入“新大夫第”半步。后来他果真没有踏入新屋一步，卒于任所。

同治年间，曾国藩已位列三公。有一天，部下李翥汉说，他依照李希帅的样式打了一把银壶，可以用来炖人参，煮燕窝，花了八两白银。曾听后愧疚不已，认为“小民皆食草根，官员亦多穷困，而吾居高位，骄奢若此，且盗廉俭之虚名，惭愧何地！”

一次，有一位商官与曾氏谈心，说他家四代都是一品大官，而他家的妇女并没有穿戴绸缎软料。这给他很大的震动，此后他对自己和家人的要求更严格了。

任两江总督时，曾氏曾巡视扬州一带，扬州盐商因总督至，特备盛宴，山珍海味，罗列满桌，曾氏仅就面前所设数菜，稍食而已。事后对人说：“一食千金，吾不忍食，且不忍睹。”在南京城里，现在仍遗留一种“风俗”，老人们早餐时仅吃开水泡饭一碗，不得多吃。问之，则说这是曾国藩之遗规。

曾氏晚年，移居到经过翻修的总督衙署。一天，他到衙署西边的花园游览，见花园正在翻修之中，工人们忙个不停。游览之后，他在当天的日记中写道：“偶一观玩，深愧居处太崇，享用太过。”这是他逝世前两个月的最后一次游览。如此廉俭的总督，天下能有几人？

曾氏崇尚廉俭，但也重人情味，也有受人礼物的时候。据他女儿崇德老人（曾纪芬）说，曾国藩无论官做得多大，“署中没有敢以苞苴进者”，他的夫人“无珍玩之饰”。崇德老人回忆说，曾家只有一次收受别人的礼，是提督黄翼升的夫人进献的。

黄翼升是长沙人，少年时是孤儿，初以“材官”隶属于曾氏部下。曾国藩建立水师时，黄立了大功，是曾的四大心腹之一。组建淮扬水师时，黄翼升任统带，成为李鸿章的得力助手。后来，曾氏想调黄部离开苏南，回归曾氏旗下，13次与李鸿章往来信函，商议此事，李都一口拒绝。由于黄“性素宽和”，受将士拥戴，曾氏一定要把这位爱将调回。李鸿章也说黄“厚道热肠，为武人中第一流，为平吴第一功臣，为沪军第一苦人”，所以坚决不给，一时曾李关系十分紧张。

这时出现的“夫人”外交，给曾李解了围。

当时曾李黄三方都处于尴尬的境地，于是黄的夫人出来调和，一定要奉曾国藩的夫人为义母。一天，正好是曾夫人生辰，黄夫人带着翡翠钏一双，明珠一粒，纺绸帐一面来贺寿，当堂拜曾夫人为义母。大庭广众之下，曾夫人不好不给面子，也就答应将黄夫人收为干女儿。

寿宴结束后，曾夫人向曾国藩述其原委，曾起初很生气，但一想能收服将心，调和曾李矛盾，也就不再说什么。这个纺绸帐，在后来曾纪芬（即崇德老人）出嫁时，作了嫁妆，直到曾纪芬晚年，仍“用之未坏也”。

曾国藩很通人情世故，为了照顾别人，还主动让夫人收干儿女。有一年，邵位西的夫人因躲避战乱率子女到了上海，曾氏得知后派轮船密迎邵夫人以及她的两个儿子，一个已经出嫁的女儿，将她们一家安顿在安庆，还每月出二十两银子，为邵夫人一家租了房子。几年以后，邵夫人及她的长子相继病逝，邵夫人的二儿子及女婿送灵柩回浙江。曾国藩见邵家小女儿孤苦无依，就让她拜欧阳夫人为义母，这样，邵家小女儿就可居住在两江总督署中，得到曾家的照料。

左宗棠像

在曾氏的影响下，夫人欧阳也全无官太太气息。欧阳夫人早年跟从国藩，颇多劳苦，后来曾氏做了两江总督，欧阳夫人仍以“虽贵而家非甚丰，雇佣婢妪无多”，所穿鞋袜等仍为女儿们所做。1863 年，欧阳夫人自老家东下，前往金陵与丈夫相会，“仅携村妪一人，月给工资八百文”。当时两房儿媳没有婢女服侍，“房中粗事亦取办于母亲房中村妪”，后来船至安庆，儿媳们用十余钱买了个小婢女，欧阳夫人竟将这个婢女转赠给了他人。

左宗棠也是非常讲求廉俭的，可与曾氏比美。据说，现在用的袖套，就是左的发明，左公多年亲自书写奏疏信件，就是用布袖套保护衣袖的。他的幕僚王孝凤的衣袖也经常坏，见到左的袖套后，很受启发，也仿效起来，并写信给左公说：“昨天营中见我师治军书，着护袖，归而仿为之，因号‘宫保袖’。拟赋一诗，比之夫子袂、诸葛巾、李西平绣帽，以彰勤俭之美德，为后世法，且藉以解嘲焉。”随信附上《宫保袖歌》一首。左公也很幽默，回信中说：“奉读大作《宫保袖》一首，吾之袖套大增身价，读之不禁为之起舞。乃一舞而袖长，屡舞而肘见，不如先生之袂良矣，其将敛手以退乎？”

左公历任一二品官达二十余年，不说那些不正规的收入，如办公费、例规之类，单是养廉银每年就有两三万两银子，每年只留二三百两作家用，如果将余钱积存起来，至少也有四五十万两。但他从不积钱，只是随手散去，用于救济灾民、帮助清贫的知识分子以及公益事业：如修兰州城墙，办兰州书局、书院，资助西征军粮饷，购买羊种扶贫，将南方菜种、桑秧等移种西北，还按时救济贫苦族人和外家（周太夫人娘家）子弟，但只限于救济危困，既不多给银钱，也不为他们谋一官半职。

史　鉴

贞观二年（628 年），公卿大臣上奏说：“按照《礼记》，夏季最末的一个月，皇上可以居住筑在高台之上的楼榭里。现在暑热未退，秋季的连绵大雨已经开始，皇帝住处低洼潮湿，请皇上建造一座楼阁来居住。”李世民回答说：“我患有风湿的疾病，哪里适合居住在低洼潮湿的地方？但是，如果我同意了你们的请求，造成的浪费又太多。从前汉文帝准备建露台，但一算费用，相当于十户中等之家的家产之和，就不再兴建。我的德行赶不上汉文帝，而耗费的财物却要超过他，难道这是作为百姓父母的国君所应做的吗？”虽然大臣们再三奏请，李世民始终没有答应。

贞观二年，李世民对侍臣们说：“贪财的人，并不真正懂得爱财。五品以上的内外官员，薪水优厚，一年所得，数目就已经够多的了。如果受人贿赂，不过得到几万，一旦暴露，连官职俸禄全丢了。这难道是真正懂得爱财吗？这叫因小而失大。即使罪行没有败露，又岂不经常担惊受怕？这种恐惧多了，也会因此而导致死亡。”

古人在戒贪心上是很有一些招法的，可供今人借鉴：

一曰“封心”。

《清朝野史大观》载：清道光年间刑部大臣冯志圻酷爱碑贴书画，但到外地巡视，绝口不谈自己的爱好。一下属知其爱好后，献给他一本宋拓名碑帖。冯原封不动退还。有人劝他：“何不启封看看？”他说：“这种著名古物若是真的，一看就爱不释手了，不打开看，可以想象它是赝品，心里还好受一点。”封其心眼，断其诱惑，任尔物多美，色多艳，钱多迷人，眼不见心不乱，其奈我何？

二曰“惧心”。

《韩非子》载：鲁国宰相公仪休喜欢吃鱼，国中许多人争先恐后地买鱼献给他，他一概不收。其弟感到奇怪：“那么喜欢吃鱼，为何不收？”公仪休回答：“正因为我喜欢吃鱼，所以不能收别人的鱼。一旦收下别人的鱼，就得徇情枉法替人家办事，徇情枉法就难免丢了相位。丢了相位，自己想吃鱼也买不起了。”这种惧怕心理不失为一种自律法，权衡利弊得失，决不轻举妄动。

三曰“禅心”。

《后汉书》载：东汉名儒杨震迁任东莱太守时，路经昌邑，县令王密携带黄金十斤贿赂。杨震坚决不受。王密以为他是故作姿态，劝说道：“暮夜无人知。”杨震反驳道：“天知地知我知你知，怎么说无人知呢？”称得上是禅言。以为是神不知鬼不觉，阴差阳错，到头来还是会暴露在光天化日之下，正所谓“天灭我也！”

四曰“洗心”。

唐人笔记小说载：有一个想当清官的县令却长着一颗贪心和一双馋眼，见了钱就眼馋心痒。他很苦恼，找到阎王爷，命鬼医替他洗心换眼，果真做了清官。这虽然是个神话故事，却说明了一个道理：只要洗心革面，痛改前非，自觉抵制物欲邪念的诱惑，还是能做清白之人的。

五曰“贞心”。

《左传》载：宋国京城长官子罕拒绝一个拍马屁的人献的宝玉，幽默地说：“我以不贪为宝，你以宝玉为宝。假如你把宝玉送给我，我俩都丢了宝。倒不如我们各自拥有自己的宝为妙。”以不贪为宝，保持一颗坚贞的心，最是难能可贵。

3. 自我反省，有过即改。

(1) 曾氏一生，有“三耻”、“三畏”、“四大堑”之说。

咸丰八年八月二十日与纪泽书中说：“余生平有三耻：学问各途，皆略涉其涯矣，独天文算学，毫无所知，虽恒星五纬了不识认，一耻也；每作一事，治一业，辄有始无终，二耻也；少时作字，不能临摹一家之体，遂致屡变而无所成，迟钝而不适于用，近岁在军，因作字太钝，废搁殊多，三耻也。”

同治二年四月十六日与沅弟书中说：“吾辈所最宜畏惧敬慎者，第一则以方寸为严师，其次则左右近习之人，如巡捕、戈什哈、幕府文案及部下营哨官之属，又其次乃畏清议。”这里讲的“三畏”，即第一畏方寸，即自己的良心；第二畏左右之人；第三畏清议，即社会舆论。

同治六年三月十二日与沅弟书中谈到一生中四大挫折时说：“余生平吃数大堑：第一，戊辰年发佾生，学台悬牌，责其文理之浅；第二，庚戌年上日讲疏，内画一图甚陋，九卿中无人不冷笑而薄之；第三，甲寅年岳州靖港败后，栖于高峰寺，为通省官绅所鄙夷；第四，乙卯年九江败后，赧颜走入江西，又参抚臬，丙辰被困南昌，官绅人人目笑存之。吃此四堑，无地自容，故近虽添窃大名，而不敢自诩为有本领，不敢自以为是。”曾氏一生的成功，正是靠一“悔硬”字决，坚韧不拔，屡败屡战而得。而这些，又无不基于他对自己的深刻解剖和反省。

曾氏晚年，病魔缠身，精神衰惫，他十分愧疚。同治十年三月十七日与沅弟书中说：“目疾日剧，右目久盲，左目亦极昏蒙，看文写字，深以为苦，除家信外，他处无一字亲笔。精神亦极衰惫，会客坐谈，即已渴睡成寐，核稿时亦或睡去，实属有玷此官。”

(2) 时时反省，纠正错误。

咸丰七年，曾氏在家守制期间，由于“心殊忧郁”，曾氏常因细微小事怒斥弟媳，谩骂诸弟。他在家一年之中，和曾国荃、曾国华、曾国葆都闹过别扭，而且几乎都是曾国藩挑起的。他性情粗暴，语言卑陋，好像一下子变成另外一个人。这从侧面反映出曾氏当时的心情。由于曾氏居家期间，战场形势发生了有利于湘军的转变，原来的同僚或下级大多升官，胡林翼等人皆“大有长进，几于一日千里，独余素有微抱，此次殊乏长进”。这些使曾氏心情忧郁烦躁，坐立不安，在家中闹出许多别扭。

曾氏复出之后，对这一阶段的自我进行了深刻的反省，尤其在曾国华败死于三河之战后，反省更为深刻。咸丰八年十二月三十日与纪泽书中说：“今年家中因温甫叔之变，气象较之往年迥不相同。余因去年在家，争辩细事，与乡里鄙人无异，至今深抱悔憾，故虽在外，亦恻然寡欢。”同月初三与澄沅季三弟书中说：“吾去年在家，以小事争竞，所言皆锱铢细故，至今思之，不值一笑。负我温弟，即愧对我祖我父，悔恨何极。当竭力作文数首，以赎余愆，求沅弟与石刻碑。”字里行间，即有对死者的缅怀，又有对自己“为小事争竞”的反省。

为了更有效地反省，时时修正自己的错误，曾氏还注意收集社会言论。如他在咸丰八年五月三十日的与沅弟书中说：“外间讥议之辞弟应得闻十一，便中可密告也。”收集这些讥议当然不是为了整人，消灭异己，而是以此为镜，改进自己的工作。

4. 勇于负责，有责任感。

在近代，湖南是一个人才辈出的省份，许多湘籍人士都怀有强烈的救世使命感和责任感。像《革命军》作者陈天华、护国军将领蔡锷等人，均出自湖南。在后来北伐时期、抗日时期、国共内战时期，湖南人都起着重要的作用。

曾国藩在青年时代就怀着强烈的救世愿望。据说，曾氏原名子城，字居武，中进士后，“某师病其鄙俗，始为改之。”在此之前，曾国藩已改号涤生，按照他的解释，“涤”即“涤其旧染之污”，“生”即“从前种种譬如昨日死，从后种种譬如今日生”。把两件事联系起来看，无疑是表示要洗除旧习，焕发新生，做国家藩篱之臣，成为国之干城。他在诗歌中也经常抒发感慨，自比于李斯、陈平、诸葛亮等“布衣之相”，并十分自信地表示：“莫言书生终龌龊，万一雉卵变蛟龙。”幻想“夜半霹雳从天降”，将他这个藏于深山的巨龙震出山外，闻于当今天子，用为国家栋梁。

带兵统将之后，曾即以“不要钱不怕死”自明，并信告各州县官吏，嘱其监督自己。这多少与邱吉尔上任之初的演讲“我所能奉献的只有眼泪、汗水和生命”相似。对于战争中随时随地可能出现的危险，曾氏十分坦然，他在咸丰十年四月二十四日与纪泽书中说：“人谁不死，只求临终无愧悔耳。”正是这种心境的写照。

敢做敢为，勇于负责，是曾氏的人生信条。林则徐说：“苟利国家生死以，岂以祸福避趋之。”又说：“知难而退，此虽保家保身之善谋，然非人臣事君救世之道！”林则徐宏愿未遂即病死于与太平军作战的前线，曾国藩则是他这一思想的继承者。在戎马征战的沙场上，曾氏曾经多次自杀，为战败负责。

咸丰四年四月二日，曾国藩亲率水陆各营进攻靖港，结果水陆大溃，逃回长沙。曾国藩见士兵反奔，亲自执剑督阵，并竖令旗于岸边，上书“过旗者斩”。湘军败兵如潮，

林则徐画像

皆绕旗狂奔，成不可挽救之势。曾氏曾一再讥笑绿营兵望风逃溃，不料自己训练的湘军也是如此！左思右想，又羞又愤，遂决定跳水自杀。幕僚陈士杰、李元度见曾国藩支开随从，神情有异，就指派“小委员”章寿麟乘小船潜随其后，以备不测。行至铜官渡，曾氏投水自杀，章急出抢救，将其背负船上，与陈、李一起劝其回大营。

回到长沙后，曾氏仍不肯更衣，蓬头跣足，不饮不食，并写好遗嘱，暗令曾国葆买回棺木，准备次日自杀，以谢丧师败北之罪。黎明时分，忽然传来湘潭战役胜利的消息，湘潭之战，是太平军自起事以来的首次重大失败。这消息，如一阵大风，吹散了曾氏的满脸愁云，自杀的“计划”，自然就取消了。这是靖港自杀的情形。

同年十二月十三日，石达开指挥太平军展开湖口战役，利用湘军水师急于求战的心理，把湘军舢板等轻便战船120多艘诱入鄱阳湖内，然后塞断湖口水卡，修筑工事，安装大炮，将湘军水师肢解为外江和内湖两部分。外江水师只剩下运转不灵的长龙、快蟹等大船，陷于被动挨打的局面。当天晚上，太平军展开第一次袭击，烧毁湘军大船9只，中型船只30只。二十五日，对撤至九江的湘军水师再次夜袭。这天晚上夜色迷漫，咫尺难辨，太平军分别从九江和小池口抬出小船三十艘放入江中，携带各种火器，钻入湘军船队放火焚烧。湘军水师大乱，纷纷挂帆上逃，船只损失十余只，曾氏座船亦被俘，文件、御赐物品尽失。曾氏再次投水自杀，被幕僚救起，用小船送往罗泽南营中。到罗泽南陆上大营不久，曾氏见大势已去，又欲效仿春秋时晋国大将先轸之例，策马赴敌而死，慌得罗泽南、刘蓉紧紧抓住马缰，众幕僚寸步不离，经过好一阵劝解始罢。这是曾九江自杀的情形。

曾氏几次自杀，表面上是兵败后无颜见江东父老，本质上是以死报国，以死全志，为失败负责的精神。《礼记》中说：“国君死社稷，大夫死众，士死制。”大丈夫应有为职守负责的精神。元稹也说过：“效职无避祸之心，临事有致命之志。”曾氏很赞同这句话，他还以袁简斋的一句诗勉励自己：男儿欲报君恩重，死到沙场是善终。

5. 慎于纳妾

纳妾，即娶小老婆，在一百多年前的中国，无论为官为民，这都是很普通的事，当时从法律上、伦理上，都没有“一夫一妻”的说法。皇帝有三宫六院，达官显贵们妻妾成群，即便是普通平民，纳妾也很普遍。而曾国藩在49岁以前以“不娶妾为素志”，并尽力控制自己的情欲，任京官时期，他曾多次在日记中对自己早起时“沾恋”做出深刻反省，力戒儿女情长。与原婚妻子之间尚且如此寡欢自律，更不会动娶妾之念了。

终曾氏一生，他曾娶过一妾，姓陈。那是曾氏49岁时的事。当时娶妾的目的是为了照顾他的日常生活，也可为他搔抓癣。曾在咸丰十一年十月十四日的家书中说："余身体平安，惟疮久不愈，癣疾如常，夜间彻晓不寐，手不停抓，人多劝买一妾代为抓搔。季弟代买一婢，现置船上居住，余意尚未定。大约此是积年痼疾，非药饵所能愈，亦非抓搔所能愈也。"娶妾之后，虽于病无啥补益，病情"亦无增减"，但曾氏对陈氏妾还是有好的评价："入室已二十日，尚属安静大方。"

陈氏妾只在曾国藩身边生活了一年半左右，便因病去世。

九年之后，衰病交加的曾国藩又想到买妾服侍起居。同治八年三月三日与纪泽书中说："日困簿书之中，萧然寡欢，思在此买一妾服侍起居。闻京城及天津女子性情多半乖戾，尔可备银三百两交黄军门家，请他为我买一妾，或在金陵，或在扬州、苏州购买皆可。事若速成，则眷口北上即可带来，若缓缓买成，则请昌岐派一武弁用可靠之老妈附轮舟送至天津，言明系六十老人买妾，余死即行遣嫁。观东坡《朝云诗序》，言家有数妾，四五年相继辞去，则未死而遣妾，亦古来老人之常事。尔对昌歧言，但取性情和柔，心窍不甚蠢者，他无所择也。"

纪泽接信之后，在三月十五日的回信中说："昌歧处已交三百金，他至上游阅视水汛地，须秋初乃回江南，所办之事一时难成也。"后来天津教案发生，曾氏匆匆北上，娶妾一事就再未提起。后来妻儿均来身边，服侍有人，娶妾已无必要。偏偏他的国荃弟，不识时务，还在同治十年九月十三日的来信中，鼓吹"纳婢妾可得少阴扶老阴"之说，极力主张其兄买妾。他的说法没得到兄长的回应。

纵观曾氏一生，青壮时期力主不纳妾，晚年纳妾，完全为服侍起居起见，由于担心自己一个老者会耽误了年轻女子的青春，在纳妾一事上，他是十分慎重的。这与当时的许多官员形成了鲜明的对比。

二、严谨治家

曾氏说过："观《汉书》霍光传，知大家所以速败之故。"他对历史上正反两方面的经验教训研究得较多，因此非常重视治家。他曾有"三畏"之说，即前文已述之：一畏方寸，二畏左右，三畏清议。既然左右近习之人都唯恐约束不好，更何况是自己的家人！治家不好，也会引起清议，即不利的社会舆论。曾氏认识到，治家好不好不仅关系到家运盛衰，也关系到他本人能否善收晚场，妥贴登岸。下面将从四个角度，探讨曾氏的治家思想：

1. 居家崇俭

（1）不与骄奢官宦人家联姻。

道光二十四年五月十二日与父母书中说："常南陔之世兄，闻其宦家习气太重，孙男孙女尚幼，不必急于联姻。且男之意，儿女联姻，但求勤俭孝友之家，不愿与宦家结契联姻，以不使子弟长奢惰之习。"同年十二月十八日与诸弟书中又对此事进一步说明："常家欲与我结婚，我所以不愿者，因闻常世兄最好恃父势作威福，衣服鲜明，仆从烜赫，恐其家女子有宦家骄奢习气，乱我家规，诱我子弟好佚耳。"

（2）崇俭方可长久。

咸丰十一年八月二十四日与纪泽书中说："大女儿择于十二月初三日发嫁，袁家已送期来否？余向定妆奁之资二百金，兹先寄百金回家制备衣物，馀百金俟下次再寄。其自家至袁家途费，暨六十侄女出嫁奁仪，均俟下次再寄。"从这里可看到曾氏嫁女嫁妆开支的情况。接着他又说："居家之道，惟崇俭可以长久，处乱世尤以戒奢侈为要义。衣服不宜多制，尤不宜大镶大缘，过于绚烂。尔教导诸妹敬听父训，自有可久之理。"

同治四年闰五月初九与二子的书中说道："凡世家之不勤不俭者，验之于内眷而毕露。余在家深以妇女之奢逸为虑，尔二人立志撑持门户，亦宜自端内教始也。"这真是深刻洞察人世万象之后发出的金玉良言。

同治六年，曾为家人在富托修理旧屋，花钱至 7000 串而不安。二月十三日与纪泽书中说："即新造一屋，亦不应费钱许多。余生平以大官之家买田起居为可愧之事，不料我家竟尔行之。澄叔诸事皆能体我之心，独用财太奢与我意大不相合。凡居官不可有清名，若名清而实不清，尤为造物所怒。"他还要求家中用钱应有计划，他说："至于家中用度，断不可不分。凡吃药、染布及在省、县托买货物，若不分开，则彼此以多为贵，以奢为尚，漫无节制，此败家之气象也。千万求澄弟分别用度，力求节省。"

同治二年十二月十四给纪瑞侄儿的信中，他用前辈的勤俭，不厌其烦地教育这些后辈，他说："吾家累世以来，孝悌勤俭。辅臣公以上吾不及见，竟希公、星冈公皆未明即起，竟日无片刻暇逸。竟希公少时在陈氏宗祠读书，正月上学，辅臣公给钱一百，为零用之需，五月归时，仅用去二文，尚馀九十八文还其父，其俭如此。星冈公当孙入翰林之后，犹亲自种菜收粪。吾父竹亭公之勤俭，则尔等所及见也。"接着他又教导后辈们如何做到勤俭，他说："今家中境地虽渐宽裕，侄与诸昆弟切不可忘却先世之艰难。有福不可享尽，有势不可使尽。勤字工夫，第一贵早起，第二贵有恒。俭字工夫，第一莫着华丽衣服，第二莫多用仆婢雇工。”

在崇尚节俭上，左宗棠与曾氏很相似。有一次子栗公将司马桥旧宅加建了后房，又改建了庭院，多花了600多两银子。左宗棠认为新疆之乱未平，军饷将竭之时，擅自兴办这种事，还说是为给他作六十岁生日作准备，于是狠狠地批评了一番。又有一次，左宗棠的儿子携妻去浙江外家为岳父祝寿，左宗棠认为祝寿无关紧要，不必夫妇同行，几千里路程，用费较大，也不安全，事先又不禀告老父，于礼不合，也批评一番。

（3）乱世不可有余财，总以习劳苦为第一义。

咸丰五年八月二十七日与诸弟书中说：“甲三、甲五等侄，总以习劳苦为第一要义。生当乱世，居家之道，不可有馀财，多财则终为患害。又不可过于安逸偷惰，如由新宅至老宅，必宜常常走路，不可坐轿骑马。又如常常登山，亦可以练习筋骸。”咸丰九年二月三日与诸弟书中又说：“起屋起祠堂……乱世之兵灾不可不虑。如江西近岁，凡富贵大屋无一不焚，可为殷鉴。吾乡僻陋，眼界甚浅，稍有修造，已骇听闻，若太宏丽，则传播尤远。苟为一方首屈一指，则乱世恐难幸免。”

曾氏以俭治家的故事很多。据曾氏满女曾纪芬回忆：在两江督署时，李鸿章请曾夫人和小姐吃饭，姐妹二人，家中只有一条绸裤，两人争得哭起来。曾国藩听说后安慰纪芬道：“明年若继续任总督，必为你添置一条绸裤。”时纪芬年幼，一闻此言，便破涕为笑。

曾氏在家书中说：“余在京40年，从未得人二百金之赠，余亦未尝以此数赠人。”不知是否与此有关，界限规定的嫁女压箱银也为200两。1867年，嫁至第四女时，仍沿用这个规定。曾国荃听到此事，觉得奇怪，说：“乌有是事?”打开箱子一看，果然如此。于是“再三嗟叹，以为实难敷用，因此赠400金”。1861年10月，大女儿新婚之后回娘家，曾氏只给了250两银子，以200两“办奁具”，以50两“为程仪”，并嘱家中“切不可另筹银钱，过于奢侈”。嫁女如此。娶媳亦如此，1860年7月4日，他派出人送家信并200两银子回家，以其中100两为纪泽婚事之用，另100两为侄儿婚事之用。

史　鉴

明朝末年有一个富人刚强率直，处世多招人怨恨。学者唐一庵对他说：“我知你心术不坏，但富人处当今之世，应压抑退让一分，在钱财上不得看得太重，拿出一些给比你穷的人，何尝不可呢？至于对人的态度好一点，言语温厚一点，体谅别人的甘苦，乃是不花钱就能给人以好感，尤其容易做到。”富人认为唐一庵的话很对，却没有认真地付诸实践，最后死于一次争端。

2. 勤以自立，以耕读教子弟

(1) 以“八八三三”教子弟。所谓“八八三三”，指八本、八字、三致祥、三不信。“八本”内容是“读古书以训诂为本、作诗文以声调为本、养亲以得欢心为本、养生以少恼怒为本、立身以不妄语为本、治家以不晏起为本、居官以不要钱为本、行军以不扰民为本。”八字内容是“考、宝、早、扫、书、蔬、鱼、猪”。“考”指祭祀祖先，敬奉显考；“宝”指善待亲邻，问疾济急，此字取自星冈公常说的“人待人无价之宝”一语；“早”指起得早；“扫”指扫除房屋；“书”指读书；“蔬”指种植菜蔬；“鱼”指养鱼；“猪”指喂猪。

“三致祥”是孝致祥，勤致祥，恕致祥。“三不信”是不信僧巫，不信地仙，不信医药。以上四点反映了曾氏教育子弟的基本思想。

(2) 唯耕读可靠，做君子可靠，做官不可靠。

做京官时，曾氏就认为“做官只一代，耕读可传家”，“升官未必是贤子肖孙”。以后这一思想进一步成熟。咸丰六年九月二十九日与纪鸿书中说：“凡人多望子孙为大官，余不愿为大官，但愿为读书明理之君子。勤俭自持，习劳习苦，可以处约，可以处乐，此君子也。”接着谈到：“凡仕宦之家，由俭入奢易，由奢返俭难，切不可贪爱奢华，不可惯习懒惰。”最后曾氏指出“学作圣贤全由自己作主”，他说：“凡富贵功名，皆有命定，半由人力，半由天事。惟学作圣贤，全由自己作主，不与天命相干涉。”

为了让孩子们多读书，曾氏反对早婚，同治二年九月四日与澄弟书中说：“弟好劝人早婚，好处固多，然亦有差处，谚云‘床上添双脚，诗书挂高阁’，亦至言也。”

同治五年，曾氏兄弟均已封爵开府，门庭极盛。此时的曾国藩头脑十分冷静，认为这“非可常恃之道”，还是“作田可靠”。六月初五他给澄弟的信中说：“记得已亥正月星冈公训竹亭公曰：‘宽一虽点翰林，我家仍靠作田为业，不可靠他吃饭。’此语最有道理，公亦当守此二语为命脉。望吾弟专在作田上用些工夫，而辅之以书蔬鱼猪早扫考宝八字，任凭家中如何贵盛，切莫全改道光初年之规模。”最后他总结道：“凡家道所以可久者，不恃一时之官爵，而恃长远之家规；不恃一二人之骤发，而恃大众之维持。”

曾国藩家乡

左宗棠也如此教育后人，他疼爱儿子，却不希望他们做官，对他们能否考上科举也不在意。他多次告诫儿子，只要能读书、耕田，就是好子弟。他说："吾生平志在务本，耕读而外，别无所尚；三试礼部，既无意仕进，时值危乱，乃以戒幕起家。"希望"子孙能学吾之耕读为业，务本之怀"，则"吾心慰矣"。

他认为自己的经历只是一种奇迹，是时势造成的。而封建官场的黑暗一言难尽，想要在官场上立足，就必须做违心的事，说违心的话，他实在不愿儿孙们再陷进去。他对周太夫人说："霖儿兄弟总以读书居家为是，断不可令作官，致自寻苦恼。"给子重公的信中也说："我生平于仕宦一事最无系恋爱慕之意，亦不以仕宦望子弟。"

(3) 不留钱财田产给后人。

在做京官时期，曾氏就表示"将来若作外官，禄入较丰，自誓除廉俸之外不取一钱，断不蓄除廉俸之外之一钱为儿子衣食之需。盖儿子若贤，则不靠宦囊亦能自觅衣饭；儿子若不肖，则多积一钱，渠将多造一孽"。这与林则徐名言"儿孙贤过我，留钱作什么？儿孙不如我，留钱作什么？"如出一辙。

咸丰五年八月二十七日与诸弟书中说："仕宦之家，不蓄积银钱，使子弟自觉一无可恃，一日不勤则将有饥寒之患，则子弟渐渐勤劳，知谋所以自立矣。"真有点儿置之死地而后生，逼孩子们自立的味道。

咸丰十年十月十六日与二子书中再一次表达了类似的观点，他说："银钱田产，最易长骄气逸气，我家中断不可积钱，断不可买田，尔兄弟努力读书，决不怕没饭吃。"

曾氏不留银钱田产给后人，但他留下了大量的书籍、文稿以及更为重要的精神财富。

左宗棠留给后人的财产也不多。他去世前九年就立下了分配遗产的遗嘱，他说："吾家积世寒素，近乃称巨室。虽屡申儆不可沾染世宦积习，而家用日增，已有不能节用之势。我廉金不以肥家，有余辄随手散去，尔辈宜早自为谋。大约廉金拟作五份，以一为爵田，余作四份均给尔辈，已与勋、同言之，每份不过五千两也。爵田以授宗子袭爵者，凡公用均于此取之。"可见左宗棠早已作计划，只留下2万两银子给四个儿子，另5000两购置爵田以作公用，由世袭爵位的那个儿子管理。他认为这已足够了，儿辈们"年少无能，正宜多历艰辛，练成材器。境遇以清苦淡泊为妙，不在多钱也"。在咸丰十年三月的宿松会议期间，曾左闲谈时，左公说过："凡人贵从吃苦中来。"又说："收积银钱货物，固无益于子孙；即收积书籍字画，亦未必不为子孙之累。"看来左公在这方面，比曾氏还要激进，但他留给儿辈的钱财比曾氏稍多，这可能与后辈较弱有关系。

（4）自立须从日常小事做起。

曾氏用兵思想中有一条叫做："大处着眼，小处下手。"他治家也是这样，譬如"凡世家之不勤俭者，验之于内眷而毕露"，见微而知著啊！在曾氏家信中，他不厌其烦地要求儿媳、女儿们做鞋、纺布、下厨、做调料、酿酒，并为她们制定了"功课单"，定期"验功"。对弟弟们也不厌其烦地教他们做收粪锄草扫屋抹凳这类小事。正因为从小处下手，曾氏的说教才得以落实，治家效果才非常好。这是他非常高明、值得今人借鉴之处。

咸丰六年十月二日，他给新婚的纪泽写信说："新妇初来，宜教之入厨作羹，勤于纺绩，不宜因其为富贵子女不事操作。大、二、三诸女已能做成大鞋否？三姑一嫂每年做鞋一双寄余，各表孝敬之忱，各争针黹之工。"

同治五年六月二十日与二子书中，曾氏对家人离开金陵返回家乡一事做了安排："此后还乡居家，妇女纵不能精于烹调，亦必须常至厨房，必须讲求作酒作醋、小菜、换茶之类。尔等须留心于种蔬养鱼，此一家兴旺气象，断不可忽。纺绩虽不能多，亦不可间断。大房倡之，四房皆和之，家风自厚矣。”

据满女曾纪芬的“自订年谱”，曾氏于同治七年五月二十四日，专门制定了一则“功课单”，“谕儿妇满女”。内容如下：

早饭后	做小菜点心酒酱之类	食事
巳午刻	纺花或绩麻	衣事
中饭后	做针凿刺绣之类	细工
二更后	做男鞋女鞋或缝衣	粗工

吾家男子于“看、读、写、作”四字缺一不可，妇女于“衣、食、粗、细”四字缺一不可，吾已教训数年，总未做出一定规矩。自后每日立定功课，吾亲自验功。食事则每日验一次，衣事则三日验一次，纺者验钱子，绩者验鹅蛋；细工则每日验一次，粗工则每日验一次。每日须做成男鞋一双，女鞋不验。

右验功课单，谕儿妇、侄妇、满女知之。甥妇到日亦照此遵行。

家勤则兴，人勤则健；能勤能俭，永不贫贱。

同治七年五月二十四日

咸丰四年八月十一日与诸弟书中写道：“诸弟不好收拾洁净，比我尤甚，此是败家气象。嗣后务宜细心收拾，即一纸一缕，竹头木屑，皆宜捡拾伶俐，以为儿侄之榜样。”又说：“子侄除读书外，教之扫屋、抹桌凳、收粪、锄草，是极好之事，切不可为有损架子而不为也。”

史　鉴

金朝皇帝完颜亮的皇后叫徒单氏，一天完颜亮对侍臣说：“昨天太子生日，皇后献给朕一件礼物，你们可以看一看。”随即从绛色锦囊中取出，乃是一幅农夫干农活的图画。完颜亮说：“皇后的心思是太子生长在深宫内院中，不知道老百姓种田的艰难，所以用此图画献给太子，皇后很贤惠啊。”

萧何做了汉朝的相国，买田建宅一定要找穷困偏僻的地方，治家不修建有院墙的房屋。他说：“子孙如果贤德，会学我的俭朴；如果不贤，也会被人夺去田产，买下好的田产反为其包袱。”

《耕织图·耕》（册页）清　焦秉贞绘

《耕织图·簸扬》(册页) 清　焦秉贞绘

3. 约束子弟不仗父势，谦以待人

曾氏一贯认为，做官不过一时之事，终究不可靠，故有“有福不可享尽，有势不可使尽”之说。他认为：“福不多享，故总以俭字为主，少用仆婢，少花银钱，自然惜福矣。势不多使，则少管闲事，少断是非，无感者亦无怕者，自然悠久矣。”这是曾氏对待权势的基本思想。

（1）子弟须戒骄，勿轻慢四邻。

咸丰十一年八月十八日，曾氏题词勉沅弟，词曰：“位不其骄，禄不其侈。凡贵家之子弟，其矜侈流于不自觉；凡富家之子弟，其奢移流于不自觉，势为之也。欲求家运绵长，子弟无傲慢之容，房室无暴殄之物，则庶几矣。”这段警世之语，足可以作为治家方面的座右铭。

咸丰六年十一月初五与纪泽书中说：“世家子弟，最易犯一奢字傲字。不必锦衣玉食，动手打人而后谓之奢也；但使皮袍呢褂俯拾皆是，车马仆从习惯为常，此即日趋于奢矣。京师子弟之坏，未有不由于奢傲二字者。”

咸丰十年十月初四与沅季弟书，曾氏对后辈的成长表示了几分的忧虑：“余家后辈子弟，全未见过艰苦模样，眼孔大，口气大，呼奴喝婢，习惯自然，骄傲之气入于膏肓而不自觉，吾深以为虑。”要戒除骄傲之气，同样要从小处下手，同治五年十一月二十八日与纪泽书中谈到“勿轻慢四邻”，他说：“李申夫之母尝有二语云：‘有钱有酒款远亲，火烧盗抢喊四邻。’戒富贵之家不可敬远亲而慢近邻也。我家初移富圫，不可轻慢近邻，酒饭宜松，礼貌宜恭。建四爷如不在我家，可另请一人款待宾客亦可。除不管闲事不帮官司外，有可行方便之处，亦无吝也。”

（2）不仗父势，保寒士本色。

曾氏教导子弟，虽不乏大道理，但都从小处下手，如不误挂帅旗、不送条子、挂匾不写相府字样、不坐四人轿等，均细微小事。曾氏日理万机，百忙之余竟能想到这些，展示了他伟大的人格。

同治二年八月十二日与纪鸿书中说：“尔于十九日自家起行，想九月初可自长沙挂帆东行矣。船上有大帅字旗，余未在船，不可误挂。经过府且各城，可避者略为避开，不可惊动官长，不受礼物酒席，烦人应酬也。”

同治三年，纪鸿到达长沙参加考试，曾氏当即要他住在旅馆内，不要轻易外出，因为省城繁华，也很复杂，怕他学坏。七月九日与纪鸿书中嘱“不要送条子”，开后门，

“场前不可与州县来往，不可送条子。进身之始，务知自重。”临末，还加了一句“酷热尤须保养身体”。爱子之情，跃然于纸上。

同治五年，曾氏湖南老家的富圫新居落成，曾氏力嘱门外挂匾“不写‘侯府’、‘相府’字样”，因为“天下多难，此等均未必可靠”，只“挂宫太保第一匾而已”。

曾国藩还是一位对家人坐轿都要管的总督。同治二年十月十四日与澄弟书中说：“家中各事规模，总嫌过于奢华。即如四轿一事，家中坐者太多，闻纪泽亦坐四轿，此断不可，弟何不严加教责？即弟亦可偶一坐之，常坐则不可。篾结轿而远行，四抬则不可；呢轿而四抬，则不可入县城，衡城省城则尤不可。”

对于不听管教的后辈，曾氏十分痛恨。他的大女婿袁允吉，行事乖张，曾纪泽评论他“局量狭窄，又甚愚昧不谙事，常与其胞叔晓屏龃龉”。同治五年，袁婿借曾之威望，挪用公款，令曾氏大为恼火。三月十九日与二子弟书中，曾氏决心断绝与袁婿的一切往来，他说：“袁秉桢（注意：曾氏在此直呼其名，不再称袁婿了。）在徐州粮台扯空银六百两，行事日益荒唐。顷令巡捕传谕，以后不许他入我之公馆，见我之面。他未婚而先娶妾，在金陵不住内署，不入拜年，不认妻子，不认岳家，吾亦永远绝之可也。”此后，曾氏派人把大女儿送回湘潭袁家，教她尽妇道，对袁某以忍待之，不得有半点忤逆。这似乎是把大女儿往火坑里推，但这正是曾氏封建伦理道德观的反映。

4. 家人与地方官相处的原则：不涉足公事

（1）恳请父亲莫管公事。

道光二十五年五月二十九日与父母书中说：“我家既为乡绅，万不可入署说公事，致为官长所鄙薄。即本家有事，情愿吃亏，万不可与人构讼，令官长疑为倚势凌人。”次年正月初三的信中又一再请父亲莫管闲事，并分析了其中的原因：“此门一开，则求者踵至，必将日不暇给，不如一切谢绝，杜门谢客。”担心帮人说公事之先例一开，则难以收场。曾氏父亲竹亭公也十分理解儿子的一片苦心。咸丰元年三月二十五日他在家信中对儿子说：“余已五年未到城市。”

（2）恳请叔父莫管公事。

曾氏叔舅较多，其中不乏仗势欺人者。如道光二十八年八月七日澄弟来信中就提到丹阁叔冒父名，帮人打官司一事，曾国潢为“丹阁叔近来全不讲品行”而“大可虑”，竹亭公也深责丹阁叔，“呼之来，自知愧，颇认错”。

早在道光二十五年十月初一，曾国藩在给楚善叔的信中，劝叔叔们“莫进县城，莫管公事”。他说：“为蒋市街曾家说坟山事，长寿庵和尚说命案事，此虽积德之举，然亦是干预公事。”他还分析了地方官的心理：“凡乡坤管公事，地方官无不衔恨。无论有理无理，苟非己事，皆不宜与闻。地方官外面应酬，心实鄙薄（说公事者）。”总之以“总不到县，不管事，虽纳税正供，使人至县”为妥。

（3）教澄弟不管公事。

澄弟国潢一直在湘乡老家主持家务。同治年间，曾氏兄弟权势已达顶峰，正是在这样的时间，曾氏更担心弟弟做出不妥之事。同治元年九月四日与澄弟书中谈到对本县父母官宜不亲不疏的处世原则，他说：“吾家于本县父母官，不必力赞其贤，不可力诋其非。与之相处，宜在若远若近、不亲不疏之间。渠有庆吊，吾家必到；渠有公事，须绅士助力者，吾家不出头，亦不躲避；渠于前后任之交代，上司衙门之请托，则吾家丝毫不可与闻。”同治三年四月二十四日与澄弟书中也强调：“弟此后若到长沙、衡州、湘乡等处，总以不干预公事为第一义，此阿兄阅历极深之言。”

三、历史人物对曾氏人品的评价

著名语言学家俞樾在《曾涤生相侯六十寿序》等文中极力推崇曾国藩，但他的弟子章太炎却在《检论》中极力贬斥曾氏，说：“曾国藩者，誉之则为圣相，谳之则为元凶。……死三十年，其家人犹曰：吾祖民贼。悲夫！虽孝子慈孙百世不能改也。”孙中山先生基于“排满”的思想，在《太平天国战史·序》中也斥曾为“不明春秋大义”的“汉不肖子孙”。毛泽东在领导中国革命时期也斥曾为“汉奸刽子手”。

但是，如果撇开阶级的、政治的因素不谈，只就曾氏的人品而言，那么持异议的就不多了。

1. 毛泽东早年对曾氏的评价

毛泽东早年曾是“康梁”之信徒，希望通过改良来拯救中国。受康有为、梁启超的影响，他也十分佩服曾国藩这位湖南老乡，毛泽东在给友人的信中说：“余于近人，独服曾文正。”

在毛泽东韶山故居，游人走进毛泽东少时读书的地方，会看到不甚讲究的进堂里高悬着曾国藩的四句话，这是曾氏“日课四条”的四句警世语：

慎独则心安，主敬则身强，

求仁则人悦，习劳则神钦。

2. 梁启超对曾氏的评价

梁启超认为曾氏是整个人类社会有史以来，都难得一见的伟大人物。这个评价实在很高。他说："曾文正者，岂惟近代，盖有史以来不一二睹之大人也已；岂惟我国，抑全世界不一二睹之大人也已。"针对当时"排满者"对曾氏的贬斥，梁以史学家的眼光，评论说：

"曾文正公，近日排满家所最唾骂者也。而吾则愈更事而愈崇拜其人。吾以为使曾文正公今日而犹壮年，则中国必由其手而挽救矣。彼惟以天性之极纯厚也，故虽行破坏焉可也；惟以修行之极谨严也，故虽用积变焉可也。彼其事业之成，有所以自养者在也，彼其能率厉群贤，以共图事业之成，有所以孚于人且善导人者在也。吾党不欲澄清天下则已，苟有此志，则吾谓《曾文正集》不可不一日三复也。"

3. 薛福成对曾氏的评价

薛福成是曾氏门生、清末外交家、著名的洋务思想家。他曾有一大段评曾氏人品的话：

曾国藩自通籍后服官侍从，……讲求先儒之书，剖析义理，宗旨极为纯正，其清修亮节，已震一时。平时制行甚严，而不事表暴于外；立身甚恕，而不务求备于人。故其道大而能容，通而不迂，无前人讲学之流弊。继乃不轻立说，专务躬行，进德尤猛。其在军在官，勤以率下，则无分昼夜；俭以奉身，则不异寒素，久为众所共见。其素所自励而励人者，尤以畏难取巧为深戒，虽祸患在前，谤议在后，亦毅然赴之而不顾。与人共事，论功则推以让人，任劳则引为己责。盛德所感，始而部曲化之，继而同僚谅之，终则各省从而慕效之。所以转移风气者在此，所以宏济艰难亦在此！

这段话反映了曾氏伟大的人格力量及其巨大的感召力。由于对曾氏的崇拜，在当时曾产生过对他的神化。这是善意的崇敬之情的寄托。

4. 俞樾、薛福成对曾氏的神化

俞樾在给哥哥的信中说："曾国藩先生真是与神灵一样的人物，来自分明，与众不同，似乎能预知后事。二月初一，梅方伯来见，劝他暂时休假几天。国藩笑着说：'我不请假了，恐怕没有休假的时间了。'如此明白，真是神奇！"

薛福成一向好谈神怪，他说曾氏去世的时候："城中官吏前来看望的人，望见衙署

容闳，字达萌，号纯甫。中国近代早期改良主义者，中国留学生事业的先驱。著有自传《西学东渐记》

两面火光冲天，都以为是水西门外失火了。江宁、上元两个县令急忙让衙役们扑救，到了那里见居民们都很安静，无事一般。问遍了远近，并无失火的地方。”黄翼升军门在祭文中说“宝光冲天，微雨癡尘”也是指此事。

后来赶来吊唁的人中，来自清江浦的庞观察、来自泰州的成天麟，都说初二傍晚（曾氏死于午后），见大星西落，光芒如月。

5. 容闳对曾氏的印象和评价

容闳毕业于美国耶鲁大学，受过新式教育的熏陶。他对曾氏的第一印象十分有趣。他回忆说：“同治二年，我见到曾国藩时，他已年满五十，精神很好，中等身材，但较魁梧，四肢匀称，头大，额头宽且高，三角眼。两颊平直，胡须很多，连鬓直达颏下，很是威严。眼睛不大，但目光极锐利。眼珠呈榛色，嘴大唇薄，这是有主见有决断的象征。这种形象，使我一见就记住不忘。”

在曾国藩的幕府中，号称通晓洋务的，以容闳和薛福成最有名。容闳对曾氏评价很高，认为他“可称为完全彻底的君子，是清代第一流人物，也是传统教育中的特殊人物”，曾氏官至极品，但他“从不滥用他的权威。财权在握，绝无半点侵吞自肥，身后萧条，家人清贫如旧”。

事　典

清代吏治向以贪酷著称，可康熙年间，却出了两个有名的清官，而且曾国藩多次称颂这两个人，这就是于成龙和张伯行。

被康熙帝称为“清官第一”的于成龙，是山西永宁（今山西离石）人，字北溟，号于山，自顺治十八年（1661）起，历任知县、知府、按察使、布政使、巡抚、总督等职。他在任上洁己爱民，秉公从政；拒贿赠，行节俭，为百姓兴利除弊，屡施德政。

顺治十八年，于成龙以副榜贡生首任罗城知县。他到任之初，县衙没有门垣，院中长满荒草，中堂仅有三间草房，后面是三间茅屋，内宅破陋不堪。于成龙叠土为案，铺草为床，垒起一副土灶，办公膳宿都在茅屋里面。

于成龙治理罗城，注意恢复地方秩序，复苏农村经济。他不辞辛苦攀山越岭延访父老，实地察看，倾听百姓呼声，着手制止械斗，捕捉盗贼，制定保甲，以安定民生。于成龙鼓励百姓耕稼种田。每年春天，他都亲自到田中察看。见到耕种父老，便上前慰问劳苦；有时应邀在田边树下与农夫一同吃饭，“笑语欢如家人”。

随他来的几个仆人，有的水土不服，染病而死；有的不堪困苦，不辞而别，于成龙只得自己动手做饭洗衣。周围百姓见他如此辛劳清苦，十分过意不去，来到衙中问寒问暖，于成龙总是热情接待。百姓们见于公度日过于清苦，间或拿些金钱跪进，以供其盐米等生活费用。于成龙微笑答谢：“我单身一人何须这些钱物，可拿回去孝敬父母，如我受也。”百姓皆怏怏而退。当百姓们得知成龙家人自北方来探视时，为之大喜，“奔哗庭中”，言于公家人来，将在此安家，于是又馈赠金钱，成龙含笑答谢说：“此去吾家六千里，单人携货，反为其累耳。”百姓皆伏地哭泣，成龙也为之感泣。

于成龙在罗城当了七年县令，县境面貌大变。因此，他不仅受到了百姓的爱戴，也得到了上司的器重。康熙六年，他升任四川合州知府。赴任时，罗城百姓遮道呼号，追送数百里，痛哭而返。

于成龙上任四川合州知府时，恰逢川中大乱之后，州中遗民仅百余，正赋仅十五两，且徭役繁重。他大力改革弊政，招民垦田，贷给牛种，不到一月，增至千户。不久他迁湖广黄冈同知。黄冈盗贼猖獗，白昼行劫，盗首张某，横

于成龙画像

行一州。成龙化名杨二，做了张某的佣人，很得张某信任，因而尽悉贼情，得以一举肃清盗贼。

康熙十三年，于成龙出任武昌知府。时吴三桂叛军占领湖南。湖北各地土匪响应者号称十万之众，逼进黄州，成龙亲率乡兵二千、乡民三千，即破贼数万，不费国家丝毫钱粮。次年秋，黄州闹饥荒，于成龙及时赈济，“救活数万人”。

康熙十六年（1677），于成龙被擢任福建按察使，主管一省司法，“民遮送至九江，凡数万人，哭声与江潮相乱”。成龙得民心如此，古今罕见。去福建上任前，他嘱人买了数百斤萝卜放在船上。有人不解地问他，萝卜又不值钱，买这么多干什么？他回答道：“这样可无需沿途供应，当此青黄不接的时候，以屑糠杂米野菜为粥。”即使有客人来了，当和他一同吃薄粥。他对客人说：“我这样做，可留些余米赈济灾民，如若上下都和我一样行事，更多的灾民会渡过难关，存活下来。”成龙任福建按察使时，因郑成功抗清一事，泉州、漳州诸郡“民以通海获罪，诛连数千人，狱成，当诛”。成龙知其冤，力主开释，后悉得免。康熙十九年二月，于成龙迁直隶巡抚，十月，宣府等地大灾，已饿死数十人，成龙在奏疏已上，圣旨尚未回复之际，甘冒风险，动用平价粮食，“确察饥困不能谋生穷民，每日赈给二升”，救活饥民无数。次年正月，于成龙进京陛见，得到康熙帝高度赞誉：“尔为今时清官第一，殊属难得。”年底，康熙鉴于“江南最为重地，此处必用才德优长之人，始能胜任”，特旨授于成龙为江南江西总督（即两江总督）。

江南、江西的百姓因为于成龙自奉简陋，每天只吃青菜佐食，所以给他起了个外号“于青菜”，以示景仰。于成龙喜欢饮茶，考虑到茶价很贵，他不愿多破费，便以槐叶代茶。他让仆人每天从衙门后面的槐树上采几片叶子回来，一年下来，把那棵树都快采秃了。

于成龙对儿女的要求也很严格。一次，他的大儿子从山西千里迢迢来到江宁探望父亲。儿子要回去时，于成龙既没有积蓄，也没有土特产让儿子捎回，正好厨房有一只腌鸭，便割了半只给他。百姓听说这件事后，便编首歌谣唱道：“于公豆腐量太狭，公子临行割半鸭。”

由于于成龙身体力行，使爱好奢侈华丽的江南民俗大为改变。人们摒弃绸缎，以穿布衣为荣。一些平日鱼肉百姓的地方官，因知道于成龙好微服私访，因此，遇见白发伟躯者便胆颤心惊，以为是于成龙，不得不有所收敛。

康熙二十三年（1684），于成龙病死在两江总督任上。僚属来到他的居室，见这位总督大臣的遗物少的可怜，而且都不值钱。床头上放着个旧箱子，里面只有一件布袍和一双靴子，竟忍不住唏嘘流涕。

于成龙去世的消息传出后，江宁城中罢市聚哭，家家绘像祭奠。出殡那一天，江宁数万名百姓，步行二十里，哭声震天，竟淹没了江涛的声音。

当年康熙帝巡视江南，沿途所延访的官吏，无不对于成龙啧啧称赞。康熙帝不无感慨地对随行人员说：

“朕博采舆论，咸称于成龙实天下廉吏第一，于成龙真百姓之父母，朕股肱之臣啊!”

与于成龙齐名的清官是张伯行。张伯行，字孝先，号恕斋，河南仪封（今河南兰考县）人。张伯行出身于书香门第，他的祖父和父亲都是儒士。在家庭的熏陶下，张伯行自幼就很好学，康熙二十四年（1685）考中进士，康熙三十一年（1692）入京补内阁中书，开始步入仕途。在此后的四十年宦海生涯中，张伯行以居官清正闻名于朝野，老百姓称他为“天下第一清官”。

康熙四十二年（1703），张伯行赴任山东济宁道。当时正逢荒年，老百姓流离满路。张伯行在上任途中，赈济给灾民不少钱粮。到任后，他立即决定开仓赈济，仅汶水和阳谷两县就动用仓谷二万余石。事后，藩司指控他擅动仓谷，应予革职处分。张伯行以“仓谷为轻，民为重”，慷慨陈词，藩司无奈，最后免去了给予张伯行的处分。

康熙四十五年（1706），张伯行调任江苏按察使。按当时惯例，新任官员要向总督、巡抚馈送币礼，约合四千两银子，对这一腐败现象，张伯行严加杜绝。他说：“我为官，誓不取民一文一钱，怎能这么办呢?”

在按察使任上，张伯行力革地方弊端，对总督、巡抚多有冒犯，于是他们便联合压制和排挤张伯行。张伯行就任按察使次年，康熙帝南巡，到江苏后命令督抚举荐贤能的官员，但督抚并没把张伯行列在举荐之列。

康熙帝在举荐的名单中没有发现张伯行的名字，便对左右侍臣和督抚们说：“我听说张伯行居官甚清，最不易得，你们意见如何?”

众人连连附和皇上的意见，后康熙帝亲自定张伯行为“江南第一清官”，升他为福建巡抚。

张伯行到福建任职后，对当地的不良习俗，严加革除。他看到当地人视瘟神为“五帝”，庙祀遍布城乡，“祷祀昼夜不绝”，这样做不仅毒化了社会风气，而且消耗了大量的人力、财力，便下令将所有的瘟神祠改为义塾，供贫苦人家的孩子在里面念书，这一举动使“群情大快”。

康熙四十八年（1709），张伯行调任江苏巡抚，“士民留攀不及，皆呼号如失恃”。

其时朝野行贿、舞弊之风渐盛，张伯行公布了“禁止馈送檄”，以杜绝官场的不正之风。檄文内容是：

一丝一粒，我之名节。一厘一毫，民之脂膏。宽一分，民即受一分之赠；要一文，身即受一文之污。谁云交际之常？廉耻实伤！倘霏不义之财，此物何来？

张伯行不仅是这样说的，的确也是这样做的。他还虚心访察地方利弊，勿隐相告。正因为如此，他才能取信于民。

康熙四十九年（1710），张伯行因与总督有矛盾，郁郁不得志，告病乞退。为此，康熙帝降旨：“张伯行操守清洁，立志不移，朕深悉。江苏重地，正资料理，不得以衰病求罢。”

面对皇帝的极度信任，张伯行很受感动，他终以国事为重，从大局出发，强起视事。

康熙 50 年（1711），江苏省乡试时大肆舞弊，总督噶礼也收受了贿赂。发榜的结果自然是很不公正的。江苏的士子们不甘受愚弄，一千余人抬着财神塑像沿街游行，最后放到文庙孔夫子牌位的对面，他们用这种形式来抗议和讽刺乡试“唯财是举”。

这件事在全国震动很大，康熙帝特遣户部尚书会同总督噶礼、巡抚张伯行、安徽巡抚梁世勋共审此案。因事牵噶礼从中受贿索银 50 万两，审讯官员因惧怕噶礼权势，致使案情趋于复杂，真情不得大白，审讯了一个多月还没有定案。

张伯行对此感到异常愤慨，他置身家性命于不顾，上章弹劾噶礼的不法行径，力主

南京夫子庙旧照。

彻底清查科场案。没想到噶礼将张伯行的上疏花重金买了回来，反而上章反咬一口。康熙无奈，降旨将科场案交由审事大臣审明，噶礼和张伯行全部被解职，听候结果。

扬州百姓听说张伯行被解职后，纷纷罢市，数千人围着公馆，哭声传遍了扬州。第二天，扬州百姓来到公馆，拿着水果蔬菜献给张伯行，张伯行不肯接受，百姓们便哭着说：

“大人在任，只饮江南一杯水；大人要走了，这是乡亲们的一点心意。”

张伯行不得已，只收下了一块豆腐和一束蔬菜。

三个月后，案审结果出来了，张伯行应革职治罪，噶礼免议，康熙帝御批时，将结果改为张伯行留任，噶礼免职。其实康熙帝早已暗中派人查清了事情的原委。

江苏士民听说结果后，欢声如雷，在门上纷纷写上“天子圣明，还我天下一清官。”

康熙五十四年（1715），一钦差大人以莫须有的“狂妄自矜”的罪名弹劾张伯行，连劾六疏，四请革职。康熙帝迫不得已，暂且应允了。尔后，钦差大人对张伯行又多方催逼，并让人代书供词，然后上报，要求治张伯行以重罪。

康熙帝不同意对张伯行的治罪方案，下令让张伯行到京面见。张伯行抵达京师后，未等皇上召见，那位钦差大人又上奏说张伯行死不认罪。于是康熙帝大怒，他一拍龙书案，气冲冲地说道：

“他原本无罪可认，此人朕还要使用，而且还要重用。”

第二天，康熙帝召见张伯行，任命他为南书房行走。后来他又任过户部右侍郎、仓场总督、会试总裁等职，在这些职位上他干得都很出色，康熙帝称赞他是“真能以百姓为心者”。

张伯行任官期间，始终过着简朴而清寒的生活，从未携带过家眷。他无论在朝、在外，从不结交一个近侍之臣，不附和同僚之议；不以得到皇上宠幸而有骄傲的念头；不以同行忌妒打击而有退避之心。正是因为这样，他才得到皇帝的信任，多次逢凶化吉，得以保全。

雍正三年（1725），一代名臣张伯行魂归西天。他死后，雍正帝赐他谥号为“清恪”，取为官清正、恪勤供职之意。用“清恪”二字来总结张伯行的一生，是毫不为过的。

第二章　学养——充实自己的学识修养

人之气质本由天生，实难改变
惟读可以变化气质
读书之志，须以困勉之功
志大人之学

【原典】

吾人只有进德、修业两事靠得住。进德，则孝悌仁义是也；修业，则诗文作字是也。此二者由我作主，得尺则我之尺也，得寸则我之寸也。今日进一分德，便算积了一升谷；明日修一分业，又算余了一文钱，德业并增，则家私日起。

人之气质本由天生，实难改变，惟读可以变化气质。古之精相法者，并言读书可以变换骨相。

读书之志，须以困勉之功，志大人之学。坐右为联语，以自箴云："不为圣贤便为禽兽，莫问收获但问耕耘。"余思朱子言，为学譬如熬肉，先须用猛火煮，然后用慢火温。余生平工夫全未用猛火煮过，虽略有见识，乃是从悟境得来。偶用功，亦过不优游玩索而已耳。如未沸之汤，遽用慢火温之，将愈煮愈不熟矣。

【译文】

我们只有增进道德、研修学业两事可靠。增进道德是指孝悌仁义；研修学业是指诗文书法。这两件事都由我自己掌握，增进一尺便有一尺的收获，增进一寸就有一寸的收获。今天增进一分道德，就像积累了一升谷；明天增长了一分学业，如同积蓄了一文钱。这两者一起增长，就如同家产越来越多一样。

人的气质本来是先天决定的，很难改变，只有读书可以改变人的气质。古代精于相术的人，还说读书可以改变一个人的骨相。

读书的志向在于：必须用困知勉行的功夫，去获取先哲们留下的学问。我的座右铭是一幅对联，用来警示自己："不为圣贤便为禽兽，莫问收获但问耕耘。"我想到朱熹说过：做学问好比煮肉，先必须用猛火煮，然后用微火温。我这一生做学问，从未用猛火煮过，即使略有见识，也是从悟境中得来的。偶尔用功，也不过全凭一时兴趣。就好像没开锅的汤，就用微火温着，结果肉会越煮越不熟。

点　评

做领导，需要有学问，尤其是身处重要的领导岗位，尤其需要较高的学养，作为事业的技术支持。宋朝的开国宰相赵普以"半部《论语》治天下"。不少历史学家认为：对领导者而言，昏庸是比腐败更致命的毛病，但昏庸是可以通过学习加以克服的。

一代名臣曾国藩，十分重视治学，他坚持终身学习，具有深厚的学养，虽然受到了战争的严重干扰，他仍然取得了很高的学术成就，给后人留下了大量的文化遗产。他去世后，清政府对他盖棺定论，评价他"学有本源，器成远大"，应该说是中肯的。曾氏对读书治学的方法和目的的见解，也是值得今人借鉴的。

一、重视读书，终生学习

1. 长辈重其读书，少时以文获妻

湘乡曾氏，历来为寒门冷籍。曾氏先祖虽有过粗识文墨之人，但并未有人参加过科举。曾氏自述道："吾曾氏家世微薄，自明以来，无以学业发名者。""吾曾氏由衡阳至湘乡五百载，曾无人入秀才之列。"这种状况使曾家长期处于乡村"土地主"之列。曾星冈幼时本来是有条件读书的，但他放荡游惰，用他自己的话说："吾早年失学。"文化程度不高，到壮年，他跻身地方士绅，成为乡里的头面人物，这才"大以不学为耻"，

决心让子弟们上学读书，获取功名。他先把希望寄托在儿子曾竹亭身上，教督他“穷年磨砺，期于有成”。但曾竹亭很笨，十六次童试都名落孙山，“累困于学政之试”，直到四十三岁，“应小试者十七役”，才考取一个秀才，仅比其子曾国藩早一年入县学。曾星冈深恨其不争气，曾竹亭亦自知才短，无望仕进。所以，祖父和父亲都把光大门第的希望寄托在曾国藩身上。“平生困苦于学，课徒传业者二十余年”的曾竹亭，从儿子八岁起就把他带在身边，与自己教的学生一起听课，为了教会儿子，他想尽用尽了各种办法。曾国藩后来回顾当时的情形说：“国藩愚陋。自八岁侍府君于家塾，晨夕讲授指划，耳提不达则再诏之，已而三复之。或携诸途，呼诸枕，重叩其所宿惑者，必通辙乃已。”这样的家庭期望，这样的家庭教育，必然有助于曾氏的成才。他的父亲，就像一支蜡烛，燃烧着自己，照亮了儿子前进的路。假若国藩生于官宦富贵之家，前景又当如何？

道光四年，国藩十三岁，他第一次随父到长沙府参加童子试，未中。一天，他父亲的朋友、衡阳廪生欧阳凝祉来到曾家，见到了国藩所作试艺，很是赞赏。曾竹亭请欧阳凝祉出个题当面试试，欧阳以“青云共登梯”叫他吟首诗。诗写成后，欧阳称赞道：“这是金殿中人的语气！”认为他才气不凡，必有大用，表示愿为国藩说媒。不料那些“名门闺秀”认为曾家境况一般，断然拒绝。欧阳凝祉深觉不安，便移花接木，把自己的女儿许配给曾国藩。这就是后来的欧阳夫人，她比曾国藩小五岁。

梁武帝萧衍画像。

史　鉴

三国时，吴国有白头鸟飞集殿前。孙权问群臣：“这是什么鸟？”诸葛恪当时很年轻，他说：“这种鸟名叫白头翁。”张辅是在座人中年纪最大的，他怀疑诸葛恪在戏弄他，便说：“诸葛恪欺骗陛下，从未听说有鸟名叫白头翁的。请叫诸葛恪再找一种名叫白头母的鸟来。”诸葛恪说：“鸟有鹦母，未必有鹦父，请张前辈找出鷃父鸟来。”张辅无法回答。

晋代钟毓、钟会兄弟二人，少时好学，13岁时名声已传到魏文帝耳中。文帝曹丕传二人来见。钟毓见曹丕，脸上便出汗，曹丕问他为什么出汗，他说：“战战惶惶，故汗出如水。”曹丕又问钟会为什么不出汗，钟会说：“战战栗栗，汗不敢出。”

南北朝时，北朝使者李谐来到南方的梁国。梁武帝陪他游览，来到放生池。武帝问他：“你们国家也放生吗?”李谐答道：“我国既不捕捉动物，也不放生。”武帝听了很惭愧。

2. 典当衣物，重价购书

曾氏为官一生，他的主要财物就是书，搬家的时候，他主要是搬书。早在做京官时期，他的存书就可供在家乡开个小图书馆，他曾计划一旦罢官归家，就把这些书“存贮在利见斋中”，以供兄弟及后辈借阅。而曾氏的衣服，总值不足三百两银子。

曾国藩在青少年时代就酷爱学习，酷爱书籍。道光十六年，曾氏赴京会试，落第。他自知功力尚浅，便立即收拾行装，搭乘运河的运粮船南归。这次会试虽然落榜，但却使这个生长在深山僻壤的寒门士子大开眼界，他决定用这次回家的机会，作一次江南游。这时他所剩盘缠已不多。路过睢宁时，遇到知县易作梅，也是湘乡人，他与曾的祖父、父亲非常熟，也认识曾国藩。他乡遇故人，易知县自然要留这位老乡在他这里玩上几天。在交谈中得知这位年轻的举人会试未中，但从其言谈举止中，可知这位老乡是非凡之人，前程无可限量。他见曾国藩留京城一年多，所带银两肯定所剩无几，有心帮助他，便借与曾氏100两银子，还送了几两散银。

曾氏继续南行，经过金陵时，他见金陵书市十分发达，留连忘返。在书市，曾氏看到一部精刻的《二十三史》，爱不释手，一问价格，大吃一惊，恰好与他身边所有的钱的总和相当。狡诈的书商看透了这位二十五岁的年轻人的心理，一点价也不让，开价一百两银子，一毫都不能少。曾国藩一咬牙，干脆把随身所带的皮袍冬衣，全都当了，好在天气已渐暖和，这才勉强凑足回家用费。

这是曾氏平生第一次花这么多钱，买的就是书籍，这显现了青年曾国藩志趣的高雅。曾氏一生，他不爱钱财，不聚钱财，却爱书、爱聚书。回家以后，父亲非但没有责备他，反而鼓励说：“你借钱买书，我不惜为你弥缝，但能悉心读之，期不负耳。”从此曾国藩闭门不出，发愤攻读，并立誓：“嗣后每日点十页，间断就是不孝。”一年之后，这部《二十三史》全部阅读完毕。这为曾氏后来参与治理国家和社会，打下了知识的基础。从此，曾就有每日点史书十页的习惯，一生从未间断，《二十三史》烂熟于胸。

3. 终身治学，到老不辍。

曾氏把治学作为一生之事，相伴终生。

同治十年，曾氏身体每况愈下。1月17日，他写了几句箴言，警示自己读书不要放松。这几句话是："禽里还人，静由敬出；死中求活，淡极乐生。"他认为"暮年疾病，事变，人人不免"，而读书贵在坚持。他给纪泽的信中说道："余以生平学术百无一成，故老年犹思补救一二。"在逝世前一年中，他吟诗多首，作文十多篇，其中同治十年五月所作《湖南文征序》与六月所作《重刻茗柯文编序》，述古今文章之源流，甚为精辟，可作文史概论的范文。他在《题俞荫甫〈群经评议〉、〈诸子评议〉后》中，阐述清代音韵训诂学的成就甚详。这些诗文，可以说是曾氏暮年对自己学术观点的一大总结。

在死前一月，曾氏还在为湘军后期名将刘松山写墓志铭，他在《日记》中，同治十一年正月初四说："将作《刘寿卿墓志》，而久未下笔。"两天后，"仅成二行许"，初十，"将作《刘寿卿墓志》，而疲倦似不能支"。到十四日，才作百余字。这篇墓志铭，竟成曾氏绝笔之辞。由此亦可见曾氏与部下感情之深，每办一事之负责精神。

衰病交加之际，曾氏更不辍读书，他认为药疗不如读书，读书就有乐趣，不读书就真的成为了一个废人。同治十年冬，曾氏病情加重，"脚肿愈甚，常用之袜已不能入"，他决心以后"当不作文，不看生书"。但不久，扬州阮家送来《许周生集》，这是一部他从未看过的书，拿到手便难以放下，读又必须从头到尾读完。后来湖南王闿运送近年所著《周易燕说》、《尚书大传补注》、《禹贡笺》、《谷梁申义》、《庄子七篇注》、《湘绮楼文集》，他虽不能一一细看，但每书都通读了一遍。此外，他还读了日本人所著《新论》、上海编译的《中外古今年表》等十多本生书。

同治十一年正月，曾氏已如风中残烛。二十三日这天，他"病肝风，右足麻木，良久乃愈"。二十六日，出城迎候前河道总督苏廷魁，途中在车上"背诵《四书》，忽手指戈什哈，欲有所言，而口噤不能出声"。他自知油尽灯枯，将不久于人世，便抓紧生命的最后时光做自己最喜爱的事——读书。那十几天中他每天都读修身养性的《二程全书》，希望在身心修养上画一个圆满的句号。

二月初二，曾又发病，"因告二子，丧事宜遵古礼，勿用僧与道"。是夜仍读《二程全书》。

二月初三，早饭后清理文件，阅《理学宗传》，晚饭后阅书中《张子》一卷。《理学宗传》是曾氏所读的最后一部书。次日即逝世。

4. 影响所及，举室重学，家无白丁

曾国藩妻欧阳氏，童年期间在家受父训，读过《幼学》、《论语》等书。曾国藩在其父竹亭公门下读书时，欧阳氏也在伴读。出嫁后，因是曾家长媳，全靠她料理家务，故不能专心读书，但常忙里偷闲看书习字，能作一般的诗文。咸丰十年正月初四，欧阳夫人在湘乡老家给远在宿松军营中的丈夫写了封家信。从现存的手迹来看，她的书法虽不如其夫君，但字迹不乏清新秀丽之美。全文一百多字，有两个错别字，如“无宅”的“无”应为“原”，“在做好”的“在”应为“再”，但在旧教育中，这已算不错了。

曾氏长子纪弟于一岁时夭折，次子纪泽以自学通英、法、俄语，担任过驻英、法兼俄国使臣，他现存手迹中，有写于“中西合璧诗扇”上的中英文，其英文书写之美，看不出是一中国人所为。纪泽为清后期杰出的外交家，著作有《曾纪泽遗集》、《出使英法俄国日记》。

第三子纪鸿，淡于功名，精研数学，有代数著作数种，推算圆周率至百位之多，居当时世界领先水平，可惜英年早逝，否则成就更大。曾氏的孙辈，曾孙辈颇多学者名士。

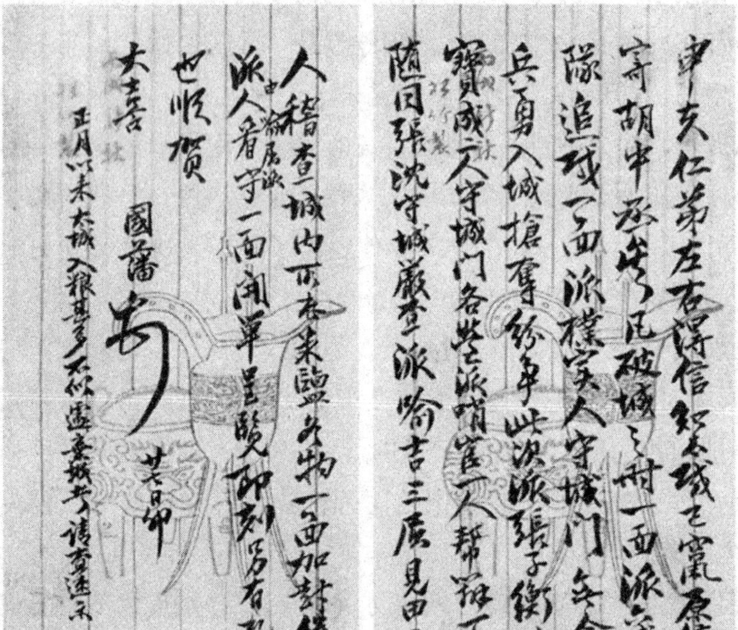

曾国藩书信

史　鉴

贞观二年，太宗对房玄龄说：“做人非常需要有学问。我过去因为天下未定，东征西讨，亲自参加征战，没有时间读书。近来四海安宁，我身处殿堂，不能自己拿书本看，便叫人读给我听。君臣父子之道，政治教化之道，都在书中。古人说：‘不学习，犹如面壁而立，无所见闻，遇事就会困扰。’这不是空话啊！”

一天，孙权召吕蒙、蒋钦议事，嘱彼等“宜学问以自开益”。吕蒙说：“在军中事务繁多，恐不容复读书。”孙权说：“我哪里是要你们当博士呢？只是要求你们涉猎书籍以见古今得失而已。难道你们比我还忙吗？主政以来，我历览三史及诸家兵书，自以为大有收益。像你们两人，心智聪明，学必有获，为何不学呢？”并开列了一系列如《孙子兵法》、《左传》等书目，限期读完。吕蒙发奋苦读，终成文武全才。当时的人用“士别三日，当刮目相看”形容他的进步。

二、求学的历程

1. 从学童到进士

曾国藩五岁时开始识字，取学名叫子城，其父聘陈雁门在家教之，以《千字文》为读本。

7岁时，其父曾竹亭因屡败于童试，便设立私塾，取名为“利见斋”，授徒十多人。子城即随父学习，长达十二年之久。这一时期，除读四书五经外，还读《史记》、《文选》等书，并学习练字，先临摹颜真卿帖，后临摹柳公权帖，兼习黄庭坚帖。

19岁时，与10岁的弟弟国潢去衡阳唐氏家塾，师从汪学庵。时国潢伶俐，常被夸奖，而子城少言寡语，汪师对他的诗文用“也好”二字敷衍。一天因背书不流畅，老师骂他为“蠢货”，并断定他不会有出息，这句话对曾氏刺激较大，从此他更加发愤苦学。

20岁时，求学于湘乡涟滨书院。山长刘象履很赏识他的诗文，称他必有大器。过年，他改号涤生，取涤旧更生之意。

21岁时，其父取府试第一名，“屡困于学政之试”后，终于在第十七次考试成功，入湘乡县学。子城同去应试，录为备取。这次考试，一个姓廖的学使训斥他说：“曾子城文理欠通，发充佾生！”此事被曾氏评为生平“四大堑”之一。

22岁时，参加科试，被录取，入县学，成为秀才。这年十二月，与欧阳氏结婚，新房为新屋四间，名之曰“听雨轩”。

23岁时，入湖南最高学府——长沙岳麓书院学习。时书院山长为欧阳厚钧，此人主讲于岳麓书院长达27年，弟子著名者达3000人！在这里，曾氏受到的系统而良好的教育，对他的一生产生了重大影响。曾的书院同学罗泽南、郭嵩焘、胡林翼、左宗棠、刘蓉、刘长佑等后来均成为湘军领袖。当时岳麓书院之作用，与“五四”运动时期之北京大学、北伐时期之黄埔军校相似，都对中国命运有过重大影响。

岳麓书院正门

同年，考取湖南乡试第 36 名，中举人。

清代的科举，概承明制。儒生首先须通过制艺考试，成为可入县学的生员，是为秀才。秀才经过乡试，登第者为举人。举人通过会试、殿试，登第者，为进士。进士中只有进入一甲、二甲者，才可入翰林院。曾氏经 18 年苦读，23 岁中举。此后又经过五年磨砺，中进士。

23 岁这年冬天，起身进京，次年三月参加第一次会试，落榜。滞留京师的长沙会馆读书一年。25 岁这年（1836 年，道光十六年），皇太后 60 大寿，例行恩科一次，又落榜，乃南归。

两年后，又值三年大比。曾子城家偿还易作梅一百两银子的借款后，已无余资可供子城赴京，幸得亲戚赞助，借得 3000 吊钱。子城到京城后，只剩三吊钱了。幸而这一次得中三甲第 42 名进士。一般而言，“三甲”这个等级大多入不了翰林院，当时曾氏深感羞愧，“即日买车欲归”，不拟参加朝考。后经郭嵩焘多方劝阻，善化人劳崇光御史也挽留他，他才参加朝考。结果列一等第三名。试卷呈道光皇帝御览之后，道光又特别将他拔置为一等第二名。于是进入翰林院，当了庶吉士。

有则野史讲到曾氏翰林大考的运气，不足为信，聊作谈资也可。据说朝考负责人为许乃溥，有位相熟的考生求许给予关照，说：“只求无过，不求有功。”许告诉答完卷后，在卷上轻轻洒几点墨水，以利辨认。偏偏曾氏答完卷后也溅了一些墨汁在卷上。许见到后，以为那位熟人的，就把它列在二等的最后一人，交给皇上亲阅。道光随手翻阅，拿到曾的试卷，还未过目，碰巧侍臣来请示事情，皇上就匆匆发出这些试卷，于是曾已列为二等之首。

2. 京官十二年，奠定一生学问规模

这十二年，是曾氏做学问的第二个重要时期。做京官清闲，给曾氏提供了宝贵的学习时间。十二年中，他定读书为日课。在禀父母的信中说自己“每天发奋用功，早起温经，早饭后读二十三史，下半日阅诗、古文”。他博览经、史、子、集，阅读面很广，“涉猎于前明、本朝诸大儒之书。又取司马迁、班固、杜甫、韩愈、欧阳修、曾巩、王安石之作悉心读之”，他最爱读的则是“于四书五经之外，最好《史记》、《汉书》、《庄子》、韩文四种……又好《通鉴》及姚惜抱《古文辞类纂》及余所选《十八家诗钞》四

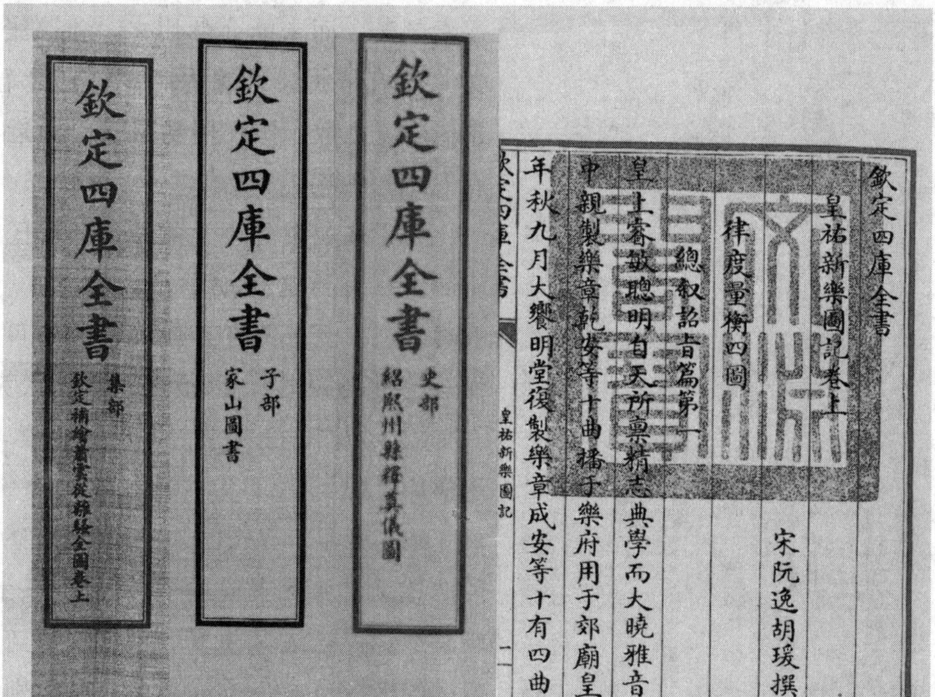

钦定四库全书

种”。关于诗，他说道：“吾于五七古诗学杜、韩，五七律诗学杜，此二家无一字不细看。外此则古诗学苏、黄，律诗学义山，此三家亦无一字不看”。其实，曾氏看过的书，远不止这些，翻开他在京十二年的日记，便可证实。尤其是自道光二十二年十一月充任文渊阁校理后，每年二月得以侍从皇帝入阁，读到《四库全书》。如此广泛的阅读为他后来成为中兴桐城派古文的坛主，打下了坚实的基础。

在京期间，他还定作文吟诗为月课。故作诗文极多。曾氏文集中，几乎有一半以上的诗作（大约有120首）和一大批文章写于这段时间，还有不少寿序、墓志铭、应酬唱和之作。

3. 戎马倥偬中，不废圣贤之学

曾氏在40岁以后，大部分时间都在指挥战争，再也不可能以主要精力来治学。对此他是十分抱憾的，故有生平“三耻”之说：不懂天文算学，做事治学有始无终，作字迟钝影响工作。咸丰十一年三月十三日与二子书中又说：“惟古文写诗，二者用力颇深，探索颇苦，而未能介然用之，独辟康庄。古文尤确有依据，若遽先朝露，则寸心所得，遂成广陵之散。作字用功最浅，而近年亦略有入处。三者一无所成，不无耿耿。”

王夫之像

为了减少因公废学的遗憾，曾氏决定有所侧重，有所选择地学，实行“重点进攻”战略。这方面有两件有代表性的事件：一是作《圣哲画像记》，以圣贤三十二人为楷模；二是战争期间学王夫之经世致用之学，于战、于学均有用。

咸丰九年，曾氏已48岁，他有感于书籍的浩翰无边，因此选择古今圣哲三十二人，画其遗像，记述其生平、学问、事迹，以作自己的楷模。古今圣哲甚多，在区别挑选的时候，曾氏颇费思虑，这三十二人是周文王、周武王、孔子、孟子、左丘明、庄周、司马迁、班固、诸葛亮、陆敬舆、范希文、司马懿、周敦颐、程灏、朱熹、张载、韩愈、柳宗元、欧阳修、曾巩、李白、杜甫、苏轼、黄庭坚、许慎、杜佑、郑樵、马端临、顾炎武、秦惠、姚鼐、王念孙。这些人物的选择，与曾氏的学术思想有很大关系。从中可以看出曾氏在义理、考据、词章各方面，或者是在德行、政事、言语、文学等方面，都有他所崇敬的人物。曾氏认为：对这些人，只学其中一人，读其中一人之书，即可终身受用不尽。

曾国藩早年就对同乡前辈王船山（王夫之）十分佩服。王夫之是明清之际杰出的唯物主义思想家、哲学家。他那套“经世致用”的理论，更为曾氏所钦服。从曾氏《日记》中可看到，他在军事斗争的艰苦岁月——同治元年闰八月，开始研读王夫之的《庄子解》，十月开始研读王的重要哲学著作《张子正蒙注》，并写了心得体会：“阅王而农所注张子《正蒙》，于尽性知命之旨，略有所会。盖尽其所可知者，于已，性也；听其不可知者，于天，命也。”尽性知命这一思想对曾氏影响很大，曾氏的“不问收获，但问耕耘”，“尽其在我，听其在天”的思想中，都有强调人自身主观能力性的发挥的正确成份。

曾氏不少战略战术思想，都有着王夫之的影响。同治五年，在剿捻过程中，面对“流寇纵横，制敌无术”的困境时，曾氏又一次从王夫之的著作中寻求帮助。从同治五年五月初开始，曾氏坚持每天阅《读通鉴论》数十页，王夫之在书中深刻总结了历代农民战争“败亦走，胜亦走，无所不走”的灵活机动的游击战术，这对曾氏对捻军之“四长三短”的认识很有帮助。

此外，曾氏还从王夫之那里学到了许多为人处事、治国理政的良方，曾氏军事思想如“以全军破敌为上，不以占城池土地为意”，“多用活兵，少用呆兵”，“隔而不围，围而不打”等，都受王夫之启发甚多。王夫之虽未被曾纳入三十二圣哲之列，但无疑对他的影响是深刻而全面的。

三、读书目的和方法

曾氏在毕生的求学历程中，对读书的目的和方法均有独到的见解，很有借鉴意义。

1. 读书的目的

曾氏早就有学以致用的思想，反对死读书。道光二十二年十月二十六日与诸弟书中说：“若读书不能体贴到身上去，则读书何用？虽使能文能诗，博雅自诩，亦只算得识字之牧猪奴耳！岂得谓之明理有用之人也乎？”他要求弟弟们“知一句，便行一句，此力行之事也”。

随着阅历的增加，曾氏树立了以文荷道的理念，他不但能写出慷慨激昂之作，也能写出通俗易懂、大众化的文字来。曾氏刚出山时，湖南人心浮动，人民逃亡，练兵打仗无从谈起。曾氏做的第一个工作，就是安民。他自撰了一首《莫逃走》的安民歌，派人四处张贴，宣讲，收效果然很大，一时人心大定。这首安民歌，是一首白话诗，采用当时最流行的莲花闹形式，深入浅出，明白易懂。后来在战火纷飞的岁月，曾氏用类似的手法作过《爱民歌》及《解散歌》。

曾氏还把咸丰八年他所作的《爱民歌》，作为湘军的识字手本。曾氏每天只教一句二句，令其先识字，后识义，循序渐进，身体力行，因此湘军纪律较好。蒋介石任黄埔军校校长时，也曾以曾氏《爱民歌》训导学生。蒋认为，曾氏之胜利，是由于他的道德学问胜过对手。凭心而论，在这方面，“信天不信人”的洪秀全，怎能与曾氏相比呢?

2. 读书的方法

读书治学方法，曾氏有“三有”、“三法”、“四多”、“猛火煮”与“鸡孵卵”相结合等。

(1)“三有”即有识，有志，有恒。

他说：“盖士人读书，第一要有志，第二要有识，第三要有恒。有志则断不甘为下流；有识则知学问无尽，不敢以一得自足，如河伯之观海，如井蛙之窥天，皆无识者也；有恒则断无不成之事。此三者缺一不可。”之所以“缺一不可”，是因为三者相互关联。三者之中，他尤重“恒”，他说：“学问之道无穷，而总以有恒为主。”他一旦定下的日课或月课，无论公务多忙，都一定坚持，从不将昨日的功课改为今天补做，也不因明日有事，而将明日的功课今日预做。他读二十三史就是一例，每天读十页，“虽有事不间断”。

(2)“三法”即约、专、耐。

“约”就是读书要“少而精”，读重点书籍。在浩如烟海的古文书籍中，曾氏只攻读十余种书，即四书五经、《史记》、《汉书》、《庄子》、《资治通鉴》、《文选》、《古文辞类纂》、《十八家诗钞》、韩愈文。读书把握住重点书籍，其余可附会旁通。

“专”即专一。他说：“求业之精，别无他法，曰专而已矣。谚曰‘艺多不压身’，谓不专也。”他教弟辈说：“若志在穷经，则须专守一经；志在作制艺，则专看一家文稿；志在作古文，则专看一家文集；志在读史，则专熟一代。”如此可集中精力精通一点，其余可触类旁通。即如曾氏所言“百川分流，同归于海。则通一艺即通众艺”。他又以掘井作喻：掘数十井而不及泉，不如掘一井而见泉，批评那种“见异思迁，此眩彼夺”的做法为“大不可”。

“耐”即不弄明白，决不罢休。他说：“读经有一‘耐’字诀。一句不通，不看下句；今日不通，明日再读；今年不精，明年再读。此所谓‘耐’也。”曾氏认为，学问来自于点滴之积累，不可求快。“求速效以助长，非徒无益，而又害之”，这符合“欲速则不达”的辩证思想。

从一个“耐”字，可以看出一个人“困知勉行”的功夫。他说：“困时切莫间断，熬过此关，便可少进。再进再困，再熬再奋，自有亨通精进之日，不特写字，凡事皆然。”

(3)“四多”即多读，多看，多写，多作。

他在给郑寅阶的信中说：“学者于看、读、写、作四者，缺一不可。看者，涉猎宜多，宜速；读者，讽咏宜熟，宜专。二者截然两事，不可缺，亦不可混。”至于“写”和“作”，他说：“写字不多则不熟，不熟则不快；作文惟靠心机，心常用则活，用少则滞。”

在这里，读与看是有截然分别的，他所说的“读”，是朗读，指对某些书“非高声朗诵则不能得其雄伟之概，非密咏恬吟则不能探其深远之韵”。“看”则指默读、浏览、翻阅。

“读”与“看”的方法亦有所区别。“看”则多用“猛火煮”，生书宜“看”；“读”则多用“鸡孵卵”，用圈点评注、虚心涵泳之法“切己体察”，认真领会。他曾以“为学四事”教导子侄：“一曰看生书宜求速，不多阅则太陋；一曰温旧书宜求熟，不背诵则易忘；一曰习字宜有恒，不善写则如身之无衣，山之无木；一曰作文宜苦思，不善作则如人之哑不能言，马之跛不能行。”在这里他把“读看写作”四者的方法都讲了。对“看生书宜求速”，他举例解释说：“纪泽看《汉书》，须以勤敏行之，每日至少亦须看二十页，不必惑于在精不在多之说。今日半页，明日数页，又明日耽搁间断，或数年而不能毕一部，如煮饭然，歇火则冷，小火则不熟，须用大柴大火乃易成也。”他主张应大量阅读生书，务求高速，可暂时不求甚解。

但是，长期不求甚解也不行，还必须有个对知识消化、融会贯通的过程，正如鸡孵卵，必须慢慢催化，十月怀胎，一朝分娩。

此外，曾氏还有“五到”之说：“身到、心到、眼到、手到、口到”，原是说的为官之法，又完全可以移之于治学。身到，即“笃行”，学以致用，这是读书的目的；口到就是要问要读；手到就是爱动笔，从作摘录，记笔记，写心得，皆手到之事。

曾氏还反对一味苦读书，提倡在治学中寻找乐趣，这样也有利于坚持下去。他说：“然须有情韵趣味，并得生机盎然，乃可历久不衰。若拘苦疲困，则不能真有恒也。”

四、学问上的成就

有这样一首诗：“隋炀不幸为天子，安石可怜作相公。若使二人穷到老，一为名士一文雄。”意思是说：隋炀帝运气不好，当了皇帝；而王安石也可怜，作了宰相，假若两个都不得志，隋炀帝将成为一位名士、一个才子，王安石将成为大文豪。还有人讲到

王安石像

对诸葛亮的看法，说他的一生，并不以文章名世，因为他的功业盖过了他的文章。他的文章，主要是前后《出师表》以及不多的短文，如教子的文章等。尤其前后《出师表》，非为文学而作，却成为千古名著，可谓前无古人，后无来者，可以流传千秋。他的文学修养如此之高，却并不以文学名世。由此也可看出，一个事业成功的政治家，往往才具很高。为官，可立功名于世；用之于文学，则一定能成为一个成功的文学家。

曾国藩与此相似。如果他的京官生涯一直平淡地持续下去，专心做他的学问，那么19世纪的中国必又增加一名大学问家。然而，由于全国政治形势使曾氏的地位很快发生了变化，他没有时间和精力来专门研究学问了。他回顾自己在京师的生活时说："本想多读些书，与梅曾亮、何绍基等名士一比高低，'无何，学未成而官已达。从此与簿书为缘，素植不讲'。"也就是说，没多久，他已升为二品高官，天天忙于公事，从此把做学问的事丢在脑后，无缘过问了。后来外出指挥战争，虽然他"在军中不废学问，读书写字，未甚间断"，但实际上更难以专注于学问一途了。

曾氏一生，除了京官十二年中有一些学术文章外，他在学术上基本没有什么著述。曾氏死后，《湘军志》的作者、一代怪杰王闿运曾以当世名士的身份送去一副挽联，评其一生之得失。其联曰："平生以霍子孟张叔大自期，异代不同功，戡定仅传方面略；经术在纪河间阮仪征之上，致身何太早，龙蛇遗憾礼堂书。"意思是说：他平生以西汉霍光、明代张居正自期，但因时代不同，功业相差甚远，并没有像霍张二人那样，位居中枢，统筹全局，而仅仅是戡定东南半壁，留下一些用兵的方略；学术超过纪晓岚和阮元，但很早就做了大官，最终也没有留下什么学术著作。

相传光绪年间，有人向清廷建议，批准曾文正从祀文庙，清廷责成礼部议奏，礼部认为曾氏"无著述，于经学亦无发明"，且举王闿运之挽词为证，于是，"事遂中止"。曾氏未能入孔庙从祀，"无著述，无发明"应是其主要原因。

但即便如此，曾氏在古文、诗、书法等方面造诣极深，并成为一个以理学为核心，以儒学为主体，集中国古今思想之大成的思想家。他是1919年以前，中国传统文化的最后一个突出代表，无论道德、词章、文治、武功，均有足可观者。称之为一代大儒，殊不过份。

对于古文与诗，曾氏嗜爱成癖，用心甚苦，且颇为自信，成就也确实在其他学科之上。咸丰十年，曾氏困守祁门，危急万分，他在给长子纪泽的遗嘱中说："此次若遂不测，毫不牵恋，唯古文与诗二者，用力颇深，探索颇苦，而未能介然用之，独辟康庄；古文尤确有依据，若遽先朝露，则寸心所得，遂成广陵之散；作字用功最浅，而近年亦略有入处；三者一无所成，不无耿耿。"这表明，他在古文方面，十分自信，决心自成一派，若突然死去，心实不甘。第二年他又说："余近年颇识古人文章门径，而在军鲜暇，未尝偶作，一吐胸中之奇。"他对诗也很自信。他曾在日记中表示："人生读书做事，皆仗胸襟。今自问于古诗人中如渊明、香山、东坡、放翁诸人，亦不多让。而卒卒无暇，不能以笔墨写出之。惟此一事，心中未免不足。"

后人对曾氏古文评价颇高。李慈铭看过《曾文正公全集》后，对其中许多篇章大为赞赏，说有的情感"真挚"，有的叙事质朴，有的笔力苍劲，有的字字传神，可谓"近代之杰作"。一代才子梁启超也对曾国藩的文章极为称赞，说即使没有什么"功业"，仅就文章而言，曾氏亦"可以入文苑传"。民国文人徐凌霄、徐一士兄弟，对曾国藩的文章推崇备至，说："国藩文章诚有绝诣，不仅为清代之大文学家，亦千古有数之大文学家也。"还说曾、左、胡三人的奏疏各有所长，"均为有清大手笔"，而曾氏更"独为优"。徐一士等人在《曾胡谈荟》一书中，更进一步认为：明代有一君一相，君指洪武帝，相指张居正；清代也有一君一相，即康熙帝和曾国藩，均为有作为、有学养之圣主、圣相。

还有人认为曾氏文章已自成一派，即湘乡派，复兴了桐城派古文。黎庶昌评曾氏"使司马迁、班固、韩愈、欧阳修之文，绝而复读"，称曾为"自欧氏以来一人而已"。胡适也撰文说："古文到了道光、咸丰时代，空疏的方姚派、怪僻的龚自珍派，都出来了，曾国藩之出，使桐城派的古文仿佛得到了一支生力军。"但"桐城——湘乡派"的中兴，也是暂时的。曾国藩一死，古文的命运又渐渐衰微下去了。曾派的传人，郭嵩焘、黎庶昌、俞樾、吴汝纶等，都不能继续这个中兴大业。

诗作方面，曾氏也用力颇多。他一生"性好言诗"。他对儿子说："余久不作诗，而好读诗，每夜分辄取古人名篇，高声朗诵，用以自娱。"他爱读诗，也爱写诗，现存诗作三百多首，词两首，也不为不多了。他的诗词有半数写于京师，即青壮年时期。从办团练开始，他少有闲情于诗词，成诗不多，但依然不废诗道，对于作诗、赏诗、学诗研究甚多，他关于诗词的论述、见解，多散见于50岁左右的书信日记中。

书法上曾氏也下过许多功夫。做京官时期，他就"深以学书为意，苦思力索，几于困心横虑"。咸丰八年复出之后，练字愈勤，"每日笔不停挥"，除读书、作文、办公之外，还要每日"习字一张，不甚间断"，并自觉"笔意笔力与之俱进，十年前胸中之字，今竟能达之于腕下"。只是字体屡变，无一定风格。他曾讲到练习书法的过程时说："吾自三十时已解古人用笔之意，只为欠却间架工夫，有志难遂。"他先摹柳体，后学赵体，欲融合二者独创一体，但始终缺间架工夫，未能成功。以后又以王羲之、王献之父子为师，以为"二路并进，必有合处"，结果变来变去，终不成一体，成就造诣远逊于古文。曾氏虽未成为大书法家，但其笔墨亦有足可观之处，看看现存的曾氏手迹，则可知矣！

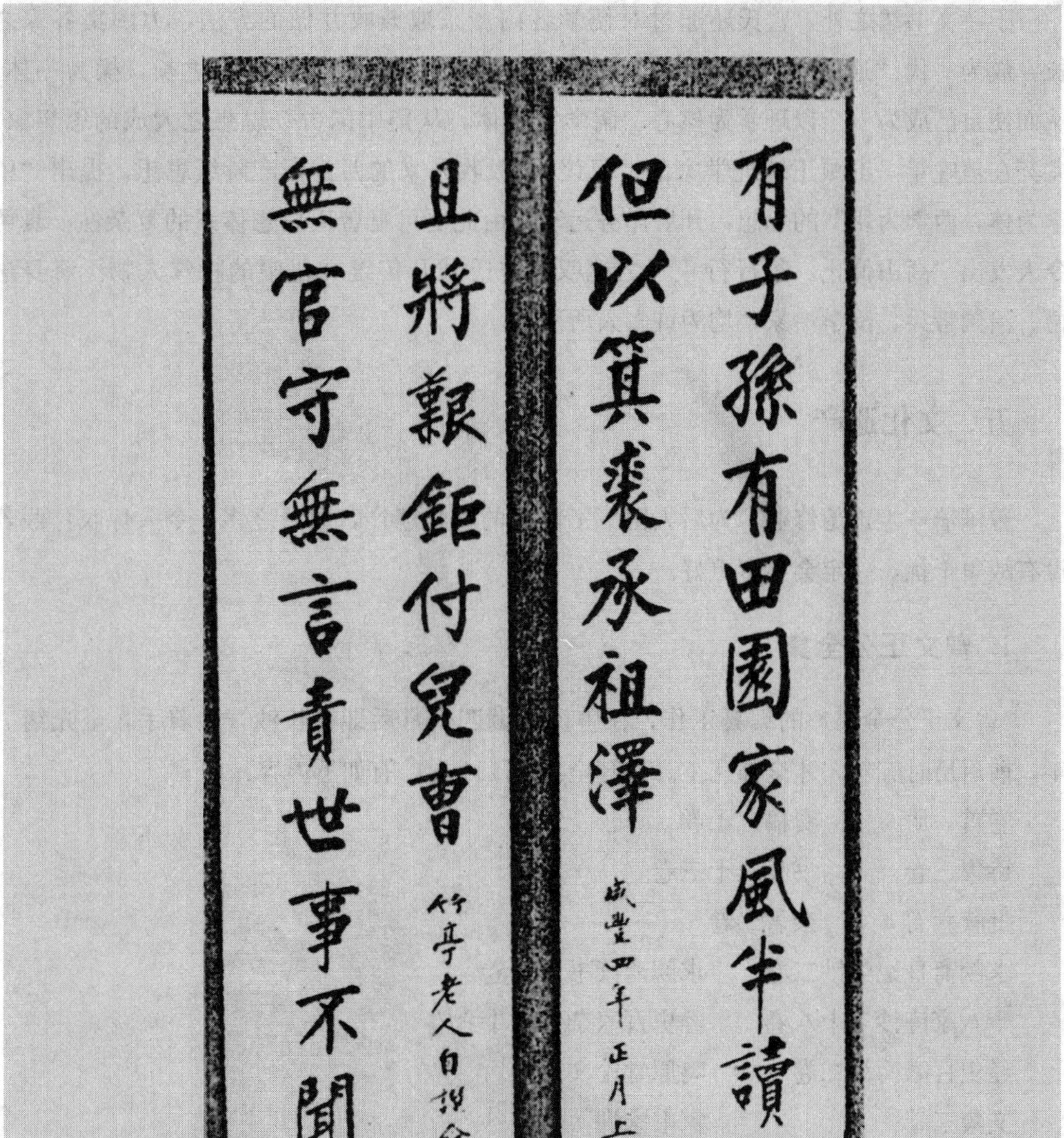

咸丰四年曾国藩手书对联，对联为其父所做。

于诗文书法之外，曾氏还通过对儒学各门派采取兼收并储的方法，力图集各家之长，成为一代“通儒”。而且对诸子百家也主张兼师并用，吸收各家之长，揉为一体，从而使自己成为一个以理学为核心、儒学为主体，从集中国古今思想之大成的思想家。尤其在他晚年，不顾正统理学家的“讥议”，吸收外来的西方资产阶级思想，提出“中学为体，西学为用”的思想，开展洋务运动，由此更可见曾氏思想体系的复杂性，真可令人发出“高山仰止，景行行止”之感叹，曾氏诚乃传统文化中的特殊人物。修身进德、治国带兵、治学治家，均为许多人所不及。

五、文化遗产

曾国藩一生进德修业，为后人留下了丰富的文化遗产，数量之多，令人惊叹！假若没有战争干扰，一定会更多更好。

1. 曾文正公全集

《曾文正公全集》的编纂工作，在曾氏去世四个月后即在长沙开始着手，至光绪三年，前后历时五年，才全部完工。初刊全集共154卷，有如下内容：

卷首一册　　奏稿三十卷
诗集三卷　　书札三十三卷
批牍六卷　　杂著二卷
求阙斋日记类钞二卷　　求阙斋读书录四卷
十八家诗钞二十八卷　　经史百家杂钞二十六卷
经史百家简编二卷　　鸣原堂论文二卷
文集三卷　　家书家训
年谱十二卷

现择其要者，略加说明。

（1）奏稿。

内容自1850年正月至1872年正月的折片959件，缺漏甚多，后据曾纪泽清理，实有1856件之多，较现在行刊的奏稿，数量几乎多出一倍。

这些奏稿，绝大多数都和征讨太平军有关。曾国藩如何由一个无足轻重的在籍侍郎，逐渐演变为独挑大梁的清军统帅，从折片中可看出清晰的脉络。

曾氏晚年，经办过的重要事件有：建立江苏水师营制、办理永定河等处水利工程、改革盐务、试办直隶练军、查办天津教案等，在折片中都有反映，充分显示了他处理军、政、财、外交及地方建设等各项事务的才干和见识。

（2）书札。

起于1840年，终于何年无从得知。都是曾氏写给长官、朋友和僚属的私人信件，涉及范围广泛。

私函不像公文那样需要字斟句酌，它可以畅所欲言，较少利害与禁忌的顾虑，因而透露出更多真实的消息。

（3）批牍与杂著。

批牍是对僚属的下行文件，少数是给予外国领事官的札文。此类文件收录135件，数量虽少，但颇能显示他谆谆教诲部属的苦心。

杂著二卷，多属笔记、条规、章程、告示、箴铭、课程之类，往往与他处重复。这些资料既是考订史实的绝佳史料，也是后人处理事务的良好借鉴。

（4）求阙斋读书录。

分为经、史、子、集四部。经、史各占二卷，子部一卷，集部五卷，共为十卷。这是曾氏的“读书札记”。曾氏生平，爱好诗和古文，因此《求阙斋读书录》中，多为谈诗文名家的专集，可见曾氏在这两方面涉猎最广，心得体会也最丰。

（5）文集三卷。

收录曾氏文章141篇。最后一篇是《刘忠壮公松山墓志铭》，是一篇没有完成的残稿，只有三百多字，曾氏去世之后，由其弟子黎庶昌续作成篇。

曾氏生平所作文章，为数不多，这主要是由“功业”所误。他的文章，条理畅达，稳健雄浑，别有风格，可谓自成一派。

（6）家书家训。

家书家训有1500篇。从中可以看到一位典型的传统文化继承者，如何处理他与家族、邻里、亲戚之间的关系，怎样追求孝、悌、慈爱、温厚的完美人格。其中虽多是些家务琐事，但有关军国大事、为人处世的原则、训勉子弟进德修业的内容，也不少。曾氏治家教子术，已为各阶级不同政见人士所认同，故家训家信颇值一读。

值得指出的是：家信家训中也有不少糟粕。比如嫁女力求“门当户对”，而忽略了

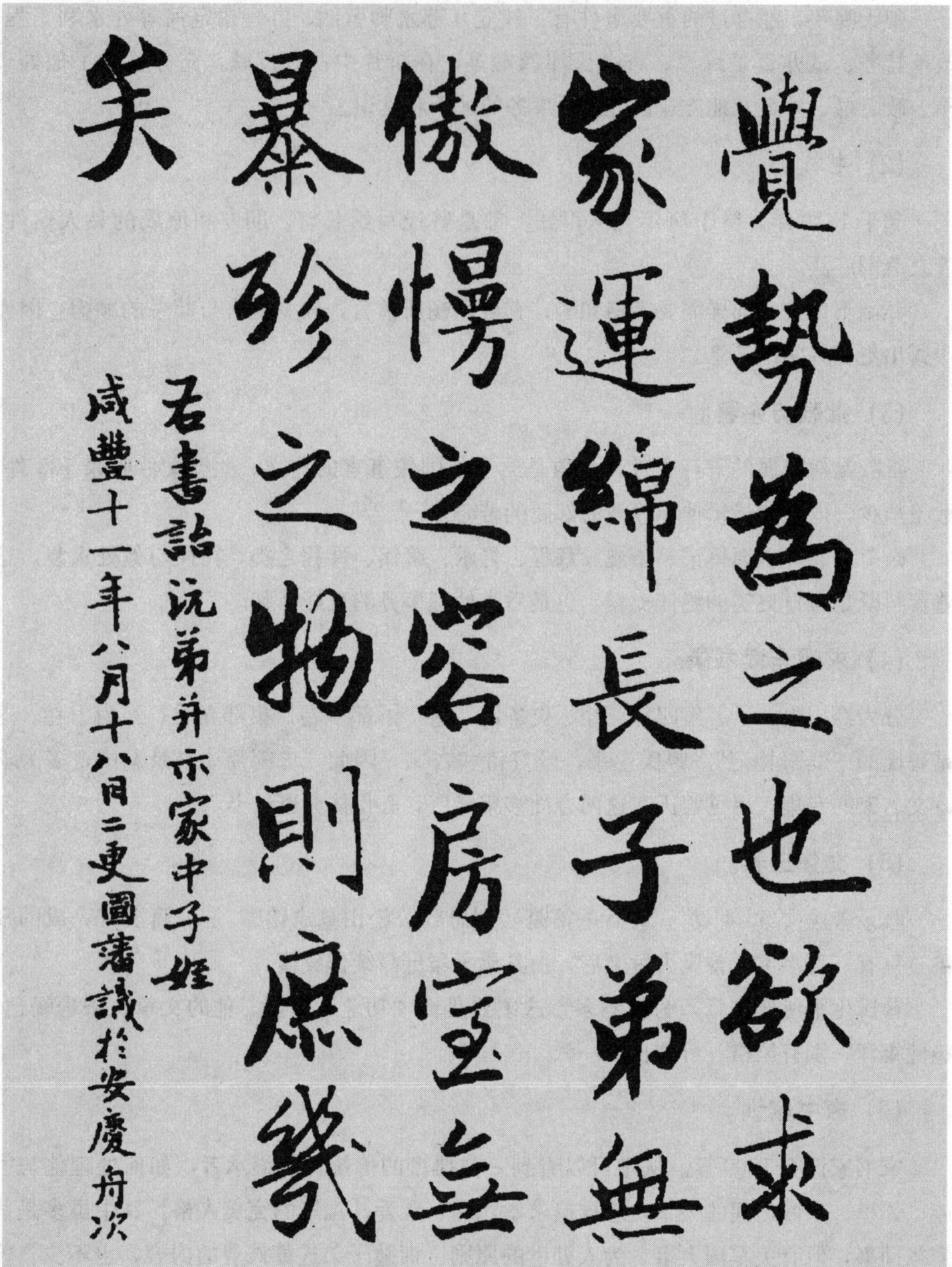
覺勢為之也欲求
家運綿長子弟無
傲惰之容房室無
暴殄之物則庶幾
矣
右書諭沅弟并示家中子姪
咸豐十一年八月十八日二更國藩識於安慶舟次

曾国藩家书手迹

女婿本身的人品，致使曾氏五个女儿之中，四个都遭受了不幸的婚姻，贻误一生。

2. 曾文正公日记

曾氏日记，于编印全集时，曾选用一小部分，分为二卷、十门，刊入全集，名之曰《求阙斋日记类钞》，但内容太少，不足以观全貌。

曾氏青年时期的日记，时而行书，时而楷书，很随意，说明这一时期他性情尚未趋于稳定。及至咸丰八年以后的日记，才维持行书字体，且大小匀称，整齐划一，这象征着曾氏的思想和人格，已臻成熟，不易随波沉浮了。

曾氏日记，有几个重要特点：

(1) 反省自励的文字很多。这是所谓“慎独”与“自讼”的修养功夫。曾氏严于责己，有时近乎苛刻。甚至在房里和自己太太开开玩笑，他也自责为“房闼不敬”。

(2) 很少在日记中批评有地位的人物。曾氏平生以“善于相人”自许，但决不写在日记上。

(3) 不轻易发表议论。曾氏知道这些日记将流传于后世，所以他在下笔时非常谨慎。所有对清廷的牢骚、对同僚和下属的不满，都尽量避免记载于日记，以免引起麻烦。

(4) 看似“流水账”，实则具有很高的史料价值，是一部具有多方面价值的著作。

六、后人评说

曾氏死后，其好友孙衣言送的挽联道：“人间论勋业，但谓如周召虎、唐郭子仪，岂知志在皋夔，独有独居深念事；天下诵文章，殆不愧韩退之、欧阳永叔，却恨老来浞轼，更无便坐雅谈时。”

上联谈曾的功业，下联说曾的文章无愧于韩愈、欧阳修。事实上，持这种观点的人不少。近代语言学家俞樾认为，欧阳修实际上还比不上曾国藩，他认为二人的学养相去不远，但曾氏的“丰功伟业”却是欧阳修所无法比的。

民国文人徐一士等人在《曾胡谈荟》一书中对曾氏及其学养十分推崇。认为清代有一君一相，君为康熙帝，相为曾国藩，最杰出。二人人品、治国术、学养均佳，其它英主才相，均有不及。称“国藩文章有绝诣，不仅为有清一代之大文学家，亦千古有数之大文学家”。

一代才子梁启超对曾氏文章大加称赞，说即使没有什么“事业”，单就文章而言，曾亦“可以入文苑传”。胡适也认为，曾氏使桐城派古文得以复兴又有自己的特色，因而胡认为曾氏实际上成为“桐城——湘乡派”古文的坛主。他身后，其弟子黎庶昌、吴汝纶等，都不能继续这个古文复兴的事业。

总之，作为一个日理万机的封疆大吏、一个“功业”盖世的“中兴名臣”，能有如此高的学养，学问上取得如此高的成就，文化遗产如此丰富，可谓千古罕见。曾氏死后谥为“文正”。中国两千年的封建时期，能谥为“文正”、“文成”的不过几人而已，曾氏获此谥，与其学养有关。清廷对他的盖棺定论有16个字“学有本源，器成远大，忠诚体国，节劲凌霜”，其中四个字就是专讲学养的。我们从前八个字也可以看出学养与领导能力的关系：无学则不成器，何谈领导能力。学养是领导能力的前提条件。这对今天的人们，仍具很好的借鉴意义：领导者必须加强学习，提高自己的学养。不学习就要落后，落后了虽然不至于挨打，但下台是可能的。有人曾调侃道：“曾国藩战胜洪秀全，是进士打败了落榜秀才。”这话当然很不全面，但洪秀全学养不如曾氏，见识不如曾氏，用力不用智，最终导致失败。实际上在左宗棠长沙进谏不为采纳时，就已经注定。洪秀全不仅下了台，也挨了打，还送了命。悲乎！一代豪杰，奋其私智，而不任天下之智力，乃曰：“吾信天，不信人”，“吾胸中自有百万天兵”，装神弄鬼，自取败亡，将士为之殉命，大业因而断送。此不学之罪也！非忠勇将士之罪也！

第三章　民本——满足下属的基本需求

惟农夫则无一人不苦
无一处不苦
历年以来，纵未必行得到
而寸心总不敢忘“爱民”二字

【原典】

惟农夫则无一人不苦，无一处不苦。农夫受苦太久，则必荒田不耕；军无粮，则必扰民；民无粮，则必从贼，贼无粮，则必变流贼；而大乱无了日矣。故须爱民重农，厚生以求治。

所恶乎贼匪者，以其淫掳焚杀，扰民害民也。所贵乎官兵者，以其救民安民也。若官兵扰害百姓，则与贼匪无殊矣。

吾自咸丰三年初招勇时，即以爱民为第一义。历年以来，纵未必行得到，而寸心总不敢忘“爱民”二字，尤悔颇寡。

【译文】

尤其做农夫的，是无一人不苦、无一处不苦。农夫受苦太久了，就一定会荒弃田地不予耕作。如此，军队就没有粮食，军队没有粮食就一定会扰民。老百姓没有了粮食，就一定会加入贼匪行列。贼匪没有粮食，就必定会变为流寇。如此，大乱的局面就不会有了结的一天了。所以必须爱护人民，重视农业，通过发展生产来改善人民生活，使其生活充裕，以求得社会的安定。

人们之所以痛恨贼匪，是因为他们烧杀淫抢，扰民害民。之所以看重官兵，是因为他们救民安民。如果官兵也扰民害民，就与贼匪没有什么不同了。

我自咸丰三年初办团招勇以来，就把爱民作为我的第一信条。多年以来，虽然未必做得到，但方寸之心，始终不敢忘却“爱民”二字，尤其后悔做得不够。

点　评

民本的思想，在我国有着悠久的历史。早在 2000 多年前，管子就提出顺民的思想，认为为人君者，每做一事，应顺民意。这是民本思想的最早起源。以后，民本思想进一步发展，于是有孟子的“民为贵，社稷次之，君为轻”之说。荀子则提出了“水则载舟，水则覆舟”的思想。到了唐代，民本思想在李世民君臣中得到了更大的发展，有舟

唐太宗像

水关系、鱼水关系、割股啖腹的说法，这反映了封建统治者民本思想的逐渐深化。

《贞观政要》之“政体”篇中，有文曰：“君，舟也；人，水也。水能载舟，亦能覆舟。”魏征在《十思疏》中也有类似的表述：“载舟覆舟，所宜深慎。”将统治者与被统治者的关系，比之为“舟水关系”，这与春秋时代齐国政治家管仲的描述“政之所兴，在顺民心；政之所废，在逆民心”，是一致的。李世民是在隋末农民起义的“乱世”中夺得政权的，他亲眼目睹了民众能“覆舟”的巨大威力，并对这种伟力产生了由衷的敬畏。魏征作为同一时期李建成的幕僚，也懂得这个道理。他更进一步地认为，统治者与人民的关系是“鱼水关系”，他说：“鱼失水则死，水失鱼犹为水也。”这都说明了开明的领导者对人民力量的油然敬畏。

以民为本，就要爱护人民。贞观初年，唐太宗对侍臣说：“为君之道，必须先存百姓，若损百姓以奉自身，犹割股以啖腹，腹饱而身毙。”意思是说：假如靠损害百姓来奉养自己，就如同割下自己大腿上的肉来填饱肚子，肚子饱了，命却完了。这进一步说明了“民为邦本”的道理。

史 鉴

齐国大旱很久了，齐景公想祭祀山神，晏子反对，景公又想祭河神，晏子又反对。晏子说山神和河神都是渴望下雨的，因为山神以石头为身体，草木为头发；河神以水为国家，以鱼鳖为百姓，不下雨对他们也有害处。于是景公问：“那该怎么办呢?”晏子说：“君王如果能够离开宫殿，在外露宿，也许能侥幸下雨。”于是景公到外面露宿三天，天果然下起了大雨。

北宋初年，宰相赵普和宋太祖一起宴饮，突然下雨，太祖就有些不高兴了，雨又不停，左右大臣都很惊恐。赵普这时上奏说：“外面百姓正盼着下雨呢！及时雨实在难得，可令乐官在雨中奏乐庆祝。”太祖很高兴。

晏子画像

唐朝何易于，任益昌县令。县城距州府有40里，刺史焦朴经常在春天带着宾客、眷属乘船来益昌游春，并要求两岸百姓为他拉纤。何易于亲自下水拉纤引船。焦朴见了大惊，问他为什么要这么做。何易于答道："现在正值春耕养蚕季节，只有我这个县令不忙，可以承担这份差事。"焦朴很惭愧，带了宾客随从急急离去。

宋朝赵抃任越州知州，有一年天灾欠收。赵召集本州豪门富户，劝他们出钱出粮，赈济灾民。他当即解下自己的金腰带放在庭院中，于是捐款捐物的人不断，救活了十几万饥民。

隋文帝开皇十四年（594年），关中大旱，百姓大多饥饿困乏。当时国家的仓库很满，杨坚竟不允许开仓救济，却让百姓逃荒，自己去找饭吃。隋文帝不爱百姓只爱仓库竟到了如此地步，以致于到他死的时候，国家储积的粮食，竟可以供全国的百姓吃五、六年。对于这段历史，唐太宗李世民感叹道："大凡治理国家，必须积蓄于民，而不在于装满国家的仓库。古话说得好：'如果百姓的用度不够，国君的用度怎么会够呢？'"

曾国藩深受中国传统文化的熏陶，有着强烈的民本思想，在他带兵治政的二十多年时间里，他时刻不忘"爱民"二字，尽力去实行，但由于种种客观原因的限制，曾氏的民本爱民思想，实施起来有很大的不彻底性。

一、曾氏的民本思想

曾氏的民本爱民思想，大致有三个发展阶段，即：早年京官时期、中年带兵时期和晚年洋务时期。

1. 早年京官时期

青年曾国藩所处的时代，是因西方侵略者的入侵而引发社会动荡与分化的时代。乾隆盛世已成过眼云烟，割地赔款的奇辱、军饷的重负、吏治的败坏、水旱虫灾的频仍，使得古老的帝国处于风雨飘摇之中。官宦京师的曾国藩，虽然每天接触的是仍然夜郎自大的朝廷与自命高贵的官僚，但他仍然敏感地体察到民间的疾苦，并表示出深切的同情。

（1）富于同情心，馈赠亲友。

曾家的贫穷亲戚多，他在做京官时期，收入本很微薄，但他仍尽力帮助那些生活在水深火热中的穷亲友。道光二十三年十一月，曾氏出任四川主考官，圆满完成任务归京，得到了他做官以来最大的一笔薪水：1000两银子。领到这笔钱后，他就把它们全部寄回老家，其中六百两给家中还债及零用，四百两用于馈赠贫困亲戚。道光二十四年的两封家信中谈到此事：

正月二十五日与父母书中说："男前次信回，言付银千两至家，以六百为家中完债及零用之费，以四百为馈赠戚族之用。"三月初十日与祖父书中谈到分赠的数目，"其分赠数目，另载寄弟信中，以明不敢自专之义"。还谈到馈赠亲戚的原因："孙所以汲汲馈赠者，盖有二故。一则我家气运太盛，不可不格外小心，以为持盈保泰之道。旧债尽清，则好处太全，恐盈极生亏；留债不清，则好中不足，亦处乐之法也。二则各亲戚家皆贫，而年老者，今不略为资助，则他日不知何如。自孙入都后，如彭满舅曾祖、彭王姑母、欧阳岳祖母、江通十舅，已死数人矣，再过数年，则意中所欲馈赠之人，正不保何若矣！家中之债，今虽不还，后尚可还；赠人之举，今若不为，后必悔之。"

馈赠贫苦亲戚，是曾氏一贯主张。除此次400两银子的馈赠之外，见于家信中的馈赠之举还有几次。如道光二十七年六月十七日与叔父书中谈到："金竺虔归，寄回银五十两。"后又有十两，"若作家中用度则嫌其太少，添此无益，减此无损。侄意亲戚中有最苦者，不得不些须顾送，求叔父将此十金换钱，分送最亲最苦之处。"

曾氏的心底有着深切的同情心。他见大舅挖洞而居，过着原始人一般的生活，他为之"恻然者久之"；楚善叔债台高筑，为债主所逼，入地无门，他为之感叹伤怀……曾国藩的亲戚族人，大多比较窘迫，曾氏认为对他们的馈赠是有价值的。在给沅弟的一封信中他说："六弟，九弟之岳家皆寡妇孤儿，槁饿无色，我家不拯之，则孰拯之？我家少八两，未必遂为债主所逼；他得八两，则举室回春。贤弟试设身处地而知其如救水火也。"

（2）计划设立田、社仓，以图拯救家乡贫民。

道光二十九年七月十五日与诸弟书中说道："乡间之谷贵至三千五百，此亘古未有者，小民何以聊生。吾自入官以来，即思为曾氏（家族）置一义田，以赡救孟学公以下贫民；为本境置义田，以赡救廿四都贫民。不料世道日苦，予之处境未裕。无论为京官者自顾不暇，即使外放，或为学政，或为督抚……苟仕宦所入，每年除供奉堂上甘旨外，或稍有赢余，吾断不肯买一亩田积一文钱，必皆留为义田之用。"

曾国藩画像

咸丰元年四月初三与诸弟书中，他又“思得一法”：办社仓。他说：“自澄弟出京之后，予又思得一法，如朱子（指朱熹）社仓之制，若能仿而行之，则更为可久。朱子之制：先捐谷数十石或数百石贮一公仓内，青黄不接之月借贷与饥民，冬月取息二分收还（每石加二斗），若遇小歉则取半息（每石加一斗），大凶年则借一石还一石，但取耗谷三升而已。朱子此法，行之福建，其后天下法之，后世效之。”但曾氏也承认，这种方法，后经官方介入，效果不好。“益事经官吏，则良法美政，后皆归于子虚乌有”。

但曾氏设想把社仓之法在他老家试行，以救饥民之困，他说：“国藩今欲取社仓之法，而私行之我境。我家先捐谷二十石，附近各富家亦劝其量为捐谷，于夏月借与贫户，秋冬月取一分息收还（每石加一斗），丰年不增，凶年不减。凡贫户来借者，须于四月初间告知经管社仓之人。经管量谷之多少，分布于各借户，令每人书券一纸，冬月还谷销券。如有不还者，同社皆理斥，议罚加倍。”如此不过十年，“可积谷至数百石，则我境可无饥民矣”。

这种社仓之法，实际上就是先捐谷若干，然后贷出取息，让谷物自行“增值”，越滚越多，从而可救更多的饥民。但是，当时曾氏还没有多少从政经验，一介书生，一厢情愿的东西太多了，很快就发现社仓之法不可行。

咸丰元年五月初八澄弟来信中说：“社仓之说，目前决不能行。乡间要借者太多，几十石谷不足建仓。有不当借而来借者；有借去本可以还，而须费尽心力乃来还者；有借去竟不能还者，即使一升利谷不要，也无可奈何，人心不古，暂毋庸议。”曾国藩接信后，于七月八日与诸弟书中说：“社仓之法，有借无还，今日风俗，诚然如此，澄弟所见，良为洞悉时变之言，此事竟不行矣。”至此，义田因曾氏自顾不暇，社仓因借出易、收回难而均告搁浅，未予实行。

（3）咸丰元年八九月间，曾氏还为家乡摊钱帮官一事写信劝阻。

摊钱帮官，实际上就是向百姓摊派，以助官府。这种愿望是好的：有钱的多摊，钱少的少摊。但实际上实行起来，往往是强者少出，弱者多出，遭殃的还是小民百姓。为穷人着想，曾氏力阻摊派，他于八月十九日与诸弟书中说：“帮钱垫官之亏空，我家万不可出力……现在作此说者，不过数大绅士，一时豪气，出此急公好义之言。将来各处分派，仍是巧者强者少出，而讨好于官之前，拙者弱者多出，而不免受之勒……若相援为例，来一官帮一官，吾邑自此无宁日矣。”九月初五他在信中又说：“我县之亏，亏于官者半，亏于书吏者半，而民则无辜也。向来书吏之中饱，上则吃官，下则吃民。名为包征包解，其实当征之时，则以百姓为鱼肉吞噬之；当解之时，则以官为雉媒而播弄之。官索钱粮于书吏之手，犹索食于虎狼之口，再四求之，而终不肯吐；所以积成巨亏，并非实欠在民，亦非官之侵蚀入己也。”在这里曾氏对“亏空”的原因看得很准：既非百姓拖欠，也非主官贪污，而是衙门的书吏在其中做了手脚，偷了油。曾氏对吏治腐败的痛恨，对小民百姓的同情，已可见矣。

(4) 写诗、上疏，备陈民间疾苦。

在京城做官的曾国藩，虽然每天见到的尽是些夜郎自大、自命高贵的官僚，但他仍然感受到民间的疾苦，并对人民大众的痛苦表达出深切的同情。在任京官时期，他写了一首诗，题为《里胥》，这首诗模仿杜甫《三吏》、《三别》的表现手法，写出了征兵给人民带来的痛苦，唱出了人民的哀声。诗的全文如下：

牛羊忽窜突，村社杂喧豗。昨闻府牒下，今见里胥来。召募赴戎行，羽檄驰如雷。“后期不汝宥，行矣胡迟回！”老妪捶胸哭，哭声亦何哀！龙钟六十余，伶仃唯一儿。弱小不识事，黄犊母之随。筋力倘可食，或免一家饥，薄命不足惜，儿去伤永离。老妪泣未阑，老翁跪致辞：“王事亦云棘，妇人哪得知。蝼蚁穴守土，自荷皇天慈。天威有震叠，小人敢疑猜？贫者当敌忾，富者当输财。便当遣儿去，不劳火急催。所愧无酒食，与吏佐晨炊。”贫者勉自效，富者更可悲。隶卒突兀至，诛求百不支。茜茜纨绔子，累累饱鞭笞。前卒贪如狼，后队健如狮。应募幸脱免，倾荡无余资。吁嗟朝廷意，兵以卫民为。守令慎其柄，无使胥吏持！此辈如狐鼠，綦綦肆恣睢。聊为道人徇，敢告良有司。

基于对民间疾苦的体察和对百姓的同情，他多次上疏备陈民间疾苦，咸丰元年十二月十八日他上疏说：“外间守令，或玩视民情，致圣主之德竟不能达于民，而民间之疾苦不能诉于上。”于是，他为民请愿，说目前问题在于“银价太昂，钱粮难纳；盗贼太众，良民难安；冤狱太多，民气难伸。”认为“百姓怨愤，则抗拒而易激成巨案”，官逼民反，自古皆然。第二天，他又上《平银价疏》，提出六条措施，建议贵钱贱银，以平银价，稍解民困。

广西事变前后几个月，他连续多次上书咸丰皇帝，痛斥时弊，谋划改革，措施可行，言词尖锐。他父亲曾竹亭看过其奏稿抄写件后也感叹“憨直太过”。上《敬吾圣德三端预防流弊疏》后，竟激怒了皇帝，险遭治罪。这一时期，曾氏的诗作，也反映了他正直敢言的可贵品格。如《送谢果堂前辈归江南》一诗：

我昔曾读知耻集，憾不追逐参翔翱。

当时小人窃国柄，孤鸣枭噪何贪饕！

霍家奴子青油幌，夜半狭巷公嬉遨。

一朝烧车震都市，骢马御史真人豪。

面对百姓的苦难，自己的奏疏又不见用，对苦难百姓爱莫能助，曾氏心情十分悲愤，他在写给胡大任的信中说："以世风之滔，为民长者之狭隘酷烈，而吾子伏处闾巷，内度身世，郎署浮沉，既茫乎未有畔岸，外观乡里，饥溺满眼，又汲汲乎有生之时日少之势，进不能以自效，退不足以自存，则吾子之迫切而思，以呼于九阍者，实仁人君子之至怀也。"这段话本是颂胡大任向皇上条陈数事，有忧国忧民之举，但也可以看出曾氏之内心世界：他欲拯黎民于水火，挽大厦之将倾的愿望是多么强烈！

2. 中年带兵时期

曾氏自咸丰三年办团练以后，有近二十年涉足兵间，这段时间，民本爱民思想仍然根深蒂固于曾氏心中。当然，由于阶级立场的关系，曾氏心中的"民"，所应爱者，应是"良民"，至少，也不是反对封建统治者，而是对封建统治秩序无危害的"顺民"。这也许是曾氏带兵时期爱民思想的局限性。

曾氏说过"凡养民乃为民，设官亦为民也，官不爱民，余所深恨"。他既深恨不爱民之官，因此自己一直以"爱民为第一义"。咸丰十一年三月十三日与二子书中说："余久处兵间，日日如坐针毡，所差不负吾心、不负所学者，乃未尝须臾忘爱民之意耳。"这可算曾氏的一个自我总结：他在军中，自感无愧的是，从未片刻忘过爱民之意，虽然未必处处都做得到。

咸丰八年，在那战火纷飞的年月，他还于十一月初六日在江西建昌前线作《爱民歌》，共八十句，给湘军规定了许多不许扰民害民的注意事项。这首《爱民歌》后来也被蒋介石用于训导黄埔军校学生。歌词如下：

三军个个仔细听，行军先要爱百姓。
贼匪害了百姓们，全靠官兵来救人。
百姓遭贼吃了苦，全靠官兵来做主。
第一扎营不要懒，莫走人家取门板。
莫拆民房搬砖石，莫踹禾苗坏田产。
莫打民间鸭和鸡，莫借民间锅和碗。
莫派民夫来挖壕，莫到民家去打馆。
筑墙莫拦街前路，砍柴莫砍坟上树。
挑水莫挑有鱼塘，凡事都要让一步。
第二行路要端详，夜夜总要支帐房，

莫进城市占铺店，莫向乡间借村庄。
人有小事莫喧哗，人不让路莫挤他，
无钱不扯路边菜，无钱莫吃便宜茶。
更有一句紧要书，切莫掳人当长夫。
一人被掳挑担去，一家啼哭不安居。
娘哭子来眼也肿，妻哭夫来泪也枯。
从中地保又讹钱，分派各团并各都，
有夫派夫无派钱，牵了骡马又牵猪，
鸡飞狗走都吓倒，塘里吓死几条鱼。
第三号令要严明，兵勇不许乱出营。
走出营来就学坏，总是百姓来受害。
或走大家讹钱文，或走小家调妇人。
邀些地痞做伙计，买些烧酒同喝醉。
逢着百姓就要打，遇到店家就发气。
可怜百姓打出血，吃了大亏不敢说。
生怕老将不自在，还要出钱去赔罪。
要得百姓稍安宁，先要兵勇听号令。
陆军不许乱出营，水军不许上岸行。
在家皆是做良民，出来当兵也是人。
官兵贼匪本不同，官兵是人贼是禽。
官兵不抢贼来抢，官兵不淫贼来淫。
若是官兵也淫抢，便同贼匪一条心。
官兵与贼不分明，到处传出丑名声。
百姓听得心就酸，上司听得皱眉尖。
上司不肯发粮饷，百姓不肯卖米盐。
爱民之军处处嘉，扰民之军处处嫌。
我的军士跟我走，多年在外名声好。
如今日子更穷困，愿我军士听教训。
军士与民如一家，千记不可欺负他。
日日熟唱爱民歌，天和地和人又和。

这支歌共三个部分，第一部分讲的品行，第二部分讲的行军，第三部分讲的纪律。

曾氏写这支《爱民歌》的原因，一是他看到了民心的向背是战争胜负的关键因素，正如《淮南子》所说："举事以人为者，众助之；举事以自为者，众去之。"从这个意义上看，作《爱民歌》也是一种政治策略。二来他也确是有感而发。他说："余近岁在军，每驻一处，即走遍城乡，县无屋不毁，无木不伐，富户破坏，穷民被欺。盖毁于贼者十之七八，毁于官兵者十之二三。古人云，兵犹火也，诚不虚也。"所以他每次委任将官，总要告诫他们，把禁止扰民放在第一位。这大概是曾氏作《爱民歌》的思想原因。

有了《爱民歌》还十分不够，曾氏还注意实行情况。他建议部下将领深入到百姓中去，亲自宣传，听取百姓意见。还要勤听诉讼，为百姓伸冤鸣屈，打抱不平。对于部下骚扰百姓的事，曾氏处理极严。咸丰九年，在径县曾出现过抢人财物事件，为首者被砍头示众。

咸丰十一年，曾氏又在安徽祁门大营作《解散歌》，共68句，其中规定了"八不杀"的政策：

第一不杀老和少，登时释放给护照。

第二不杀老长发，一尺二尺皆遣发。

第三不杀面刺字，劝他用药洗几次。

第四不杀打过仗，丢了军器便释放。

第五不杀做伪官，被胁受职也可宽。

第六不杀旧官兵，被贼围捉也原情。

第七不杀贼探子，也有愚民被驱使。

第八不杀捆送人，也防乡团捆难民。

人人不杀都胆壮，各各逃生寻去向。

贼要聚来我要散，贼要掳来我要放。

每人给张免死牌，保你千妥又万当。

往年在家犯过罪，从今再不算前账。

不许县官问陈案，不许仇人告旧状。

一家骨肉再团圆，九重皇宫真浩荡。

咸丰十年六月十日，曾氏在给曾国荃的信中说："出队以护百姓收获甚好，与吉安散耕牛籽种用意相似。吾辈不幸生当乱世，又不幸而带兵，日以杀人为事，可为寒心，惟时时存一爱民之念，庶几留心田以饭子孙耳。"他在奏折中也说过："中国之寇盗，其初本为中国之赤子。"这也许是曾氏作《爱民歌》和《解散歌》的一种思想基础吧。

江北海关旧照

3. 晚年洋务时期

同治八年四月一日，曾氏离开直隶总督府，前往永清、固安一带查阅永定河水利工程。三日给纪泽的信中记述了当时的情景：“沿途天气亢旱，麦稼既已全坏，而稷梁等不能下种。吾念百姓遭此旱灾，殆无生理，不胜焦灼。”曾氏晚年，他所期盼的“同治中兴”局面，似乎从未出现过。吏治腐败，灾患频仍，百业萧条，赤地千里。饥民嗷嗷思乱，“中国之赤子”，转眼之间就可能成“贼匪”。为民为国，曾氏均不胜焦灼。

曾氏晚年，外患更剧。西方列强利用通商条约掠夺中国资财，扩大其经济侵略。曾氏在许多涉及到国计民生的大是大非问题上，与列强“苦争”，竭力抗拒，在这些问题上，可以清楚地看到他民本爱民思想的痕迹。

第二次鸦片战争结束后，英、法、俄等国逼签的有关不平等条约中，有关通商的条款公布以后，曾氏对外国商品倾销中国市场的危害性予以特别的关注。他上疏主张改变以大臣“统辖江、楚、苏、浙、闽、粤六省数千里之远”，以至形成“鞭长莫及”的状况，而通过强化地方政权，以应付“自轮船入鄂以来，洋人踪迹，几遍于沿江郡县，或传教于僻壤，采茶于深山”的不利局面。对于洋人以条约为凭，恣意扩大条约以外的特权，如在中国建造铁路、私运盐米、传教于城镇乡村、“以邪教诱惑”残害愚弄中国民众等经济与政治上的入侵，曾氏进行了坚决的抗争。他反复指出：“军兴以来，中国之民久已痛深水火，加以三口、五口通商，长江通商，生计日蹙，小民困苦无告，几于倒悬。今若听洋人行盐，则场市商贩之生路穷矣；听洋人设店，则行店囤积之生路穷矣；听小轮船入内河，则大小舟船水手柁工之生路穷矣。”

当他发现洋商违约私运盐米，四处贩卖后，怒责英国商务代表白齐文“所犯罪情重大，至今未将该犯交出，即系洋官袒庇之明证”。他坚决主张中国“凡立一法，出一令，期在必行。”强调此后于船只经过之处：“令洋船停泊候查，查出之后，虽洋汉亦一律严惩。”对于洋商无理提出减轻关税的要求，曾氏立即“批驳不行”。并建议总理衙门针对洋人“逐利居奇”的本性，善筹与洋商周旋之对策。

同治七年，当外国侵略者借修约的机会，提出在中国设电报、筑铁路等要求时，曾氏立即在奏折中强烈反对，他说：“小轮舟、铁路等事，自洋人行之，则以外国而占夺内地之利；自华民之附和洋人者行之，亦以豪强而占夺贫民之利，皆不可行。至于铁路、轮船、行盐、开栈等事，害我百姓生计，则当竭力相争。”认为虽然“今日中国多事，洋人方张”，我国也不能“因曲徇和议而不顾内地生民之困”。

总之，在对外交涉中，曾氏极力为“小民生计”着想。他说：“总就小民生计与之切实理论，自有颠扑不破之道。”如果洋人争辩不休，要挟多端，也要力争。“即使京师勉强应允，而中国亿万小民穷极思变，与彼为仇，亦断非中国官员所能禁止。中国之王大臣为中国之百姓请命，不患无辞置办，不患洋人决裂”，即使“我以救民生而动兵”，也“上可以对天地列圣，下可以对四海苍生”。

曾氏这一思想集中地反映在同治六年十一月十五日的奏折中。这条奏折是为“预筹与外国修约事宜”而“密陈愚见，以备采择”。奏折中专门谈到洋人通商时，要保护“商民生计”的问题，他说：“大抵洋人之在泰西，数百年来互相吞并，无非夺彼国商民之利，然后此国可以得志。其来中国也，广设埔头，贩运百货，亦欲逞彼朘削之诡谋，隘我商民之生计。军兴以来，中国之民久已痛深水火，加以三口、五口通商，长江通商，生计日蹙，小民困苦无告，迫于倒悬，今若听洋人行盐，则场商运贩之生路穷矣；听洋人设栈，则行店囤积之生路穷矣；听小轮船入内河，则大小舟航水手柁工之生路穷矣；听其创办电线、铁路，则车、驴、任辇、旅店、脚夫之生路穷矣。就彼所要求各事言之，惟挖煤一事，借外国开挖之器，兴中国永远之利，似尚可以试办。应宝时条议册内以为可行，臣亦加签从而韪之。其馀如小轮舟、铁路等事，自洋人行之，则以外国而占夺内地之利；自华民之附和洋人者行之，亦以豪强而占夺贫民之利，皆不可行。以上各节，臣于孙士达等赍京册内，逐条签明，总就小民生计与之切实理论，自有颠扑不破之道。如果洋人争辩不休，尽可告以即使京师勉强应允，臣等在外，仍必以全力争回；即使臣工勉强应允，而中国亿万小民，穷极思变，与彼为仇，亦断非中国官员所能禁止。中国之王大臣为中国之百姓请命，不患无词置辩，甚至因此而致决裂。而我以救民生而动兵，并非争虚仪而开衅。上可以对天地列圣，下可以对四海苍生，中无所惧，后无可悔也。”

曾国藩在当年遭遇到的这些问题，在今天仍然有借鉴意义。现在，中国将加入世贸组织，也遇到既要利用外国资本，又要维护小民生计，保护国内幼稚产业的问题。所不同的是，今日中国已不再是昔日贫弱的老大帝国。可以想象，在积贫积弱的晚清时代，曾氏的苦争是多么艰难。

4．曾氏爱民思想对部将的潜移默化

曾氏的爱民思想，对部下有一些潜移默化的影响，尤其在湘军建军初期，湘军还是比较得人心的，与绿营“双枪兵”大不相同。当时曾经有过“百姓焚香于辫顶，跪岸上欢迎，呼各勇为青天大人”的事，恐怕任何一支军队能获得“青天大人”的称呼，都是可以引以为自豪的。湘军攻克吉安后，曾经向百姓分发耕牛牛仔。还在九江前线“出队

以护百姓收获”，甚至派出长夫帮助百姓抢收，这固然有军事供给上的考虑，但此举是很得人心的。这些爱民举措，使曾氏和湘军“名声极好，所过之处，百姓爆竹焚香跪迎，送钱米猪羊来犒军者络绎不绝”，真有点“军民鱼水情”的味道。一支地主阶级的军队，能做到这种程度，历史上是不多见的。

受曾氏影响，湘军中不少将领都具有民本爱民的思想。他们原来就是书生，不少人长期生活在社会下层，对人民的疾苦了解很深，因而很容易接受曾氏的教诲。这些将领中，彭玉麟是最突出的一位。彭玉麟是湘军水师统领，他疾恶如仇，一身正气，中年以后就独身生活，只有一两个老兵照顾起居。他弟弟吸食鸦片，被杖责四十，然后彭把他赶出门，说：“不断烟瘾，死不相见。”他弟弟悔恨交加，回到老家卧床三日，差点死掉，竟然戒断鸦片。于是兄弟和好如初，后来这位老弟经商发了大财，他豪迈大方，仗义恤贫，救济了不少穷人。

最能反映彭之爱民思想的事，当数他杀李鸿章之弟“四大人”。李鸿章任两江总督时期，他有个叫“四大人”的远房堂弟也住在督署衙门。金陵城内有个秀才的妻子很漂亮，“四大人”把她诱入署中，一个月后还不让她回去。秀才得知其情，请之不能得，上告到县、府又无人受理。于是很绝望，得了精神病，终日口中说个不停，讲他妻子被霸占的事。有一天彭玉麟在水西门停船，上岸后在茶馆遇到了秀才，问明真相后说：“你没听说彭打铁来了吗，何不去找他？”并代为秀才写状词。第二天，秀才果真去喊冤，彭召他入见，秀才见彭原来是昨日茶馆中那位茶客，大喜过望，彭见状也笑，他接过状纸，安慰秀才说：“明天你妻子就会回来。”

彭立即把状词藏在身上去见李鸿章，先纵论水师建设，又和他轻松地探讨执法的事。彭问道：“假使有人诱奸百姓的妻子，该当何罪？”李鸿章说：“当杀！”彭又问：“假使有官吏诱奸百姓的妻子，该当何罪？”李隐约之中似有所悟，勉强说：“当斩。”这时彭从怀中拿出状词呈给李，说：“公能执行法律则罢，不然当上奏朝廷。”李看完诉词，脸色大变，对彭拱手致礼道：“此事我确实不知，但劣弟为我母亲宠爱，可否稍微宽大处理？”彭说：“你刚刚说完当斩，是不是私情太重了？！”李又说：“那么请用家法处理如何？”彭说：“可以。”李请缓其一死，彭说：“其他都遵命，免死则不可。”李不得已，招呼这位堂弟出来，把状词扔给他，“四大人”害怕，叩头请求活命。李大怒道：“已经为你求情了，不能活，你立即自裁吧。”

彭应允“四大人”去与家人诀别，但坐在客厅等待。李见赖是赖不掉的，就叫侍从转告“四大人”：“让他把我的箱子揭开，摘取朝珠上的东西（即鹤顶红，沾舌即死，凡一二品官均有之），舔之即可，不要想活下去。”侍从进到内室，不久里面哭声大作，

"四大人"已死了。彭遂谢罪而出。第二天，秘访秀才的宅院，他的妻子已经归来，秀才的精神病也痊愈了。

"四大人"到底死了没有，也许还是个谜。但彭的这种为民作主的精神，确令人佩服。彭还曾经力劝曾国藩，杀死其弟曾国荃，说他"滥杀"、"贪婪"。可见彭确有疾恶如仇、爱民如子、刚直豪爽的风范。彭战后不愿做官，但坚持每年巡阅水师，常轻舟小艇，巡视各地，不独将官畏之如神，即地方官也望风震慑，民间不轨之徒互相惊吓说："彭宫保来!"立即藏匿不敢出。朝廷于是十分器重他，命他查核各封疆大吏。彭所到之处，访知文武贪官，非杀即参（参劾），人们称他为"彭打铁"。各级各类大小贪官，知道彭打铁复出，也不敢过于放肆。彭玉麟真是爱民的清官！国家不可或缺之人！

二、曾氏爱民思想的实施及其不彻底性

1. 爱民行为

咸丰八年，曾氏即作《爱民歌》。在部队内部，他带兵就像父兄带子弟一般，约束他们千万不要因骚扰百姓而坏了品行，损坏军民关系，也不能因嫖娼、赌博、吸大烟而坏了身体，影响部队形象。因此，湘军尽管有鲍超、曾国荃这些贪婪之辈，但从整体而言，湘军还是一支清正廉洁的军队，虽然其名声赶不上宋代的岳家军、明代的戚家军，但至少是清朝第一流的军队。从曾氏家书中，可见到当年这支军队的一些风采：

咸丰四年闰七月十四日与诸弟书中，叙述岳阳黄盖湖之战获胜情形："杨（载福）、萧（捷三）各军于十一夜入倒口黄盖湖内搜剿余贼，贼仅开十余炮，即纷纷登岸逃走。各哨兵谨遵我不许抢货之令，将六十余号空船一概焚烧。岸上百姓焚香于辫顶，跪岸上欢迎，呼各勇为青天大人，各勇每见一人即得如此称呼，高兴之至。"百姓呼兵为"青天大人"，古今少见，盖极度欢呼之词矣！同年十一月初七与诸弟书中又说："我军名声极好，所过之处，百姓爆竹焚香跪迎，送钱米猪羊来犒军者络绎不绝。"曾氏湘军受到如此"礼遇"，一则与乱世人民求治的心理有关，二则与湘军爱民之举有关，从另一角度也可以看出太平天国农民军的军纪存在着问题。

咸丰十一年，曾氏作《解散歌》，在此之前的咸丰五年的八月二十八日，他就在《复李元度》一信中谈到对太平军将士的宽大和湘军自身军纪问题。他在信中说：

"对于在太平军中担任过军帅、旅帅的首恶分子，我认为应该只杀他们本人，而不要诛连他们的家人。即便杀死他们，也不要烧毁他们的房屋。长江南北一带，落入太平军之手的州县曾经多达几十处。每个县中，接受太平军的任命而担任官职的不少于1000

彭玉麟画像

人。每家都有自己的亲戚朋友，也有自己的冤家对头。亲戚朋友会认为他担任职务是被胁迫的，情有可原；冤家对头则认为他追随作乱，实在该杀。要对这些人逐一核查，尽量宽恕。昨天，彭泽县令郭毓龙前来我的大营，说话间他忽然跪下请求说：‘将来大队官兵开赴彭泽时，请您禁止官兵不要焚烧房屋，我在这里代百姓请求保全身家性命，等等。我听后，很是伤感，此后，您辖下的军营查办在乡村担任伪官的事情时，万望禁止焚烧房屋，并且禁止捉拿他们的家人。”

从这段话的后半部分，可以看出严厉约束之下的湘军，也有做事过份、扰民害民的事。正如曾氏所言“兵犹火也”。带兵如玩火，不易控制啊。咸丰十年闰三月，太平军击破清军江南大营，进占苏州。四月二十四日，曾氏在与沅弟书中，谈到苏州惨遭“兵火洗礼”的情景：“苏州阊门外，民房十余里，繁华甲于天下，此时乃系金陵大营之逃兵溃勇先行焚烧劫抢，而贼乃后至”。曾氏感叹道：“兵犹火也，弗戢自焚，古人不余欺也。”他要求曾国荃：“弟在军中，望常以爱民诚恳之意，理学迂阔之语，时时与弁兵说及，如此胜则可以立功，败亦不至造孽。”

2. 爱民行为之不彻底性

中国有句古话，叫做“乱世用重典”。曾国藩身为朝廷重臣，自然要为维护封建统治秩序，使乱世重归于治而竭尽全力。而要做到这些，就必须杀人：清查“土匪”要杀人，带兵打仗要杀人。既要杀人，就难免有杀错的时候，这点曾氏自己也承认。天津教案期间，他也明知“杀人无以对百姓”，在已拿获的人中，“其供认可以正法者不过七八人，余皆无供无证”，而“将来不免驱之就戮，既无以对百姓，又无以谢清议”，但最终还是“计抵偿者二十人内外，军徒者十人内外”。为什么曾氏明知杀错人，还要错杀？并且不顾举国上下的非议，杀民以求和？这是曾氏的“全局观点”造成的。他说过：“如果保定和局，即失民心，所全犹大。”看来为了他心目中的“和局”，为使久乱积弱的中国不与列强“构衅兴兵”，他认为错杀十几个无辜百姓，自己声誉也一旦扫地，都是在所不惜的。这就是政治人物的复杂性。对历史人物的争议有许多都是由于没有联系历史的实际造成的，有道是“不可苛求于古人”。对曾氏也应如此。

曾氏一生中，民本爱民思想的实施有着很不彻底的一面，不少时候是两副面孔交替出现。一会儿，备陈民间疾苦，到处示恩示德；一会儿，又执刑唯恐不严，杀人唯恐不多。为什么会如此呢？有人评述说：“文正在京官时，以程朱为归依；至出而办团练军务，又变为申韩。”其实，这个说法是不准确的。曾氏之“刑杀”，实为其实现政治目标之手段，而时时处处均存“爱民”之意也是事实。曾氏说过：“书生岂解好杀？时势使然耳!”为杀人过多，他也曾表白自己的心境：“吾辈不幸生当乱世，又不幸而带兵，日以杀人为事，可为寒心，惟时时存一爱民之念，庶几留心田以饭子孙耳!”

带兵治政，而处大乱之世，杀人必不可免。他也尽力使自己不杀错人，不搞不教而诛。他说过：“除莠去草，所以爱苗也；打蛇杀虎，所以爱人也；募兵剿贼，所以爱百姓也。”在这里他把“杀贼”与“爱民”统一了起来。他还吸收了孔子“不教而杀谓之虐”的思想，主张对百姓多以孝悌仁义教之，不轻用刑罚。他曾批评说：“今天下郡县牧民之吏，大抵以刑强齐之耳，任蚩蚩者自为啄息，喜怒一不顾问。至其犯法，小者桎梏，大者弃市，豪强者漏网，弱者靡烂，苟以掩耳目而已。原国家所以立法之意，原如此哉!”最后他告诫道：“盖亦欲守土者，日教民以孝悌仁义之经，不率而后刑之。”

对于曾氏爱民行为的不彻底性，我们应联系当时的历史实际，来客观地看待这个问题。他是杀错了不少人，刑罚也太严酷了些，但是，做为一个乱世的政治家，可能也无法做出别的抉择，舍此实无他法。他在十多年时间内从无到有、白手建军，自筹军饷，不用国库开支，就平定了太平天国，实现了封建士大夫们乱世求治的梦想。在这一过程中，牺牲“少数人”的利益和生命，应算作治乱的代价。

当然，曾氏也有用上述观点看似无法解释的地方。比如九江、安庆、金陵的屠城行为，有的是曾氏直接授意的，有的是他默许点头的，这与他“八不杀”的政策是矛盾的。曾氏这样做的原因，一是这几座城池的太平军异常顽强，是“真正的悍贼”，斩尽杀绝以绝后患；二是进攻这几座城池，湘军付出了很大代价，湘军上下，大都心中窝着一团火，必欲“屠城泄愤”而后快。为保持湘军的战斗力，曾氏也必须顺军心，从而纵容直至支持部下的屠城行为，想反对也不行。

屠城行为与当时的两个历史条件有关：一是对“战俘”尚无妥善的处理办法。给路费遣散，对于“真正的悍贼”是放虎归山；收容在湘军之中，又不能放心使用，势必降低军队战斗力。太平天国后期，李秀成动辄用兵几十万。但因部队成份复杂，精干者不多，战斗力还不如太平天国初期的几万人马，即可为例。既不能放归，又不能收容在军中，也没有“战俘营”及配套政策，就只有杀戮一途了。

二是，屠城行为是维系军心、庇护部属，从而使湘军不至溃散而不得已的措施。湘军本来军饷奇缺，破城之后，军官们对士兵的抢劫只好睁只眼闭只眼。抢劫之后，又杀人放火以灭罪证，金陵浩劫即为其例；屠杀以泄愤，九江大屠杀即为其例；既泄愤又抢劫，安庆大屠杀即为其例。

太平天国忠王李秀成被俘后，向曾国藩摇尾乞怜，请求投降以免一死。他在《李秀成自述》中请求曾氏“俱用仁义刀，而平定天下。不可以杀为威，杀之不尽，仁义而服世间”。应该说，这与曾氏求仁求义的保民爱民思想是一致的，在中国历史上也多有招抚收拾残局的办法。但曾氏却并未用“仁义刀”，李秀成不久即被就地正法。曾氏这样做的原因，就是为了杀人灭口，以庇护部属，维护军心，亦以自保。如果李秀成活下来，金陵浩劫真相就可能大白于天下，朝廷与湘军集团的矛盾会进一步增大，湘军部将就可能哗变，曾氏地位亦危。由此可见，由于历史人物的复杂性，我们应该客观公正，实事求是地联系历史的实际，深入地分析，透过表象看实质，主次之中看重点，如此则可少些片面偏激的现象。

史 鉴

历史上在战争条件下施行仁政的事例。

唐高祖李渊派李靖领兵进攻拥兵四十万，占据江陵（今属湖北）称梁帝的萧铣。李靖精于用兵，出奇制胜，很快打败萧铣。唐军入驻江陵后，李靖严格约束部队，不得违犯军纪。但诸将极力主张对降将采取“籍没其家，以赏将士”的做法。李靖坚决反对，他以“王者之兵，吊人而取有罪”的道理规劝，说服了诸将。此后，在李靖宽待俘虏，体恤人民的正确政策感召下，原在萧铣控制下的江陵一带，“闻之莫不争下”。

八年之后，贞观三年十一月，李世民令李靖率十万大军，北攻突厥，大获全胜。不仅消除了唐朝北部边患，而且极大提高了唐王朝在周边民族中的威信。此后，西北诸部族纷纷归附称臣，尊太宗为“天可汗”。但此战李靖功劳虽大，由于“持军无律，纵士大掠”而受到弹劾，唐太宗严厉地批评了他，李靖并不辩解，只是顿首谢罪，为士兵的扰民行为深深自责。

事 典

海瑞（1514—1587），广东琼山人，字汝贤，号刚峰，回族人。他不仅是明朝著名的清官，也是中国历史上著名的清官。

海瑞为人十分正直，为老百姓的利益，敢于和权贵争斗，并多次上书皇帝，触犯龙颜，因而被多次罢官。他三起三落，因此而成为中国历史上的名臣。

海瑞是明朝嘉靖年间的举人，开始的时候任南平教谕，后来逐渐升官至户部主事。这时候，他给明世宗上了一道《治安疏》，结果“获罪”下狱。不久世宗去世，海瑞也就被放了出来。隆庆三年（公元1569年），以右佥都御史巡抚应天。在那里，他抑制豪强，整顿赋税，并疏浚了吴淞江，取得了很大的政绩。但同时也得罪了许多豪强地主和达官贵人，因而遭受到了弹劾，结果被罢官。万历年间，他再度被起用任京佥都御史和南京吏部侍郎。他不仅是一位著名的清官，还著有许多谋略方面的著作，在治国治民方面是很有见解的，如《驿传议》、《治安疏》、《乞治党邪言官书》、《革募兵疏》等。

下面要讲的是两个小故事，从中既可以看出海瑞爱民思想，也可以看出他独特的智慧。

在海瑞于江南任职的时候，都御史鄢懋卿曾借总理全国盐运的机会去南方巡游来到了浙江。明朝前期的吏治还是比较好的，由于朱元璋的严刑峻法，使得一般的官吏不敢胡作非为，但到了中后期，吏治就很腐败了。这位都御史鄢懋卿大概在京城里没有多少油水可捞，便想趁此机会大发横财。一路上，他受到地方官员的恭迎，要他们进献大量财宝、美女，弄得民怨沸腾。海瑞对此很是愤恨，听说他将要到自己的辖区，就准备好好地惩治他一下。

这天，鄢懋卿耀武扬威地开进淳安县，他已经习惯了别的官吏奉迎，以为此次还会

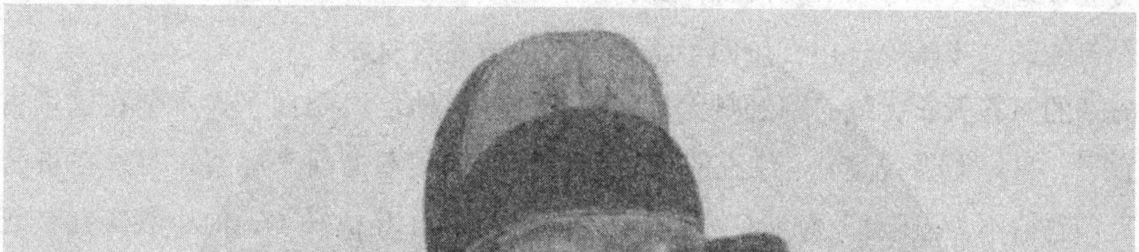

海瑞，字汝贤。居官时刚正清廉，屡平冤假错案，打击贪官污吏，人称“海青天”，是明代著名清官。

受到隆重的欢迎，但没有想到行至县城附近，也不见有官员前来迎接。在他正感到十分奇怪的时候，前面走来了两位衣衫褴褛、形似乞丐的人向他参谒。鄢懋卿一见，非常愤怒，厉声喝道："你们是什么人?"走在前面的那个人昂然答道："下官便是海瑞，前来恭迎御史大人。"鄢懋卿一听，更是火上烧油，他明知这个人就是知县，却故作疑问地说："淳安知县哪里去了？为何不来见我?"海瑞神情自若地答道："下官正是淳安知县，怎么敢不来迎接大人呢?"鄢懋卿见海瑞竟然不卑不亢，便大声呵斥道："你目中还有朝廷法纪么？如此破烂装束，连官轿也不乘，哪里还有为官的体统？你不敬上官，难道是有意要羞辱本官吗?"

海瑞的目的正是要顺水推舟。他不紧不慢地回答说："下官只知治理百姓，百姓安了，就自以为为官得体，别的一概不知，今蒙大人垂训，才茅塞顿开，只是不知违反了朝廷的哪一样法纪?"鄢懋卿这才知道海瑞是早有准备的，并不好对付，他也想让海瑞言语有失，便故意找茬说："难道治理淳安，都是你一个人的功劳吗?"海瑞说："我岂敢贪天之功，据为己有，只是食朝廷俸禄，躬行皇命而已。大人明鉴，官以民为本，小小淳安县，地瘠民贫，本来就没有什么物产，又屡遭倭寇蹂躏，已经凋敝不堪，下官实在不忍再扰民，才减免一切官员的车服贺仪，伏请大人原谅!"

海瑞的回答天衣无缝，鄢懋卿无言以责，到这时他已经明白了，不会在这里占到什么便宜了，只好勉强说道："你说的也有些道理。但我奉命前来巡察，暂且在贵公署住上一晚，恐怕不为过吧!"海瑞忙说："理当如此，下官准备好了。但小县实在贫乏，难以拿出什么好东西来款待大人，还希望大人原谅!"说完就将鄢懋卿领入县衙之中。

十分滑稽的是，海瑞没有找什么差人，而是自己充当差役，还叫来自己的妻子、女儿，以婢女的身份在一旁侍奉，除了茶饭酒肉以外，没有更多的东西，更不用说送上什么礼物了。

由于海瑞礼数十分周到，鄢懋卿找不出他的什么差错，只好干生闷气，随行的几个妻妾见捞不到什么好处，咒骂之声不绝，第二天一大早，鄢懋卿便不辞而别了。

如果说像这样的事还仅仅是不奉迎上官的话，那么，下面这件事就有点"胆大包天"了。

海瑞被任命为浙江省严州府淳安县知县以后，十分注意惩治地方上的恶霸和豪强，因为淳安县虽然很贫穷，但由于位于水陆交通要道，往来的客商、朝廷使臣以及各类官僚人员很多，接待这些人一直是历任知县最头痛的问题。达官贵人们来到这里，因为交通缘故，一般都要停留几天，没有不想趁机捞上一把的，因此，淳安县早已不堪重负，海瑞到任以后，便决心要改变这种局面。

一次，浙江总督胡宗宪之子路过淳安，这是一个典型的花花公子，他来到这里，由于当地没有送给他什么供奉，便故意找茬。在他住进驿站后，嫌侍候不周，马匹供应不及时，竟将驿站的官吏倒挂在树上毒打。当时，围观的人很多，但由于畏惧他父亲的权势，都是敢怒不敢言，没有一个人敢劝。

有人将此事报告了海瑞，海瑞闻讯，火速赶来，见此情景，怒火中烧，当即就想发作。但他知道浙江总督胡宗宪是当朝权相严嵩的党羽，炙手可热，弄不好自己丢官是小事，牵连了地方官可就过意不去了。不过，他是个很有谋略的人，立即就想出一个既使胡宗宪有苦说不出，又能惩治这个恶少的办法来。

海瑞当即分开众人，径直走进驿站。还没有等胡公子开口，海瑞便指着他厉声喝道："哪里来的狂徒，胆敢在此地撒野?"旁边站立的公人怕他若祸，连忙好心地小声提醒他说："这是总督胡大人的公子。"海瑞故意装出吃惊的样子说："胡说！这怎么可能呢？此人哪会是胡大人的公子？胡大人一向勤政爱民，教子有方，怎会纵容这种无赖之徒骚扰地方。分明是一泼皮无赖，假冒胡公子之名，来此行凶作乱，还不快快将他拿下!"左右差役正巴不得海瑞这样做，便不由分说，把胡宗宪之子和他的一行人扣押了起来。

海瑞把驿吏放了下来，又指着胡公子所携带的大小几十个箱子，当众说道："胡总督是个清正廉洁的好官，以前他到所辖之地巡察时，都曾明令地方属下不要铺张接待，更不许行贿送礼。而眼前这个人带了这么多行囊，肯定是搜括了民脂民膏，还打着胡公子的旗号，这样做事哪像胡大人的公子呢？打开箱子查验，便可分出真假。"

箱子被打开之后，果然装的全是白银。海瑞大怒道："这恶棍真是胆大包天，竟敢冒充总督之子，大肆行骗勒索，败坏胡大人的清名。对这假冒之徒，一定要奉明胡大人，严加惩办!"说完，海瑞根本就不听胡公子的分辩就下令将其拉出痛打一顿，并把他勒索的银两全部没收充公。

事后，海瑞修书一封，立即派人送胡宗宪，信中把当时的情况说了一遍，他说查扣了一名冒名的刁民，获取大量赃物证据，为正大人的清名，已当众将其治办，并请胡大人示下。胡宗宪接到奏报，真是有苦难言，无法明着怪罪海瑞，只好一面嘉许海瑞奉公执法，一面要求将"假冒"之人押解到总督府，由自己来查明处理。海瑞正打算由此脱身，马上派人将他的公子送还。

第四章　识人——具有辨识人才的眼光

无兵不足深虑
无饷不足痛哭
独举目斯世
求一攘利不先
忠愤耿耿者，不可亟得

【原典】

无兵不足深虑，无饷不足痛哭，独举目斯世，求一攘利不先、赴义恐后、忠愤耿耿者，不可亟得；或仅得之，而又屈居卑下，往往抑郁不伸，以挫、以去、以死。而贪饕出缩者，果骧首而上腾，而富贵、而名誉、而老健不死，此其可为浩叹者也。

人才至难，往时在余幕府者，余亦平等相看，不胜钦敬。洎今思之，何可多得。弟宜以求才为急，其阘冗者虽至亲密友不宜久留，恐贤者不愿共事一方也。

虽有良药，苟不当于病，不逮下品；虽有贤才，苟不适于用，不逮庸流。梁丽可以冲城，而不可以窒穴。犛牛不可以逮鼠；骐骥不可以守闾。千金之剑，以之析薪，则不如斧。三代之鼎，以之垦田，则不如耜。

【译文】

无兵不必深深忧虑，无军饷不用痛哭流涕，唯独放眼当今之世，想找一位推拒名利唯恐不先、见义勇为唯恐落后的忠勇耿直之士，不可马上得到。或许就是得到了，而又屈居于低贱的地位，往往被压抑不得施展，或受挫折，或被撵走，或抑郁而死。而贪婪且遇事退缩者，又都昂着头使劲向上爬，于是富贵、名誉都有了，且都个个健康，老而不死，这真让人感慨万千啊！

要得到一个人才，很难。过去在我幕府中的人，我都平等相待，很是钦佩和敬仰他们。至今想来，人才真是难以多得啊。弟弟你应当以求才为急务，那么那些无能的多余人员，即使是至亲密友，也不宜久留，他们留在那里，恐怕贤人不愿与之共事。

良药如不对症，还不如对症的次等药物；贤才如不适用于世，还不如庸碌之辈。精美粗大的木材可以做城门上的栋梁，但不可堵洞穴。牦牛不可以捕鼠，骏马不可以守家门。价值千金的宝剑砍柴，还不如斧头，古代用来煮食物的鼎，用它来耕田，还不如犁上的铧。

点评

薛福成曾经十分感慨地说过：“事须才而立。才大者必任群才以集事，则所成又有大者焉。累而上之，能举天下之才会于一，乃可以平天下。语曰：一人善射，百夫决拾。”曾国藩正是“举天下之才会于一”而“平定天下”的人。

一、中兴在乎得人

1. 人才决定一切，古今一也

春秋战国时期，最激烈精彩的不是战争，而是对人才的争夺，人才的得失直接导致王朝的兴衰。韩婴在《韩诗外传》书中说，殷纣王杀比干，而致殷并于周；陈灵公杀泄冶，而使陈亡于楚；弱小的燕国得到了乐毅，遂破强大的齐国；赵王误用赵括，而有长平之败……

汉朝开国皇帝刘邦总结得到天下的原因时说：“夫运筹帷幄之中，决胜千里之外，吾不如子房；镇国家、抚百姓、给饷馈、不绝粮道，吾不如萧何；连百万之众，战必胜，攻必取，吾不如韩信。三者皆人杰，吾能用之，此吾所以取天下者也。项羽有一范增而不能用，此所以为我擒也。”

曹操在袁绍帐下时，二人有一段精彩的对话。袁问曹："若事有不济，则什么东西可作靠山呢?"曹反问道："足下意以为何如?"袁绍说："我南面依据黄河，北边有燕、代之地，北方戎狄也可以依赖，藉此南面而逐鹿中原，以争天下，总可以吧?"曹操说："吾任天下之智力，以道御之，无所不可。""任天下之智力"，真是千古胜算!

贞观二年，唐太宗对侍臣说："为政之要，唯在得人，用非其才，必难致治。今所任用，必须以德行、学识为本。"

当代有一句名言："干部决定一切。"这是通行于全世界，通行于各种政党，也通行于古今的铁的法则。

曹操画像

2. 曾氏对人才的渴求

曾国藩对历史研究很深，这有助于他重视人才思想的形成。早在咸丰元年，他就向咸丰帝陈言道："今日所当讲求者，唯在用人一端耳。"他开始站在治国兴邦的高度来考虑人才问题了，指出当时京官和地方官普遍存在退缩、琐屑、敷衍、颟顸（不时事理，漫不经心之意）的毛病，认为他们"但求苟安无过，不求振作有为。将来一有艰巨，国家必有乏才之患"。

他于咸丰三年出办团练，更多地接触到社会实际，发现情况比想象的还要严重："无兵不足深忧，无饷不足痛哭，独举目斯世，求一攘利不先、赴义恐后、忠愤耿耿者，不可亟得或仅得之，而又屈居卑下，往往抑郁不伸，以挫、以去、以死。"而那些遇事不敢担当，又贪婪的钻营之辈，争先恐后地往上爬，"而富贵、而名誉、而老健不死。此可为浩叹者也"。曾氏对贤才被压抑、庸人当道的现实，十分愤激。

因此他出山后，就强调"欲求自强之道，总以修政事，求贤才为急务"、"国家之强，以得人为强"、"人存而后政举"、"国家大计，首重留心人才"、"用当一人而天下取，失当一人而社稷危"。后来他和胡林翼在为左宗棠说情的奏折中曾说："天下不可一日无湖南，湖南不可一日无左宗棠。"在他们看来，左宗棠可称是"用则天下取，失则社稷危"的举足轻重的人才。

咸丰十年冬，英法联军侵占北京，咸丰帝"狩猎"热河，朝廷上下乃有迁都之说。当时许多京官、地方官纷纷陈奏，几乎众口一词，以为迁都为第一良策。曾氏则认为迁都不是办法，他在书信中说："有人则可秦可滦，均足自立，无人则滦失而秦亦未必得。"他又引用历史史实，进一步阐述道：

"中兴在乎得人，不在乎得地。汉迁许都而亡，晋迁金陵而存。拓拔迁云中而兴，迁洛阳而衰。唐明皇、德宗再迁而皆振，僖宗、昭宗再迁而遂灭。宋迁临安而盛昌，金迁蔡州而沦胥。大抵有优勤之君，贤劳之臣，迁亦可保，不迁亦可保；无其君，无其臣，迁亦可危，不迁亦可危。鄙人阅历世变，但觉除得人之外，无一事可恃也。"

对于战争中武器与人的关系，曾氏也认为人的因素是第一位的。他说："制胜之道，在人而不在器。""攻守之要，在人而不在兵（兵器）。"还说："炸炮轮船虽利，然军中制胜究在人而不在器。"这与毛泽东的名言"决定战争胜负的第一因素是人，而不是一两件新式武器"的含意是相近的。因此他十分重视将领的作用，他曾在对友人的信中说："弟尝谓带勇需智深勇沉之士，文经武纬之才。数月以来，梦想以求之，焚香以祷之，盖无须臾忘诸怀。"咸丰十年六月，曾氏奉旨任两江总督，局面做大了，更需将才，

诸葛亮画像

他给友人的信中说："国藩当疲惫之馀，忽膺艰巨之任，大惧陨越，贻友朋羞。惟广求名将，以御寇氛；广求循吏，以苏民困。得一分则鄙人可免一分之咎；得十人百人，则地方渐受十分百分之福。"同治元年十月给沅弟的信中说："军中若无好统领，则兵虽多，亦如散钱委地，不足恃也。"

史　鉴

刘邦说："置将不善，一败涂地。"

诸葛亮说："国以军为辅，君以臣为佐。辅强则国安，辅弱则国危，在于所任之将也。将者，人命所悬，成败所系，祸福所依也。"

唐代名臣陆贽说："克敌之要，在乎将得其人，将非其人，兵虽众亦不足恃。"另一名臣魏元忠说："兵者王之大事，存亡系焉。将非其人，则殄人灭国。"

王安石说："有将帅，则不患民兵不力用矣。"清代唐甄在《潜书》中评价袁崇焕、孙传庭、卢象升时说："此三人者，皆良将，国之宝也。"

3. 曾氏求才不遗余力

曾国藩说："求人之道，须如白圭是之治生，如鹰隼之击物，不得不休。"白圭，战国时周人，他捕捉赚钱的时机，就如同老鹰和隼猎取食物一样迅速，且不达目的不罢休。

为此曾国藩随时都在留意人才。他的《无慢室日记》中列有"记人"一项，记录了大批或为官员、幕僚推荐，或毛遂自荐的人的名字，均附有曾氏考察的记录。他还从朝廷的京报，"内参"上获取信息，并将有用信息记下，分为"闻耳"、"闻舌"、"见可"三类。

他礼贤下士，颇有周公吐握之风。王闿运记述道："国藩专务以忠诚感召人心，每乡里士人来谒，温语礼下之。有所陈，务毕其说。言可用，则斟酌施行；即不可用，亦不诘责；有异等者，虽卑贱，与之抗礼。"《旧闻随笔》则记述了一个细节："咸丰以来，统兵大员惟公平生未尝台坐。其每见僚属必台坐者，胜保也。台坐者，旧制，大员见小吏，居中设独坐而坐，谒者立于旁也。"胜保时人讥称为"败保"，他胜仗未见有，架子倒不小。

曾氏也虚心体察自己的识拔人才上的得失，当上两江总督后，他发现自己不如胡林翼对士人更有吸引力，不少人愿效力于胡林翼处而不愿入曾氏幕僚。他很快就发现这是自己保举太少造成的，于是改弦更张，与胡展开了一场人才争夺战。他给胡的信中说：

“阁下如高山大泽，鱼龙宝藏荟萃其中，不觉令人生妒也。”又说：“庄子云：‘以下天为之笼，则雀无所逃。’阁下以一省为笼，又网罗邻近贤俊，尚有乏才之叹。鄙人仅以营盘为笼，则雀且远引高翔矣。”

每到一地，即广为寻访，延揽当地人才，他的幕僚中，如王必达、程鸿诏、薛福成等人都是通过这个方法求得的。同治四年，他走上剿捻前线，榜列《剿捻告示四条》，其中一条便是“询访英贤”。他指出：“方今兵革不息，岂无奇材崛起？无人礼之，则弃于草泽饥寒贱隶之中；有人求之，则足为国家干城心腹之用。”宣称：“淮徐一路自古多英杰之士，山左诸州亦为伟人所萃。本部堂久历行间，求贤若渴，如有救时之策，出众之技，均准来营自行呈明，察酌录用；即不收用者，亦必优给途费。”“如有荐举贤才者，除赏银外，酌予保奖。借一方之人才，平一方之寇乱，生民或有苏息之日。”薛福成就是在见到这告示后，呈送《上曾侯书》。薛在这洋洋洒洒的万言书中，提出“养人才、广垦田、兴屯改、治捻寇、澄吏治、厚民生、筹海防、挽时变”八项建议，每条建议都附有具体实施办法。全文条理清楚，文笔流畅，曾氏极为赞许，立即召他面见，发现他确有内政外交的真实学问，遂不嫌其为落第秀才，当即延揽入幕，深为器重，薛亦不负所望，成为洋务运动的重要人物。以后又成为改良主义思想家、外交家，时以“巨擘”相称。

在直隶总督任上，曾氏对人才广加延访，除专拟《劝学篇示直隶士子》一文广为传播外，还将人才“略分三等，令州县举报送省”。曾氏与人谈话、通信时，也不忘访察人才。

4. 洪、曾胜负，实在于人才之得失

湘军草创之时，不过17000人，太平军初起之时，勃然而兴，雄师百万。但两军对垒12年，一涨一消，胜负分明，什么原因呢？论武器，其本相当，开始太平军水师还占尽优势。论战略战术，双方都有得意之笔，也都有失误。事实上，在太平天国内讧前，太平军的军事优势是明显的，但一场内讧，死的死、走的走，不得不起用陈玉成、李秀成等第二代将领。洪秀全本人深居宫闱，“俱信神灵，诏言有天不有人”，对李秀成等顶梁柱也“信任不专”，又重用自己的两位无能的亲兄长“以分其权”，以致“明贤规避，豪杰不登，致有今日之败”。（录自《李秀成自述》）与之相反，曾氏出山之初，倍受地方官排挤，形影孤单，人才匮乏，但到咸同之交时期，他周围团结了大批良将谋士。据薛福成记录：仅总督府中幕僚就有近百人，实际幕僚总数达400人以上，其他如胡林翼、李续宾兄弟、彭玉麟、杨载福、左宗棠、李鸿章、曾国荃、鲍超等人都手握重

洪秀全雕像

兵，独挡一面，虽然他们中有些人如彭、左、鲍与曾氏有过隔阂，但多属“君子之争”。曾氏完全能做到在湘军内部号令如一，步调一致。到同治元年，洪、曾两大阵营的人才反差已相当大，太平天国的失败，也就不可避免了。

事实上，太平军失败的命运，早在定都天京时就已注定。定都天京，不仅是防御的战略代替了进攻的战略，而且定都后太平天国并未积极招揽人才，领导人日益腐化，人才有日减之势。而湘军则与此相反，左宗棠这样送上门来的人才，太平天国不用，曾国藩则如获至宝。我们对太平天国定都天京后，敌对双方领导人的个人素质不妨作一比较，就可看出太平军的失败实际上是有其必然性。太平军方面看洪秀全、杨秀清、韦昌辉、石达开、洪仁玕、李秀成、陈玉成；湘军方面看曾国藩、胡林翼、罗泽南、彭玉麟、郭嵩焘、左宗棠、李鸿章、江忠源。

洪秀全从 16 岁到 31 岁，四次参加乡试，都名落孙山，连个秀才也未考上，只得以教书糊口。出山之后又不接受左宗棠“改尊孔孟”的建议，不仅失去了左这样的人才，而且也没有得到绝大多数汉族读书人的理解和支持，使得“文士不足”的局面无法扭转。后来更是深居宫闱，沉缅于“水陆珍馔”、“金杯玉盘”的享乐生活，用人疑人，任人唯亲，甚至陷于迷信不能自拔，信天不信人。洪秀全还对内讧的发生有不可推卸的责任，正是由于他不问政事，一味享受，“有名姓之王娘达四十余人”，才助长了杨秀清的专权和个人权威思想的发展。而曾国藩 23 岁成秀才，24 岁成举人，28 岁获进士，学养深厚。出山之后广纳贤才，求贤若渴，一篇檄文，就把广大读书人拉到自己一边，曾氏幕府汇集了全国最优秀的人才，成为当时最大的人才库，也是最大的人才培养基地。“战战兢兢，死而后已”、“不要钱，不苟取，不怕死”、“困知勉行，坚韧不拔”等信条，深孚众望，颇得人心。他识人育人用人之能力，均为当世诸公所不及。他还善处与上级同僚和下级的关系，即使和左宗棠这样不易相处的人，他们所争也不是个人意气，更不为权柄，而是为“国事兵略”。“内讧”二字，实与湘军集团无缘。曾氏在战后表现出卓越的治国能力，国防、外交、洋务、吏治、军制改革、理财等方方面面，无不“规画精严”，这更是洪秀全所难企及的。

杨秀清，原是烧炭工，治国带兵均有一套，是太平天国中不可或缺的人才。在他死前，太平天国已达极盛时期，这与他的领导是分不开的。但在节节胜利的情况下，他个人权威思想恶性发展，且只有野心，没有权术，身陷死地，尚不自知。对所辖诸王，百般压制打击，平时耀武扬威，大要为排场，激起众怒。他的所作所为，与李自成手下的刘宗敏、牛金星这类人相似，本来还处于“革命尚未成功，同志仍需努力”的阶段，他却过早追逐名利和享受，也根本不懂收买人心的意义，一心想使别人怕他，把自己推到了火山口上，因而被害就不可避免。杨死后，洪秀全掌握实际领导权，但洪在这方面的能力远不如杨秀清。内讧之后，太平军缺乏有力的核心领导的局面，一直没有得到改变。胡林翼，道光十六年中进士，谋略甚深，是曾氏最好的朋友。他不仅善于笼络他的上级官文，也善于用人，颇能调和诸将。湘军两位水师统领彭玉麟、杨载福不和，胡亲往拜之，以泪相劝，使二人和好。安庆之役，最先是由胡策划，并提出“围城打援”，可见其谋略之深。胡死后三年，湘军就获成功，故曾氏称胡“赤心以忧国家，小心以事发生，苦心以获诸将，天宁复有似斯人者哉!”胡不仅在领导能力上胜杨秀清一筹，更重要的是重视团结，以大局为重，他对曾氏帮助很大。他死后，曾氏感叹道：“从此共事之人，无极合心者也。”

韦昌辉，原是桂平县金田村的大地主兼典当商。起义之初，他捐出全部家产，成为“太平圣徒”的第一笔捐款，太平军靠他的钱粮坚持了两个多月。他很有领导才干，最初清廷还以为太平天国的领袖就是他，可见其威信之高。但在内讧中，他大肆滥杀，想根除杨秀清的势力，取而代之，甚至对天王宝座亦有窥视之心，后又杀死石达开全家，恶性膨胀的权利欲最终也毁灭了他自己。而罗泽南和彭玉麟这两位湘军大将，罗很有谋略，曾建议攻武昌以解江西之困局，才干不在韦昌辉之下，可惜早死。彭为水师统领，对水师称雄长江，贡献极大，才干姑且不论。此人的忠诚和淡泊名利则远非韦昌辉可比。1855 年 9 月，曾氏急调彭赶赴江西，统领内湖水师。正在湖南衡阳探亲的彭玉麟，闻命启程，假扮客商穿越太平军控制的地区，步行数百里赶到南康府。这种勇敢和忠诚，非常人可为！战后，他引退归田，辞官不就，光绪七年诏署两江总督，辞；九年补兵部尚书，又辞，但未获批准，不得不出。引退期间，他坚持每年巡阅长江水师，阅毕归田，不恋权位。

石达开是太平军中文武兼备的杰出领导人，曾在湖口、九江之战、江西之战中屡败湘军，差点活捉了曾国藩。但圆滑世故，不肯任大事，不顾大局。他本来反对内讧，尤其反对滥杀，但不肯应招赶回天京使杀戮稍有收敛。事变后进京管理政务，被洪秀全猜忌，于是不顾大局，率本部出走，再也没有回过天京。江忠源举人出身，最先创建“楚勇”，战于广西全州蓑衣渡，打死南王冯云山，其治军才能不在石达开之下，而其长处则在于刚直、顾大局，敢任大事。他创建的楚勇，成为湘军的前身，1854 年春，他任安徽巡抚，守合肥，城破之后，溺水自尽。为保大局，竟至身死。

洪仁玕或许是太平天国仅有的一位杰出“谋士”，曾提出《资政新篇》，“围魏救赵”破江南大营之计，他之于洪秀全，犹如范增之于项羽，虽有奇谋妙计，却难于见用。他提出的改革方案，包括他对容闳的推荐，都不被洪秀全所用。而郭嵩焘则只是曾氏的第一高参，其他的高参至少还可以数出十多位。郭建议曾氏出山、建水师、推荐江忠源等人才……均为曾氏采纳。谋士的成功主要不在其自身，而在于能否“遭遇明主”。洪仁玕身死南昌，郭嵩焘出使英法，结局迥异，原因盖在此否?

战争后期，湘军中又有左宗棠、李鸿章各自独挡一面。太平军则靠李秀成、陈玉成竭力支撑。就个人素质而言，前两人学养深厚，为儒将；后两人凭经验作战，为勇将，虽堪称天才将领，但战略思想不统一，李秀成更缺乏远见，要对付左宗棠、李鸿章、曾国荃三人已较吃力，更何况还有曾国藩、彭玉麟、鲍超在后呢?

5. 时人评曾氏知人识人

《清史稿》评曾氏道：“至功成名立，汲汲以荐奉人才为己任，疆臣名帅，几遍海内。以人事君，皆能不负所知。”李鸿章作《曾文正公神道碑》，称誉他“持己所学，陶铸群伦，雍培浸灌，为国得人。……知人之鉴，并世无伦。万众一心，贯虹食昴。终奠九土，踣此狂丑”。薛福成的评论更为具体，他说：“自昔多事之秋，无不以贤才之众寡，判功效之广狭。曾国藩知人之鉴，超轶古今。或邂逅于风尘之中，一见以为伟器；或物色于形迹之表，确然许为异材。平日常谓天下至大，决非一手一足所能维持，故其振拔幽滞，宏奖人杰，尤属不遗馀力。”曾氏的对手、太平军名将石达开也曾称赞他“虽不以善战名，而能识拔贤将，规画精严，无间可寻。大师如此，实起事以来所未见也”。曾氏一生，亲自为将领兵踏阵，往往失败。而“将将则胜”，这大概是大帅之才的“通病”，如刘邦，将百万之兵，不如韩信，多次险被项大羽生擒，韩信评论他最多只能带十万人，但他善于“将将”故得天下。近人蒋介石，北伐战争中连战连胜，但他自己亲自指挥的几个战役，败得简直不像话。

汉武帝画像

二　曾氏求才方法

1. 衡才不拘一格

公元前106年，汉武帝下令让州郡官员察举人才，他在诏令中提出：要建立非常的功业，必须有非常的人才。因此，选拔人才必须不拘一格，不必求全责备。这则诏令写得很有气势，由此亦可窥见汉武帝的雄才大略。原文是：

“盖有非常之功，必待非常之人。故马或奔踶而致千里，士或有负俗之累而立功名。夫泛驾之马，跅驰（放纵不羁之意）之士，亦在御之而已。其今州郡察吏民有茂材异等可为将相及使绝国者。”

近两千年之后，曾国藩也反对以出身、资历衡量人。他说：“不宜复以资地限之。卫青人奴，拜相封侯，身尚贵主。此何等时，仍以寻常条例困屈奇男子乎！”因此他求才“但求一长可取，不可因微瑕而弃有用之才”。“人材以陶冶而成，不可眼孔太高，动辄谓无人可用”。曾氏是言行一致的。他对人才的延揽也是不拘一格，如薛福成所说：“在籍办员始，若塔齐布、罗泽南、李续宾、李续宜、杨载福、彭玉麟，或聘自诸生，或拔自陇亩，或招自营伍，皆各获其所长。即李世忠、陈国瑞以桀贪骜诈之名，仍奖其长而指其过，劝令痛改前非，不肯轻率弃绝。”被称为“儒将之雄”的李续宾，智谋不及其弟李续宜，悍将鲍超，虽“英鸷无匹”，但“目不识丁”。曾氏识用鲍超、塔齐布、容闳等人，就体现了不拘一格的原则。

鲍超刚从胡林翼手下转入曾氏大营，就提出家中母亲有病，想讨银200两，曾氏气得大骂。胡林翼一个劲地劝曾，曾氏终于想通了，立即给鲍超寄去300两，多寄了100两银子。鲍在曾氏帐下，很快成为一位杰出的将领，但他为人贪财，有一次求升官未获准，立即离营，并索要万两银钱，曾氏开始十分气愤，想严惩鲍。后来又是胡林翼派人持手书劝阻：“国家用人之际，勿以小过掩大功。”胡是鲍的老上级，胡最知鲍，鲍亦敬胡，胡又写信劝鲍改过，于是曾氏才饶了鲍超。由此可见，曾氏虽能不拘一格用人，但也有气不能忍之时，在这些时候，胡林翼对他的帮助很大。

说到胡林翼，不防多说两句。胡是与曾齐名的“中兴名臣”，他也很重视发掘人才，人称他“荐贤满天下”。在他推荐的人物中，有两位杰出人物：林则徐和左宗棠。如果不是他的推荐，林、左二人可能是另一番命运，近代史或许将因此改写。胡比林小二十多岁，但二人往来甚密，林当时在胡林翼岳父陶澍（时任两江总督）手下，任江苏布政使。胡极钦佩林的人品学问，乃在岳父面前极为奏保，陶去世不久，林即调任湖广总督，此后才有虎门销烟。

胡林翼画像

就像胡林翼这样的天才，年轻时也有嫖妓的污点。胡是贵家子弟，娶两江总督陶澍之女。相传订婚之初，陶夫人极力反对，但陶澍不听。到新婚之夜，新郎不见，后来得知他在妓馆，连忙派人去找，新郎已大醉如泥，草草扶入洞房，一觉到天亮。新郎去和妓女胡混，还像话吗？陶夫人更是埋怨丈夫，陶澍却说："少爷将来必为国家栋梁，功名在老夫之上，切不可小看他，他将来担当大事，一定不会糊涂的。"后来花花公子果然终成大器。

塔齐布为湘军名将，满族人。湘军创建之前，他只是绿营守备这样的下级军官。当时曾氏办团练，他率兵与官勇一起操练。曾氏每次见他早早到场，"执旗指挥，虽甚雨，矗立无惰容"，每当曾氏检阅士卒时，塔齐布都身着短衣，腿插短刀侍立一旁。曾氏对这位身材高大，面色赤红的满族军官很惊奇，与之攀谈，则更为欣赏，又到他军中检查，见其训练精严，且能团结士卒，曾氏叹道："绿营中居然有如此人才，真是天助我也。"于是次年建立湘军时，即破格提拔塔为统领。塔在战斗中十分英勇，咸丰四年闰七月初二与诸弟书中，曾氏称塔为"神勇"："贼自湖北汉黄以下，尽纠其精锐来岳，以与我军对抗，二十八日鏖战至五个时辰之久，塔军门匹马冲突，忽东忽西，全军士卒无一人不俯首咋舌，称为神勇。"这年年底，曾氏即保奏塔取代鲍起豹任提督，据载："受印日，士民聚以观，叹诧国藩为知人。"

对容闳的重用，也很能体现曾氏衡才不拘一格。容闳曾经强烈同情太平天国，他从美国耶鲁大学毕业归国后，满怀"西学东渐"的强烈愿望，于1860年11月来天京，19日拜会了洪仁玕，提出请太平天国建立一支良好的军队、一个良好的政府以及设立银行、学校等七条建议。洪仁玕对此很感兴趣，但几天后他却婉拒了容闳的建议，说战局紧张，无从实施等，容闳为报国无门而痛心，便于12月24日离开天京，去经营茶叶生意。正当他一心经商之时，突然收到几位朋友的来信，邀他前往安庆曾国藩大营。客闳担心曾氏会因他同情太平天国的"前科"而加罪于他，但他还是怀着疑虑的心情去了。到后才知曾氏得知他情况后，几个月里无日不想见到他，自己的担心是多余的。容闳一到，曾氏立即亲自接见，优礼有加，还主动征询，虚心采纳其救国良策，后来容闳成为洋务运动的骨干人才，为"西学东渐"做出了巨大贡献。

史　鉴

李世民上台后，面临着如何处理政变中敌对派的问题，他决定不以昔日政治立场划线，大胆启用敌对派。但是，前太子李建成与齐王李元吉的部下被提拔使原秦王府的一些老部下不满，李世民对他们说："今所以择贤才者，盖为求安百姓也。用人但问堪否，岂以新故异情?”即用人只看能否胜任，不以亲疏划线。魏征原是李建成的智囊，如李世民所言：“魏征往者实我所仇。”但李世民爱才胜于私怨，他早就赏识魏的学问和人品，又见他被捕后临危不惧，更是钦佩，遂亲自为他松绑、赦罪，并拜为谏议大夫，专管给皇帝提意见。魏到任不久，即立一大功。当时河北各州县一向与李建成有往来的人，很怕追究，图谋作乱。魏自愿去河北招抚，现身说法，混乱得以迅速平息。后来魏成为有名的谏臣，帮助李世民成就了“贞观之治”的伟业，这正应了一句古话：主圣臣直。

魏征画像

贞观二年（628年），太宗问左仆射封德彝（yí）说：“国家要从根本上达到安定，在于得到人才。近来我命你举荐贤才，没见你推荐过一个人。治理天下，事情极为繁重，你又不说一句话，我把荐贤的工作交给谁呢?”封答道：“我虽愚昧，但怎敢不尽心办理，只是到现在为止，我还没有发现有奇才异能之事。”太宗说：“前代的圣明君王，用人如用器，都是用当时的人才，不可能向别的朝代去借人才。难道要等到梦见了傅说（商朝贤臣），遇到吕尚（姜子牙）以后，再去治理国家吗？况且哪一个朝代没有贤能的人，只恐怕遗漏而不尽了解罢了！”封德彝（yí）于是惭愧地退下去了。

2. 辨良莠、重德才

用人不拘一格，是为广求人才，但这并不意味着良莠不辨，博收杂进。所谓不拘一格，是建立在基本符合人才标准的条件上的。曾氏对方存之说过：“搜求人才，采纳众议，鄙人亦颇留心，惟于广为延揽之中，略丰崇实黜华之意。若不分真伪，博收杂进，则深识之士，不愿牛骥同处，庸人得意，而贤者反掉头去也。”他说李元度“过人之处极多”，而“短处则患在无知人之明”，“凡有请托，无不曲从”。说曾国荃“爱博而面软，向来用人失之于率（不懂重），失之于冗（冗员多）”，教他“以后宜慎选贤员，以救率字之弊；少用数员，以救冗字之弊”。

为此他主张“德才兼备”。司马光对“德才”的定义为：“聪察强毅之谓才，正直中和之谓德”。于二者之中，曾氏更强调人的德行。他在笔记中论才德说：

“司马光曰：‘才德全尽，谓之圣人；才德兼亡，谓之愚人。德胜才，谓之君子；才胜德，谓之小人。’余谓……德而无才以辅之，则近于愚人；才而无德以立之，则近于小人，与其无德而近于小人，毋宁无才而近于愚人。”

基于对“德”的重视，他要求“于纯朴中简择人才”，认为“观人之道，以朴实廉介为质”。对那些“心窍多，以大言取宠”的浮滑之辈，深恶痛绝。他劝诫绅士说：“好谈兵事者，其阅历必浅；好攻人短者，其自修必疏。”故他强调“崇实而黜华”，崇尚“简默朴实”，厌恶油嘴滑舌的夸夸其谈。

他还据此提出具体的择人标准。曾氏把人才分为两大类：一类“官气多”，一类“乡气多”。他解释说：“官气多者好讲资格，好装样子，办事惊世骇俗之象，语言无彼此妨碍之弊。其失也奄奄无气，凡遇一事，但凭书办家人（指师爷）之口说出，凭文书写出，不能身到、心到、口到、眼到，尤不能苦下身段去事上体察一番。乡气多者好逞才能，好出新样，行事则知己不如人，语言则顾前不顾后。其失也一事未成，物议先腾。”无疑两者都有缺点，但曾氏更痛恨的是有官气，太不实干的官僚，而宁愿用有乡气的人。他指出：“若官气增一分，则血性必减一分。”提倡选“筋力健整、能吃辛苦之人”，“有操守而无官气，多条理而少大言”的“明白而朴实”的人，“尤以习劳苦能办事为本”。

这种乡气之说用到选用将帅上，则又可具体表述为“忠义血性”四个字，他说：“求将之道，在有良心、有血性、有勇气、有智略。”

曾氏识用鲍超，就是重“忠义血性”的例子。鲍是今重庆奉节县人，因家贫从军，行伍出身。咸丰三年入湘军水师，任哨长。克武昌后，升为参将，改领陆军，曾解曾氏祁门之危。后官至湖南提督，乃曾氏帐下一猛将。

鲍超不识文墨，仅认得自己的姓名，但作战勇敢，带兵有方，其憨直更令曾氏喜爱。有一次，鲍孤军被困九江，将派人向曾氏求救，叫文书写信，多时没有送来。鲍心急，顿足道：“都什么时候了，还咬文嚼字？”立即喊亲兵拿来一幅白麻，自己握着毛笔，于幅中大书一“鲍”字，四周作无数小圈围绕着，急急封函，派人送去。曾氏幕府中的人不解其意，就给曾氏看，曾氏大笑说：“老鲍又被围矣！”于是派出援军。

曾氏知鲍，鲍亦敬曾。有次鲍超学写“门”字，末笔没有写上钩。别人告诉他还缺一钩。鲍怒指厅中大门：“两边都不是直的吗，哪里有钩？”正好墙上悬着曾氏所赠对

鲍超画像

联，中有“门”字，这人于是说：“曾大帅写门字亦有钩矣。”鲍一看果然，即跪地三叩首，说：“先生恕吾武人!”

曾氏也很重视才识。他曾提出“将才四大端”，对为将者的才识提出四个要求：“一曰知人善任，二曰善觇敌情，三曰临阵胆识，四曰营务整齐。”曾氏十分折服常与他闹别扭的左宗棠之才，称他“刚明耐苦，晓畅兵机”，多次向朝廷力荐，左得以迅速升迁，由此可见曾亦重才。

但是，曾氏早年选人偏重“德才兼备”，且以德为主。他后来对此曾有几番感慨，他说：“为德为才，得一已难，两者兼全，更不数觏。”事实上，凡愿出来“做事的”，大多好名、贪财，而不贪名利者多欲苟全乱世，遁迹山林。对此曾氏叹道：“安得有人乎？勇于事者皆有大欲存焉!”他总结道：“当战争之世，苟无益于胜负之数，虽盛德亦无所用之。余生平好用忠实者流，今老矣，始知药之多不当于病也。”因此，同治元年六月十日他在信中对沅季两弟说：“有才无德者，当不没其长，而稍远其人。”看来这时他在“德才兼备”的标准上已有所让步。

魏征曾说过：“乱世惟求其才，不顾其行。太平之时，必须才行俱兼，始可任用。”这个办法实际上曹操早已实施，他在《求贤书》中写道：“今天下未定，此特求贤之急时也……若必廉士而后用，则齐桓其何以霸世！今天下得无有被褐（有污点之意）怀玉（有才之意）而钓于渭滨者乎？又得无盗嫂受金（这是陈平的典故）而未遇无知者乎？二三子其佐我明扬仄陋，唯才是举，吾得而用之。”曹操说得很出格，我不管你过去是否偷鸡摸狗，是否盗嫂受贿，只要对我有帮助，我都用你。许多政治家是这样做的，但却没有几个敢说出来（汉武帝或许是例外，但说得委婉得多），曹操真是耿直!

史 鉴

六正六邪是唐代选拔干部的标准。所谓“六正”，一是能预先把祸害消灭在萌芽状态的，为圣臣。二是尽力于国事，以良策辅佐上司的为良臣。三是早起晚睡，奉贤荐才的，为忠臣。四是能预知事情成败，而能转祸为福的，为智臣。五是遵守法纪，清正廉俭的，为贞臣。六是敢于直面批评领导过失的，为直臣。

“六邪”，一是安于做官、贪图俸禄、不办公事、毫无主见的“混混”，为具臣。二是一味讨领导欢心，苟且迎合，且与领导一起寻欢作乐的，为谀臣。三是内心奸邪，表面上讨好领导，妒贤嫉能的，为奸臣。四是诡辩足以饰非，馋言足以制造混乱的，为谗臣。五是手握大权，专横跋扈，结党营私，欺上瞒下的，为贼臣。六是哄骗领导，使之不能辨是非，陷领导于不义的，为亡国之臣。

3. 注重人才的相互吸引

唐太宗说过："为官择人，不可造次。用一君子，则君子皆至；用一小人，则小人竞进矣。"曾国藩也说："其阘冗者，虽至亲密友，不宜久留，恐贤者不愿共事一方也。""睹贤哲在位，则卜其将兴；见冗员浮杂，则知其将替。"为此他注意人才的相互吸引，他曾以青蚨母子相依为喻，说明物以类聚，"得一而可及其余"的道理。他曾经多次致书给胡林翼、左宗棠、曾国荃及在外工作的幕僚，恳求他们推荐人才。故曾氏幕僚中经人推荐而入者甚多，如方宗诚、陈艾是吴廷栋推荐，方宗诚又推荐吴汝纶，凌焕是刘星房推荐，赵烈文是周腾虎推荐，容闳则是李善兰、赵烈文推荐……不胜枚举。

曾氏在长沙岳麓书院求学期间，就注意交结良友，与郭嵩焘、刘蓉为深交。任京官时，以文会友，与吴竹如、窦兰泉、冯树堂、邵蕙西等人为至友。这种做法无意中起到了"以己才引人才"的作用，这些人后来多数都成了他幕府中的重要人物，而他们推荐的人更多。

史　鉴

齐国大夫淳于髡一天之内向齐宣王推荐了七位贤人。宣王说："你一个早上就推荐了七名士人，这未免太多了吧？"淳于髡说："不是这样。长同样翅膀的鸟一块儿居住，长同样脚的野兽一块儿行走。如果到水草丛生的沼泽去寻找柴胡、桔梗，则几辈子也找不到一个。如果到梁父等山的阴坡上，则可以用车子装。事物都有同类，我淳于髡是贤人的同类。大王向我征求贤士，就如同到黄河里汲水，找对了人啊！"

唐太宗李世民命文武百官上书议论治国的得失，中郎将常何陈述国事二十多条，所奏之事"事皆合旨"。常何本是一介武夫，太宗也为他的"进步"感到奇怪。常何回答说："提出这些意见的，是我家的门客马周，而不是我。"太宗于是马上召见马周，让他做监察御史，又加官至中书舍人，专门负责举荐贤才。太宗对他的工作很满意，说任用他举荐的人，多数都合心意。后来马周升至中书令，年仅47岁而殁。

4. 提掖后生

曾氏创建的湘军，是一支"年轻化"的队伍，1854年湘军成立时，15位统领及统帅的平均年龄只有35岁，如当时李元度33岁，塔齐布37岁，杨载福32岁，李续宜、曾国荃30岁，鲍超26岁，刘松山21岁！到太平天国被镇压时，除去已死的6位，这些将领的平均年龄也只有 45 岁，可见湘军将领以中青年为主，精力充沛而强悍。这种“年轻化”，是与其最高统帅提掖后生分不开的，也与他要求将领们“能吃苦耐劳”有关系。

孔子曾感慨道：“后生可畏。”人们研究历史可以发现，杰出的年轻后生总是站在潮流的前列，例如：秦国的甘罗，12 岁官拜上卿，善解外交难题，使秦未费一兵一卒便坐得赵国五城和燕国十一城；秦始皇 22 岁夺回执政权，38 岁统一六国；周瑜 33 岁指挥赤壁大战；诸葛亮出山时才 26 岁；彝陵之战中火烧蜀军的陆逊时年 38 岁；唐太宗 18 岁带兵，27 岁发动“玄武门政变”；岳飞 32 岁任元帅；戚继光 28 岁即成为抗倭名将，31 岁练就“戚家军”；太平天国前期名将石达开 21 岁就成为五王之一的翼王；后期名将陈玉成，20 岁任前军主持，死时才 24 岁；清康熙大帝，15 岁智除鳌拜，亲理朝政。外国人中，拿破仑 27 岁任军团司令，马克思 23 岁就成为著名的哲学家，牛顿 23 岁发现万有引力定律，爱因斯坦 26 岁发表《狭义相对论》……

5. 为国得人，不杂私念

曾氏为国得人，出于公心，他的心就像是一杆称，力求公正，不带有私人杂念。这可以从他使用李世忠、陈国瑞两位悍将看出。这二人论其德行，可称为小人，陈还是太平军叛徒，可谓气节全无，但曾氏当时已认识到“才德难两全”，对有才无德之人，不得不实行“用其才，远其人”的政策。如果不是出于公心，而掺杂一些曾氏个人的好恶，二人决不会见用。

最典型的事例则是他对前来投效的亲友，一律与外人一视同仁，不以亲疏划线。曾氏的南五舅，曾经有大恩于曾，当年曾进京赶考，没有路费，还是南五舅变卖家产，才得以凑足。曾氏在京做官时，年年都要寄些钱来接济五舅。五舅去世后，其独子江庆前来投奔，已任两江总督的曾氏自然热心照顾。可这位表弟既无才又疏懒，交给他办的事几乎无一成功，偏又爱以总督表弟自居。曾氏对他很失望，尽管五舅有恩于他，还是委婉而坚决地劝这位表弟回去。

曾氏刚克安庆时，有一位姓戚的家乡农民因家贫来投效，初次相见时曾对他很有好感，认为他是那种能吃苦办事的人。后来在有次吃饭时发现，戚某把饭中的谷粒捡出再吃，曾氏认为他必将见异思迁，富贵之后会忘本，遂赠以 20 两银作路费，让他回家。虽然戚某痛改前非，得以留下，后官至观察使，而此事亦可见曾氏处事之不杂私心。

史 鉴

雍正有妃，貌姣艳，时太子（即后之乾隆帝）将成年，因事入宫，过妃侧，见妃对镜理发。遽自后以两手掩其目，与之戏。妃不知为太子，遂以梳向后击之，中太子额。皇后见太子伤痕，问之，隐不言。严诘之，始具以对。皇后大怒，疑妃之调戏太子也，立赐妃死。太子大骇，欲白其冤，逡巡不敢发，思寻再三，不得策。乃以小指染朱砂，迅返妃所，则妃已气绝，乃乘间以朱砂印妃颈。且曰："我害尔矣！魂若有灵，二十年后，复与吾相聚，可乎？"言已，惨伤而返。至乾隆中叶，和珅为满洲官学生，在銮仪卫侍从圣驾。一日圣驾将出，仓猝中求黄盖不得。乾隆问："是谁之过？"和珅应声曰："典守者不得辞其责。"乾隆闻而视之，则似曾相识者。骤思之，于何处相遇，竟不可得，然心终不能忘也。回宫后，追忆自幼至壮事，恍然觉和珅之貌，与妃相似。因密召

和珅像

珅入，令跪近御座，俯视其颈，指痕宛然仍在。因默认珅为妃之后身，倍加怜惜。

嘉庆时，和珅被赐自尽。死后，人们在他腰带里发现绝命诗一首，诗曰：

“五十年前幻梦真，今朝撒手撇红尘。

他日睢口安澜日，记取香烟是后身。

这似乎更印证了他是“妃之后身”的说法。

和珅得到的恩宠与升迁之快，为有清一代所无。乾隆以个人好恶而识用人，其后果今人已家喻户晓。

三、知人之鉴，超轶古今

薛福成赞誉曾氏“知人之鉴，超轶古今”。李鸿章称誉他“知人之鉴，并世无伦”，石达开也说曾“虽不以善战名，而能识拔贤将”。一个人即使如何如何重视人才，但如无识人之明，则一切都无从谈起。在秦末乱世，刘邦、萧何都很重视人才，但在对韩信的认识上，刘邦认为韩信受过胯下之辱，胆小怕事，未必有真才实学。而萧何则认为韩信是大将之才，与项羽争天下，非用他不可，为此留下。萧何的知人之明，为刘邦建立大汉王朝，有着不可替代的贡献。“萧何月下追韩信”传为千古美谈。

1. 识人实难

抗倭名将戚继光说过：“居官不难，听言为难；听言不难，明察为难。”识人难，历来如此。

(1) 孔子误会颜回

当年，孔子困于陈、蔡之间，那次他发出了著名的感叹：“非鹿非虎，率彼旷野？”意思说：我们既不是虎又不是鹿，为什么都露宿于旷野呢？这回把孔子饿了几天，弟子颜回好不容易找到点米，拿回来赶紧下锅。饭快熟时，孔子见颜回从锅里捞了一把米往嘴里送，心想：怎么啦，颜回也这么自私啊？饭端上来后，孔子借口说梦见先父，要先以饭上祭，颜回忙说：“这饭上祭不行，刚才有烟灰落入饭中，我见扔掉可惜，就抓起来吃掉了。”孔子叹道：“俗话说‘眼见为实’，其实亲眼所见也未必可靠！”

(2) 廉颇被埋没

赵王想重新起用客居魏国的老将廉颇，便派使者去考察一下“颇尚可用否”。不料廉顾有一个名叫郭开的仇人，“多与使者金，令毁之”。见面后，廉颇“一饭斗米，肉十

孔子画像

斤，披甲上马，以示可用”，使者回去对赵王说：“廉将军老，尚善饭，然与臣坐，顷之三遗矢矣（不一会儿上了三次厕所）”” 赵王被蒙蔽，廉颇于是不被用。使者“毁”技之高，令人心寒。

（3）昭君出塞

史载：“匈奴呼韩邪单于入朝，自言愿婿汉朝以自亲。帝以后宫良家女王嫱字昭君赐之。”原来昭君未给画工行贿，汉元帝以其形象一般，打入冷宫，后又以之应付匈奴单于。及出一见，元帝大为后悔，单于喜不自禁。

正因为识人难，因此被推为智慧化身的诸葛亮提出“七观法”：“一曰问之以是非，而观其志；二曰穷之以辞辩，而观其变；三曰资之以计谋，而观其识；四曰告之以祸难，而观其勇；五曰醉之以酒，而观其性；六曰临之以利，而观其廉；七曰期之以事，而观其信。”唐代的魏征又提出“六观法”：“贵则观其所举，富则观其所养，居则观其所好，习则观其所言，穷则观其所不受，贱则观其所不为。”

2. 曾氏善识

据《清史稿》记载，曾国藩接见前来投效的人时“注视移时不语，见者竦然，退而记其优劣，无或爽者”。被接见的人，从相貌、言语、举止到处事、为人等方方面面，都在他的视线之内。据传，曾氏还颇知麻衣相法，据说他写过这样一则口诀：“邪正看鼻眼，真假看嘴唇。功名看器宇，事业看精神。穷通看指甲，寿夭看脚跟，若要看条理，全在语言中。”这则口诀中，“器宇”即风度，“穷通”即有无前途。有人说，曾氏有十三套学问，流传下来的只有两套，一套为曾氏家书，另一套则是看相的学问——《冰鉴》一书。这说法不一定准确，但亦可见曾氏颇知相面之术。前面的口诀即出自《冰鉴》。

（1）以相面术识。

曾氏对江忠源、陈兰彬、刘锡鸿、刘锡传等人的预言，十分准确，令人叹服。

道光二十四年，郭嵩焘带江忠源来曾氏寓所，三位老乡在京城相会，自然谈得十分高兴。事后曾氏对郭谈起他对江忠源的看法“生平未见如此人”，过了一会儿又说：“此人必立名天下，然当以节烈死。”后来江忠源果然战死在庐州（今合肥）。我们还可以从一些书信中了解到江的为人处事，借此证明曾氏识人之明。道光二十五年九月十七日曾氏与叔父书中说：“湘乡邓铁松孝廉于八月初五出京，竟于十一日卒于献县道中。幸有江忠源同行，一切附身附棺，必诚必信。此人义侠之士，与侄极好。今年新化孝廉柳溪

刘铭传像

在京久病而死，一切皆江君料理，送其灵榇回南。今对扶铁松之病而送其死，真侠士也，扶两友之柩行数千里，亦极难矣。”四年之后的道光二十九年十一月初五，曾氏与诸弟书中说：“江忠源在浙署秀水县事，百姓感戴，编为歌谣。署内一贫如洗，藩台闻之，使人私借千金，以为日食之资，其为上司器重如此。”江真可谓忠义之人，后来他率楚勇在广西全州蓑衣渡阻击太平军，打死南王冯云山，可谓“立名天下”，太平军进攻合肥，兵败投水自杀，可谓“以节烈死”。

刘铭传是淮军将领，一次出征前与其他将领一道去拜谒当时任两江总督的曾国藩。曾午睡未醒，他们等了近半个时辰（相当于一小时）。刘按捺不住，当众发起火来：“对部将如此怠慢，岂不令人心冷！战争时期如此静候，岂不延误军机！”正说着，曾氏步入大堂，旁人都为刘捏了一把汗，担心曾会降罪于他。岂料曾氏见刘“颜广面长，钟声铁面”，有“雄侠威棱”之气，断定他日后事业，非其他将领可比。众将走后，曾氏特留下李鸿章，对他交待说：“此人将是你最得力的助手，须好好看待他。”光绪十年，刘任福建巡抚，与法军战于基隆等地，收复台湾，次年任台湾首任巡抚，后在岛内兴建铁路，以通南北。光绪十六年，加兵部尚书衔。

陈兰彬、刘锡鸿二人颇有文才，有人荐二人给曾氏，曾氏面见后对人说：“刘生满脸不平之气，恐不保善终。陈生诚实一些，可官至三四品，但不会有大的作为。”不久，刘作为副使，随郭嵩焘出国，二人意见不合，常闹别扭。刘写信告郭“带妾出国，与外国人往来密切，辱国实甚”。郭又告刘偷外国人的手表！李鸿章自然袒护郭，将刘撤回，不再设副使。刘十分怨恨，上书清廷列举李鸿章有十可杀大罪，亦如石沉大海。刘更气愤难平，常出言不逊，亲友皆敬而远之。设宴请客，竟无一人赴宴，不久忧郁而死。陈兰彬后来已果真官至三品，但为人不肯随俗浮沉，终无大的建树。

(2) 见微知著，明察秋毫

曾氏做京官时，有两个门生，都取得了直隶知县的职位，同时去拜谒曾氏，曾氏问他们赴任的时期，其中一人为杨毓柟，回答说：“还得准备行装。”另一人则说：“已经雇好了车，马上就动身。”曾氏怀疑后者奸滑，后来得知果然先到任的是杨毓柟，于是很佩服杨的拙诚，认为他的前程比另一位大。杨后来官至大名知府，另外一位却因事被弹劾免官。

湘潭战役获胜后，朝廷令曾氏选择司道大员随营主持粮饷。时任湖南布政使的徐有壬，生怕被选中，便委婉地向曾氏述说自己的无能，曾氏轻轻一笑，表示不会选他，徐才放心地走了。曾氏私下对亲信说：“此辈怯懦，徒败吾事。虽请同行，吾亦当止之，况其不欲乎？”

曾氏对朝廷核心人物，第一次见面后就作中肯的评价。同治八年正月十六日，曾氏赴乾清宫参与宫廷宴会，曾氏位列汉官之首，与满族大学士倭仁东西对坐于同治皇帝座前，这是曾氏生前享受到的最高荣誉。在这次宴会上，他首次见到慈禧太后、同治帝及奕䜣、文祥、宝鋆等军机大臣。后来他在《能静居日记》中评论道：“两宫（指慈安、慈禧两太后）才地平常，见面无一要语；皇上冲默，亦无从测之；时局尽在军机三人。奕䜣极聪明而晃荡不能立足；文祥正派而规模狭猛，亦不知求人自辅；宝鋆则不满于人口。朝中有特立之操者尚推倭仁，然才薄识短。余更碌碌，甚可忧耳。”这里对慈禧的

秦始皇像

评价很重要，联想到此人四十多年的主政给中国带来了什么，究其原因，何尝没有“才能平常”之咎！

曾氏对部下的评价，皆十分精当。朝廷用他推荐的人，做封疆大吏的有、做一般官员的有，他们遍布全国，人数众多，但他们的表现，都能不辜负曾氏的荐举。如他保举塔齐布说“将来如打仗不力，臣甘同罪”。还譬如说左宗棠“取势甚远，审机甚微，才可独挡一面”，“以数千新集之众，破十倍凶悍之贼，因地利从审敌情，蓄机势以作士气，实属深明将略，度越时贤”。说李鸿章“才大心细，劲气内敛”。说沈葆桢“器识才略，实堪大用，臣目中罕见其匹”。称李、沈二人“并堪膺封疆之寄”。这些评价后来无不有所应验。

史 鉴

《史记》“管晏列传”说：“管仲既用，任政于齐，桓公以霸，九合诸侯，一匡天下，管仲之谋也。管仲曰：‘吾始困时，尝与鲍叔牙（一起做生意），分财利，多自与，鲍叔不以我为贪，知我贫也。吾尝为鲍叔谋事，而更穷困，鲍叔不以我为愚，知时有利不利也。吾尝三战三走（逃走），鲍叔不以我为怯，知我有老母也。公子纠败，召忽死之，吾幽囚受辱，鲍叔不以我为无耻，知我不羞小节，而耻功名不显于天下也。生我者父母，知我者鲍子也！鲍叔既进管仲，以身下之。……天下不多管仲之贤，而多（赞扬）鲍叔能知人也。”

尉缭子相秦始皇，见他“鼻高眼长，胸向前突出，声音像豺狼”，知其寡恩，少恻隐而多虎狼之心，久居其下必被杀，遂逃离秦国。

吕雉之父第一次见到刘邦，竟被刘邦的长相惊住了，遂以之为婿。刘邦特异之处是：鼻子长得很高，面形像龙，左边屁股上有72颗黑痣。

相士观王莽，说他：“猫头鹰似的眼睛，嘴巴则像虎口，声音如豺狼，这样的人能吃人肉，但终必为他人所吃。”

曹操姿貌短小，自以为无威仪，手下崔琰，则“声姿高畅，眉目疏朗，须长四尺，甚有威重”。一次匈奴使者来见，曹扮作护卫，崔代他坐在榻上。事后，使者说真英雄乃捉刀护卫之人。

晋文明皇后有识人的明智。当时钟会因才能出众被任用。皇后常对皇帝说：“钟会见利忘义，喜欢生造事端，宠信太过一定会带来祸乱，不可委以重任。”钟会后来果然反叛。

西汉大将军霍光的儿子霍禹和右将军张安世的儿子张千秋，一同率兵攻打乌桓。回来后拜见霍光，霍光询问战斗方略、山川地势等情况，张千秋口答军事、在地上画出地图，没有遗漏的。霍禹却说记不清楚，可以查资料。霍光叹道：“霍氏家势将要衰落，张氏家势将要兴盛起来！”

（3）亦有失误时

曾氏求才心切，因而也有被骗的时候。同治初年，有一个风度不凡之人来拜访曾氏，高谈阔论，颇有一番独到见解。曾氏礼贤下士，对投效的人都以诚相待，但不喜欢说大话的人，见此人口齿伶俐，便与他论及用人须防欺骗之事。此人侃侃而谈，十分认真地说：“受欺不受欺，全在于自己是何种人。我纵横当世，略有所见。中堂大人至诚盛德，人不忍欺；左公严气正性，人不敢欺。而别人不欺而尚怀疑别人欺骗他，或者已经被骗而不知的人，也大有人在。”此人这段话，大概是仿自《史记》中的一段著名评论：“子产治郑，民不能欺；西门豹治邺，民不敢欺；子贱治单父，民不忍欺。”

曾氏察人一向重条理，见此人讲了四种欺骗类型，很有条理，很是满意，于是对他说：“你可到军营中，观我所用之人。”此人应诺而出。第二天，他与营中文武官员接触后，对曾氏煞有介事地说：“军中多豪杰俊雄之士，但我从中发现两位君子式的人才。”曾氏急问是谁。此人举涂宗瀛及郭远堂对。曾氏又大喜称善，待为上宾。但一时找不到合适的位置，暂且让他督造炮船。

多日后，士兵向曾氏报告此人携1000两银子逃走了，军官们请示是否发兵追捕。曾氏默然良久，说：“不要追。”然后双手捋须，说：“人不忍欺，人不忍欺。”身边人听到这句话，想笑又不敢笑。几天以后，曾氏旧事重提，幕僚们问为什么不发兵追捕。曾氏说：“现今发、捻交炽，此人只以骗钱计，若逼之过急，恐入敌营，为害实大。区区之金，与本人受欺之名，皆不足道。”

这一事件后，曾氏对识别人才更加小心。后来有个浙江人上书给曾氏，曾氏认为此人有才，委任为营官，不久，知其险诈，立即革退。并在大营的门上悬示几个大字：“吾无知人之明，可愧可憾。”

曾氏在认人中出现偏差的情况是很少的，但他对自己要求很高，善于总结经验教训，故能成其知人之明。

事 典

贺长龄兄弟、陶澍、林则徐识左宗棠

左宗棠，字季高，又字朴存，号老亮，湖南湘阴县人，生于嘉庆十七年（1812 年）。4 岁时，随祖父在家中梧塘书塾读书。6 岁开始攻读“四书”、“五经”等儒家经典，9 岁开始学作八股文。

道光六年（1826 年），左宗棠参加湘阴县试，名列第一。次年应长沙府试，中第二名。

道光九年（1829 年），18 岁的左宗棠在书铺买到一部顾祖禹的《读史方舆纪要》，不久，又读了顾炎武的《天下郡国利病书》和齐召南的《水道提纲》。对这些涉及中国历史、地理、军事、经济、水利内容的名著，左宗棠如获至宝，早晚研读，并做了详细的笔记，对于今后可以借鉴、可以施行的则“另编存录”。这些书使他大大开阔了眼界，对他后来带兵打仗、施政理财、治理国家起了很大的作用。当时，许多沉湎于八股文章的学子对此很不理解，“莫不窃笑，以为无所用之”。左宗棠却毫不理会，坚持走自己的路。

道光十年（1830 年）十月，江苏布政使贺长龄因丁忧回到长沙。贺长龄是清代中后期一位著名的务实派官员和经世致用学者，曾与江苏巡抚陶澍改革时弊，政绩卓著，并请魏源选辑从清朝开国到道光初年有关社会现实问题和经世致用的论文，编成《皇朝经世文编》120 卷。左宗棠早就十分钦慕贺长龄的学问、功业和为人，便前往请教。贺长龄见左宗棠人品不凡，知他志向远大，极为赏识，“以国士见待”。见他好学，又将家中藏书任其借阅。每次左宗棠上门，贺长龄必亲自登梯上楼取书，频频登降，不以为烦。每次还书，都要询问有何心得，与左宗棠“互相考订，孜孜以进，无稍倦厌”。贺长龄还曾劝告左宗棠：目前国家正苦缺乏人才，应志求远大，“幸勿苟且小就，自限其成”。

次年，左宗棠进入长沙城南书院。这是一所历史悠久、声誉颇高的书院，为南宋时抗金名将张浚与其子、著名理学家张栻所创办，大学者朱熹曾在此讲学。此时主持者即是丁忧在籍的原湖北学政、贺长龄之弟贺熙龄。他也是一位著名的经世致用学者，教学的宗旨就是：“透以义理、经世之学，不专重制艺、帖括。”左宗棠在这里不仅饱览了汉宋先儒之书，求有用之学，又结识了后来成为湘军名将的罗泽南等人，并以志行互相砥

砺，学问义理共同研讨。贺熙龄也很喜爱左宗棠，曾说：“左季高少从余游，观其卓然能自立。叩其学则确然有所得……”

贺氏兄弟是一代名流、显宦，如此地看重左宗棠这个当时还十分贫穷的青年学子，使左宗棠感动不已，终生难忘。贺氏兄弟也一直没有忘记自己这位有前途的得意弟子，他们始终保持着密切的往来。

左宗棠

道光十七年（1837年），应巡抚吴荣光的邀请，左宗棠离家到醴陵主讲渌江书院。该书院有住读生童六十余人，但收入却很微薄，几乎朝不保夕。

不久，时任两江总督的陶澍阅兵江西，顺道回乡（湖南安化）扫墓，途径醴陵。陶澍是当时赫赫有名的封疆大吏，嘉庆、道光年间，连任两江总督十余年。任职期间，他在林则徐、贺长龄、魏源、包世臣等人协助下，大力兴利除弊，整顿漕运，兴修水利，改革盐政，因而政绩卓著，深得时誉。陶澍出身贫寒，“少负经世志”，又是当时经世致之学的代表人物。他敢于正视现实，关心民生，揭露封建衰世的黑暗和腐败，要求改革内政，主张严禁鸦片，加强军备，防御外敌入侵。

陶澍的到来，醴陵县令自然要竭力款待，为其准备了下榻的馆舍，并请渌江书院山长左宗棠书写楹联，以表欢迎。左宗棠崇尚经世致用之学，对陶澍也早有了解，十分崇敬，于是挥笔写道：

春殿语从容，廿载家山印心石在；

大江流日夜，八州子弟翘首公归。

这幅对联，表达了故乡人对陶澍的景仰和欢迎之情，又道出了陶澍一生中最为得意的一段经历。一年多以前（即道光十五年十一月底），道光皇帝在北京皇宫连续十四次召见陶澍，并亲笔为其幼年读书的“印心石屋”题写匾额。“印心石屋”是以屋前潭中有一印心石而得名。这件事，朝野相传，极为羡慕，陶澍也自认是“旷代之荣”。因此当他看到这幅楹联后，极为赏识，询知是左宗棠所作，便立即约请相见，“一见目为奇才，纵论古今，为留一宿”。为此，陶澍还特意推迟归期一天，次日与左宗棠周游醴陵，极为融洽，成为忘年之交，后来两人还成为儿女亲家。

可是，左宗棠在科场上却屡屡失意，在六年中三试不第，对他是个很大的打击。他虽然并不热衷于科场，不喜欢也不长于作言之无物的八股文章。但在科举时代，读书人不中科举就难以进身，有志之士也只有通过科举获取地位，才能实践其志。左宗棠后来说过：“读书非为科名计，然非科名不能自养。”又说：“读书当为经世之学，科名特进身阶耳。”左宗棠自少年时代就志大言大，尤为自负，自尊心也很强，因此三试不第之后，就下决心不再参加会试，从此“绝意仕进”，打算“长为农夫没世”。

道光二十九年（1849），左宗棠离开安化，来到长沙开馆授徒。女婿陶桄也跟他学习，此外还有长沙名流黄冕的三个儿子和益阳名宦周振之之子周开锡随之受教。

就在这年，发生了一件左宗棠一生认为“第一荣幸”的事。这年十一月，云贵总督林则徐因病开缺，途径贵州、湖南，回福建原籍养病。林则徐在鸦片战争中革职以后，遣戍新疆。道光二十五年（1845年）释还，署陕甘总督，次年任陕西巡抚，二十七年升任云贵总督。作为一代名臣，林则徐威望卓著，忠心耿耿，就是在革职流放中，也始终不忘国事。在新疆，他极力讲求防边强边之策，大力倡导屯田，兴修水利；在云南，整顿矿政，努力加强民族团结。由于操劳过度，身患重病，乃奏请开缺，回乡调治。

林则徐的官船经洞庭湖沿湘江上行，于十一月二十一日到达长沙，停靠在湘江岸边。湖南的文武官员知道后，都纷纷赶来拜会这位名满天下的大臣。但林则徐却想起了一位从未谋面的书生——左宗棠，便立即派人去湘阴柳庄邀请。

左宗棠接到来信，兴奋不已。林则徐是他素所钦仰的伟人，能得到他的邀请，与他会面，这确实是一件十分荣幸的事。早在青少年时，左宗棠就从贺长龄、贺熙龄兄弟和陶澍、胡林翼等口中听到过林则徐的事迹，后来在陶家读过陶、林的往返书信，已经了解到林则徐是一位学识渊博、才力超群、操守清廉的官员。鸦片战争中，林则徐卓越的爱国精神和伟大的人格，使左宗棠为之倾倒，对之崇敬和向往之至，他在给胡林翼的信中，曾表达了这一心情。他说：“天下士精通首理者，多知宫保（指林则徐），仆久蛰狭乡，颇厌声闻，宫无从知仆，然自十数年来闻诸师友所称述，暨观宫保陶文毅（指陶澍）往复收疏与文毅私所记载数呈，仆则实有知公之深。”

林则徐对左宗棠也并非陌生。他与贺长龄曾经是陶澍的属下，又早与胡林翼有过密切交往。陶、林、贺等志同道合，经常一起谈论天下大事、评品古今人才，自然早就知道陶、贺、胡等人对左宗棠的推崇。就在一年前，胡林翼任贵州安顺知府时，还一再向林则徐推荐："湘阴左君有异才，品学为湘中士类第一。"林则徐听后马上就要胡林翼写信，请左宗棠来云贵总督幕府。但当时，因左宗棠已受长嫂之托要为长兄的遗子世延办理婚事，又已接受陶家课读的聘约，不能前往，因而回信婉辞，表示"西望滇池，孤怀怅结"，深为遗憾。

左宗棠接到信后马上赶到了长沙。林则徐见其家人递上一张写有"湖南举人左宗棠"的大红拜帖后，便急忙叫快请至家中，同时吩咐对其他来客一概挡驾。左宗棠匆匆忙忙地上到林则徐乘坐的船上，待过板时，也许因为心情激动，不慎一脚踏空，险些跌倒。及到船舱盥洗更衣后，便立刻与林则徐畅谈起来。天色近晚时，林则徐命将官船顺着湘江水流，驶到岳麓山下一个僻静处停泊。随后，船中烛火通明，林则徐设酒宴款待左宗棠，两人一边喝酒，一边纵谈古今天下大事。

两人就天下大势从西北塞防到东南海防，从舆地兵法到办理洋务，从新疆屯田水利到滇中战乱，无不各抒己见。双方对治理国家的根本大计，特别是西北军政事务，见解不谋而合。两人，一个是年逾花甲、名震中外的封疆大吏，一个是年方三十七岁的草野书生，毫无拘束，侃侃而谈，直到第二天清晨。后来左宗棠回忆起这段难忘的湘舟夜话时，说两人"伉谈今昔，江风吹浪，柁楼竟夕有声，与船窗人语互相应答，曙鼓欲严，始各别去"。

林则徐像

会见中，林则徐将自己在新疆整理的宝贵资料，全部交付给左宗棠，并说："吾老矣，空有御俄之志，终无成就之日。故数年来留心人才，欲将此重任托付。"他还说，将来"东南洋夷，能御之者或有人；西定新疆，舍君莫属。以吾数年心血，献给足下，或许将来治疆用得着"。

临别时，林则徐还写了一幅对联赠给左宗棠：

此地有崇山峻岭，茂林修竹；

是能读三坟五典，八索九丘。

表达了他对左宗棠殷切的期望。

后来，林则徐还多次与人谈起这次会见，极口称赞左宗棠是“非凡之才”、“绝世奇才”。

这次会见，是两人神交已久的第一次，也是最后一次，但对左宗棠的影响却是重大的。20多年后，左宗棠经营西北，收复新疆、建置行省、屯田垦荒、兴修水利；在东南沿海编练渔团、创办船政、加强海防、抗击外敌，均是林则徐影响所致。

林则徐回到福建后，并没有休养多久。第二年，广西爆发天地会起义。清廷又起用其为钦差大臣前往镇压。但他刚到潮州时，却突然染病去世。在临终前，他还没有忘记左宗棠，命次子聪彝向咸丰皇帝代写遗疏，在疏中还一再推荐左宗棠为难得人才。

一个月后，正是左宗棠与林则徐会见一周年的日子，左宗棠在长沙黄冕寓馆中听到一这噩耗后，“且骇且痛，相对失声”。哀恸之余，他给林公子写了一封情意深重的唁函，并写下一联：

附公者不皆君子，间公者必是小人，忧国如家，二百余年遗直在；

庙堂倚之为长城，草野望之若时雨，出师未捷，八千里路大星殒。

这幅著名的挽联，后来书刻在福州西湖林文忠公祠堂（林则徐逝世后，谥文忠）。

第五章　育人——学会培养得力的下属

天下无现成之人才
亦无生知之卓识
大抵皆由勉强磨炼而出耳

【原典】

天下无现成之人才，亦无生知之卓识，大抵皆由勉强磨炼而出耳。《淮南子》曰："功可强成，名可强立。"董子曰："强勉学问，则闻渐博；强勉行道，则德日进。"今世人皆思见用于世，而乏才用之具。试能考信于载籍，问途于已经，苦思以求其通，躬行以试其效，勉之又勉，则识可渐通，才亦渐立。

盖天生之材，或相千万，要于成器以适世用而已。材之小者，视尤小者则优矣；苟尤小者琢之成器，而小者不利于用，则君子取其尤小者焉。材之大者，视尤大者则绌矣；苟尤大者不利于用，而大者琢之成器，则君子取其大者焉……故造之不力，则虽有瑰质，终亦无用。孟子曰："五谷不熟，不如荑稗。"诚哉斯言！

余与公之力所能勉者，引用一班正人，培养几个好官以为种子……倡成一时风气，藉以图报国者也。

【译文】

天下没有现成的人才和生而知之的人，人才大概都是由顽强磨炼而产生的。《淮南子》书中讲："功绩靠顽强的奋斗而成，名望靠顽强的拼搏而立。"董仲舒说过："努力求学，见闻自然日见广博；努力修身，道德一定会日益进步。"现在的人们都想为社会所用，但又缺乏才干能力。尝试着从书籍中寻找答案，汲取先人经验，苦苦思索以求弄通，又在实践中检验其效果，不断努力，那么学识就可以渐渐通达，才干也能渐渐培养起来。

世上大大小小的人才很多，主要在于成器能适用于当今之世。小材，比较于特小的材为优。如果特小的材能经琢磨使之成器，而小材又不便于使用，那么君子会用特小的材。大材，比较于特大的材为劣。如果特大的材不便于使用，而大材能经琢磨使之成器，那么君子会用大材。……因此对人才培养不力，即使有好的材质，也会终究没什么用处。孟子说："五谷不熟，不如稗草。"此话不错啊！

我与公（指胡林翼）所能尽力做的，就是引用一班正人，培养几个好官作种子……借以倡导出正直向上的好风气，以图报效国家。

点　评

曾氏一生，为挽救清王朝的危亡命运，做了大量工作，基本举措主要有三条：军制改革、整顿吏治、洋务运动。为实现上述三条，他反反复复强调：发现和培养人才是最关键的一着。薛福成曾评价曾氏，说他既是最高统帅，又"有师长督课之风，有父兄期望之意"，诲人不倦。曾氏死后，他的思想和事业得以延续，没有出现人亡政息的现象，与他培养接班人很有关系。

一、曾氏育人思想与方法

曾国藩曾对其弟国荃说过："办大事者，以多选替手为第一义。满意之选不可得，则取其次，以待徐徐教育可也。"从这句话可见曾氏育人思想与方法之大概：他重视育人，育人的目的是培养替手以成大事。他又对人才不苛求，认为关键在于磨炼和教育。育成之后，成为替手，他又鼓励下属独立发展，以成大才，以传薪火。

1. 育人思想

(1) 重视后天培养

曾氏不承认天生的天才，而主张后天的琢磨，这种"磨炼说"的理论依据是：人才不论大小，关键是要“成器”、要“适用”。不成器、不适用的人才，等于废才；成器、适用的小才，却是有用之才，应受到重视。他在送郭嵩焘南归时的赠言中，已详细地谈了这个问题。

不承认天才的存在，必然会重视对人才的后天培养。曾氏的磨炼说和人才贵在成器的思想，也对今人很有借鉴意义。中国过去推行的应试教育，弊端已逐渐暴露，种种弊端，归为一点，就是培养人才不适用于社会，按曾国藩的说法，这就叫不成器。现在推行素质教育，正是为了消除这些弊病，人才有大有小，关键在于成器，学历高不一定就成器，学历低不一定不成器，这可以帮助人们步出片面追求高学历的误区。人才以磨炼而成，所以在培养人才时应注意“磨炼”二字，磨炼的范围十分广泛：求学、日常生活、社会实践、身体锻炼等方面，都可以施以“磨炼”二字。

（2）育人的目的有两个：一是找替手，帮助自己成就事业；二是培养一些好种子，使事业得以延续

曾国藩曾告诫其弟：“办大事者以多选替手为第一义。”咸丰十年以后，清王朝内忧外患，危机重重。曾氏由此更是重视人才的培养，认为“粤捻内扰，英俄外伺，非得忍辱负重之器数十人，恐难挽回时局也”。这种“多选替手”的思想在历史上能找到正反两方面的事例。

“日理万机”一词通常是人们赞扬领导者的惯用语。但从决策的角度来看，它有着诸多的弊端。早在1000多年前，唐太宗李世民就意识到这个问题。贞观四年（630年），他在论及隋文帝杨坚时说：“天下之大，人口之多，事务之繁，须要灵活变通，凡事应交文武百官商议，宰相认真筹划，把事情考虑周详了，才可以呈奏施行。怎么能把一天中需要处理的许多事情，只决断于一人的思考呢？况且一天中处理十件事，可能有五件出偏差。处理对的当然好，处理不对的又怎么办呢？这样日积月累下去，不亡国还会有什么别的结果吗？如果广用人才，高瞻远瞩，严肃法令，又有谁敢为非作歹呢？”类似的话，他在贞观十六年也说过：“一日万机，一人听断，虽复忧劳，安能尽善？”

隋文帝杨坚天性多疑，事必躬亲。他每次坐朝都忙到太阳偏西，常常忘记吃饭的时间。“欲以一身之耳目而周知天下之务，以一人之手足而悉代百司之劳”，以致“每事皆自决断”，这样就难免“未能尽合于理”。杨坚死后，天下大乱，虽与隋炀帝荒淫有关，但杨坚这种不找替手，过于审细而不明事理的弱点，造成了他死之前，国家就已露动乱之萌。然而，在一些人眼中，杨坚竟是一个“励精之主”。

蜀汉丞相诸葛亮也是这样一个人物。在刘备白帝托孤之后，他“夙头夜寐，罚二十

隋文帝杨坚

以上，皆亲揽焉”。对下属不放手锻炼，重担集于自己一身，不仅他自己“出师未捷身先死”，而且在他死后，姜维北伐，竟出现“蜀中无大将，廖化充先锋”的可悲结局。诸葛亮的这种工作方法，在当时就受到有识之士的质疑。据《资治通鉴》第70卷记载：一次诸葛亮亲自校对登记册，主簿见后劝道：“为治有体，上下不可相侵。请为明公以治家喻之：今有人使奴耕田，婢事炊饮，鸡主司晨，犬主吠盗，牛负重载，马涉远路；如此私业无旷，所求皆足，雍容高枕，饮食而已。忽一旦尽欲以身亲其役，不复付任，劳其体力。为此碎务，形疲神困，终无一成。岂其智如奴婢鸡狗哉？失为家主之法也……今明公为治，乃躬自校簿书，流汗终日，不亦劳乎！”可惜这些话诸葛亮听不进去。

后来诸葛亮北伐，司马懿得知他每顿只吃一小碗饭，而军中“罚二十以上，皆亲揽焉”后，对人说：“食少而事烦，其能久乎?”果然不久诸葛亮即病死军中。

诸葛亮这种事必躬亲、一人独断的工作方式，不仅降低工作效率，出现错误，危害身体，也导致否定正确的意见。北伐之际，大将魏延曾建议自领精兵五千，出关中，循秦岭而东，由子午谷而北，十日可达长安，而长安兵少将弱，且粮食充裕可作军需。诸葛亮则率军由斜谷而至，两军会合，则可定咸阳以西，大局由此亦可渐定。然而，诸葛亮却认为这样做太冒险，因此年年循老路北伐，年年无功而返。

曾氏育人的第二个目的就是培养一些好种子，继承其事业，以保持政局稳定和政策的连续性。

曾氏极力提倡引用一班“正人”，培养几个好官以作“种子”。从短期看可以“倡一时风气”，从长远看可以做事业的薪火传人。他认为，清朝社会风气的转变，政治颓势的挽回，全在于“一二人之心所向而已”，“此一二人者之心向义，则众人与之赴义；一二人者之心向利，则众人与之赴利”，他又说：“余谓气节者亦一二贤臣倡之，渐乃成为风尚”。曾氏于是以“转移习俗而陶铸一世之人”为己任，下手处当然不是“一世之人”，而只是先培养“一班正人”。有道是榜样的力量是无穷的。曾氏这种做法有进步的意义，虽然不免有些英雄史观的色彩。

这些“正人”和“种子”，在曾氏死后，则成为曾氏事业的传人。青年时代的毛泽东很佩服曾国藩，认为他是中国历史上屈指可数的“办事兼传教之人”，这里有层意思：即曾氏的事业有传人，有继承者。毛泽东还列举了王安石、张居正等人，认为王安石变法轰轰烈烈，但受到的反对也最为激烈。王生前变法三起三落，死后更是人亡政息，改革成果化为乌有。张居正比王安石还惨，死后受掘坟、抄家没产之灾。与这些人相比，曾氏也曾进行过激烈的改革，如军制改革、洋务运动、整顿吏治等，生前也曾经有人反对过，但他能培养出事业的传人，把门庭继承发扬光大下去，还能以思想影响后人。

曾氏心中的第一号“种子”，自然是李鸿章，他早就看准李，并着手培养他，如让他组建淮军，自当一路。攻过金陵后，曾氏知道自己功高权重，朝廷疑忌颇深，于是采取“裁湘留淮”的避让之计，实现了曾、李权力的历史性交替。这样一方面解除了朝廷对他的疑忌，另一方面又使自己的主张和政策能继续实施下去。

李鸿章的迅速崛起，是在剿灭捻军之后，他在担任攻捻主帅不到两年时间便取得了胜利。战争中他担任湖广总督，与曾氏地位相当。平捻后，跃为协办大学士，跻身相国。两年后，取代曾氏任直隶总督，兼北洋通商大臣，开始“遥执朝政，凡内政外交，枢府常倚为主”，而李所主持的内政外交，无一不是继承曾氏既定的路线。

李鸿章像

曾氏曾经与李鸿章谈起他心目中的“种子”人物。他认为，除李之外，左宗棠属海内第一号人物，说他雄才大略，待人耿直、廉洁自守；其次当数彭玉麟，此人光明磊落，嫉恶如仇、淡泊名利、重视情义，是天下的奇男子；再次是郭嵩焘，其人之才，难有与之匹敌者，而且非书生之才；再往下数如刘长佑心地纯正，沈葆桢（林则徐女婿）很有能量，但心地狭窄……对于这些“种子”，曾氏平时留心培养，后来都各有建树。左宗棠平定新疆；彭玉麟训练长江水师，督办广东海防；郭嵩焘出任中国第一个驻外使节，驻英、驻法钦差大臣；刘长佐任直隶总督、云贵总督，宽和得众，熟悉边情；沈葆桢主持船政，接办福州船政局，后任两江总督兼南洋通商大臣。

史　鉴

尧、舜是原始社会末期杰出的部落首领。相传尧年事渐高时，与臣下讨论继承人问题，有人推荐他的儿子丹朱和另一个部落首领共工。尧认为丹朱“没有出息，性情凶残”，把王位传给他，会使天下弊病丛生，只有丹朱一人获利。而共工则“善于巧辩，心地邪辟，不可重用”。于是尧动员大家到民间去访贤，大家回来后推荐舜为人选，极为推崇舜的德行、能力。

尧为亲自考察，把自己的两个女儿嫁给舜，把九个不肖儿子送去向舜学习，一段时间后，女儿和儿子都有长进。于是他就把舜留在身边重用，考验三年后，命舜参与天子之政，又二十年后，命舜代行天子之政。又八年后，尧死，舜即位。

2. 育人方法

(1) 创造一个好的育人环境。

曾氏认为社会风气、士人的学风和教师的言传身教，对人才成长的影响很大。育人之前，先要创造一个好的外部环境。

他把社会风气对人才成长的影响称为“转移之道”。他在《应诏陈言疏》中说：“所谓转移之道，何也？我朝列圣为政，大抵因时俗之过而矫之使就于中。”就是说，矫正时俗使社会风气归于纯朴敦厚，是培养人才的重要条件。如何实行“转移之道”呢？他说：“欲人才皆知好学，又必自我皇上以身作则，乃能操转移风气之本。”如此便可“期默运而潜移，不肯矫枉而过正”。就是说，在全国，皇帝要以身作则。他还指出，在地方上，则要靠州抚以身作则，他说：“为人上者，专重修身，以下则效之者速而且广也。”“督抚之道，即与师道无异。其训饬属殷殷之意，即孔子谓‘诲人不倦’之意。”

关于学风和教师的作用，他说："人才随士风为转移，信乎？曰：是不尽然，然大多莫能外也。""有一二人好学，则数辈皆思力追先哲；有一二人好仁，则数辈皆思康济斯民。"他还强调为人师表者必须以"君子"之道严格要求自己，身教甚于言教，他说："仿君子之行，习君子之说，然后庶可成为君子，可以为师。"要求为师者"自立准绳，自为守之，并约同志者共守之，无使吾心之贼破吾心之墙子"。

（2）育人办法约有四条：课读、考试、历练、言传身教

曾氏要求所有的部属、僚友按其专业方向读书学习，而对身边的幕僚抓得更紧、要求尤严，既有布置，也有检查。攻克安庆后，战局趋于好转，环境较为安定了，他就对身边的幕僚进行定期考试，每月两次，亲出题目，亲阅试卷，评定等次。在曾氏与赵烈文的日记中，都有曾氏考试幕僚的记载。通过考试的方法，既可督促幕僚读书学习，也可以了解人们的各自的情况和水平。

曾氏把各种人才招来以后，除了少数人直接委以重任外，多数人则先安置在自己的幕府里，让他们办理文稿、充当参谋等，使他们得到实际工作的锻炼，增长才干，取得办事经验。与此同时，曾氏还利用茶余饭后的闲暇，结合自己的阅历与读书心得，谈古论今，内容切合实际，形式生动活泼，使幕僚们潜移默化，增长学问，开阔眼界。这样，经过一段时间的锻炼，再伺机荐任合适之职，让他们在实际工作中得到更大的锻炼，同时也为国出力。

李鸿章曾经讲过曾氏利用饭后的闲暇，潜移默化幕僚的情形，他说："在营中我老师总是要等到大家到齐了，才一同吃饭。饭罢后，即围坐谈论。他老人家又最爱讲笑话，惹得大家肚子都笑疼了，个个东倒西歪的，他自己偏一点不笑，以五个指头作把，只管捋发，穆然端坐，若无其事。"在这些诙谐的笑谈中，幕僚们不知不觉地学到许多书本上学不到的东西。

对于不在身边的幕僚、部将、子弟，曾氏则主要采取个别谈话、通信的形式，结合实际进行教育，"扬善于公堂，而规过于私室"。曾氏在回顾自己对部将的教育时说："臣昔于诸将来谒，无不立时接见，谆谆训诲……别后寄书告诫，颇有师长督课之象。"

如咸丰十一年四月六日曾氏在寄给鲍超的信中，就以"四字"相叮嘱。信中说："本部堂以四字叮嘱，曰小心大度，愿贵军门常常谨守。小心者，戒骄矜，戒怠忽，即前此所谓花未全开，月未圆满也；大度者，不与人争利，虽办得掀天揭地事业，而自视常若平淡无奇，则成大器矣。"

对于已在外授职的幕僚也是如此，如李榕在太湖城外带兵期间，李鸿章在主持江西赣州厘金局期间，曾氏都连连写信，有禀必批，有函必答，对如何为人做事，不厌其烦地循循诱导，至今在曾氏的“书札”与“批札”中仍保留了大量的这方面的文字。

从咸丰十一年八月十六日开始，他在安庆的大帅座船上撰写《劝诫浅语十六条》，其后，陆续写出说明部分，至九月二十一日毕。分劝诫州县、营官、委员、绅士四部分，每一部分有四条，每一条各有一百多字。曾氏将其刻印成册，使下属人手一本，对他们起到了很好的教育作用。这十六条的目录是：

劝诫州县四条（上而道府，下而佐杂，以此类推）：一曰治署内以端本；二曰明刑法以清讼；三曰重农事以厚生；四曰崇俭朴以养廉。

劝诫营官四条（上而统领，下而哨弁，以此类推）：一曰禁骚扰以安民；二曰戒烟赌以儆惰；三曰勤训练以御寇；四曰尚廉俭以服众。

劝诫委员四条（向无额缺，见有职事之员，皆归此类）；一曰习勤劳以尽职；二曰崇俭约以养廉；三曰勤学问以广才；四曰戒傲惰以正俗。

劝诫绅士四条（本省乡绅、外省客游之士，皆归此类）：一曰保愚懦以庇乡；二曰崇廉让以奉公；三曰禁大言以务实；四曰扩才识以待用。

每一条又各有一百多字的说明，如劝诫州县之第一条“治署内以端本”的内容说明是：

宅门内曰上房、曰官亲、曰幕友、曰家丁；头门以内曰书办、曰差役。此六项者，皆署内之人也。为官者欲治此六项人，须先自治其身。凡银钱一分一毫，一出一入，无不可对人言，则身边之人不敢妄取，而上房、官亲、幕友、家丁四者皆治矣。凡文书案牍，无不一躬亲检点，则承办之人不敢舞弊，则书办、差役二者皆治矣。

二、对部将和幕僚的培养

1. 对部将的培养

将领被选拔之后，如何对他们进行教育和培养，曾氏对此看得很重要。他认为，绿营兵之所以不堪一战，尽吃败仗，对将领缺乏教育培养也是一个原因。他说：“近年（绿营）驭将失之宽厚，又与诸军相距太远，危险之际，弊端百出，将则临阵处置失措，兵则以逃亡为长策，此败道也。”他反复强调，对于部属要以“血诚”二字规范其行为。他说：“带勇之人，第一要才堪治人，第二要不怕死，第三要不急于名利，第四要耐受辛苦。大抵有忠义血性，则四者相从以俱至；无忠义血性，则貌似四者，终不可恃。”这里的“忠义血性”与“血诚”是同义词。

在“血诚”的原则下，他要求诸将不能过多计较金钱地位，而要以为国家出力卖命为第一要义。但金钱地位毕竟是人之所趋，对于卖命有功的将领，曾氏又以“保护其令名为第一义，银钱等事不掣肘次之，保奖功名又次之”，即首先保护他的已有的名利，但对继续保奖则应慎重，以免诱发其过份的奢望，即所谓“施恩宜由淡而浓”也。

曾氏待诸将也用一“诚”字，他曾对李鸿章说自己向来“待诸将以诚，不肯片语欺人。不重在保人官阶，而在成人美名”。“其于银米子药搬运远近，亦必计算时日，妥为代谋，从不诳以虚语。各将士谅其苦衷，颇有家人父子之情”。曾氏以诚待下，使其教育更易收效。

此外，在具体的军政事务、后勤保障、战略战术等问题上，曾氏都对将士提出严格的要求、谆谆告诫、循循善诱，为作战的胜利和将才的成长，起到了良好的作用。

史 鉴

南宋初年，女真族建立的大金政权多次派兵进犯中原。朝廷腐败，一意求和，唯老将宗泽等力主抗金，收复失地。他惊喜地发现，年轻的偏将岳飞，是可当重任之才，遂寄厚望于他。

岳飞入伍前，母亲让他跪下，用钢针在其背上刺下了“精忠报国”四字，这成为他恪守终生的政治信条。入伍后，他很快成为一名下级军官。一次他率百余骑兵在河边操练，突然有敌军将至，岳飞对士兵们说：“敌军虽多，但不知我国虚实，我们应趁其立足未稳主动出击。”于是，一马当先，挺枪迎敌，敌军大败。此后岳飞便留守于宗泽帐下，日夜受教，饱受熏陶。

在曹州战役，岳飞又大败敌军。宗泽对他非常喜爱，然而见他作战并不按兵书上的兵法列阵，就拿了一份“阵图”，送给岳飞说：“你虽然勇智才艺胜过许多古代良将，但只会野战，怕不是万全之计。”岳飞研究完“阵图”后，拜访宗泽说：“阵而后战，乃兵法常规。然运用之妙，存乎一心。实战中，经常是以奇制胜的。”宗泽见他不盲从，更觉他深知用兵奥妙，是一位不可多得的大将之才。

后来在一次战斗中，岳飞违反军纪，擅离主力，断了军粮，险遭覆灭。吃尽了苦头的岳飞，经宗泽谆谆教导，决心痛改前非。不久后，他在阻击金军进犯汜水关等战役中，屡立奇功，显示了卓越不凡的军事才能。宗泽提升他为留守司统制，开始独挡一面。宗泽预言：“复兴大宋的重任，必将落在此人身上。”

在宗泽的提拔培养下，岳飞三十二岁便任军帅，这在宋朝历史上从未有过。他的岳家军发展至三万五千多人，同时节制八万之众。他一生所经战阵，往往“以少击众，未

岳飞，字鹏举，南宋抗金名将。组织岳家军抗金北伐，金人称“撼山易，撼岳家军难。”后被高宗、秦桧以“莫须有”的罪名杀害于风波亭。

尝一败”，赢得了“撼山易，撼岳家军难”的称誉。他生前收复了北方六州，迫使兀术撤军北归。可惜岳飞在政治上比较幼稚，坚持要北伐迎回“二圣”，而将置赵构于何地？这是岳飞因功被杀的真正原因。

2. 对幕僚的培养

多年来，曾国藩一直对其幕僚精心培养，视为子弟，除为数不多的几个老朋友和大儒名士之外，一般幕僚都对曾氏尊称为师。幕府既是治事之所，也是培养人才的学校。曾氏本人既是军政长官，也是业师，幕僚则既是工作人员，又是生童。曾氏在给朋友的信中描述他的幕府说：“此间尚无军中积习，略似塾师约束，期共纳于轨范耳。”他给丁日昌的信中谈得更具体：“（江南制造）局中各员譬犹弟子，阁下及藩司譬犹塾师，勉之以学，教之以身，诫之以言，试之以文，考之以事，诱掖如父兄，董督如严师，数者缺一不可，乃不虚设此局。”当时丁在协助李鸿章创建江南机器制造局，这段话虽是为江南机器制造局而言，同样也适用曾氏幕府，可以说是他幕府中的一项宗旨。曾氏还把这个宗旨用对联写出，贴在两江总督衙门的门上：虽贤哲难免过差，愿诸君谠论忠言，常攻吾短；凡堂属略同师弟，使僚友行修名立，方尽我心。

在对幕僚的培养过程中，他提出“以己之所向，转移习俗”。强调正人先正己，以身作则。他最恨官气，因此就摒弃官府排场，力禁部下迎送虚文。他最恨懒惰，自己就首先做到放醒炮即起，而对部下僚属，小到个人修身治心，大到治军治饷，无不严格要求，耐心训导。

曾氏还根据自己的体会，将当时切于实用的知识学问概括为四项内容，令每一位幕僚自选一项进行钻研。他在《劝诫委员四条》之三《勤学问以广才》中说：“今世万事纷纭，要之不外四端：军事、吏事、饷事、文事而已。凡来此者，于此四端之中宜各精习一事。习军事则讲究战攻、防守、地势、贼情等件，习吏事则讲究抚字、催科、听讼、劝农等件，习饷事则讲究丁漕、厘捐、开源、节流等件，习文事则讲究奏疏、条教、公牍、书函等件。讲究之法则不外学问二字。学于古则多看书籍，学于今则多觅榜样，问于当局则知其甘苦，问于旁观则知其效验，勤习不已，才自广、而不觉矣。”

在曾氏培养之下，曾氏幕府成为中国当时最大的人才宝库，不仅人才数量多，质量高，而且各型人才齐全：谋略、作战、军需、文书、吏治、文教、制造之才，样样俱全。当时李鸿章有将进酒古风一首，述幕府人才之盛：

南丰老人应寿昌，说经舌粲莲花香；

往往谈兵惊四座，却行伤足怨迷阳。

吾宗文雅兼武略，浙东争谈小诸葛。
佞佛仍持苏晋齐，凌云未解相如渴。
诗家许浑殊翩翩，苦吟欲度饭颗前；
更有王郎歌砍剑，泻地涌出百斛泉。
满堂豪翰济时彦，得上龙门位不贱；
牡丹时节金带围，定有五色云中见。
短主簿，髯参军，纵横笔阵运千斤，
为公析简仿倪迂，添写江楼雅集图。

诗虽不佳，但涉及人物不少。如“吾宗”指李元度，“许浑”指许振祎，“王郎”指王闿运等。

中国有句古话：“致天下之治者在人才，成天下之才者在教化，教化之所本者在学校。”曾氏将幕府变为学校，这种对育人的重视，在古今都不乏其例：孔子办学，招收弟子3000，育得贤者72，传为美谈。无怪乎孟子说“得天下英才而教育之”，为“君子之乐也”。说到国民党，人们会想起蒋介石以黄埔军校起家的历史，他一生那80多个主要职务中，亲自兼着近30个学校校长和训练班主任。讲到共产党，人们更不会忘记“红大”、“抗大”在革命转折关头所起的重大的作用及深远影响。

三、人才培养的几个实例

1. 育二子

对子女的培养是曾氏人才培养的组成部分，在这方面他也是很成功的。曾氏对两个儿子的品行教育已在第一篇中谈到。这里主要谈他对儿子智育、体质的关怀。这些可以从他写给儿子的信中看到，现随便摘录一些。

(1) 纪泽新婚，嘱其写信须详

咸丰六年九月十日与纪泽书中说：“即今年新婚一节，亦应将喜事之首尾、新妇之贤否缕晰禀告，何竟无一字上陈耶？嗣后每次长夫来营，纪泽必写详禀一封，细述家中及亲邻之琐事，并陈己身及诸弟之学业，每次以一千字为率。”

(2) 愿纪鸿等为读书明理之君子

咸丰六年九月二十九日与纪鸿书中说：“凡人多望子孙为大官，余不愿为大官，但愿为读书明理之君子……富贵功名，皆有命定，半由人力，半由天事。惟学作圣贤，全

由自己作主，不与天命相干涉。”

与曾氏相似，左宗棠也不赞成儿子为官，还不赞成女婿做官。他听到女婿少云捐资作了道员，很不满意，他写信给儿子子重说：“少云原可不必作官，你大姐不知外间作官苦处，一意怂恿，将来必有懊悔不及之日。”他认为“作官原无好处”，“你捐升道员，自趋窘境”，“将来生计当日益窘迫”。

咸丰十年，在宿松会议期间，曾、左闲时畅谈，曾氏在日记中记道：“夜，又与季高久谈。季高言：‘凡人贵从吃苦中来。’又言：‘收积银钱货物，固无益于子孙；即收积书籍字画，亦未必不为子孙之累。’云云，多见道之语。”可见，左宗棠的观点，比曾氏还要激进、还要“左”。

（3）提倡风霜磨炼，孩子应贱带

咸丰九年三月三日与纪泽书中说：“身体虽弱，处多难之世，若能风霜磨炼，苦心劳神，亦自足坚筋骨而长识见。沅甫叔向最羸弱，近日从军，反得壮健，亦其证也。”同治八年二月的一封信中主张儿女贱带：“吾观乡里贱家儿女，愈看得贱愈易长大；富户儿女，愈看得娇愈难成器。尔夫妇视儿女过于娇贵，（正如）柳子厚《郭橐驼传》所谓，旦视而暮抚，爱之而反以害之。”

（4）告纪泽“婚后以早起为要务”

咸丰九年十月二十四日与纪泽书中说：“尔既冠授室，当以早起为第一先务，自力行之，力率新妇力行之。”

（5）告纪泽记忆之法

咸丰十年二月二十四日与纪泽书中说：“《文选》前数本……尔不能记忆，亦由于不知其意味。此刻不必求记，将来若能识得意味，自可渐记一二。”在此曾氏提出记忆要建立在理解的基础之上，不可强记，这种记忆方法今天仍然适用。

（6）告二子长大不可涉足兵间

咸丰十一年三月十三日与二子书中说：“尔等长大之后，切不可涉历兵间，此事难于见功，易于造孽，尤易贻万世口实。余久处行间，日日如坐针毡……近来阅历愈多，深谙督师之苦，尔曹惟当一意读书，不可从军，亦不必作官。”

（7）秀才为读书之种子

同治四年五月二十六日与澄元二弟书中说：“纪瑞侄得取县案首，喜慰无已。吾不望代代得富贵，但愿代代有秀才。秀才者，读书之种子也，世家之招牌也，礼义之旗帜也。”

(8) 家兴靠出贤子弟

同治五年十二月六日与澄弟书中说：“家中要得兴旺，全靠出贤子弟。若子弟不贤不才，虽多积钱积谷积产积衣积书，总是枉然。子弟之贤否，六分本于天生，四分由于家教……吾近将星冈公之家规编成八句，云：

“书蔬鱼猪，考早扫宝，常说常行，八者都好。地命医理，僧巫祈祷，留客久住，六者俱恼。”

盖星冈公于地、命、医、僧、巫五项，进门便恼，即亲友远客久住亦恼。

(9) 养生六事

同治十年十月二十三日与二子书中，曾氏以养生六事勉儿辈：“一曰饭后千步；一曰将睡洗脚；一曰胸无恼怒；一曰静坐有常时；一曰习射有常时（射足以习威仪强筋力，子弟宜多习）；一曰黎明吃白饭一碗，不沾点菜。比皆闻诸老人，累试毫无流弊者。”他认为后辈身体皆弱，故很重视养生之道，以求“养生与力学，兼营并进，则志强而身不弱”。

(10) 为学四事

同治十年十月二十三日与二子书中说：“以为学四事勉儿辈：一曰看生书宜求速，不多阅则大陋；一曰温旧书宜求熟，不背诵则易忘；一曰习字宜有恒，不善写则如人之身之无衣，山之无木；一曰作文宜苦思，不善作则如人之哑不能言，马之跛不能行。”曾国藩与两个儿子的往来书信中，有许多内容是探讨学问的，比如对古文和诗的体会和看法、对学习方法的见解、甚至书法中的一点一画怎么写，曾氏都用了大量篇幅详细解说，两个儿子还把自己的“作业”交曾氏看，批改后又寄回。

曾国藩给曾纪泽定下了“三十岁成规模”的计划，要他踏实求学，不可过早成名。他认为成名过早，则根基浅，视天下事过易，掉以轻心，少年得志难成大器。纪泽得荫生后，曾氏不但不高兴，反而命纪泽推迟至 24 岁始行乡试。纪泽 27 岁时，湘乡县修县志，各界人士推举纪泽纂修，曾国藩力持不可，他告诉纪泽说：“尔学未成就，文甚迟钝，自不宜承认……尔文甚浅，而获此虚名，尤不可也。”要他最多只做个“协修”。曾氏快 50 岁时，他对纪泽讲到他生平有三耻，其中之一便是“独天文算学，毫无所知，虽恒星五纬亦不识认”。为此，他深切地叮嘱纪泽须“雪此三耻”。教他先将家中有关科技方书籍，如《十七史》中的天文志、《五礼通考》中所辑《观象授时》，潜心钻研，“每夜认明恒星二三座，不过数月，即可毕识矣”。在父亲的教导下，曾纪泽从20岁起，在学习传统文化的同时，下苦功涉猎西学中的科学技术知识，如近代西方的数学、物理、化学、天文等。纪泽还以自学通英文，能用英语交谈，以英文写作和阅读英文外交文件。他还用自己的中英文知识，著文推广西文，为中国人的科技启蒙做出了贡献。

曾纪泽学英文的想法，最早见于同治九年六月二十四日禀父亲书中，他说：“男近年每思，学问之道，因者难传，而创者易名。将来欲拚弃一二年功夫，专学西语西文。学之既成，取其不传之书，而悉译其精华，察其各国之强弱情伪而离合之，此于词章、经济，似皆有益也。”他还认为当时搞翻译的人“赤心为国者少”，此乃“中国无穷之忧”。他说：“中外之语言文字以译而明，而通事（指翻译人员）惟利是趋，但有左袒洋人，不闻有赤心为国者，此则中国无穷之忧，非特一时之患而已。”由此可见，纪泽学英文是为了学得西学精华，改善中国在外交中的不利处境和寻求以夷制夷的办法。这种

曾纪泽照片

基于深重的忧患意识、强烈的爱国心而学习，恐怕许多人都会为之感动。

在曾氏的培育下，纪泽后来成为中国有名的外交家。尤其是他在光绪六年（1880年）出使俄国，改订以前使臣所签的条约，从沙俄虎口之中，夺回库克斯河流域大片领土，给国家挽回了不少利权。他的外交能力举世称赞，足以为曾国藩争气。慈禧也感叹曾国藩有真正后人。

史 鉴

张居正是明朝中期的中兴重臣，他自幼好学聪慧，在乡里素有“神童”之称，12岁那年，他的才学就已经引起过荆州督学田顼的震惊。

13岁这年，张居正赴武昌参加乡试，被当即内定录取为举人！当时，湖广巡抚顾璘正来武昌巡游，顾璘亦闻张居正之名，特要来考卷过目。顾璘看后，连呼“奇才、奇才”。然而，他考虑了一下，却对考官冯御史说：“让他落第！”冯很茫然。原来顾认为：少年得志，成功者少，十三岁的孩子就中举人，容易自满，反而耽误他上进。因此他建议冯御史：“不如叫他落第三年，等他老成些再提拔重用。”

落第的张居正回到家里，一连数日垂头丧气，尝到了受挫折的滋味，少年傲气被打去不少。以后他发愤图强，勤学不辍。16时，再度乡试，成绩优异，夺得首魁，被录为举人。

这时，张已得知上次考试的真实情况，于是来到安陆，向正在督工的顾璘拜访请教。顾见张大有长进，非常高兴，说：“老夫与你素昧平生，却白白耽误了你三年时光，这是我的

张居正，字叔大，明代政治家、改革家。明万历初任首辅，整饬朝纲；推行一条鞭法，改革土地、赋税制度；重用戚继光，巩固国防。死后变法全被废止。

过错。但我希望你胸怀远大抱负，成为栋梁之材。”

张不负厚望，23岁中进士入翰林院。在相位二十余年，革除弊政，惩治贪官，亲手培养了戚继光等贤臣名将，还进行了“一条鞭法”的税制改革，使明朝严嵩父子专权乱政之后的局势有所好转，故史称“中兴”。

2. 育诸弟

曾氏重视对弟弟们的教育，在任京官时期，他家信中教弟的内容占有许多篇幅，正如他在道光二十三年二月十九日与父母书中所说：“两年来教弟之信不下数万字，或明责、或婉劝、或博称、或约指，知无不言，总之尽心竭力而已。”他教弟内容很多，第一篇中已涉及一些，这里再录几则：

(1) 教弟须读书，而不在科名与否

道光二十七年正月十八日与父母书中说：“家中诸务浩繁，四弟可一人经理；九弟季弟必须读书，万不可耽搁他。九弟季弟亦万不可懒散自弃，去年江西之行，已不免为人所窃笑，以后切不可轻举妄动，只要天不管地不管，优案用功而已。”又说：“指望诸弟中有一发愤自立之人，虽不得科名，亦是男的大帮手。”“所望于弟者不在科名。”果然，曾氏的几个弟弟：国荃、国华、国葆，虽不以科名显，但都成为兄长的帮手，而遂以功名显。

对于曾氏“所望不在科名”一说，他那一直在家中主持内务的澄弟国潢，则比较实际，对此颇有异议，道光二十九年闰四月二十六日澄弟给曾氏的信中说：“升官不见得贤肖，在兄见得甚是。然我家若无兄创立在京，热热闹闹，家中安得衣足食足？”看来“功名”亦与围城略似，外面的人想冲进去，里面的人想冲出来。仁者见仁智者见智，真理具有相对性，似乎曾国藩、曾国潢的话，都没有错。

(2) 教弟莫怕寒碜，莫贪大方

同治二年十一月十四与澄弟书中说：“以后望弟于俭字下一番工夫，用一番苦心。不特家常用度宜俭，即修造公费，周济人情，亦须有俭字的意思，总之爱惜物力，不失寒士之家风而已。莫怕寒碜二字，莫怕悭吝二字；莫贪大方二字，莫贪豪爽二字。”

(3) 教弟不骄、不妄语

咸丰十年九月九日，沅弟来信中对僧格林沁所率蒙古骑兵，在天津、通州各仗中，被洋人大败一事，甚为愤激，对僧王大加指斥，且预言僧王不久将被贬斥。曾氏对此十

分恼火。十日即日回信说：“初九夜所接弟信，满纸骄矜之气，且多悖谬之语。天下之事变多矣，义理亦深矣，人情难知，天道亦难测，而吾弟为此一手摭天之辞，狂妄无稽之语，不知果何所本?”

咸丰十一年正月初四与澄弟书中又告诫澄弟“不议人短”。他说：“弟于世事阅历渐深，而信中不免有一种骄气。天地间惟谦谨是载福之道，骄则满，满则倾矣。凡动口动笔、厌人之俗、嫌人之鄙、议人之短、发人之覆，皆骄之。无所指未必果当，即使一一切当，已为天道所不许……贤弟欲戒子侄之骄，先须将自己好议人短、好发人覆之习气痛改一番。”

同治二年七月二十一日与沅弟书中，责沅弟不虚心：“弟于吾劝诫之信，每不肯虚心体验，动辄辩论，此最不可。吾辈居此高位，万目所瞻……君子大过人处，只在虚心而已。”

曾氏还有著名的“自概之说”。“概”是削平的意思，取自管仲“斗斛满则人概之，人满则天概之”一语。同治元年五月十五日与沅季弟书中说：“吾家方丰盈之际，不待天之来概、人之来概，吾与诸弟当设法先自概之。”怎么去“自概”呢?曾氏指出“廉、谦、劳”三字，最适于为下手之处。

曾氏的这种功名观，对他的弟辈，尤其是曾国荃影响很大。由于曾氏的磨砺，在他

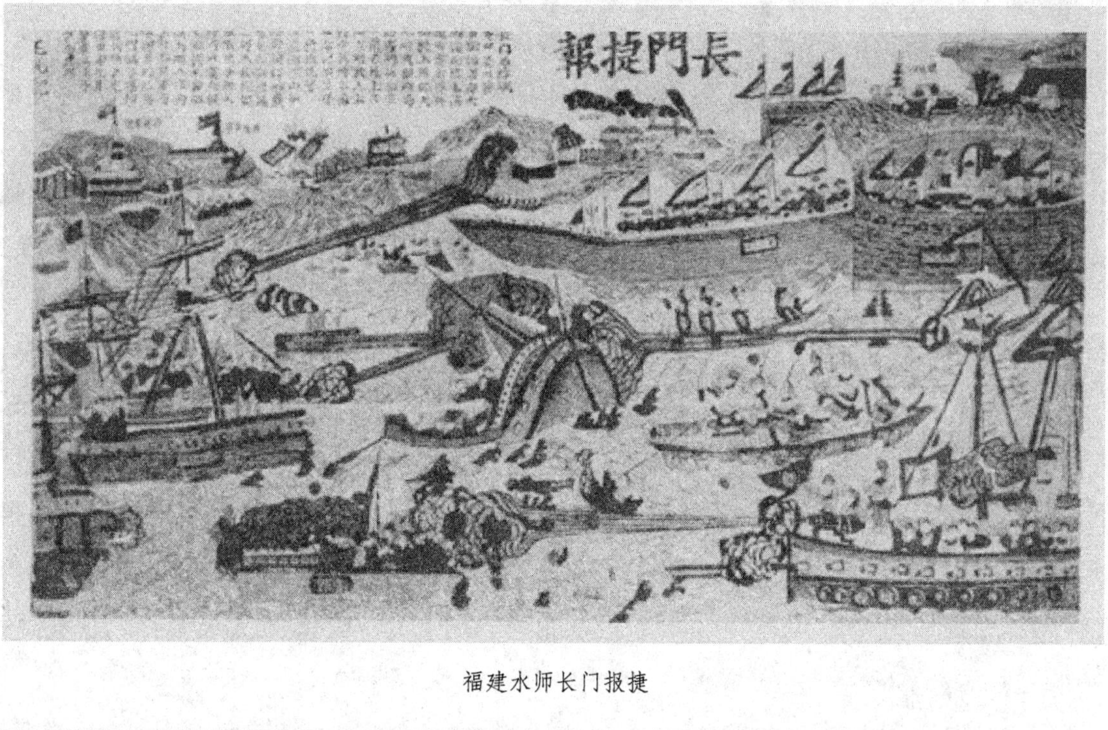

福建水师长门报捷

死后国荃也已过了壮年，失去了保护伞之后，也能善处功名了。光绪九年（1883年）中法战争爆发，恭亲王奕䜣召集大臣议战，当时已身为两江总督兼南洋通商大臣的曾国荃，十分谦虚，他说：“我如同大炮一样，各位犹如炮手。各位命我勿动，我这尊大炮只是一个静物，待命而已。各位一拨机关，则弹头立即出膛。”当时朝中各位大臣都觉国荃十分谦逊，锋芒内敛。

曾国荃赴前线后，首先将南洋水师里五艘大的战船派出支援台湾。法国军舰攻台受挫，又攻镇海，打了一个多月都没有攻克。镇海城内人心稳定，街市如旧，吴淞口也没有受到骚扰，法国军舰知难而退，引兵而去。国荃立此军功，仍寂静如水，并无任何请功请赏之举。这与他攻克金陵后为封赏一事哭闹，形成鲜明对比。

史 鉴

孔子到鲁桓公的庙里参观，看见一种易倾斜而不易放平的容器。孔子问守庙人：“这是什么器具？”守庙人说：“这是人君放在座位右边的一种器具。空着的时候就倾斜，灌进一半水就正立着，灌满了就翻倒了。”孔子叫学生灌水，果然如此。孔子于是长叹道：“唉！哪有满了不翻倒的呢？”子路于是问道：“请问保持富贵，而不致于像这个容器会翻倒，有什么办法呢？”孔子说：“聪明的人，要保持愚笨的样子。功劳盖天下，要保持谦让的样子。勇敢的人，要保持怯弱的样子。财富甲天下，要保持谦逊的样子。这就是谦让了再谦让的办法。”后来，子贡又问孔子：“不知怎样才能做到谦虚？”孔子说：“这要向土地学习，深深地挖掘，才可能得到甘泉，一点也不显露自己。树木禽兽在它上面繁殖，死了又埋进土中，孕育生命的功劳很大，但土地不自认为有德行。对人谦虚就该像土地一样。”

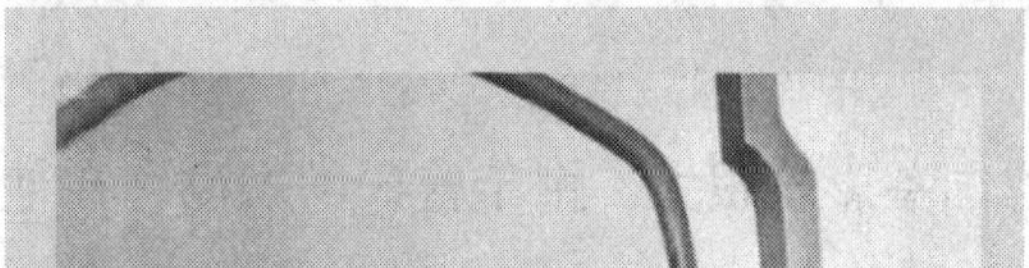

欹器图

3. 教李鸿裔不要太富于表现欲

李鸿裔（1831—1885），字眉生，四川中江人，咸丰元年中举，咸丰十年入胡林翼幕，未几入曾氏幕，官至江苏布政使。同治十年三月，曾氏有《赠李眉生》五言古诗二首，并在日记中称其“身体之弱，家运之衰，言之欲涕”。

李鸿裔初到曾氏幕府，少年倜傥，不拘小节，曾氏特别钟爱他，把他像儿子一样看待。曾氏的秘室，只有李鸿裔可以随便出入。当时曾氏的幕僚中有所谓“三圣七贤”，都是名极一时的理学大家。曾氏仰慕其名声，把他们都召进来。然而只是安排他们的衣食住行，并不授以具体的事务和职位。

一天，李鸿裔在曾氏的秘室中，翻看桌上的文稿，看到《不动心说》一诗，是一位老儒所写，是十位“贤人”之一。诗文中有一段曰：“使置吾于妙曼娥眉之侧，问吾动好色之心否？曰不动。又使置吾于红蓝大顶之旁，问吾动高爵厚禄之心否？曰不动。”这段话未免有太多的酸腐说教，令人读来虚伪可憎。李鸿裔看到这里，拿起笔在上面戏题道：“妙曼娥眉侧，红蓝大顶旁，尔心都不动，只想见中堂。”写完，掷笔而去。曾氏见到后，叫来李鸿裔说：“这些人难免有欺世盗名的成份，言行不见得一致，我也是知道。然而他们能达到今天的地位，正是靠的这个虚名。现在你一定要揭露它，使这些人失去衣食的来源，那他们对你的仇恨，岂能是平常语言之间的仇怨可比的。杀身灭族的大祸，都隐伏在里边了！”李鸿裔很敬畏地接受了教诲，从此以后便深深地收敛锋芒，不敢再出言不慎了。

4. 教戚某永保“乡气”，贵不忘本

曾国藩驻军安庆时，有一位姓戚的人从湘乡乡下来，行李简单，衣服破旧，沉默寡言，因家境贫寒而出来谋事。曾氏见是家乡人，当然很热情，他向老乡打听家乡的一些事情和亲友的近况，这个人很拘谨地做了回答，像是嘴笨说不出话的样子，但是偶尔几句言语，又切中要害。曾氏对他很有好感，就把他留了下来。

曾氏每次吃饭，均召集幕僚一起吃。一次，正好饭中有谷粒，戚某捡出后才吃。曾氏看了很久，也没有说话。饭后，曾氏与幕僚下了几局围棋，然后支出“应备银”二十两，赠给戚某作路费。戚某大惊，于是求助于曾氏表弟彭杰南，让他去给说情。曾对彭说：“他吃饭时连一颗谷粒都要挑出去，从庄稼地里来到军营，才不过一个多月，就有

这样的举动，我恐怕他见异思迁，富贵之后会忘本，到头来反而害了他啊。”彭坚持为戚求情，说：“这件事也算不上大的过错，您可以再考察一段时间嘛。”

当时曾氏在军营周围种有蔬菜，每天采摘新鲜的来吃，以此为天下之至味。于是，曾氏就让戚某主管菜园。戚某从此以后，勤勉自励，每天和工人一起劳作，同吃同住，从早忙到晚，很少有休闲的时候。曾氏暗中观察他，见他带着锄头等工具，与工人通力合作，一年多的时间里，始终如此。曾氏这才对他的看法有所好转，把他召来，向他说明了原委并进一步规劝他。戚某很惭愧地表示了谢意，曾氏于是给他找了另外的事做。此后，戚某勤于公事，恪尽职守，廉洁自持，最终从一个普通的乡下人而扶摇直上，官至观察使，加布政使衔。

第六章　管人——对待下属要恩威并施

大抵与兵勇及百姓交际
只要此心真实爱之
即可见谅于下
余之所以颇得民心勇心者，此也

【原典】

当其时，当其事，则凡材亦奏神奇之效。故世不患无才，患用材者不能器使而适用也。

大抵与兵勇及百姓交际，只要此心真实爱之，即可见谅于下；余之所以颇得民心勇心者，此也。

待下之法，有应宽者二，有应严者二。应宽者：一则银钱慷慨大方，绝不计较，当充裕时，则数十百万掷如粪土，当穷窘时，则解囊分润，自甘困苦；一则不与争功，遇有胜仗，以全功归之，遇有保案，以优奖笼之。应严者：一则礼文疏淡，往还宜稀，书牍宜简，话不可多，情不可密；一则剖明是非，凡渠部弁勇有与官姓争讼，而适在吾辈辖境，及来诉苦者，必当剖决曲直，毫不假借，请其严加惩治。应宽者，利也、名也；应严者，礼也、义也。四者兼全，而手下又有强兵，则无不可相处之悍将也。

【译文】

用在合适的时间，用在恰当的事情上，则普通的人才也会收到奇效。所以世上不怕无人才，就怕不能恰当地使用人才，使之适用于世。

一般来说，与兵勇和百姓交往，只要是真心爱他们，就一定能得到他们的谅解。我之所以能得民心军心，就是这个原因啊。

对待下属，有两方面应该宽，两方面应该严。应宽的，一是银钱慷慨大方，绝不吝惜。宽裕的时候，则数十百万的金钱，掷之如粪土；银钱吃紧的时候，也要解囊分用，宁愿自己苦一点。二是不与下属争功。打了胜仗，将功劳全部归于他们，遇有保举的事，就用最好的奖励来笼络他。应严的，一是往来的书信公文要疏远冷淡，来往次数要少，文字要简洁，话不要多，情感不可太深。二是要剖析讲明是非曲直，凡是他部下将士与地方上官方和民间发生争执引起诉讼的，又恰在我们管辖范围之内，又有来告状的，一定要弄清事情曲直，毫不袒护，当惩治要严加惩治。总之，应放宽的是名利，应严格的是礼义。四者都兼顾了，则手下既有强兵又没有不可相处的悍将了。

点　评

发现和培育人才只是解决了人才问题的一个方面，重要的是如何使用人才。曾氏的用人原则是“收之欲其广，用之欲其慎”，“采访宜多，委用宜慎”，他主张在广收的基础上，对人才严束慎用。广收则人才多，人才多则有比较和选择的余地；慎用则有利于发挥人才的长处，制约其短处对“事业”的危害。曾氏一再强调：“吾辈所慎之又慎者，只在‘用人’二字上，此外竟无可着力之处。”可见他对使用人才的重视。笔者把曾氏用人原则略作归纳，分述于下：

1. 驭下从严，依法办事

曾氏说：“驭军驭吏，皆莫先于严。”而要“严”，首先要“法立令行”。他指出：“立法不难，行法为难。凡立一法，总须实行之，且常常行之。”凡事预则立，预先设立法令，使人人有法令可依循，这只是好的开始，重要的是要严格地执行法令。而要做到这点，领导者必须以“诚信”为本，建立起良好的信誉，仿“商殃立木之法，孙子斩美人之意”，力图做到有令必行、有禁必止，这样才能使人们“循循于规矩之中”。领导者还必须首先守法，不可乱了规矩。如曾氏所说：“自立准绳，自为守之，并约同志者共守之，无使吾心之贼破吾心之墙子。”

曾氏立法，在军中则有营规，约束甚严，中有“如遇骚扰百姓者，立即枭示”之语。在地方则以严刑峻法以“锄强暴而安孱弱之民”，对官吏则严加监督，动辄弹劾，晚年他掌握地方实权后，还对吏治大加整饬。

同治十年正月，曾氏已是一位衰病交加的老者。此时他仍然关注部下的军纪，当他听到长江水师士卒敲诈勒索的传闻时，高度警惕，二十五日他给住在老家的澄沅两弟写信说：“长江水师，外间啧有烦言。或谓遇民间有骨牌、字牌者，则以拿赌讹索，得数千或千余文，乃肯释放。或以查拿私盐、查拿小钱，搜索民舟及附近人家，讹钱释放。夜索打更之灯油钱。民船拉纤，不许在炮船桅上盖过。士预词讼，至有哨官棍责举人者。甚且包庇私盐、袒护劫盗种种弊端。余设立水师，不能为长江除害，乃反为长江生害。两弟在省时，亦常闻此等闲话否？如有所闻，望详细告我。”从这里可以看出曾氏驭下之严，济济百官，天下能有多少？即使是今日的“公仆”，那些受过马列主义教育的干部，也有不少人须学习曾氏这种精神！报载某派出所以娼妓为诱饵敲诈嫖客搞“创收”，还给娼妓发奖金；某县交警队设卡拦车乱罚款，马路边上吃社会等等，这些丑恶现象，难道不应引起“公仆”们警醒？

商鞅立木取信

曾氏对左右近习之人约束也很严。他做两江总督时，官署中有一个很高的亭子，凭栏远望，可看见官署内外。一天，他在亭中徘徊，看见一个头戴耀眼花翎的人拿着手版，向守门的仆人在苦苦请求着什么。仆人举止傲慢，摆手让他离去了。第二天登亭，又看见那个人，情景和昨天一样。第三天，看见那人拿出一包东西献给仆人，仆人马上就往里走。一会儿，仆人来到签押房，说有新补的某位监司求见。曾氏立即请他进来，原来就是这几天被仆人所阻的那人，曾氏问他何日来的，答说已来三日。又问何不早些来见，则支唔不能答。曾氏对监司说：“我推荐一个人给你如何?”监司答说，衙署中虽已人满为患，但您推荐的人，也不敢不从命。曾氏说：“那好，我派这守门的仆人到你那里，只让他得一口饭吃就足够了。”又召来那位仆人说：“特推荐你到某大人处，望你尽心尽力，不得怠慢。”仆人只得弯一条腿以示谢意，哑巴吃黄莲，有苦说不出。

在曾氏的影响下，其下属中亦不乏严于治军之人。彭玉麟就是这样的将领。一次，安庆候补副将胡开泰，召娼女饮酒作乐，而叫他的妻子敬酒，妻不从，于是抽出刀，割破妻子的下腹。这事闹得很大，当地官员正在商议该如何处置。彭赶到后说“这很容易”，派人把胡召来，问清姓名住址，验明正身后，即令左右牵出斩之。民众为之欢呼。

水师忠义营营官副将谭祖纶，诱劫其友张清胜之妻，又令人将张从轮船上挤到长江中淹死，州县官不敢过问，谭又买通张的妻子父母。谭的直接上司，统领方某也说诱奸无死罪，谋杀无据，此案似乎到此为止了。彭得知后，立即传谭到武昌行辕，亲自审讯，忠义营官兵倾营来观看。祖纶到后，若无其事一般，然而彭玉麟马上公布了他杀友夺妻、买通串供等罪。祖纶深服彭剖析之明，伏罪。彭即令于江边正法，全军为之震动。

史　鉴

南宋光州知府滕瑞以贺节为名，亲自写了“圣寿万岁”四个大字，两丈多长。还造了三个棚子，三丈多高。一共用了54匹绢，一并装璜好，献给皇上。宋孝宗曰：“滕瑞不修郡政，以此献谀，特降一官。”

2. 量材器使，用人所长

历史上有作为的政治家和思想家，都把“用人所长”作为使用人才的重要原则。《荀子·君道篇》中说：“论德而定次，量能而授官。皆使人载其事而各得其所宜：上贤使之为三公；次贤使之为诸侯；下贤使之为士大夫。”齐国的豪侠之士鲁仲连曾对孟尝君说：“孙武以一剑镇三军，让他放下剑去种地，则不如农夫。用人舍其所长，而用其短，则尧亦有不能胜任的地方。”

《庄子·逍遥游》中有则寓言说惠子这人有只容量可装五斗谷物的大葫芦，面对这样的葫芦，惠子却犯了愁。用来装水吧，容易破；剖开做瓢吧，又太平太浅，舀不了水，于是想把它砸了。庄子知道后对惠子说：“你何不把它缚在身上，做个‘腰船’，去江湖之中，逍遥自在地漂游一番呢?”可见大有大的难处，大也有大的妙用，唯在器使之而已。

庄子像

清代顾嗣协有诗说："骏马能历险，犁田不如牛；坚车能载重，渡河不如舟。舍长以求短，智者难为谋。生材贵适用，慎勿多苛求。"宋代政治家王安石指出："一人之身，才有长短。取其长则不问其短。薄于责人，而非匿其过。不苟于论人，而非求其全。"由此可见，坚持用人所长，则人人可用。正如韩愈诗中所说："大匠如弃材，寻尺各有施。"又如现代一句名言："垃圾是放错了地方的财富。"

曾国藩也指出："当其时，当其事，则凡材亦奏神奇之效……故世不患无才，患用才者不能器使而适用也。"他十分重视"同材器使，用人所长"这一原则，这从他对幕府人才的使用即可看出。据容闳回忆，当时各处人才会聚于曾氏大营者，不下 200 人（实际人数超过 400 人）。总督幕府中亦有百人左右。幕府外更有候补之官员、怀才之士子，凡法律、算学、天文、机器等专家无不结集。人才之盛，实为有清一代所独有。曾氏又将这些人才分为八个大类，因材器使，用其所长：

谋略人才：郭嵩焘、左宗棠、陈士杰、李鸿章、李鸿裔、薛福成、汪士铎、赵烈文等。

作战人才：水上有彭玉麟、杨载福等；陆上有李元度、唐训方、李榕、吴坤修、黄润昌等。

军需人才：李翰章、甘晋、李兴锐、丁日昌、郭昆焘、郭嵩焘、吴坤修等。

文书人才：许振祎、罗萱、程鸿诏、俞樾、向师棣、孙衣言、黎庶昌等。

吏治人才：李宗羲、洪汝奎、赵烈文、何源、倪文蔚、方宗诚、萧世本等。

文教人才：吴敏树、莫友芝、陈艾、俞樾、吴汝纶、张裕钊、刘寿曾、唐仁寿等。

制造人才：李善兰、徐寿、华衡芳、陈兰彬、容闳、徐建寅等。

外交人才：郭嵩焘、薛福成、杨象济、黎庶昌等。

由于曾氏的量才使用，这些人中不少在当时就享有盛誉，有的在后来也卓有成就：如李善兰、华衡芳、徐寿是当时著名的自然科学家，俞樾成为著名经学家，左宗棠在后来平定新疆阿古柏叛乱中建立了不朽功勋，郭嵩焘成为中国首任驻外公使，薛福成曾出使英、法、意、比四国，容闳成为洋务运动的骨干人才……

史　鉴

唐朝时，韩滉管辖三吴地区。所征聘的宾客幕僚，都能根据各自的才能任用得当。有一个老朋友的晚辈投奔韩滉，没有什么特长。韩滉曾经召他参加宴饮，整个宴会期间他端然稳坐，不和旁边的人交谈。韩滉任用他为随军（官名），命令他监管库房门。这人每天早早入帐，端坐到晚上，监察吏卒，没有人敢随意出入库房门。库房的安全，竟然得力于这个人。

宋仁宗时，种世衡任河南渑池知县。县城旁山上有一座庙，种世衡要翻修它。新庙梁又重又大，大家无法把它从山下抬到庙里去。他于是命令县里当差的把头发修剪一下，扮成摔跤手。他赶着几对这样的摔跤手在马前面走，并说要到庙中去教摔跤，全城的人都跟随去观看。到了庙前，种世衡对观看的人说："你们替我把庙梁抬上来，然后看摔跤。"众人都高高兴兴地下山，一齐把庙梁扛起来，不一会儿就抬上了山。种世衡巧借众人之力办事实在是灵活。

3. 明责授权，用人不疑

宋代欧阳修指出："任人之道，要在不疑。宁可艰于择人，不可轻任而不信。"《孙子兵法》中说："将能而君不御者胜。"就是讲用人不疑、充分授权才可致胜的道理。兵书《三略》上也有类似的说法："行军出师，将在自专；进退内御，则功难成。"

用人而疑，有三大害处：一是被疑之人常被牵制，才能不能发挥，诸葛亮用魏延就是这样；二是在上下级之间形成隔阂，造成矛盾，易为敌人所离间，崇祯用袁崇焕就是这样；三是这可能造成真正的背叛，项羽用英布就是这样。诸葛亮一直疑心魏延脑后有反骨，一直不予重用，大将之才，备受委曲，且造成诸葛身后蜀中无大将的局面。袁崇焕是明末不可多得的忠臣良将，崇祯帝却疑他有拥兵自重之心，皇太极趁机巧用离间计，袁就被凌迟处死，崇祯却执迷不悟，不知上了当。项羽每当派将出征时，总要把金印放在手中把玩很久，而舍不得以实权相授，英布这样的大将之才后来竟离他而去，投到刘邦旗下。

宋代司马光说："有贤不能知，与无贤同；知而不能用，与不知同；用而不能信，与不用同。"历史上杰出的领导者都懂得这个道理。曹操在与袁绍对抗的艰危时期，部下中有人写信给袁绍，为自己预留一条后路。击破袁绍后，有人建议清查一下袁绍的书信，惩处那些动摇分子。曹操说："当时的情形，我对前途都没有信心，何况一般将领。他们都有妻儿老小，为自己留条后路是情有可原的。"于是下令把给袁绍的信件全部烧

李　牧

掉，以示不疑。曹操的这种做法，比诸葛亮疑魏延有反骨自然高明得多。

战国时期赵国用李牧为将，赵王对他说：“国门以内的事情，由寡人处理；国门以外的事情，则由将军决断，回师时再行奏报。”这就是委以重任，只要他打胜仗，其余不问。这使李牧得以充分发挥他的聪明才智，率军逐匈奴、破胡人，抵御秦、韩、魏的袭扰，使赵国差一点当了霸主。后来赵王迁即位，听了郭开的谗言，杀害了李牧，不久赵国就被秦国吞并。

曾国藩用人，也深明此理。他在咸丰十一年四月二日与沅弟书中说：“润帅与春霆信，劝其持重缓战，云开仗宜在四月中旬。弟信又欲急战，余则送鲍公渡江之后，一概不管，缓急听其自主可矣。”几天后他又在信中说，对鲍超的一切调度，“此间不遥制矣。弟处与鲍信，亦不宜多出主意”。同治元年五月三日，曾国荃率部下孤军深入雨花台围攻金陵，曾国藩极力反对，这与他一直讲求慎重的战略是格格不入的。但由于弟弟的坚持，曾氏最后还是决定退兵一事“自行作主可也”，不再遥控指挥。

在“整军篇”中讲到，湘军的军制改革有一重要内容：改“兵为国有”为“兵为将有”，统领管分统，分统管营官，营官管哨长，哨长管什长，什长管勇丁。一级管一级，不越级指挥。这种军制使部下具有极大的独立性，这对提高作战效率是有好处的，使“明责授权，用人不疑”这一原则更易落到实处。

曾氏鼓励并支持左宗棠、李鸿章二人独立发展也是一个典型的例子。曾氏认为左、李二人有大才，可独挡一面。咸丰十年四月，他让左宗棠回乡募得5800多人，建立了楚军，随后转战于江西、浙江。同治元年三月让李鸿章在安徽创立淮军，当月三十日淮军6500人抵上海作战。从此，湘军及其旁系楚军和淮军互为犄角，一在安徽、一在浙江、一在江苏，各挡一路，从三面指向金陵，成为太平天国后期三大敌人。曾氏鼓励左李二人独立发展，以此二人图江浙，是一个十分重要的战略决策。此后，捆绑在太平天国身上的绳索越来越紧，再也无法解开。战后，左之楚军开往新疆、李之淮军发展为中国最重要的国防力量，均有功于国。

4. 用养兼顾，宽于名利

韩愈在《马说》一文中谈到：千里马一顿要吃一石小米，但养马的人不了解它是千里马，和普通马一样喂养，则吃不饱、力不足，要想达到普通马的水平都不能，更不用说日行千里了。顾炎武在《日知录》中分析明末贪取之风甚烈的原因时说：“今日贪取之风所以胶固于人心而不可去者，以俸禄之薄无以赡其家也。”

曾氏深明此理，他虽然本人一生不爱钱财，并且要求将领们不汲汲名利，认为这样的人干不得大事，但他也知道“勇于事情者皆有大欲存焉”，因此还必须设法“养廉”。他的措施归纳起来，有八个字：武人给钱，文人给名。

曾氏吸取了绿营军饷太低而导致腐败无能的教训。绿营步兵月饷银一两五钱，守兵一两，马兵二两。在清朝初年，这尚勉强可以维持一家生计。至道光以后，米价上涨，这点钱已不敷食用，加之军官克扣军饷，这使每月每兵仅得饷银三钱多一点，绿营兵不得不“别寻小本经纪或另有他项技艺”。为生计奔波，而放松了训练，战斗力大为降低。

曾氏出山后，决心革除此弊。他在办团练时就规定饷银，操演每日给一钱；出征本省“土匪”，每日给一钱四分；征外省“土匪”，包括阻击太平军，每日给一钱五分。一个月下来，将近有四两银。队长哨上依次增加。养伤银上等 30 两，中等 20 两，下等 10 两，阵亡恤银 60 两。比绿营的名义军饷将近多一倍，比其实际所得则多了 10 多倍！以后建立湘军，士卒的月饷和办公费合计 260 两。分统、统领带兵 3000 人以上 390 两，5000 人以上 520 两，万人以上 650 两。曾氏本人也说：“章程本过于丰厚，故营官无人不发财，闻周凤山家已成素封矣，其余积资置产者甚多。”将领中除多隆阿“统万人，而身无珍裘、麻葛之奉，家无屋，子无衣履”外，“人人足于财，十万以上近百数”。于是“将士愈饶乐，民则争求从军”。曾氏厚饷养兵，使士兵能安心操练，军官不克扣军饷，民间则人乐从军，“闻招募则急出效命，无复绿营征调别离之色”，这对提高湘军战斗力起了很好的作用。

对于幕僚中的文人、以及少数文武兼备的武将，曾氏还通过保举使其扬名、升官。曾经有段时期，曾氏保举不多，致使人才多流向胡林翼，这使他更重视了保举的作用。他推荐保举的人中绝大多数是他的幕僚，其中 26 人成为督抚一级官员，50 人成为三品以上大员，400 多名幕僚，绝大多数受过保举，成为道、州、府、县官员。

曾氏保举之法有汇保、特保、密保三种。汇保用于保举有功之作战人员及幕僚，特保多为荐举人才而用，两者均属一般保案，人数较多，办理稍宽，一般只能得到候补官职。而密保则可得到实缺，办理很慎重，“不敢妄加一语”。保举一则使下属有奔头，有名声；二则曾氏推功于部下，能收买人心；三则对国家荐举了人才，可谓一箭数雕。

5. 爱护部属，推诚相待

爱护部下，是用人的基本原则，那种只把部下当作自己棋盘中的一颗棋子的，忽视了部下也是人的基本常识。他们对部下不推诚相待，不从内心去爱他们，也自然得不到部下的“死力”。春秋时期有则故事：豫让为智伯报仇，行刺赵襄子，被擒获。赵对他说：“你过去在范氏、中行氏那里做过事吧？智伯把他们都消灭了，你却在智伯手下做

豫让毁容吞炭，第二次刺杀赵襄子，被擒后自知必死，请求了却心愿。赵襄子感其忠义，解衣与之。豫让刺其衣，自刎而死。

事，不替范氏、中行氏报仇。现在你却为智伯报仇，这是为何?”豫让答道：“我过去在范氏、中行氏那里做事，他们把我当普通人对待，我就以普通人的行为来报答他们。智伯把我当作国士来对待，我就要以国士的行为来报答他。”豫让的见解，在圣人语录中可以找到根据，孟子就曾指出：“君视臣如草芥，则臣视君如寇仇。”还有一句古语说：“女为悦己者容，士为知己者死。”都说明了一个相同的道理：真心爱护部下必获重报。

曾国藩说过：“大抵与兵勇及百姓交际，只要此心真实爱之，即可见谅于下；余之所以颇得民心勇心者，此也。”他在咸丰七年十月初十与沅弟书中也谈到“有功人员，应予保护”，他说：“黄南坡太守有功于湖南，有功于水师，公被劾之后，继以疾病，弟宜维持保护，不可遽以饷事烦之。”可见曾氏爱护部下、出于至诚、发自内心，这是他能团结大批人才于自己周围的重要原因。下面将从几个角度或事例略作剖析：

(1) 士兵苦，不敢独奢

曾国藩在军营中的住所，在水上则一座船而已，在陆上则茅屋三间、瓦屋一间。会客，睡觉，办公，存放地球仪、地图，各用一间房，穿的衣服比当年在京城还要节俭。不是他不能住得好一点、穿得好一点，而是不敢、不愿、不忍心啊。他说：“军中拖欠军饷达半年之久，士兵的生活异常困苦，穷窘异常，我实在不忍心一个人独享奢侈的生活。”

(2) 从不杀部将

曾氏自练官勇起，以后平定太平天国，北上剿捻，前后十多年，虽然打过不少败仗，遇到不少拂逆，可是他从未杀过一员将领，最重的处罚不过是劾免。他在世时，湘军的纪律和统帅的尊严能够维持，他的大将没有一员投降于对方。曾氏能在“严”和“爱”之间找到恰当的平衡点，这很值得后人学习。

(3) 杀李秀成以护部属

抓到李秀成后，曾氏开始还想利用此人招降太平军残部，但很快发现他是个软骨头，因而决定将其就地处决，不留下活口，也不解往北京。因为李如活下来，或者到了北京，他很可能把金陵城内金银财物的窖藏情况，及曾国荃部的抢掠都供出来，这会扩大朝廷与湘军的矛盾，对部下和自己均不利。

(4) 哥老会不屈意搜求

湘军裁撤后，不少官兵回到湖南家乡后，生活无着落，于是大批加入哥老会。对哥老会一案，曾氏一反过去严刑峻法的主张，他给郭昆焘写信说：“生杀之权当操之抚帅，湘邑不准擅杀一人；讼狱之权当操之邑侯，局绅不准擅断一狱。”他给曾国潢的信中说得更详细：“哥老会之事，余意不必曲意搜求。”“提、镇、副将官阶已大，苟非有叛逆之实迹实据，似不可轻言正法。”他又说这些人入会与欠饷未清有关，这方面曾氏本人也有责任，如果曲意搜求，只从他们家中藏没藏军装而作为谋反的证据，则难保不出现冤案。最后他教澄弟说要尽力保护保全他们：“即明知其为哥老会，唤至密室，恳切劝谕，令其自悔，而贷其一死。”为防国潢闹出乱子，曾氏还给湘乡县令写过信。湘乡县是曾氏的家乡湘军的重要兵源基地，许多官兵都来自这个县，又被遣散回乡，因此曾氏特别关心湘乡县对哥老会的处理，当然这里既有爱护部属的考虑，也有求政治稳定的因素，这将在治政篇中谈到。

(5) 与慈禧对话中回护下属

天津教案处理结束后，曾氏回任两江总督，途经北京，与慈禧见过三次面。其中一次慈禧问道：“府县前逃至顺德等处，是何居心?”曾氏答：“府县初撤任时并未拟罪，故渠等放胆出门。厥后遣人谕知，业已革参部议，该员等惶骇，始从顺德、密云次第回津。”曾氏判处天津府县官员徒刑、流放后，心中不安，还暗中筹集了一些银钱给他们。

(6) 塔齐布不睡莞席

在曾氏影响下，湘军不乏爱兵如子的将领。一次，德化县令给塔齐布送来一张莞席，塔齐布说：“军士都卧草土，我睡莞席，岂能安枕?”立即退回。咸丰四年底，塔齐布攻九江，因寡不敌众，单骑败走乡间，马陷泥潭中，迷失道路，后被一位老农带回家中养息。次日，各军因塔齐布未回，汹汹然若有所失，不少士卒哭作一团。晚上塔齐布被乡农送回，各营官兵都惊喜异常。

曾国藩等封建社会的官员，对部下尚能爱护，当代的领导应该做得更好。

史　鉴

李詹事李世勣得了暴病，唐太宗听说胡子烧成灰可以治病，马上把胡子剪下来亲自和药，为世勣治病。大将军李思摩（即阿史那思摩）在战场上被箭射伤，唐太宗竟用口为他吸血排毒。

楚庄王与群臣酒宴。天晚了，灯烛忽然熄灭。有一个人酒后失态，拉了一下美人的手，美人伸手扯掉了那人的帽缨，并告诉了庄王。庄王说："今天既已饮酒，不扯断帽缨就不算痛快。"命令百官都扯下帽缨，这才重新点起灯火，并将这次宴会命名为"绝缨会"。过了两年，晋楚交战，有一个人在阵前，五次取得敌人首级。庄王感到奇怪，问他为什么如此勇猛。那人说："当年在绝缨会上，蒙大王不杀之恩，我想以自己的性命来报答君恩的愿望，已有很长时间了。"于是楚国战胜了晋国。

摘缨会

北魏孝文帝是一位宽厚的长者。有次设宴，侍者端上一道热菜，不料一只苍蝇飞进菜盘，侍者十分惶恐，孝文帝笑了笑，毫不在意地把苍蝇挑出去。接着侍者又端上一碗热汤上来，这回侍者精神很紧张，偏偏又把热汤泼在孝文帝右手上，侍者脸都吓白了，连忙跪地请罪，孝文帝和颜悦色地请他起来，宽慰他说："人有失手，马有失蹄，这点小事不算什么。"

太平天国东王杨秀清握有军政实权，他在天京城内出行都是数百人护卫，鸣锣而进，冲撞者必受重责，甚至杀头。一次北王韦昌辉的老父不慎犯禁，东王欲治罪，北王求情不允，北王于是代父受刑。东王遂杖责北王50军棍。北王镇守天京，握有京城兵权，东王如此驭下，自以为聪明，却不知已埋下杀身之祸。

6. 以情驭下，视同子弟

曾氏对待下属，视同子弟。湘军内部，本来就以地缘、血缘为纽带，故而人情味特浓。曾氏以情驭下的事例有很多，兹录几则：

(1) 祁门遇险，一语得人心

曾氏困守祁门时，有一个时期李秀成大军距曾氏大营仅八十里路程，朝发可夕至，毫无遮阻。当时曾氏身边只有3000士兵，休宁的张运兰部亦自身难保，曾氏自料难逃劫难，连遗书都写好了。大营的幕僚们惊慌失措，多做逃跑的打算。曾氏觉人心已散，不宜强留，就传令说："贼势至此，有欲暂归者，支付三个月薪水，事平，仍来营，吾不介意。"幕僚们听到这话，大受感动，纷纷表示愿生死与共，"人心遂固"。

(2) 料理塔齐布后事甚周

咸丰五年（1855年）七月，塔齐布因久攻九江不下，呕血而亡。次日，曾氏率高级将领和幕僚抵九江营地，向塔灵沉痛追悼。接着，派人护送灵柩至南昌公祭，再送原籍安葬。曾氏上奏朝廷，详述塔之功绩，并请在长沙建专祠，还亲为"塔公祠"写楹联："大勇却慈祥，论古略同曹武惠；至诚相许与，有彰曾荐郭汾阳。"曾氏对塔齐布的功勋如此称颂褒奖，后事料理得如此妥贴，将士深受感动。

(3) 悼毕金科甚哀

咸丰七年初，毕金科部驻饶州，因缺饷，官兵面有菜色。地方官于是许诺："能破景德镇，军食可图也。"毕乃率饥兵疲卒千余人，贸然攻景德镇，全军覆没。此事对曾氏刺激很大，咸丰九年六月攻占景德镇后，曾氏特到毕阵亡处凭吊，并令人立碑，又特作《毕君殉难碑记》，其文甚哀，文曰：“人心之贼，一矢或伤。内畏媢嫉，外逼强寇。进退靡依，忍尤丛诟，郁极思伸，矫首舐天。徒飞无翼，或坠于渊。渊则有底，愤则无已！”碑文对地方官的不合作乃至于拖后腿表示了极大的愤恨，对毕金科的阵亡表达了深切的哀悼。

值得一提的是，胡林翼爱将，也是出名的。李续宾在三河阵亡后，他给咸丰帝上疏，极其沉痛悲切。咸丰帝朱批道：“详阅奏章，不觉流泪，惜我良将不能复生。愿其忠灵不灭，不他年再生申甫（李之字）而佐我也。”胡又作《祭续宾文》，亦极悲切动人。文中有“固知兵少，不忍惜身；固知贼多，不忍君违”等语。

（4）免“进场饭”

曾氏谨守星冈公之教，未明即起，天一亮就早餐。众幕僚均不习惯。曾氏知道后，笑着说：“这像是‘进场饭’。”咸丰十一年攻克安庆后，欧阳兆熊辞行归家，曾氏置酒

李续宜——李续宾画像

饯行，席间欧阳进言道：“这里的人并非不能早起，只是饭吃得太早，食不下咽啊。我今天要回家了，想为众人请求免去‘进场饭’，行吗？”曾氏微笑着点头表示同意。

（5）问疾送医。

李续宜是李续宾（与曾国华同死于三河之役）之弟。李续宾死后，李续宜领其残部，转战赣、鄂、皖，一度回援湖南。安庆之役中，负外围打援之任，于桂平河大败陈玉成。胡林翼病重期间，署理湖北巡抚，旋任安徽巡抚。同治元年八月，他在曾氏大营治病，曾氏在致沅季两弟书中说：“余日日至希庵处看视，其体瘦多咳，略似内伤，而神气尚凝聚，静心调养，当可痊愈。”李在曾氏身边治病期间，曾氏对他的睡眠观察得十分仔细，说他“夜眠极酣”，这是多么富于关爱之心的长辈情怀！曾氏能在其周围团结一大批士人共同奋斗，与他对部下的呵护和关爱是有很大关系的。

史　鉴

唐朝的将领辛京杲因为私事打死家仆，主管司法的官吏上奏朝廷说，辛京杲罪当处死，皇帝也批准了奏疏。当时御史中丞李忠臣想救辛京杲，而没有什么好办法，就对皇帝说：“辛京杲早就该死了。”皇帝问他原因，李说：“辛京杲父辈、兄弟等人满门都战死了，唯独辛京杲至今还活着。所以我认为他早就该死了。”皇帝听了很伤感，便改死刑为降职处分。

春秋时期，孟简子在梁国为相，因罪逃往齐国。管仲出迎，问他：“你以前门客有多少人？”孟答：“三千人。”又问：“今天同来多少？”答曰：“三人。”管仲很惊奇差异如此之大，问是些什么人。孟答：“其中一个人父亲死了，我帮他安葬了；一个人的母亲死了，我也帮他安葬了；另一个人的哥哥不幸被捕入狱，我把他释放了。”管仲感叹道：“人无远虑，必有近忧。我现在不能施情于人，恐怕将来困窘之时，怕是没有人会跟着我了。”

7. 赏善罚恶，降服悍将

赏善罚恶，对于树立领导者的威信，是必要的。古代兵书《六韬·龙韬》中专门谈到如何树立领导威信，原文如下：

“武王问太公曰：‘将何以为威？何以为明？何以为禁止而令行？’太公曰：‘将以诛大为威，以赏小为明，以罚审为禁止而令行。故杀一人而三军震者，杀之；赏一人而万人悦者，赏之。杀贵大，赏贵小。杀及当路贵重之臣，是刑上极也；赏及牛竖、马洗、厩养之徒，是赏下通也。刑上极、赏下通，是将威之所行也。'”

赏善罚恶，还须出于公心，才能服众。三国时期，李严因督粮失职，反诬告诸葛亮祁山退军，被诸葛亮奏请削职为民，贬到南方大渡河一带。但李严听到诸葛亮的死讯后，哀伤至极，竟不久病死。马谡被斩，亦无怨心服。

曾国藩在赏罚奖惩上，把人分为两类。一类以勉励为主，一类以防范为主。他说：“高明者好顾体面，耻居人后。奖之以忠，而勉而为忠；许之以廉，则勉而为廉。”“卑琐者本无远志，但计锱铢。驭之以严则生惮，防之稍宽则日肆。”他还提倡“扬善于公庭，而规过于私室”，动之以情、晓之以礼，以高尚的人格感化人。

悍将，多粗鲁莽撞，就像烈马，用好了可致千里，用不好把骑马人摔下来。要用好它，必须先降服它，曾氏对陈国瑞、李世忠的驾驭即为一例。陈国瑞，15岁入太平军，后投降加入清军僧格林沁部，暴虐粗鲁，骁勇异常。曾氏剿捻之初，陈率僧王残部驻济宁，曾氏见其力量单薄，遂派刘铭传进驻济宁城北的长沟集。陈见刘铭传军配备有大量的洋枪洋炮，遂生抢夺的念头，于是率亲兵五百人，突入长沟，见人就杀，见枪就夺，连杀数十人。刘闻讯大怒，发兵将陈围住，将其亲兵全部打死，把陈禁闭起来，连饿三天。事后，两人在曾氏面前打起官司。曾氏先把陈叫到私室，先历数他的劣迹暴行，打消了其嚣张气焰，又表扬了他勇敢、不好色、不贪财等优点，期望他振奋起来，不可自毁前程。接着，曾氏又坐到他面前，促膝谈心，和他订下了不扰民、不私斗、不违令三条规矩。但陈莽性不改，不久旧态复萌，曾氏马上请到圣旨，革去他帮办军务之职，剥去黄马褂，责令戴罪立功，并告知再不听令，就要撤职查办，发往军台效力了。这一软一硬，宽严相济，彻底降服了陈国瑞。

对这一事件的另一主角刘铭传，他虽然打死了陈五百亲兵，但他谋勇兼备，正是曾、李所倚重的人。对他的处理，曾氏想了一个两全之策：嘴上说得狠，严厉斥责，但并不追究其过失，这使刘心生敬畏，又使陈认为曾氏公平。

湘军后期另一悍将李世忠，原系土匪。曾国荃在家信中说他“畋依以全富贵，毕竟以苗沛霖高超。其人酒色洋烟，荒淫无度……”李受抚后，曾氏评论他说：“此人最难处置，其部下诡计霸道，颇善战守。”“此辈暴戾险诈，最难驯驭，投诚六年，官至一品，而其党众，尚不脱盗贼行径。”对于这种匪性十足的悍将，曾氏提出“待之之法，有应宽者二，有应严者二。……应宽者名也、利也，应严者礼也、义也。四者兼全，而手下又有强兵，则不无可相处之悍将矣。”

史 鉴

唐代马燧任赵城县尉，当时回纥兵帮助平定安史之乱后正要回国。他们仗着战功卓著，便十分放肆，一路烧杀抢掠。马燧去慰劳他们，他先贿赂回纥首领，取得了他们的旗帜印章，与他们定约，凡违令者可以斩首。马燧又从牢里取出死囚做自己的随从，稍有一点违令就处死。回纥兵大惊，在出境之前再也不敢撒野施暴。

明代况钟刚上任苏州知府时，假装不懂政事，一切都听吏员的。吏员们非常高兴，以为今后又可以胡作非为，凌驾于上司头上了。三天后，况钟升堂，责问他们：“某事应该怎么做，你们却阻止我；某事不宜做，你们却叫我做。”于是将不法的吏员们捆绑拷打，扔在庭院中，死了几个人。吏员们都很震恐。于是况钟便对吏员全部考核一次，斥退贪污的五人，平庸懦弱的十多人，苏州府从此治理得井井有条。

鲍超画像

8. 考察监督，双管齐下

为了“慎用”，曾氏对下属时加考察和监督。他说：“所谓考察之法，何也？古者询事、考言，二者并重。”就是说，要对下属的办事情况和言论，包括进谏，同时考察。这可减少才用不称和识拔人才时，“广收”所带进来的一些“害马稂莠”造成的不良后果。对于前来投效之人，曾氏认为可用的，先发给少量薪资，把他们安顿在幕府，经过较长时间的使用、考察，才保以官职，委以重任。对于武将，则主要考察其“能否杀贼”，他强调：“将不能杀贼者，汰之唯恐不速。”实战中凡溃散之营，官兵一律裁去不用。曾国葆被裁后，居家两年不见客。

曾氏对属下的考察，往往从小事入手。他对鲍超的考察即是这样。一次刘铭传率军追击捻军，途中与刚获大胜仗的鲍超相遇。后来曾氏问刘：“鲍春霆穿黄马褂耶？叙战功否？”刘答未穿黄马褂，又没有夸耀战功，说：“春霆仰客，幸得一见，礼让唯恐不速，岂会叙战功？”曾氏由此可知鲍超还保持着乡气，仍有不表功的美德。

《清稗类钞》上曾记载曾氏初用鲍超时，对他先考察后使用，而不贸然委以重任：

鲍超，四川人，短小精悍，胆略过人。咸丰初，入炮船为兵。一日，某抚军失利，鲍负而渡之。抚军记其姓名。又一日，来巡水营，问曰：“谁是鲍超？”鲍以己对。始知前所救者抚军也。乃保为营官，带陆兵。临大战，所向无前。自楚皖达三江，复城池及诸隘口以百数，贼闻风披靡。他军假其旗号，隔数百里，贼即逃矣。

鲍与多隆阿齐名，军中呼为“多龙鲍虎”。鲍善用游勇，凡克一城，虑有伏，辄遣游勇先入，食以重利而得其死力。兵勇稍不足数，即收游勇补充，故兵常足，而游勇乐为之用。

鲍本胡林翼旧部，其乡人李申甫是曾氏门客，因荐之于曾。初，文正以两营属之，鲍以为少，退而言于李曰：“昔润帅待我，推心置腹，视比诸将佐有加。兵若干，饷若干，凡吾陈乞，未尝不允。吾有功，则赏赐随之；有疾，则医药立至。吾乏衣甲，帅解衣衣我；缺鞍马，帅易骑骑我。以是感激，遂许润帅以驱驰，而所向亦往往克捷。今曾帅，未若润帅待人之诚也。且两营，何堪使用？君可速为我办咨文，愿仍归润帅。”李温语劝慰，且言之于曾。曾曰：“鲍某尚无尺寸之功，何遽嫌兵少？姑且先率两营，待稍著成效，虽十倍之，吾何吝！”李再三言之，乃得加一营。复于鲍，曰：“吾帅待人，未必不如胡润公，汝初至，不知耳，姑安之，观其后。”鲍默然而退。

次日，曾招鲍饮，延之上座。曾嗜猪脾（指猪肚），宴客则设之，而佐以鸡鸭。席间，鲍屡言兵少，曾辄曰：“今日但畅饮，且食猪脾，勿言兵。”于是举杯劝进。鲍竟不复得言。退而谓李曰："润帅宴我，皆盛馔，非为口腹之欲，礼重也！今则以猪脾佐酌，此固养贤之礼耶？幸赐吾言，又不令尽对。仆武夫，安有郁郁久居于此？君速为吾办咨文，愿仍归润帅！"李又慰劝一番。俄警报至，贼攻某城急，曾檄鲍赴援，大胜而归，曾即奖之，立加数营，礼貌优异。鲍始绝口不言去，而曾亦甚倚重之。

曾国藩还重视对部下的监督。他任两江总督时，手书告示贴于督署门前的两个秘信箱上，让人们监督曾氏本人及下属，指出其得失，并推荐贤能之人。此外他还请亲友下属，随时"密告外间讥议"，以检讨自己和部下的过失。

9. 不委过于人，挺膺负责

据《贞观政要》记载：贞观十一年（637年），天降大雨，河水漫延，冲入城门，涌入洛阳宫，平地水深五尺，冲毁宫殿官署十九处。城内民房七百余家被毁。唐太宗对侍臣说："由于我的失德，上天降下灾祸，或是由于我视听不明，刑罚失度，使得阴阳失调，雨水反常。我深感不安，还有什么心思独自吃喝享受？着令负责膳食的官员取消肉类，只上蔬菜素食；文武百官上奏言事，直言朝政得失。"

历史上许多朝代的天文历法官，都有个不成文的规矩，凡有天灾人祸，他们就会"夜观天象"，为皇上委过于下属，皇帝始终是没有过错的。李世民的可贵之处正在于，作为一个封建帝王，他有如此强烈的自责和负责精神，而不委过于下。而在今天看来，暴雨洪水与他的朝政并无一点关系。

曾氏是勇于负责，不委过于下的。他对历史上一些帝王的做法进行了研究，得出"事败归咎于谋主者，乃庸人"的结论。他认为比较典型的有两个例子，一是景帝时大臣晁错建议"削藩"，景帝采纳了，诸侯国遂以"清君侧"为由叛乱，景帝忙将晁错灭族，但叛军并未罢兵。二是石敬瑭反后唐一事。薛文遇支持后唐王重用石敬瑭，后来石引契丹兵大破后唐军，后唐王远远看见薛文遇就对人说："我看见他，肉就发颤，真想抽出佩刀刺死他。"曾氏总结道："大抵事败则归咎于谋主者，庸人之恒情也。"委过于人是多数人的通病，曾氏这句话可以说是金玉良言，可作为座右铭的。

在曾氏的征战史中，他曾跳水自杀过两次，欲仿晋国大将先轸，策马赴敌而死一次。咸丰四年四月初二，他亲率水陆各营进攻靖港大败，偷偷跳水自杀，被人救起，回长沙后写好遗嘱、准备好棺材，准备一旦得知湘潭战败又自杀，只因湘潭大胜而作罢。咸丰四年十二月二十五日，太平军自湖口大捷之后，又夜袭停泊在九江江面的湘军水师，曾氏大帅座船被俘，他又一次投水自尽，被人救起送入岸上罗泽南营中，他又欲策马赴敌自杀，经人劝解乃止。

每次战败之后，曾氏总是上疏朝廷，请求处分，决不推诿，如湘军先败于靖港、再胜于湘潭这次。湘潭一战歼敌两万，靖港之败不过损失千多人，但在奏折中，曾氏并不以功掩过，这令他的下属、朋友，包括左宗棠都不理解。左认为当务之急应宣传胜利，使天下人知道湖南有支善战的湘军，纠缠于失利不放，徒泄军心士气。但曾氏坚持为失败负责，用六百里加急的快递，把奏折呈送到朝廷。

10. 维护团结，罚不避亲

李元度是曾氏的“辛苦久从之将”，又是儿女亲家，曾氏自称与李情深，有“三不忘”之说。在靖港、九江、樟树镇等屡战屡败的艰苦岁月中，李始终追随左右。但他丢失徽州后，仍被曾氏弹劾革职。咸丰十年，太平军李世贤部攻徽州，因此地是祁门大营的屏障，得失关系重大，遂令李元度领新兵3000人，老兵2500人增援。因其擅长文学，又高度近视，领兵踏阵实非所长，曾氏恐其有失，特告诫他只可固守，不可出城决战。李元度临战时却自作主张，率5000余人出东门决战，李世贤号称10余万人，实数亦有4万，力量悬殊，李元度大败，遂入城固守，太平军又冒死从小北门登城，徽州遂告失守。

城陷后，李元度率先逃跑，又不及时返回大营，徘徊月余后，竟擅自回粮台索还欠饷，迳回湖南去了。曾氏对他的做法十分气愤，于是不顾幕僚的反对，将李元度弹劾革职。

如果说这次罚不避亲是为严肃军纪，那么以后的弹劾则是为了维护湘军的团结。李元度回湖南后，又通过邓辅纶与浙江巡抚王有龄拉上关系。咸丰十一年四月，募勇8000人，号曰“安越军”。十月，赴援浙江，投奔王有龄门下，并撤销革职处分。十二月，升任浙江按察使。曾氏对他打着“安越军”的旗帜，分裂湘系，十分恼火。当时，湘军有勇敢战善战之名，不少省份的督抚都想以重利吸引一些湘军官兵，以护卫自己的安全，李元度如果先例一开，则湘军的团结就面临危机。因此曾氏决心与李“公私并绝，无缘再合”。次年二月，曾氏再参一本，将李元度革职。

曾氏对李元度的弹劾，对其仕途产生了很大的影响。李晚年曾官至贵州按察使，升布政使，也不过算是官复原职而已。曾氏为此也觉得有负次青，有“二疚”之说。但是，李元度并不埋怨曾氏。曾氏死后，他撰祭文说：“生我者父，知我者公，公之于我，地拓海容。”这与李严哀诸葛亮之死相似，可见事出公心，总会见谅于人的。

11. 烈士暮年，整顿吏治

贞观二年，李世民对大臣们说："我每天夜里都要考虑百姓的事情，有时深更半夜不能入睡。最担心的是都督、刺史能否胜任工作。所以我在屏风上记下他们的名字，随时都能看到。他们的政绩都写在名字的下面。这些人决定着国家的安危，尤其需要得到称职的人。"平民出身的大臣马周也在贞观十一年的一条奏折中说："治天下者以人为本，欲令百姓安乐，惟在刺史县令。"强调了干部，尤其是基层干部的重要性。

曾氏为挽救中国危亡的命运，基本举措有三条，其中之一就是整顿吏治。他计划将那些退缩、琐屑、敷衍、颟顸（不明事理之意）的官僚"转移"，淘汰冗官，建立起一支振作有为、精干而有效率的干部队伍。可惜，曾国藩由于没有长期掌握地方实权，整顿吏治一条，他无法过多地付诸实践，但也尽其所能。他任两江总督后，裁革原有官吏，将信任的人补授要缺。任直隶总督时，也大力整顿吏治，他在一条奏折中说："直隶风气之坏，实各省所未有。我到任后，不得不大力整顿，把清理积案、停止任意摊派作为首要事务……我决心找出问题的要害以图直隶的吏治得到有效的整肃。"这一时期他在家信中也说："吏治最忌讳的，是不分青红皂白，让有德行的人寒心，不肖之人无所畏惧。如果这样，那么百病丛生，不可救药。"但不久曾氏即被派去处理天津教案，又不得不中断整顿吏治的计划。天津教案了结后，他回任两江总督，在生命的最后一年多时间里，他主要抓了练兵、洋务、吏治、河道、海运、盐政、外交等事，忙无暇日，加之衰病日增，在吏治上再无更大建树。这一时期，他对吏治不振、人才匮乏表示出很深的忧虑，他说："国家所得人物，一代不如一代，天下事可知矣。"他一边说，一边不停地皱眉头。

1872年3月12日午后，曾氏在两江总督任上去世，他整顿吏治的梦想再也无法实现。他一生整理吏治的成效不大，这主要是因为掌握地方实权的时间短，诸务丛集，中途又被剿捻、天津教案所干扰。如梁启超所言："吾以为使曾文正今日而犹壮年，则中国必由其手而获救矣！"可惜历史并未给予他太多的时间。

史　鉴

我国西汉时期，全国人口5959万，官员7500人，官民之比为1∶7945；唐高宗时，全国人口5288万，官员13465人，官民之比为1∶3927；元成宗时，全国人口5881万，官员增至22500人，官民之比为1∶2613；清康熙时，全国人口2459万，官员27000人，官民之比高达1∶911，可谓前无古人！

事 典

朱由检是明光宗朱常洛的第五子。天启七年（1627 年），其兄明熹宗朱由校病死，他以“兄终弟及”的方式当了皇帝，即为“毅宗”，当时年仅十七岁。毅宗在位十七年，即位之初，他很想有一番作为，处死了祸国殃民的魏忠贤，杖杀了淫乱朝纲的客氏，但是在清兵叩关、东北告急、闯献起义、中原动乱的情况下，无力扭转明王朝衰亡的局势，最终还是当了亡国之君。

毅宗本来是一个欲有作为、勤于政事的皇帝，在这一点上，他与历史上许多亡国之君是不同的。他经常连续工作很长时间，连吃饭都顾不上，有一次竟然坐着坐着就睡着了，他母亲见了，给他披了一件衣裳。毅宗醒后，见母亲坐在身边关切地注视着他，很感慨地说道：“父兄以前在位时，成天玩乐，国事还不至于像今天这样糟!”说罢，母子二人都流了泪。

顺治皇帝亲政后（此前由摄政王多尔衮执政），曾大力赞扬崇祯帝“励精图治”，追谥为庄烈愍皇帝，并下谕旨为崇祯帝陵前立碑，其文曰：“朕念故明崇祯帝，尚为孜孜求治之主，只以任用非人，卒致寇乱，身殉社稷，若亟为阐扬，恐千载之下，竟与失德亡国者同类并观。朕用是特制碑文一道，以昭悯恻之意。”

毅宗之所以成为亡国之君，与他父兄疏于朝政，尤其是“魏阉之乱”，留下一个烂摊子有关。但最重要的原因还是他用人疑人、刚愎自用、委过饰非、滥杀群臣、不善用人驭下术。

朱由检喜怒无常，用人疑人。他虽然年富力强，精力充沛，敢作敢为。但是，面对内外交困的局面，自己贪吝短视，想不出恰当的治国理民的策略，又对文武大臣忧心忡忡。他只看到权的重要，拼命玩弄权术，凭主观臆想去发号施令。他所固有的罕见的猜疑，使他直到临死之时，还认定他不是亡国之君，而臣下则全是误国之臣、亡国之臣。在这种反常的心理状态下，他对朝中大臣没有一个不存戒心。这种多疑多忌，使他与臣下之间筑起了一道无法填合的鸿沟，更使他作茧自缚。

袁崇焕是当时一位不可多得的名将。此人有胆有识，多谋善断，奉命出师辽东，统兵于宁远（今辽宁兴城县），大破后金兵，射伤后金主帅努尔哈赤，使努尔哈赤不久身亡。次年又在此处给了皇太极以重大打击。

朱由检即位之时，也认定袁崇焕是一个难得的将领，于是颁诏任命崇焕为兵部尚

崇祯皇帝像

书，令其总督蓟州兼登州（今山东蓬莱县）、莱州（今山东掖县）、天津军务。在袁崇焕出任这天，他特意设宴，并赐尚方宝剑，允其便宜行事。袁赴任后，不负圣望，尽心整顿辽东军务，果断地处死了割据称雄的大将毛文龙，又改革军政管理，日夜操练所统之军，成为后金的一个重大的威胁。

后金主皇太极急欲进攻中原，但看到袁崇焕在宁远布防严密，颇为着急，于是决定绕过袁防区，由蒙古穿过喜峰口，一举夺取遵化，挥师南进，直逼北京。

在北京危急之时，袁崇焕率军救援京师，这年十一月十日，到达蓟州，并在沿军事要地留军驻防。

袁军的到达，改变了北京防守薄弱的状况，使后金处于不利之地，朱由检非常高兴，亲自奖励了袁军。

就在这时，北京城里流言四起，传说袁崇焕“引敌协和”，将与后金订立“城下之盟”。多疑多忌的朱由检听后，便对袁崇焕起了疑心，皇太极利用朱由检的疑心，施展借刀杀人之计，编造谎言说他与袁有密约，故意让一个明朝被俘宦官听到，之后又放其回北京，此宦官便把这件事密报给朱由检。

袁崇焕像

朱由检听完宦官报告，不问虚实，立即抓住袁崇焕投入牢狱，后凌迟处死。他的这一自认为英明之决断，为后金（清）的入关除去一大障碍。

朱由检虚荣心极重，他往往自以为是，有时做出一些冒险决定，授意臣下去办，一旦出事，就委过于臣下，拿臣下治罪。崇祯十年（1637年）四月，熊文灿奉命统大军镇压张献忠为首的农民起义军。起义军鉴于敌众我寡，被迫受抚，朝臣对收抚意见不一，朱由检亲作决定，招降张献忠等义军。这时，罗汝才、贺一龙、贺锦等部义军，也在明军围剿下，被迫受抚。张献忠受抚后，拥众数万屯于湖北谷城。朝臣有人对此提出疑义，建议遣散献忠部众，朱由检当众反驳“盖房种田，正是招抚的好处”。后张献忠再次起义，罗汝才等部也纷纷起来反明。为了掩饰自己过失，朱由检就拿熊文灿问罪，处以极刑。

崇祯十五年（1642 年），朱由检决定与清议和，但他不公开自己的主张，而是密令兵部陈新甲去办。陈新甲忠实地执行了他的指示。后议和事情泄露，朝臣上疏参劾陈新甲，朱由检害怕事漏，殃及自己，于是立即下令处死了陈新甲。

朱由检在位十七年，朝中阁臣、尚书要员像走马灯一样更换。先后出任阁臣的 50 余人，吏部尚书 13 人，兵部尚书 17 人，刑部尚书 17 人，由于他的喜怒无常、猜忌多疑，这些阁臣、尚书下场大都悲惨，多数是罢官、遣戍，有的被关入牢狱，甚至被诛戮。作为朝廷钦差的总督、巡抚，下场亦惨。其中总督为他所诛杀者多达 11 人，巡抚为其所诛者亦达 11 人之多。这不仅在明代，就是在中国历代帝王中都是罕见的。他这样凶横地践踏朝臣，群臣自然也不会死心塌地为他效劳尽忠。

自神宗万历末年加征田赋起，明王朝就陷于难以自拔的窘境，日益加重的赋税，驱使民众起来抗粮抗税。然而，朱由检却不能采取有力的措施去拯救挣扎在死亡线上的饥民，而只是喋喋不休地宣称他为民父母，有爱民之心，斥官吏“不仁”，反而天天在减少国家开支上打算，于是决定裁撤驿站。又由于他无力制止将帅克扣军饷，却决定裁减兵饷，这就使失业驿卒、饥兵与暴动农民相结合，使起义怒火越烧越旺。

李自成画像

为了把起义镇压下去，朱由检又加收赋税，崇祯三年（1630 年）二月加派辽饷，崇祯十年又加征剿饷，崇祯十二年又下令增加练饷，崇祯十三年又下令增征关税银。他一而再、再而三地增税加赋，逼得百姓没有丝毫活路，于是纷纷揭竿而起。

崇祯二年（1629 年），李自成率众起义，加入“闯王”高迎祥的队伍。这支队伍在李自成的带领下，不断发展壮大，并针对当时赋税沉重提出“均田免粮”的口号，得到农民的欢迎，进军中原。

崇祯三年（1630 年），张献忠在米脂

领导起义，军队转战湖北、安徽、河南、陕西等地，由于明军镇压，诈降归明。1639年，张献忠再次起义，并打败围剿的明军，建立了政权。

在李自成、张献忠义军打击下，明毅宗朱由检的末日到了。

李自成义军在提出“均田免粮”口号后，得到了广大人民的支持，不断击败明军，崇祯十七年（1644年），在西安建立了大顺政权，并且乘胜进逼北京。三月，李自成大军围攻北京城，明朝军队土崩瓦解，四散奔逃，有的投降了义军。

崇祯十七年（1644年）三月十九日，李自成的义军攻占北京城。崇祯帝在满朝文武如鸟兽散的情况下，令皇后自杀，用剑刺死公主，携太监王承恩来到万岁山（今景山），在寿皇亭旁的一颗槐树下，哀叹道：“我平日待官吏亦不薄，今日至此，群臣无一相从。”说罢，与王承恩对缢于槐树下，时年35岁。崇祯帝尸体以发覆面，左足靴子脱落，衣襟上写有：“朕凉德藐躬，上干天咎，致逆贼直逼京师，皆诸臣误朕。朕死无面目见祖宗，自去冠冕，以发覆面。”语极沉痛。但他至死也没有认识到亡国的主要原因，而将实际罪责推到群臣头上，这实在是一大悲剧。

东汉王朝的建立者，汉光武帝刘秀，从小为人谨慎宽厚，勤于稼穑，似乎没有多大抱负，而其兄刘縯则性格刚毅，好行侠养士，素有大志。王莽天凤年间（公元14—19年），刘秀来到长安，拜中大夫许子威为师，学习《尚书》，能通大义，并从此立下了“仕宦当做执金吾，娶妻当得阴丽华”的志向（执金吾是统领北军八校尉的中尉，内卫京师，外备征战，车骑甚盛，十分威武；而阴丽华则是南阳新野姿貌出众的美人）。

王莽末年，天下连闹蝗灾，盗贼蜂起，地皇三年（公元22年），南阳发生饥荒，各家的宾客大多铤而走险，走上偷盗劫掠的道路，刘縯养的宾客也不例外，刘秀因此而受牵连，为避官吏追捕而不得不隐匿到新野，顺便在宛城出售粮食。当时社会上流行“图谶”的宗教迷信，宛城一个叫李守的人对其儿子李通说：“刘氏即将再次兴盛起来，李氏必将为其辅佐。”他们认为这“刘氏”将应验在刘縯、刘秀兄弟身上，于是极力鼓动刘氏兄弟起兵反莽。刘秀起初不敢答应，但想到哥哥刘縯一向结交无业游民，必将发动起义，况且王莽政权败亡征兆已十分明显，于是与李通等人定下大计，暗中购置兵刃弩箭，准备起兵。是年十月，刘縯依照刘秀与李通等人约定的起兵时间，正式提出“复高祖之业”的口号，亲自发动舂陵（今湖北枣阳县东）子弟起兵。这时，刘秀仅二十八岁。

刘縯、刘秀兄弟在称帝的道路上并不是一帆风顺的。地皇四年（公元23年），起义军各路将领为了扩大队伍，增加号召力，认为应立一刘氏宗室作皇帝，他们看中了生性懦弱、又无兵权、便于控制的刘玄，让他即皇帝位，建立“更始”政权。在攻克宛城和昆阳之战中，刘缜和刘秀都起了决定性的作用，在起义军中声威大震。刘缜虽然没有公开争夺皇帝的宝座，他的部将却都为他没能当上皇帝而愤愤不平。因而在刘玄称帝时，刘稷就气愤地说：“此次起兵图谋复汉大事的，本是刘缜、刘秀兄弟，今天称帝的这位可又干了些什么?”刘玄因此怀恨在心，任刘稷为抗威将军，以示惩戒。刘稷不肯受命，刘玄即下令逮捕。当要诛杀刘稷时，刘缜站出来表示反对，并为之争辩。一些嫉贤妒能的将领早就主张除掉刘缜，这时趁机劝刘玄杀刘缜，正中刘玄下怀。于是，刘缜与刘稷同一天惨遭杀害。

当时消息传到刘秀的耳中时，尽管他内心悲愤异常，但表面上却显得异常镇定。他清楚地知道，此时自己只要稍有闪失，就会招致杀身之祸。于是，他立即前去朝见更始帝，向他连连谢罪。而对于自己在昆阳所立的战功，却从来不向别人提起。他也不为刘缜服丧，吃喝谈笑一如往常，好像压根儿就没有发生杀兄之事一样。刘秀的泰然神情，终于使更始帝等人解除了猜忌，还使得更始帝也觉得对不起刘氏兄弟，便拜刘秀为破虏大将军、武信侯，刘秀终于避免了杀身之祸。三个月后，刘以破虏大将军行大司马事的身份到了河北，镇抚州郡，罗致人才，招兵买马，开始了统一中国的大业。

东汉光武帝刘秀像

刘秀曾说：“我治理天下，也想行以柔术。”他对臣属很少以刑杀立威。刘秀领兵攻下邯郸，杀死守将王郎以后，缴获了不少文件，其中有几千封刘秀部下给王郎的书信。这些人怕刘秀为此惩罚他们，因此惶惶不可终日。但出乎意料的是，刘秀没有那样做。他把所有的军官集合在一起，命令把这些书信统统当众烧毁。他说：“过去敌人强大，你们当中有人办了糊涂事，我不怪你们。现在你们都可以放心了吧!”刘秀的做法确实气度不凡，让那些曾有二心的人打消了顾虑，对他感激不尽。至于部属的一些小过失，刘秀就更能持宽容态度，不予计较。即使对有深仇大恨的人，仇家一旦幡然悔悟，将功折罪，刘秀也能既往不咎。如更始帝大司马朱鲔坚守洛阳时，刘秀曾派人劝降。朱鲔说：“大司徒（刘縯）被害时，我参与了害他的计谋，又劝说更始（刘玄）不要派萧王（刘秀）北伐，我确实知道自己有很大的罪过。”刘秀派人对他说：“建大事者，不忌小怨，朱鲔今若投降，官爵可保，怎么会诛罚他呢？我面对黄河起誓，决不食言。”朱鲔投降后，官拜平狄大将军，封扶沟侯，“后为少府，传封累代”，刘秀始终没有对他进行报复。如此宽广的胸襟，在古代帝王中极少见，这使刘秀得以从其他营垒中接纳了一大批有经世之才和办事能力的文职官员，以及马援、冯异、寇恂、吴汉等名将，大大壮大了自己的实力。天下平定以后，刘秀不仅没有像汉高祖刘邦那样杀戮功臣，还非常注意教育群臣遵守法令，有意识地保护功臣。

曾氏多次提到刘秀，称赞他是“英雄”，刘秀待人宽厚、心胸开阔、爱护部属，这些优点，对曾氏产生了很大的影响。

第七章 兼听——听取多方的不同意见

天下之事，吾辈所不深知
不及料者多也
切弗存一自是之见
须在善理人才
多纳善言上下功

【原典】

非十分虚心，人决不肯轻说一字。四月十一日弟函，颇有拒谏之意。施之于兄，兄当如常规诲；施之于他人，则拒人千里矣，慎之慎之。

位高而资浅，貌贵温恭，心贵谦下。天下之事，吾辈所不深知不及料者多也，切弗存一自是之见，须在善理人才，多纳善言上下功。

古之君主有谏臣，吾有诤弟。余近来官高名显，时患无善言相规。若弟能随处谏兄，庶几可免于颠危！大凡居高位之位，无不因自是而败，无不因恶言而败。

【译文】

如果你不是十分地虚心，别人决不肯轻易劝你一个字。看弟弟你于四月十一日来信，信中有拒谏之意。你不听我的劝告，我还可以像平常那样规劝你；你不听别人的劝告，则会拒人于千里之外，务必慎之又慎啊。

地位高而资历浅的人，外表贵在温和恭敬，内心贵在谦虚忍让。天底下的事，我们所了解不深、不能预料的东西太多，切莫存有自以为是的思想，必须在善于识拔培养人才，多采用好的意见上下功夫。

古代君主有能进谏的忠臣，我则有能直立的贤弟。我近来官位高、名声大，常常为听不到规劝讽谏而深深忧虑。如果九弟你能随时随地劝阻规谏我，那么我也许可以免于跌大跟斗啊！大凡身居高位的人，没有一个人不败在自以为是上，没有一个人不败在厌恶正直的进言上。

点 评

唐太宗与魏征曾有一段对白，贞观二年，太宗与魏征说："何谓为明君、暗君？"魏征说："君之所以明者，兼听也；其所以暗者，偏信也。"李世民是中国历史上一个十分开明的君主，善于听取不同意见，他与魏征原系两大阵营，如他所说："魏征往者实我所仇，但其尽其所事，有足嘉者。"太宗还有"三镜"之说："以铜为镜，可以正衣冠；以古为镜，可以知兴替；以人为镜，可以明得失。""保此三镜，以防己过。"太宗以魏征为镜，开创了贞观盛世的局面，从而使自己也跻身于中国历史上屈指可数的几位杰出皇帝之列。唐太宗的开阔心胸、包容万物的情怀还影响了他所属时代的中国人。那时候，中国各方面都很开放，是世界上最强盛、最繁华的国家。文化也非常发达，敦煌石窟中许多艺术杰作均出自于那个年代。难怪现在日本有些人，称唐以前的中国为中国，唐以后的中国为支那。在外人眼中，今天的中国人是愧对祖先的。

作为领导者，虚心纳谏本是一种基本的素质，但在封建时期实行起来却不简单。李世民曾经说过："臣欲进谏，辄惧死亡之祸。夫与赴鼎镬，冒百刃，亦何异哉？"向上司提意见或建议，竟要冒杀身之险，可见进谏者是多么不易。为此，魏征也指出有三种人不会进谏："懦弱之人，怀忠直而不能言；疏远之人，恐不信而不得言；怀禄之人，虑不利己而不敢言。"因而"相与缄默，俯仰过日"。所以即使是忠贞之臣，忠直之士，虽欲竭诚报效，但在进谏时都不得不慎而又慎。因为历史上曾盛行讽谏，即采用婉转的语言暗示、劝告或指责，为使谏为人纳，可谓挖空心思。

史 鉴

齐桓公为大臣们准备了酒宴，约定在中午举行。管仲迟到了，桓公向管仲敬酒，管仲却倒掉了一半。桓公说："约好时间而迟到，喝了一半又倒掉，这样做合乎礼法吗？"

管仲答道："我听说酒一喝下去，舌头就会出来；舌头出来言语就有失误；言语有失误，就会有丧身之祸。我权衡与其丧身，不如弃酒。"桓公笑道："仲父请起身就坐。"

齐威王的儿子靖郭君想在自己的封地薛筑城，并禁止守门人为进谏的人通报。有一位齐国人来求见说："我只说三个字，超过三个字，请把我煮了。"于是门人将他引见给靖郭君。客人说："海大鱼。"说完掉头就跑。靖郭君忙起身说："请说下去。"客人说："不，我不敢把性命当儿戏。"悬念已形成，靖郭君已上钩，他请求道："嗨，没办法，请说下去吧。"客人这才以海里的大鱼为喻，慢慢道来，说服了靖郭君不筑城池。

唐高宗外出打猎，遇上天下雨，就问谏议大夫谷那律："桐油涂制的雨衣，怎么才能不漏水呢？"谷那律回答说："用屋瓦来做衣服，就不会漏。"高宗听出弦外之音，遂不出去打猎了。

金朝时，有个近侍向皇帝进言，要废除科举制度。皇帝问张浩："自古帝王有不用文学之士的吗？"张浩说："有的。"皇帝又问："是谁？"张浩说："秦始皇。"皇帝回头对近侍说："难道让我成为秦始皇吗？"于是不提这件事了。

曾国藩在做京官时期，就十分注意听取别人的意见，当时他广交朋友、交往益友，诤友，并请他们对自己随时批评指正。曾氏说："人一生之成败，皆关乎朋友。"曾氏的

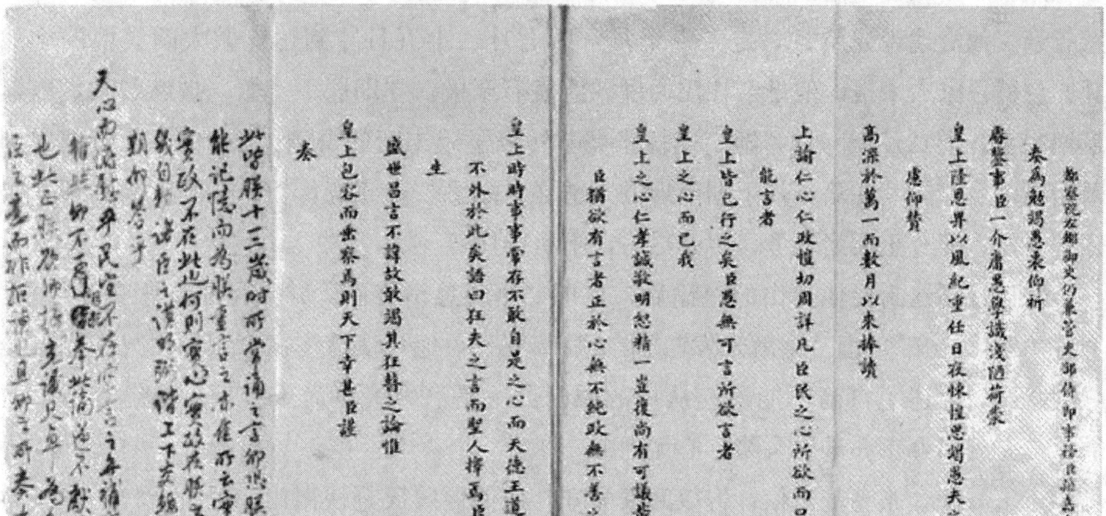
都察院左副都御史仍兼管吏部侍郎事務臣孫嘉淦謹
奏為勉竭愚衷仰祈
睿鑒事臣一介庸愚學識淺陋荷蒙
皇上隆恩畀以風紀重任日夜悚惶思竭愚夫之千
慮仰贊
高深於萬一而數月以來捧讀
上諭仁心仁政惻怛周詳凡臣民之心所欲而口不
能言者
皇上皆已行之矣臣愚無可言所欲言者
皇上之心而已矣
皇上之心仁孝誠敬明恕精一豈復尚有可議哉而
臣猶欲有言者正於心無不純政無不善之中
皇上時時事事常存不敢自是之心而天德王道舉
不外於此矣語曰狂夫之言而聖人擇焉臣幸
生
盛世昌言不諱故敢竭其狂瞽之論惟
皇上包容而垂察焉則天下幸甚臣謹
奏

大清第一奏折　孙嘉淦　《三习一弊疏》

这些朋友对他的影响是很大的。

京官时期，曾氏对乾隆时期的大臣孙嘉淦十分佩服，对孙的《三习一弊疏》更是推崇。在清代，孙嘉淦以直言敢谏著称。雍正继位以后，大肆迫害、屠杀诸兄弟，多数臣子都不敢谏，孙却上疏要雍正“亲骨肉”，连雍正也说：“朕也不得不服其胆。”

乾隆即位后，孙公已以直谏名动朝野，当时只要朝廷提出一项好的政策或主张，民间就有人问：“这是孙公的建议吗？”孙公的直谏精神虽然影响了曾氏，曾后来多次直谏咸丰，不少人都为他捏了把汗。不仅如此，曾氏还十分推崇孙公于1763年上的一道著名奏疏，即《三习一弊疏》，这是清代关于皇帝道德修养方面最著名的奏疏。其主要内容就是希望皇上要避免：喜欢颂扬话的习气；喜欢一呼百应、喜柔顺而厌刚直的习气；自以为是、喜顺从而厌烦违逆的习气。因为这三种习气一旦养成，就会产生一种弊端：喜小人而恶君子。

曾氏在京师学习书法时，常以《三习一弊疏》为临摹的范文，并能将这几千字的文章背下来。这虽然是写给皇上的，但一般领导者都可从中汲取营养。克服了三习一弊，领导者就会有开阔的心胸，虚怀纳谏。下文将分两个部分，对曾氏纳谏略为剖析。

一、曾氏一生几次重要的纳谏

1. 出山前，纳郭嵩焘言

咸丰二年六月二十四日（1852年8月9日），曾氏离京南下，拟趁典试江西之机回家省亲，他沿途观光赏景，走了一个月，即七月二十五日才到达安徽太湖县境的小池驿。忽然，家人来报，他母亲江氏去世，他哀痛至极，立即脱下官服，披麻戴孝，取道返回家乡。十二月十三日，湖南巡抚张亮基转来了咸丰帝的寄谕：“前任丁忧侍郎曾国藩籍隶湘乡，闻其在籍，其于湖南地方人情必自熟悉，着该抚传旨，令其帮同办理本省团练乡民，搜查土匪诸事务，伊必尽力，不负委任。”

曾氏接到这封要他出山的上谕后，立即“草疏恳请终制，并具呈巡抚张亮基代奏，力陈不能出之义”，但“缮就未发”。十二月十五日，他写信给住在京城的内兄欧阳秉铨（字牧云），申述了自己不能墨绖从戎的原因：一是家中诸事尚未料理，遽出有不孝之罪；二是外出办事亦难寻头绪，心无把握。

十五日晚，张亮基来信，告以武汉失守，他催促曾氏赶快出山，保护桑梓。半夜时分，翰林院庶吉士郭嵩焘，风尘仆仆，赶了120里路，来到曾家为曾氏母吊唁。郭与曾关系非常，他一走下湘乡县令提供的官轿，吊唁完毕，即力劝曾氏出保桑梓，他说：

“公本有澄清天下之志，今不乘时而出，拘守古礼，何益于君父？且墨绖从戎，古之制也。”曾氏父亲曾麟书也说：“以嵩焘之言为正。”郭嵩焘晓以大义，剖析利弊，终于说服曾氏出山。曾氏在给江忠源的信中解释从守制到出山这一变化时说：“大局糜烂至此，不欲复执守制不出之初心，能尽一分力必须拼命效力一分，成败利钝，付之不问。”十二月二十五日他给内兄牧云信中也说：“十五夜接张抚台来信二件，知武昌失守，不胜骇叹。郭云仙亦于十五夜来我家，劝我出省帮办团练等事。弟以湖北失守关系甚大，又恐长沙人心惶惶，理宜出而保护桑梓。”这两封信中的话反映了曾氏思想变化的过程。十七日，曾氏即由家起行赴长沙。

2. 出山后的多次重要纳谏

曾氏之所以成大事，有一条重要的秘诀就是“合众人之私以成一人之公”，这与曹操的名言“吾任天下之智力”意思差不多。可以说，曾氏是把众人的智慧为己所用的典型人物。

曾氏胸怀广大，心平气和，从不居功自傲，看上去就像一位老教师。凡是有人向他进言，对的就采纳，不对的也没有一句话予以辩驳。他在安徽祁门时，在官署衙门里设置了一个信箱，上书告示：“本部堂示：凡言本部堂之过失、文武官之贤否、军士之骚扰者，投此桶内。不收词讼，投者焚之。”到了晚上，就取出来审视，其中不可行的就搁置一边。凡是读书人来求见的，不论是进谏还是来求职，没有不见的。李鸿章曾经直言他的老师，说他“懦缓”，即做事胆小、谨慎太过、迟缓、效率低下。曾氏并不怪其无礼，而是欣然表示同意。

（1）纳郭嵩焘言创立水师。

创立水师，后来成为曾氏初期成功的关键。郭先劝曾氏出山，后又建议创立水师，他不愧为曾氏初期的重要助手。

郭看问题十分敏锐，当时太平军水师强大，控制了长江水面，曾氏练的湘军只能陆战，对付太平军水师则唯有望江兴叹，郭感到欲与太平军争雄，必先建水师，夺回舟楫之利。他先向江忠源提出这个建议，江又写信要求曾氏“登高而呼”，玉成此事。曾氏欣然同意，湘军水师开始筹建。曾先物色了彭玉麟、杨载福二人为大将，在衡阳大造战船，召兵，且不惜重金，从广东购回大批洋炮，解决了许多技术难题，把它们安装在战船上，建成了当时中国最先进的内河水师。咸丰四年初，湘军水师初具规模，有大小船只 361 号，装备大小炮 470 门。水师的创立是曾氏的得意之笔，太平军水师不久就从长

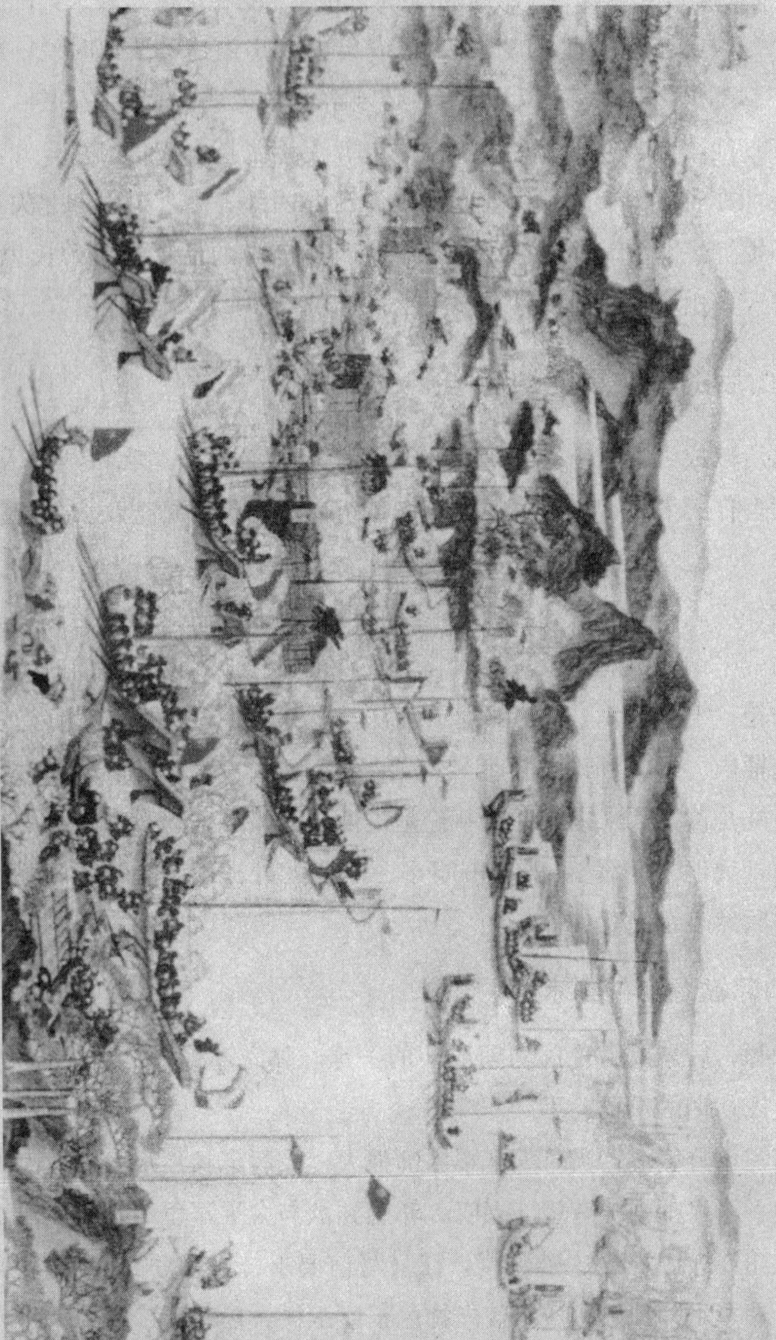

湘军水师图

江上销声匿迹了。平定太平天国之后，湘军大裁军，但水师反而加强，且更名为“长江水师”。

(2) 纳陈士杰言救王鑫。

陈士杰，湖南桂阳人，贡生，以七品小京官任职于吏部，他曾犯颜直谏曾氏顾大局，援救王鑫。后曾氏靖港败后，投水自杀，又亲救国藩于死地。湘潭之胜，乃湘军初期最具决定意义的大胜，亦为陈氏之计。

咸丰三年八月，曾氏移驻衡阳，闻陈士杰知兵，亲笔一函将其请来。四年三月初，湘军王鑫部不遵曾氏号令，战守失措，王鑫以下千人被困于岳阳，陷入绝地。曾氏大为愤懑，左右不敢进言，唯陈士杰独进曰：“岳州薪米俱绝，明日必溃，宜遣救璞山（王鑫字）。”曾氏正在气头上，怒而不语。陈以为为公而谏，则应力争。他自言自语道：“为千人请命，奈何计小礼数?”于是复入，请曰：“璞山军宜往救。”神色坚定，大有不达目的不罢休的架式。其实，曾氏虽不满于王鑫不听号令，独树一帜的行为，但他平时也深恨绿营兵“败不相救”的恶习，陈士杰的话他不能不考虑，遂立即停步曰：“如何能救？刚刚派人侦察，城中无人，但城外有燎火。”陈乃立召两名侦者对质，愤怒地说：“你二人畏贼不敢前往援救，如果城里有人出来，取你们性命。”两人不得不承认自己说了谎。曾氏于是问援救之计。陈言敌无战船，可派水师沿岸开炮作为声援。曾氏纳陈士杰言，王鑫得以缒城逃出，生还九百余人，王鑫后来在浙江、新疆战役中均有大功。

(3) 纳陈士杰言，获湘潭大捷。

王鑫败于羊楼司后，湘军大溃，连弃岳阳、湘阳、宁乡、湘潭。长沙危急。曾氏于咸丰四年三月二十四日，集众计议，多主张主力退入长沙坚守，再派兵相机攻取靖港，因此地乃太平军大营所在。但陈士杰及少数幕僚反对进攻靖港，他指出：攻靖港，胜则固然可以沿江北上，败则没有退路，再回省城，便是置自己于死地。先攻湘潭，败可退入城内自保，胜则可以获取湘潭贮存的大量军需物资。陈士杰的原话是：“今独可悉兵援湘潭，即不利，犹得保衡，永，可图再举；若不顾根本，但图进取（靖港），则一败俱死矣。”曾氏听后“即大悟”，陈士杰又鼓动彭玉鳞、杨载福两位水师大将“俱陈上攻湘潭之便”，在这种情况下，曾氏才下决心先攻湘潭。

三月二十八日，湘军陆师1300人，次日，水师五营，向湘潭出发。二十九日晚，曾氏不纳李元度言，亲率余部攻击靖港，竟遭惨败。曾氏跳水自杀，为陈士杰、李元度所救，回长沙后，悲观至极，写好遗嘱，备好后事，准备自杀。三日后，传来湘潭大捷，歼敌4000余人的好消息，如一阵春风，吹散了曾氏心头愁云。没想当时若不纳陈士杰言，全师攻击靖港，一旦失败，后果真不堪设想矣。

（4）纳李元度言，总结三次失败的教训。

李元度，湖南平江人，举人出身，与曾氏交情极深，有“三不忘”之说。他眼睛高度近视，带兵打仗非其所长，智谋文才则冠绝一时。

咸丰四年十二月中下旬，太平天国翼王石达开，用计分割湘军水师，一败湘军水师于湖口，二败之于九江，曾氏座船被俘，文件尽失。面对如此严重的局面，曾氏召集幕僚，让众人总结咸丰四年这一年中，湘军三次大败的原因。大家都面面相觑，不敢乱讲话。

曾氏一向器重李元度，又有救命之恩，便点名要李先发言。李元度为人仗义，他应声而起，语惊四座：“恩公东下之师，气势锐甚。然自三月至今，凡经三次大挫，初挫于岳州，继挫于靖港，今又挫于九江湖口。未而屡蹶复振，未坏大局。然依在下之见，非失于恩公不知兵，而失于知兵。”

李元度的话，如芒刺在背，十分尖锐。众将领谁也不敢望一眼曾国藩的表情，但曾氏却听得起劲，忙叫李继续说下去。元度接着说道：“岳州之败，师未集而因大风阻于洞庭湖，敌察我军疲困，大股围入，其败理所固然。靖港之败则不然。恩公惑于乡绅之请，临阵变计，朝令夕改，是策略之失。九江湖口之败，问题更大。百余小船入湖，敌断退路，敌变化莫测，又以小船攻我之大船，我之虚威无用。师出不谋退路，乃行军大忌，不能不败。”

在这里，李元度明白地指出：岳阳之败，势不可免；靖港之败，乃朝令夕改，策略之失；九江湖口之败，乃不谋退路，骄兵冒进所致。湖口之败，使刚获回家镇大捷仅两个月的湘军清醒了许多，他们意识到：石达开诚乃劲敌！

曾氏善纳人言，博采众长，他对李元度的总结颇为叹服。他说：“次青之语句句在理，望吾将士共戒之。”

（5）纳罗泽南进击武汉之策。

九江、湖口之战失败后，湘军水师已近瘫痪，曾氏在以后的两年，坐困江西。直至咸丰六年十月后，由于太平天国内讧，湘军才在湖北攻克武汉。十二月，杨载福、李续宾进抵九江，驰援江西，曾氏才逐步走出困境。

进取武汉，以救江西，而图全局的战略主张是罗泽南于咸丰五年三月提出来的。罗泽南，湘乡人，咸丰二年办团练，三年入省城受命于曾氏，是湘军创始人之一，初期重要将领，咸丰六年三月战死于武汉。

五年三月，罗泽南上书曾国藩，认为应分兵增援武昌外围的湖北巡抚胡林翼，一旦攻克武汉，湘军便能水陆东下，会师九江，江西、湖北的军事形势才能根本好转。八月，他又单骑至南康，在船上与曾氏面谈。罗慷慨陈词，纵谈利弊，规划进止，略谓欲得江西、安徽、湖北，必先得武汉，控上游之势，则全局皆活。若一味株守江西，如坐瓮中，虽经苦战，无益于大局。最后罗提出由自己率所部增援胡林翼。曾氏同意罗的观点，但罗一去，湘军在江西便更加势力孤单。“若有缓急，无可恃者。”曾氏权衡再三，终以战略家的眼光做出决断：“今俱困江西无益，罗军若克武昌，天下大势犹可为，吾虽困犹荣也。”于是，罗泽南统兵4500人赴援胡林翼，罗死后，其军由李续宾、李续宜统率。多年后曾氏仍佩服罗之胆识“能取远势”。

（6）应否北援，纳李鸿章言。

咸丰十年七月，即1860年8月，英法联军从清军不予设防的天津北塘登陆，很快击败僧格林沁的精锐骑兵，攻占天津。9月，在通州及京东八里桥两地再败僧王残部和前来增援的胜保部队。咸丰帝令恭亲王奕䜣留守北京，自己则仓皇逃往热河，逃亡途中连续发布谕旨，令各地将帅督抚迅速带兵来京“勤王”，其中最早的一个谕旨就是给曾氏的，要他派鲍超带两三千人“兼程前进，剋日赴京，交胜保调遣”。10月10日曾氏接到谕旨时，他正孤守祁门，吉凶未卜。起初，曾本人也认为事关“勤王”，无可推诿，但北援“无益于北，有损于南”的前景令曾氏很为难，一时“涕泣彷徨，不知所以为计”。另外从曾氏内心来说，他决不愿把自己的虎将交给胜保，因为胜保乃一庸人，胡林翼此前已对曾氏说过：“胜保每战必败，每败必以胜闻。”“胜保在蒋坝，残败不复成军，山东人向呼此公为‘败保’，盖其治军，如郑公子所谓‘胜不相让，败不相救，轻而不整，贪而无亲’者矣。”曾氏把鲍超交给“败保”，不但明珠暗投，还有损失大将之忧。不料，李鸿章寥寥数语，便解决了这个大难题。在军事会议上，李鸿章力排众议，认为人们“独谓夷氛已迫，入卫实属空言”，“三国连衡，不过金帛议和，断无他变”，而“楚军关天下安危，举措得失，切宜慎重”。最后他主张“按兵请旨，且无稍动”，对这八个字，曾胡心领神会，一道难题化解了。

（7）纳汪士铎取金陵之策。

汪士铎，南京人，家贫，苦学成才，道光二十年中举，胡林翼为其主考官。太平军破南京后，拒绝所受职务，咸丰九年入胡林翼幕。晚年穷居南京，曾氏常往探视。他一生为曾胡用兵献计甚多。咸丰十一年底，汪来到曾氏大营，献取金陵之策：

“传闻大军进取金陵，……金陵城大而坚，攻守皆难，未可力争。窃谓今日之势，宜先分布攻守，如南岸之广信，为浙闽入江西之要道，请以左宗棠军守之。先取宁国，则江南庶可守矣。北岸请以沅师守安庆，而移韦志俊守庐江，以李中丞守英霍，而以成大吉往来应援，则江北庶可守矣。明公以鲍超为右翼，多隆阿为左翼，以金逸亭为后继。左翼军守其天长六合诸地，既通扬州，又可渡江而南。右翼军随公东取城外诸垒。水军专御南北之渡，防南则倚石臼诸湖及仪凤三山石城诸门外之垒。城外肃清，然后浚旧堑以困之。移咨薛中丞，使取苏常，以牵贼后援。迨外援既无，中必内溃，然后此贼乃可徐图也。”

汪的计策，可谓备极周详。其主要精神，不外欲取金陵，先必肃清其外部，能妥守无虞之后，方可徐图。后来曾氏攻打金陵的部署，虽与汪计有些差别，但大方向是一致的，只有战术细节上的不同。曾氏同治元年二月上奏说明攻取金陵的计划，也说：“与其危进金陵，师若无功而复退，何如先清后路，脚跟稳而后进。”

（8）洋务纳谏，厥功甚伟。

曾氏晚年，以自信、求变、务实的精神，坦然面对“数千年未有之大变局”，开创洋务运动，开启了中国近代化的进程。洋务运动的战略构想，应归功于曾氏，并且也只

北京同文馆大门

有他，才具有实施这一构想的地位和影响力。但曾氏在许多具体问题上，并非他首倡，而得之于幕僚的好提案，实在不少。

比如，建立翻译馆，就是由主持江南机器制造局事务的徐寿首先倡议的。徐对曾说："将西国要书译出，不独自增识见，并可刊印传播，以便国人尽知。"又说："书成后可在各省设院讲习，使人明此各书，必于国家大有裨益。"曾氏接受了这一建议，他还进一步认为"翻译一事，系制造之根本"。设立翻译馆后，曾氏还选派聪颖子弟随同学习，"妥立课程，先从图说下手，切实研究，庶几以理融贯，不必假手洋人"。

选派聪颖幼童，出国公费留学，则来自容闳的建议。容闳，"原名光照，号纯甫，往来花旗国最久，熟悉语言文字"（曾国藩语），他是广东香山人，咸丰四年毕业于美国耶鲁大学，同年秋回国，欲效力太平天国，不为所容。同治二年入曾幕，被派往美国采购"制器之器"。同治十年夏，率中国第一批留学生赴美，后任驻美、西、秘鲁三国副公使，官至二品。著作有《西学东渐记》，该书主张"借西方文明之学术以改造东方之文化，必可使此老大帝国，一变为少年新中国"。

同治七年，容闳建议附设兵工学校于江南机器制造局，"招中国学生肄业其中，授以工程理论与试验，以期中国将来不须用外国机械及外国工程师"。曾氏对此极为赞许。这使满怀教育救国思想而到处碰壁的容闳颇为兴奋。同治九年，容闳随曾氏前往天津处理教案，容闳任翻译，期间他又向曾提出"选派颖秀青年，送之出洋留学，以为国家储蓄人材"的建议，于是曾国藩乃与李鸿章联名上奏，当年冬天获准，于是，从同治十二年到光绪元年，120 名 10 至 16 岁的儿童分批赴美留学。

二、也有不纳言的时候

曾国藩对于别人的进言，赞成的采纳，不赞成的也没有一句话予以辩驳。他一生中不纳言的情况一定不少，在此只举几个典例事例。

1. 不纳正确的谏言而失利

(1) 不纳元度言，兵败靖港。

咸丰四年三月二十九日晚，曾氏刚送走进攻湘潭的水师，突然长沙县的士绅来报："靖港贼营中只数百人，可驱而走也。团丁已作浮桥接应官军，机不可失。"曾氏一听，立即动了心。出发前，李元度极力劝阻说："兵之精者已往湘潭，早晚捷音必至。此间但宜坚守，勿轻动。”曾不听，将一封遗疏和一封遗嘱交给李，大有孤注一掷之势。岂料，四月初二，两军接战，太平军炮火猛，又风大水急，湘军水师乱作一团，太平军派出小船袭击，水师溃散一半。陆师与团丁合兵进击时，因团丁见势稍有不利，便反奔，陆师随之反奔，败兵如潮，落水者百余人，曾氏持剑在桥头立下令旗，大喊：“过旗者斩。”仍无济于事。曾氏悲愤莫名，投水自尽，被章寿麟救起。

原来曾氏出发前，陈士杰、李元度估计，如曾兵败，必寻死，于是把章寿麟藏于曾氏座船船尾，此事亦见李、陈二人料事如神。

第二天早晨，左宗棠从长沙城里缒城而出，到船上会见曾国藩，当时曾氏短袄上泥沙犹在。左宗棠谏曰：“事尚可为，速死非义。”曾“嗔目不语”，只是叫左代为检点所存军械弹药。

（2）不纳李鸿章言，自陷祁门绝地。

咸丰十年五日，即1860年6月，太平军消灭了金陵城下的清军江南大营，安庆形势更加危急。洪秀全召开军事会议，决定分兵两路攻取武汉，以解安庆之围。北路由陈玉成率领，从长江北岸经安庆入湖北；南路由李秀成率领，由皖南经江西入湖北。定于次年4月在武汉会师。

祁门县城地处皖南山区，盆地地形，祁门位于盆地的西端。曾氏认为，祁门地处皖南，地连赣、浙、苏三省，战略地位重要。他为使围困安庆的湘军与江西后方连通一气，又阻太平军李秀成部进援安庆之路，决心进驻祁门。当时李鸿章力谏曰：“祁门地形如在釜底，殆兵家所谓之绝地，不如及早移军，庶几进退自如。”曾不听，还赌气说：“诸君如胆祛，可各散去！”

曾氏刚驻祁门，太平军即大规模西征，1860年12月1日，李秀成克黟县，距曾氏大营“仅八十里，朝发夕至，毫无遮阻”。当时曾氏身边只有3000士兵，曾自料难活，遗嘱都已写好。但李秀成在休宁与鲍超、张运兰大战失利，李即撤兵南下入浙江，曾氏遂得脱险。李秀成退兵后，鲍超率亲兵一队前往祁门大营拜见曾国藩，“国藩从容而出，超下马，将行礼，国藩速趋前抱持之曰：‘不想仍能与老弟见面！’言已泪下”，“不复能自持矣”。

祁门遇险后，曾氏对李鸿章更加器重，认为李“颇知兵”。

（3）教案拒谏，物议沸腾。

曾氏处理天津教案期间，大多数幕僚通过口头或书面的形式，甚至包括曾氏长子纪泽在内，都对曾国藩提出尖锐批评，但曾国藩一意孤行，且明知心中有愧，仍杀害无辜

天津教案·火烧望海楼

百姓以取悦洋人。其结果，“责问之书日至”，“汉奸，卖国贼”的呼声不断。在京城的湖南同乡，将会馆中曾氏写的匾砸毁在地，以至“积年清望几乎扫地以尽”。曾氏晚年对未听幕僚劝阻也“深用自疚”，“引为渐怍”。教案事件对曾打击颇大，他回到南京后，“心绪不免悒悒”，一年多就去世了。公正地说，教案事件中，曾氏决非情愿杀害同胞，做出如此决定，与国力、曾氏政治外交思想、朝廷的压力都有关，曾氏实际上做了慈禧的替罪羊。多年以后，李鸿章因甲午兵败，东渡日本求和。他想到自鸦片战争以来，林则徐、曾国藩、琦善等人，凡与洋人交涉，无不难以收场，从而预言自己此次东渡，必致举国唾骂，难收晚场。事实上，当时日本首相也认为李鸿章为“清国不可多得的人物”，《马关条约》的签订，李鸿章难辞其咎，但甲午惨败，深层次的原因又哪里是在李鸿章身上呢？换了别人，未必做得更好。

（4）洪秀全的两次拒谏。

洪秀全初期有众百万，所向无敌，不少士人翘首以盼，希望他能推翻满人朝廷，建立汉人的政权。当时，如果洪秀全能揣摩到这一层心理，适时调整政策，收买民心，则清廷的命运，谁也挽救不了！

洪秀全于咸丰二年九月十一时攻抵长沙，围攻两月不克。当时左宗棠还未入骆秉章幕府，在家教书种菜，他去长沙拜见洪秀全，劝他放弃基督教，仍以尊孔为旗，以《春秋》攘夷之义来宣传，可洪秀全没有听从。可见洪秀全见识一般，不懂得中国士大夫的心理，更不懂社会心理，装模作样，满嘴神话，动辄天父天兄，不过以邪教蒙人，欺骗下层群众则可，读书人是不会买账的。不仅士大夫不会同情，就是一般老百姓都看不惯。这样洪秀全就失去了很大一部分群众，更失去了绝大多数知识分子。

同治三年四月，太平天国的大据点，只剩天京、常州、湖州等处。在这种严重情况下，李秀成建议"让城别走"，即放弃天京，突出敌人的包围圈，走向上游向西北发展，或走下游，重占东南沿海，以谋"东山再起"。当时天京城外还有10万太平军，陕西更有大批捻军活动，此时若冲出包围，组织退却，形势可望扭转。但洪秀全昧于大势，一味靠天，说什么"朕心中自有百万天兵"，"朕用天兵定天下"，已没有勇气和毅力丢掉已成为包袱的天京。这就使仅有的太平军精锐力量，在毫无胜利希望的战争中消耗殆尽。

史 鉴

历史上拒谏致败的事例很多。这里有两则拒谏的故事，分别发生于楚汉战争期间和汉朝初年。

韩信、张耳率军进攻赵国，赵王和成安君陈余得知后，在今河北井陉聚集军队。广武君李左车给陈余进言说："韩、张乘胜远征，势不可挡。我听说从千里之外运送军粮

白登之围

常不能及时，士兵一定面有饥色。该开饭的时候才做饭，将士必定吃不好睡不好。如今井陉路窄，运粮的队伍一定在后面。请您借我精兵三万，从小路包抄袭击敌人的后方供给线，您则凭借坚固的工事，不和他们交战。不出十天，韩、张之头就会送到您面前。”可是陈余一向自称是仁义之师，不用李左车之计，终为韩信所擒。

公元前200年，刘邦想进攻匈奴，先后派出十多批便衣出去侦察敌情，都只看到一些老弱的兵士和瘦马。刘敬也去侦察，回来他对高祖说：“这一定是匈奴匿壮示弱之计，必然埋伏奇兵等待我们，匈奴不可以打。”高祖不听，率20万汉军出发，并把刘敬关起来。高祖果然在今天的山西大同白登山被围七天，险些丢命。他回来后，把刘敬放出来，封他为二千户。

2. 不纳劝进谏

湘军的兴盛，绿营八旗的衰亡，将曾国藩推到了火山口，他的部将、幕僚和朋友，甚至他的对手石达开，都在不同时期劝曾氏自立为帝。最早的劝进是好友王闿运于咸丰五年（1855年）所为，部将、幕僚的劝进则始于咸丰十一年安庆战役结束后。

（1）王闿运的三次劝进。

王是湘潭人，咸丰三年中举，在肃顺家当过家庭教师，后曾游于曾氏幕府，未任职授事，与曾氏为文字之交。著有《湘军志》等著作，才气很高，时人称其为“怪杰”。比曾氏小22岁，死于1916年。

咸丰五年冬，王到武昌曾氏大营，劝曾胡二人割据东南，与太平军“连横”反清，曾胡二人却“相顾咸谢”，王乃“笑起披衣下”。曾氏把王看作一狂放不羁的文士，虽诗歌唱答、优礼备至，而极少采纳其意见。故王对曾，只以后辈和朋友自居，不为僚属。

咸丰十年，再入曾府，喋喋而谈，无非“彼虏可取而代之”的意思，曾氏正襟危坐，以食指蘸杯中茶汁，在几上点点画画。不多时，曾去厕所，王便站起窃视几上，见依稀有个“妄”字。

同治四年，曾氏正准备北上“剿捻”，王又来叙。曾很高兴见到他，但又有所警惕。但这次王只与曾氏谈论学问。他说：“公之文，从韩愈以追西汉，逆而难；若自诸葛，魏武帝以入东汉，则顺而易。”曾氏起初还听得津津有味，频频点头，但后来他听出了弦外之音：原来是让他做曹操！但他表面上很平静，故作不知。

三次纵横计不成，王心中不无耿耿。他在成都、衡阳讲学时，曾对学生谈起“曾大

（指曾国藩）不受抬举”。又作联曰：“纵横计不受，空留高咏满江山。”指责曾氏“避事不敢担当”。直到晚年，王闿运经历了清亡、袁世凯复辟败亡等重大历史事件后，才对曾氏当初不自立为帝的看法有所改变。

（2）部将、幕僚的劝进。

安庆战役后，李元度、胡林翼、左宗棠、彭玉麟等人都有过劝进之举，不过这些不可能见于正史，因此有些传说不一定可靠，但至少有一些是真实的。

安庆攻克后，部将欲以盛筵相贺，曾氏不许，只许各贺一联，于是李元度第一个写成其联为“王侯无种，帝王有真”。曾氏见后立即将其撕毁，并斥责了李元度。

传说曾氏寿诞，胡林翼送一联，联为：

用霹雳手段；

显菩萨心肠！

曾氏击节赞赏，但胡走后，又遗一纸条在桌上，赫然曰：“东南半壁无主，我公其有意乎？”曾氏见之，惶恐无言，将纸条悄悄撕碎。

左宗棠也有一联贺寿，联为：

神所凭依，将在德矣；

鼎之轻重，似可问焉！

联由胡林翼代交，曾氏乃将“似”改为“未”，又原封退还给胡。胡见后，又批8个大字：“一似一未，我何词费！”意思说：我真白费口舌了！

水师提督彭玉麟，在攻克安庆后，派人迎曾氏由东流来安庆。曾氏坐船还未登岸，彭即遣一心腹，送上来一封密信，曾氏拿着信来到后舱，拆开后，只见彭之亲笔12个字：

东南半壁无主，老师岂有意乎？

在后舱里只有曾氏亲信倪人皑，他也看到这12个字。曾氏脸色当时大变，急不择言地说：“不成话！不成话！雪琴还如此试我。可恶！可恶！”接着便把信纸搓成一团，吞到了肚里。

据说，曾氏劝石达开降清时，石达开也曾提醒他，说他是举足轻重的韩信，何不率众独立？

流传最广的劝进活动是发生在金陵攻克后。

据说，金陵城破不久，一天晚上，曾氏亲自审讯李秀成后，进入卧室小憩。忽然，湘军的高级将领约30多人齐集大厅，请见大帅。中军向曾氏报告，曾氏问：“九帅有没有来?”中军答未见九帅。曾氏即传令召见曾国荃，曾国荃抱病来见。曾氏见国荃已到，才整装步入大厅，众将肃立。曾氏态度严肃，令大家就坐，大家默对片刻，曾氏乃命随从取纸笔，后就案挥笔，写成一幅对联，掷笔起，一语不发，从容退入后室。众将不知所措，屏息良久，曾国荃才走到书案前，见到一幅对联：

倚天照海花无数；

流水高山心自知！

上联意指湘军之成功，是以朝廷为后盾，功成之日，不可不饮水思源；下联表白曾氏无问鼎神器的志向，相反还有隐于山水泉林之志。

曾国荃和众将看后，表情各异。最后，曾国荃用低沉的声调对大家说：“大家不要再讲什么了，这件事今后千万不可再提，有任何枝节，我曾九一人担当好了。”于是，“陈桥兵变、黄袍加身”的故事在清末没有寻到续集。这个传说说明湘军确有可能有过拥立曾氏为皇帝的一幕，只不过大家都没有说破，彼此心里明白而已。

曾氏不纳劝进谏有较复杂的原因，这在第九篇中将有分析。由此也可看出，曾氏有主见，在原则问题上，他的思想是不易为外来因素所动摇的。

黄袍加身

史　鉴

公元 959 年，赵匡胤被提升为后周政权的殿前都点检，握有军队的最高权力。这年六月，周世宗去世，年仅 7 岁的龚帝即位，虽有顾命大臣的辅佐，但主少君轻之势已成，一个拥立赵匡胤做皇帝的预谋正在积极酝酿。

次年正月初一，朝廷得到契丹勾结北汉入侵中原的消息。宰相范质等人未察虚实，即令赵匡胤率军出征。初三，赵率军宿营于开封东北的陈桥驿。安营之后，军心思变，一些将士簇拥着赵匡义和赵普，要立赵匡胤为帝，稳健的赵普反复试探了军中的态度，觉得火候已到，一面派人飞驰入京，要赵匡胤的亲信在城内做好内应，一面命令夜宿陈桥驿的将士持戈待旦。次日黎明，拥立之声震荡原野，赵匡胤在酒醉酣睡中猛醒，赵匡义、赵普率诸将破门而入，说诸将无主，愿立他为天子，并不由分说便把象征皇位的黄袍加在赵匡胤身上，大家跪拜在地，高呼万岁。旋即挥军入京，后周政权见大势已去，便以宰相为首，百官降阶拜服。

第八章　合作——单打独斗不会有出路

居官以坚忍为第一要义
带勇亦然，与官场交接
即不能硬，又不能软
所以到处寡合

【原典】

居官以坚忍为第一要义，带勇亦然。与官场交接，吾兄弟患在略识世态而又怀一肚皮不合时宜，既不能硬，又不能软，所以到处寡合。迪安妙在全不识世态，其腹中虽也怀些不合时宜，却一味浑含，永不发露。我兄弟则时时发露，终非载福之道。雪琴与我兄弟最相似，亦所如寡合也。弟当以我为戒，一味浑厚，绝不发露。

日内因江西藩司有意掣肘，心为忿恚。然细思古人办事，掣肘之处，拂逆之端，世世有之。人人不免恶其拂逆。而必欲顺从，设法以诛锄异己者，权臣之行径也；听其指拂而动心忍性，委曲求全，圣贤之用心也。吾正可借人之拂逆，以磨砺我之德性，其庶几乎！

【译文】

做官以坚挺、忍耐烦恼最重要，带兵也是这样。在官场上交往，我兄弟俩的不足之处在于：对世态有些了解而又怀有一肚子的不合时宜，既不能硬，又不能软，所以到处都不合群。李续宾妙就妙在全然不识世态，他肚子里虽也怀有些不合时宜，但他一味浑厚宽容，永不表露。我们兄弟俩则时时表露，这总不是带来福气的办法。彭玉麟和我们兄弟最相象，也到处少有与之投合的人。弟弟你应以我为戒，要一味宽容，永不表露。

近日因沈葆桢截留军饷，心中很愤懑。然而细心想来，古人办事，被牵制，遇抵触的情况很多，每个朝代都有。人的天性不免会厌恶抵触。那些一定要别人顺从，总是设法铲除异已的行为，是权臣的行径。听任别人的抵触而百般忍耐，委曲求全的行为，才是圣贤的良苦用心啊。我正可以借用别人的抵触，来磨砺我的品德修养，这也许才差不多吧！

点　评

领导的基本职能就是协调，即通过制定规章制度以及平时工作中的及时调整，使各个方面，各个部分的工作，有机地结合起来，以取得更大的整体效益。协调就内容而言，有协调下级之间的关系、协调下级与自己之间的关系、协调自己与同级官员的关系、协调自己与上级关系四种情况。而曾氏在协调这种种关系中，其贯穿始终的基本思想与原则就是“谦忍为国”四个字，下文将从以下五个方面略加阐述。

一、谦忍为国求协同的思想

1. 嫉贤妒能是协同的最大障碍

嫉贤妒能可以说是中国古代官场之通病，此病有其深层次的文化根源。盖中国古代分散的小农经济及其生产方式，由此形成的狭隘、封闭的小农意识；以及在此基础上建立的人治而非法治的专制制度；进入仕途以建功立业为唯一的价值取向；抹杀个性、自由的文化氛围，均为嫉贤妒能滋生的温床。进入仕途、建功立业基本上为唯一的价值取向，但谋之者多而官位实少。需要才能而才能又不是唯一的晋升条件，故才能易被同僚或上司所嫉忌。功高震主之人，受到封建帝王的疑忌，也属此类。历史上这类嫉妒的事例太多：庞涓妒孙膑之能，割去了孙膑的膝盖；李斯妒韩非之能，而阴谋毒死了韩非；勾践妒文种之能而害之……

因此身处官场之人，须有容人之雅量。若动辄嫉忌，睚眦必报，或可得势于一时，但终非长久之计，这既无以做好领导的工作，也不利于自己地位的稳固。曾国藩以在籍侍郎，形同匹夫的身份，能白手起家，组建湘军，改变了正规的八旗、绿营在同太平军对垒中屡战屡败的局面，成为清政府同太平军作战的主要力量实在不易。这期间，他不仅受到来自官场内部的嫉妒，也受到满族统治者的疑忌。在尽力消除嫉贤妒能这一官场通病的恶劣影响方面，曾氏心胸坦荡，首先做到自己对下属不嫉妒，同时以谦忍二字应对上下级及同级官员，度过了无数的官场漩涡险滩，一步一步地完成了他的“事业”。

2. 谦下忍让是高超的协同艺术

(1) 恕忍可化解矛盾。

孔子说：“夫子之道，忠恕而已矣。”曾氏也把“恕忍”二字作为其养性、守身、处世的宝诀。他曾经给李鸿章讲了一则故事，从中可以看出曾氏这一思想。

有一家的老翁请了贵客，要留他在家午餐。早上就吩咐儿子前往市上备办蔬菜果品，时过中午，儿子还没有回家。老翁心里着急，亲自到窗口去看儿子回来没有。只见在离家不远的田埂上，儿子挑着菜担，与一个挑着百货的小贩僵持着，彼此不肯相让，大家都不能过去。老翁赶上前去，轻言细语地对小贩说：“大哥，我家中有客，正等着这些菜做午饭。请你往水田里稍避一步，等他过来，你也可过去，这岂不是大家都方便么?”那个小贩说：“你叫我下水，怎么他下不得呢?”老翁说：“他身子矮小，在水田里恐怕浸湿了担子，坏了食物；你这位大哥身体高长些，可以不至于沾水。因为这个原因，所以请你避让。”那人说：“你这担内，不过是蔬菜果品，就是浸湿，也还可将就用的；我担中都是贵重百货，万一着水，便是一文不值。这担子的内容有所不同，你怎能叫我避让?”老翁见说不服他，就挺身上前说：“来吧！这么办，待我下了水田，你将货担交与我，我顶在头上，请你空身从我儿旁边过去，我再将担子奉还，怎么样?”当即就俯下身子，脱履解袜。那人见老翁如此，也觉得过意不去，就说：“既然老人家如此费事，我就下田去，让你儿先过去。”当即下田避让。老翁以自己的退让，化解了一场纷争。

由此可见，曾氏很重视以恕忍化解矛盾，来求得工作上的协调与合作。

(2) 度量之说——要有容人的雅量。

俗话说：“大人有大量”、“宰相肚里能撑船”，说的就是胸怀、气度。人的职位越高，气度应该越大，二者成正比关系。曾氏爱读《资治通鉴》，他十分钦佩唐代的宰相，认为大多有胸襟，所以国家气运旺盛。他总结了开国宰相与中兴宰相的不同，认为前者必须见识远大，有大胸襟、大气度。中兴宰相则侧重于具体事务，一步一个脚印，稳扎稳打。

曾氏还把度量的大小视为区分君子和小人的重要标尺。他说：“所谓小人者，识见小耳，度量小耳。凡君臣、朋友、父子、兄弟、夫妇之间，量狭则易以滋生疑忌。君子则不然，广其识，则天下之大，弃若敝帚，尧舜之业，视若浮云。宏其度量，则事有不成，反求诸己。”（在自己身上找原因）曾氏在与沈葆祯争饷时，这一思想表现得很突出，对于下级的拂逆，他不是去责备下级，大发脾气，而是从自己身上找原因，并希望借此磨砺自己的谦忍功夫。

（3）以老庄“谦下不争”为处世领导之法宝。

曾氏十分喜欢《庄子》一书，他说：“吾好读《庄子》，以其豁达足益人胸襟也。”《庄子》书中，豁达的心胸足以感染人，读之受益匪浅。曾氏从中学到许多东西，他很推崇“谦下不争，为人务宽”的处世原则，这一原则与其重恕忍，有度量是一致的。

《庄子·天下篇》曾以“懦弱谦下为表”来概括庄子的人生智慧。庄子曾以水为喻，指出：“江海所以能为百谷王，以其善下之，是以为百谷（溪流，小河流之意）王。”江海之所以能容纳涓涓细流、潺潺溪水，成为百谷之王，不正是因为江海善于“处下”的缘故么？由于谦下能取得“处上”达不到的效果，所以庄子把谦下不争看作是秘不示人的处世法宝，他说：“我有三宝，持而保之：一曰慈、二曰俭、三曰不敢为天下先。”“慈”、“俭”、“不敢为天下先”，中心意思都是谦下不争，庄子把它们看作处世的法宝，为人之良规。这样可以消灾避祸，“夫唯不争，故无尤”，可以避免一些非议和嫉妒，从而保护自己。这样也可以起到不争而争的效果，因为谦下并不是永远处下，而是为了有朝一日处上；不争也不是绝对不争，而是寓争于不争之中，通过迂迴的方式达到自己的目的。即所谓：委曲反能保全，屈枉才能伸直，卑下倒能充盈，少取反而多得。“夫唯不争，故天下莫能与之争”。谦下不争反而取得恃强力争所难以达到的效果。

庄周梦蝶图

老子谦下不争的哲学，对于中国人的人生态度和民族性格产生了深刻的影响。这从中国的许多人生格言中可以看出，诸如：“木秀于林，风必摧之；堆出于岸，水必湍之；德高于众，人必非之”、“枪打出头鸟”、“出檐椽子先烂”、“忍得一时之气，解得百日之忧”、“难得糊涂”等等。这些观念在一定程度上弱化了民族的竞争向上、积极进取的精神，但这又不是问题的全部，在消极的层面上，也包含着积极的因素，“运用之妙，存乎一心”而已。如曾氏所说：“吾辈在自修处求‘强’则可，在胜人处求‘强’则不可。”又说：“趋事赴公，则当强矫；争名逐利，则当谦退。开创家业，则当强矫；守成安乐，则当谦退。出与人物应接，则当强矫，入与妻孥享受，则当谦退。”正确的理论也须有正确的理解和运用。

史　鉴

唐朝娄师德为人深沉有度量。他的弟弟被任命为代州刺史后，娄师德对他说：“我位至宰相，你又做了刺史，受宠太多，为人所嫉，你打算怎样做来免除这些嫉妒呢?”弟弟说：“从今以后，即使有人唾我脸，我只是擦掉而已，决不让兄长担忧。”娄师德不愉快地说：“这就是我为你担忧的。人家唾你脸，是恼怒你，你去擦它，会加重他的怒气。应当不擦，让它自己干。”

光禄卿王守和，从来没有和别人发生过争执。他曾经在书桌上写了一个大大的

六尺巷

"忍"字，甚至在帷帐上也绣"忍"字，唐明皇李隆基知道后，颇为不悦。王守和上奏说："坚则易折，刚则易断，万事之中，我以忍让为上策。"李隆基很赞赏，便赐给布帛作为奖励。

唐末杨玢在尚书任内，快要告老退休的时候，他在故乡的旧屋地产，有些被邻居侵占了。于是他的家人们要去告状打官司，把拟好的状纸送给他看。杨玢见了，便在后面批道："四邻侵我我从伊，毕竟须思未有时。试上含元殿基望，秋风秋草正离离。"他家人看了，就不告了。

清代康熙雍正年间的安徽桐城人张廷玉，是满清入关后，父子均入阁拜相的汉人。张的家人在家乡盖桐府时，邻居与他家争三尺地，官司打到县衙里，张家总管便立刻把这件事写信送到京城，报告了张廷玉，希望写封信给县令以便关照一下。张看后，在原信上批了一首诗寄回来，这首诗说："千里求书只为墙，让他三尺又何妨？万里长城今犹在，不见当年秦始皇。"张家总管马上让了三尺地出来，那个邻居看到张家居然退让了三尺，便也让了三尺出来，于是留下六尺空地，成为人人都通行的一条巷道。

二、协调下级与下级之间的关系

曾氏很重视部下的团结和协作，他曾经因李元度另立旗帜，分裂湘军而与之闹翻，多次上疏弹劾，将其罢官。在部下的协作上，他极力反对绿营兵"胜不相让，败不相救"的恶习。提倡建立"誓不相弃之死党"。曾氏以军事起家，我们不妨从治军这一角度，看看曾氏是如何做到下级与下级之间的团结协作的。

太平军起义后，曾氏发现绿营的诸多弊端，他在奏折中说："窃维军兴以来，官兵之退怯迁延，望风先溃，胜不相让，败不相救，种种恶习，……推原其故，总由平日毫无训练，技艺生疏，心虚胆怯所致。"因此他提出："今欲改弦更张，总宜以练兵为务"。

对于绿营原有的组织与调遣方法，曾氏也力求改革，他说："此营一百，彼营五十。征兵一千，则抽选数营或十数营之多。其卒与卒已不相习矣，而统领之将，又非平日本营之官……败不相救之故，半由于此。"这种临时抽调的方法，致使"卒与卒不相习，将与将不相和"，"彼营出队，此营张目而旁观，掩口而微笑。见其胜，则深妒之，恐其得赏银，恐其获保奏；见其败，则袖手不顾，虽全军覆没亦无一人出以援手，拯救于生死呼吸之间者"，甚至"钦差疆帅，复时相龃龉，号令多出，偏裨各分畛域"。曾氏感叹道："夫危急之际，无人救应。谁肯向前独履危地，出力死战，以博得他人之一微笑？是以相率为巧，近营则避匿不出，临阵则狂奔不止，以期于终身不见贼面为快。言念及此，可为浩叹!”

对于绿营这种“各怀携贰，离心离德”的状况，曾氏认为“居今之世，用今之兵，虽诸葛复起，未必能灭此贼也”！他指出：“今日将欲灭贼，必先诸将一心，万众一气，而后可以言战，而以今日营伍之习气，与今日调遣之成法，虽圣者不能使之一心一气。”这成为他日后改革军制的契机。使“诸将一心，万众一气”，成为他治军的目标之一。为了实现这一目标，他主要从两个方面着手整顿军队：

(1) 以忠义为旗帜，地缘、血缘为纽带

曾氏在组建湘军时，靠竖起孔门的“忠义”大旗，来聚集那些崇尚名教，尊崇孔孟的封建士子。据《湘军记》：江忠源带楚勇赴援江西时，“士人轻死陷阵，迭克县城，国藩闻而乐之，益以忠义激励将士”，即其证明。

在倡导忠义的思想指导下，曾氏强调要建立“死党”。他反复说：“鄙意欲练勇万人，呼吸相顾，痛痒相关，赴火同行，蹈汤同往，胜则举杯以让功，败则出死力以相救。贼有誓不相弃之死党，吾官兵亦有誓不相弃之死党。”因此，须“求质直而晓军事之君子，将之以忠义之气为主，而辅之以训练之勤”。他提出了做将领的四个条件：“第一要才堪治民，第二要不怕死，第三要不急于名利，第四要耐受辛苦。”但他接着说：“大抵有忠义血性，则四者相从以俱至；无忠义血性，则貌似四者，终不可恃。”后来的事实证明，曾氏所聚集的干部，主要是以卫道士自居而仕途并不得意的书生，其次是讲忠义血性的一介武夫。据罗尔纲的《湘军新志》统计，湘军的重要将领连同曾、胡的幕僚共182人，其中可以考证者有179人，其中书生104人，占58%，武夫75人，占42%。曾氏所招募的士兵，也“无所浮滑之辈，而求土作之类”。这些人，一则有吃苦耐劳的优点，二则听指挥，容易驾驭，这为湘军的团结协作打下了坚实的基础。

曾氏不仅选将招兵时注重“忠义”，而且在成军后仍不断向将士灌输忠义思想，做政治思想工作，强调“训练并举”，而“训”更重于“练”，把政治思想工作放在首位。曾氏本人“每逢三、八操演，集诸勇而教之，反复开说至千百语”。他“每次与诸弁兵讲说至一时数刻之久，虽不敢云说法点顽石之头，亦诚欲以苦口滴杜鹃之血。”“训”的内容重点是“训作人之道”。湘军将士在训练之余，还以《孝经》、《四子书》等，“转相传诵”，以至“夜闭营门，书声琅琅出壕外，不知者疑为村塾也。”

曾氏还在湘军内部，强化了封建宗法关系，以血缘和地缘作为紧密联系官兵的纽带。湘军初建时，是通过变乡勇为官勇来建军的。凡乡勇，都是同乡人抱成一团，其带兵者也是同乡人。初建的湘军，保持着乡勇的这一传统。后来成军之后，就把勇由将招的招募制，固定下来。同治八年五月，曾氏向朝廷陈述这种募勇方法时说：“湘军勇营之制，营官由统领挑选，哨弁由营官挑选，什长由哨弁挑选，勇丁由什长挑选。”他认为这种层层挑选的好处在于，“譬之木焉，统领如根，由根而生干、生枝、生叶，皆一气所贯通，是以口粮虽出自公款，而勇丁感营官挑选之恩，皆若受其私惠，平日既有恩谊相孚，临阵自能患难相顾”。在这种军队里，官兵们都把自己的前途和身家性命与自己的上司紧密相联。

湘军实行这种“呼朋引类”的招兵选将方式，造成军营之内多本家、亲戚、师友的局面。如曾氏兄弟、王鑫一族、江忠源一家，均举家投戎。不少人有师生关系，罗泽南“纯用其弟子为营哨”，“所部将弁皆其乡党信从者，半属弟子”。还有不少人有姻亲关系，如曾国藩与罗泽南、刘蓉、郭嵩焘兄弟、李元度，王鑫与左宗棠、杨昌浚，江忠源与刘长佑等，都是姻亲。

罗泽南画像

湘军新募的勇丁也大都是同乡同里人。王鑫“专招一县之勇”；李元度“但取平江之人，不用他籍之士。非秦者去，为客者逐”；刘长佑的部属，也是“非其亲党，即其邻里”。曾氏本人在衡阳组建水师时也申明：“水手须招至四千人，皆须湘乡人，不参用外县的，盖同县之人易于合心也。”曾国荃吉字营所招湘勇，“不独用湘乡人，且尽用屋门口周围十余里人”。

由此可见，这种邻里关系、家族关系、姻亲关系、师生关系，在湘军中，上至将帅，下至一般官佐与勇丁都广泛存在。正如《湘军记》中所说：“一营之间、指臂相联，弁勇视营、哨，营、哨视统领，统领视大帅，皆如子弟之事其父兄焉。”并且同级官佐之间，同营士兵之间，也具有相当程度的凝集力。俗话说：“打胜仗离不得父子兵。”曾氏正是利用了这一点，从而彻底改变了绿营所存在的“卒与卒不相习，将与将不相和”的弊病，使湘军形成了相当程度的战斗力。

(2) 制定严格的营规、营制

一支军队要形成较大的战斗力，还需要有严格的军规、军纪。曾氏是深知这些建军、治军要素的。他针对绿营人心涣散、军纪松弛、军法虚设的情况，亲手制订了一整套营规和营制。而在这方面，他主要是取法于戚继光。

早在当京官时，他就于咸丰元年上疏说：“昔宋臣庞籍汰庆历兵八万人，遂以大输边储；明臣戚继光练金华兵 3000 人，遂以荡平倭寇。臣书生愚见，以为今日论兵，正宜法此二事。”认为应仿效戚继光练兵之法，练成一支少而精的新军。他任团练大臣后的第一个奏折，便提出团练的训练章程，“宜参仿前明戚继光、近人傅鼐成法”，傅鼐正是依靠团练武装，于乾隆、嘉庆年间镇压了湘黔边界的苗民起义的。对于曾氏这一想法，王闿运在《湘军志》中说：“曾氏搜考规制，今古章式之中，独戚继光之书为切时用，多用其言而变通之。”

针对绿营机构重叠、各营人数悬殊、兵将互不熟悉的状况，曾氏根据戚继光“营阵以伍什队哨为首，乃以束伍贯诸篇，庶使知次第”的经验，以队为基础创建湘军。他规定：每队十人，另什长一人，伙勇一人；队上为哨，每哨八队；哨上为营，每营四哨，另有亲兵六队，总共三级。这个营制，咸丰三年已初步形成，当时每营定为 360 人。后来，各哨增加专门从事运输、搭棚、挖壕等后勤工作的长夫，使每营人数达到 500 人，到咸丰九年，湘军的营制已完全定型。曾氏所定的这个营制，克服了绿营人员不固定，“因平日之事权不一，则临阵之指挥不灵”，“终不能得士卒之死力”的弊病，使湘军士兵“耳目有专属，心志无疑贰，是以所向有功”。

曾氏制定的营规，与营制是同步进行的，也是在咸丰九年才定稿成型的。他于咸丰八年制订了《初定营规二十二条》，包括扎营六条、开仗五条、行路三条、守夜三条、军器五条。第二年，又进行了增订，包括招募之规二条、日夜常课之规七条、扎营之规八条、行路之规三条、禁扰民之规若干条（即《爱民歌》八十句），禁洋烟等事之规七条、稽查之规五条。这些营规，几乎涵盖了治军的方方面面，对湘军做出了纪律上的约束，使号令得以贯彻，指挥得心应手，做到了令行禁止，为湘军的团结协作打下了坚实的基础。

曾氏还利用厚薪厚赏制和保举来激励下属，维系军心，巩固团结与协作。湘军官兵的军饷本来已很丰厚，与此同时，曾氏还实行厚赏制，如“临阵有能杀贼一名者，功赏银十两，并赏八品军功”，“拿获长发贼，每名赏银二十两，短发贼，每名赏银十五两”。后来由于军饷供应不上，多有拖欠，曾氏干脆采取发半饷之法，余饷于战后统一结算，这也把湘军官兵“套牢”了，客观上进一步巩固了军队团结和协作。此外，又对有“战功”者不断保举，多达十几万人次，其中保至三品以上的就达几万人。仅仅是攻克金陵兵的两次保举，就达 4300 多人。厚薪厚赏和保举，从名利上激励官兵们团结协作，拼命作战，这成为湘军卖命的内在原动力。

总之，曾氏用组织、信仰、纪律、地缘、血缘关系，使用厚薪厚赏和保举等手段，有效地加强了湘军内部的团结协作，使指挥灵便，号令一致，将士效命，战斗意志空前高涨，造就了人少精悍、有一定战斗力的湘军。

三、协调与同级官员之间的关系

曾氏十分痛恨封建官场的弊病，对此也有较为清醒的认识，他曾经说过“今日不可救药之端，惟在人心陷溺，绝无廉耻”，又说：“窃尝以为无兵不足深忧，无饷不足痛哭，独举目斯世，求一攘利不先、赴义恐后、忠愤耿耿者，不可亟得；或仅得之，而又屈居卑下，往往抑郁不伸，以挫、以去、以死；而贪饕退缩者，果骧首而上腾，而富贵、而名誉、而老健不死，此其可为浩叹也。”因此，他发誓要“自别于畏死者之流”，要在这茫茫宦海之中，挽狂澜于欲倒。基于这种思想，曾氏在出山之初与地方官多不相能，这一时期他主要是靠皇帝的支持才得以撑下去的。咸丰七年二月曾氏回家奔父丧，守制达一年零三个月，这期间他对自己过去的所做所为，进行了深刻的反省，次年六月初复出之后，处世渐趋圆熟，能较好地协调与同僚的关系，而不需皇帝过多干预了。

1. 出山之初，与同僚不相能

曾氏是由湖南巡抚张亮基奉旨劝其出山的，张对曾氏很支持，他在长沙时，曾氏办事很顺利。可惜好景不长，没多久张便调往武昌任湖广总督，原湖南布政使潘铎暂代其任，原云南布政使徐有壬调任湖南布政使，原衡永郴桂道台陶思培提升为湖南按察使。这三人时称“三宪”。曾氏在长沙办团练时，开始就受到这“三宪”的轻慢，极不配合。特别是徐、陶二人，始终反对曾氏，有时甚至故意刁难，尤其是曾氏“越权侵官”，更激起了他们的讥讽、掣肘乃至打击，双方结怨甚深。1853 年 4 月潘铎因病请假，骆秉章接任其职，这一变动对曾氏的处境也没有带来太大改善。虽然从整体而言，骆秉章是同曾氏配合最好的地方大吏，但在咸丰三、四年间，他对曾氏的做法并不理解，也不支持。虽然两人没有发生什么公开冲突，但关系却相当淡漠，这使那些对曾氏不满的地方

塔齐布图

官感到有机可乘，无所顾忌，曾氏仍旧陷于孤苦的境地，难于在长沙立足。

曾氏在湖南与地方官关系如此紧张，主要是由于他手伸得太长，越职侵权，令湖南大吏无法容忍。曾氏任帮办团练大臣，不在省的三台——抚台、藩台、臬台之内，也非钦差，又是朝廷的命官，不属地方绅士。这种“不官不绅”的特殊地位，给曾氏开展工作带来了许多方便，在募勇、练兵及其他举措方面存在灵活性，少受各种陈规陋习的制约。但同时也带来不少难题，其中最重要的是地方官的支持与否，地方官若密切配合，则事半而功倍，否则寸步难行。但是曾氏欲挽狂澜于欲倒，所作所为难免越职侵权，这恐怕是一个想有所作为的团练大臣所难以避免的。

曾氏“越职侵权”之处主要有二：

一是自设审案局随意抓人杀人，便是对湖南司法机关——按察使衙门的侵越。他将衙门办案的“一切辗转公文，解犯之费，都行省去”，在自己的公寓中另起炉灶，将一切捕杀大权揽归于己。本来，他来长沙后曾与张亮基商定，各地乡勇解送来省的“土匪人犯”，概由善化县正堂审理，但张亮基走后，他就擅自由审案局审理。

二是令绿营军官与练勇一起会操以及弹劾协副将清德、保荐塔齐布。这种对军队事务的插手，便是对提督权力的侵越。按照清朝常例，各省绿营兵辖于总督。巡抚及其以下文官，除兼有提督衔者外，不得干预抚标营以外营兵操练事务。湖南设有提督，绿营操练例由提督负责，巡抚无权过问。曾氏以在籍侍郎承办事务的身份，更无权干预军务，他的任务只是训练团练召集来的官勇和搜查土匪。

但曾氏却不避嫌疑，通过塔齐布把手伸向了绿营军，干涉绿营事务。塔齐布是满洲镶黄旗人，姓陶佳氏。三十多岁，“忠勇奋发，习劳耐苦”，较少旗人的腐败习气。曾氏刚到长沙时，曾聘请三位教官教练官勇武艺，塔齐布为其中之一。后来，曾氏辞去其余二人，仅留塔一人，令其继续教练。曾氏对塔齐布很赏识，一再为他保奏，很快由都司而游击、而参将。二人遂交往渐密，事事相依。面对绿营的另一名将领长沙协副将清德，曾氏给他的“礼物”是“特参”，在参劾清德的奏折中说他“性耽安逸，不遵训饬，操演之期，该将从不一至，在署偷闲，养习花木”，在下乡剿办土匪时，又责令下属“购买花瓶，装载船头；一切营务武备，茫然不知，形同木偶”，因而请旨将他革职，后又附上《请将长沙协副将清德交刑部治罪片》。这无疑加深了与清德本人及其后台、提督鲍起豹的矛盾，后来发生于八月四日夜永顺兵对曾氏的冲击与凌辱，就是由鲍起豹和清德纵容指使的。

曾氏在长沙训练官勇时，竟然“自四月以后，间或令塔齐布传唤营兵一同操演”，一同聆听他这位文官每逢三、八两日对全体官兵的训话。这使得绿营官兵很愤懑，认为曾氏越权太甚，更何况他们懒散已久，怎能忍受“夏练三伏”之苦！提督鲍起豹自六月初到长沙任职后，便到处造舆论说曾氏“不应操练兵士”，“防堵不宜操兵，盛暑不宜过劳”。还扬言“有敢复操兵者，即以军棍从事”，且将“以军棍施之塔将”。对于这种非难与掣肘，曾氏愤慨至极。但在当时，湖南大吏们几乎无人理解曾氏，他们不理解曾氏的所做所为对他们本阶级的意义，一见他越俎代庖，到处伸手，严重侵犯了他们的权力，便多方阻难，层层设防，甚至视若寇仇，群起而攻之，发生了严重的永顺兵（提标兵）刺曾事件。当时，连骆秉章也说曾氏“不宜干预兵事”，刺曾事件发生后，他故作惊讶，还亲自下令释放了肇事者，长沙城的大小官员，也大都认为曾氏咎由自取，很少有同情之人。

对于官场的内部斗争，他是有思想准备的，他早已深知，“官场伦次，各有职司”，自己这种“不宦绅之人，哽塞其间，于人觉耳目之非是”。但由于曾氏已下定决心要“有所措置以行吾志”，就必然对地方大吏“有所触碍”，但他认为，“苟利于国，或益于乡，往往攘臂从事，越俎代谋，心之无瑕，岂遑多恤”？在当时的严酷环境中，曾氏要想得到地方官的支持，至少是不激烈地反对，主要是靠皇帝的支持。如他自立审案局，行“就地正法”之制时，他的这种做法虽然遭到人民的痛恨和一部分士绅、官员的反对，但却得到清朝最高统治者咸丰皇帝的支持。1853 年 3 月曾氏上奏陈述自己办理团练的政策，着重谈到“纯用重典以锄强暴”，“不敢不以威猛救时”的严刑峻法的主张。奏折呈上之后，咸丰帝立即在上面硃批道：“办理土匪，必须从严，务期根株净尽。”当时曾氏在湖南官场中极为孤立，得到咸丰皇帝这个硃批，如获尚方宝剑，再不怕地方官的反对和社会舆论的谴责。湖南大吏对曾氏的这套做法虽有反感，但也不敢公开进行阻挠，只好予以默认。

但是曾氏又把手伸向正规军绿营，这就令湖南大吏们无法容忍了。在这方面他也没有得到咸丰的明确支持。实际上咸丰帝对曾氏的团练，充其量只是指望他充当辅助作战的力量，根本没有想到曾氏会创建军队，且日后会成为取代绿营的支柱力量，因而咸丰也不可能破例给一个团练大臣更多的权力。由于没有皇帝的明确支持，矛盾终于激化，发生了永顺兵刺曾事件。事件后，曾氏采取了克制忍耐的态度，所谓“好汉打落牙和血吞”，他并没有把这次事件上告朝廷，讨个说法，他说：“为人臣子者，不能为国家弭大乱，反以琐事上渎君父之听，方寸窃窃不安。”干大事的人，往往要尽力避免争论，空言无益，处分几位大吏也解决不了问题。在曾氏移驻衡阳，离开长沙这个是非之地时，他给皇帝上了个《移驻衡州折》，其中绝口不提永顺兵事件，只是说：“衡、永、郴、桂尤为匪徒聚集之薮，拟驻扎衡州，就近搜捕。”由于远离了纷争与掣肘，愤走衡阳成为曾氏后半生成就事业的真正起点。

虽然接触少了，矛盾少了，但湖南地方官仍等着看曾氏的笑话，曾氏“东征”之初，王鑫部大败，湘军连失岳州、靖港、湘潭，退入长沙时，当时湖南官绅议论纷纷，有的骂曾氏无用，有的主张乘机解散湘军。骆秉章因无兵守卫长沙，才不同意解散湘军。但对曾氏态度极为冷淡，这一状况在湘潭大捷后才得以改变。十多年之后，回忆起这段经历，曾氏还感慨地说：“起义之初，群疑众谤。”由此可见，在当时要办成一件大事是多么艰难，因为不仅要对付明刀明枪的太平军，还要防备来自官场内部的冷箭。这可能与中国人民族性中的固有弱点有关，但曾氏也处事欠周密，对官场的那一套，嫉恶如仇，而不是去适应它，公开挑战地方官权威，越职侵权，进而加深了矛盾。

2. 江西两年，最为困窘

曾氏在江西的两年时间，是他精神上最感痛苦的时期，不仅在军事上连遭挫败，政治上也经常受到地方官的牵制和攻击。后来他在回忆这一时期的境遇时说，“江西数载，人人以为诟病”，樟树镇兵败之后，“尤为丛镝所射”，“几乎通国不能相容，遂至浩然不欲复问世事”。这一时期他在给好友刘蓉的信中说：“余所至龃龉，百不遂志。今计且死矣，君他日志墓，如不为我一鸣此屈，泉下不瞑目也。”何其悲苦！

曾氏初到江西时，巡抚为陈启迈。本来陈与曾氏同乡，又曾经同为翰林院官，是应特别关照的。但恰恰相反，陈对曾氏处处看不惯，事事闹别扭。例如，曾氏要在江西重建水师，陈启迈却说江西本省毋庸设立。曾氏请河南候补知府刘于浔设立船厂，陈一会儿写信说，江西省巡抚衙门要在厂内取去若干船只，一会儿又说，不复需用。曾氏调罗泽南部会攻湖口，陈却调他防景德镇，旋又调他西去义宁，最后才调往湖口，曾氏每次都屈从于他。最令曾氏难堪的是，万载县举人彭寿颐在县内办团练对抗太平军，曾氏很赏识他，于是与陈面商，拟请彭到军中效力，陈当面含糊其辞，背后却命按察使恽光宸，将得罪县官、正在打官司的彭寿颐投入监狱，严刑拷问。曾氏不能忍受陈的故意找岔，不堪其辱，于咸丰五年六月十二日上了一本《参奏江西巡抚陈启迈折》，指控他有虚报战绩、欺君妄上，朝令夕改、反复无常，保举不公、练团解体，绚庇下属、纪纲废弛等四大罪状。于是咸丰帝将陈启迈和恽光宸革职查办。但是，新任巡抚文俊并不因此与曾氏和衷共济，依然对他排挤歧视，行事一如前任。

粮饷是军队的大事，曾氏驻江西两年，在筹饷一事上也相当困窘。湘军的饷项原先完全由湖南供应，在出征湖北、江西之后，后方越来越远，转运困难，常有难以为继之忧。因此，曾氏奏请江西供其军饷，朝廷批准了这一请求。但是不论是陈启迈，还是其继任者文俊；不论是巡抚一级大吏，还是一般地方官员，都往往视之为额外负担。对于湘军这种客军，事急则用，事过即弃，战胜不予奖励，战败则讥笑百端，且不时以停止供饷相要挟，曾氏由于没有地方大权，亦无可奈何，这使他有寄人篱下之感。后来的文俊，对曾氏也百般刁难，如曾氏要抽厘筹饷，就不能不用江西绅士，不能不与江西地方官交往，在文俊看来，这无疑是侵越其权，于是就来个针锋相对，寸权必争。曾氏要办厘局，则江西也办厘局，或分其钱财，或行政干预。曾氏要用某一地方绅士，地方官就扣住不给，甚至对敢于接近曾氏的绅士进行打击。久而久之，江西大小官员为取悦上司，都不敢与曾氏接近，甚至故意刁难。

曾氏虽然在官场极为孤立，但却得到一部分士绅的支持，有一些患难之交，尤其是在籍刑部侍郎黄赞汤，为曾氏劝捐筹饷达 80、90 万两白银，可算是雪中送炭，只可惜这些人不处于当权地位。这也说明官本位的思想对人的行为影响有多大！江西地方大吏无一例外地对曾氏采取了排斥的态度，还不是怕他侵夺了自己手中的权力！权力欲使这些人极为短视，看不清曾氏的所做所为，对他们本阶级有起死回生的作用。倒是一般士绅明白这一点。

在江西的困窘，对曾氏刺激很大，他一生也忘不了。咸丰九年，曾氏为已阵亡两年之久的毕金科写碑文，文中对江西地方官的掣肘甚是愤怒，有“内畏娼嫉，外逼强寇。进退靡依，忍尤丛诟”之语。咸丰七年十二月二十七日，在家乡守制的曾氏给吉安前线的沅弟写信，对在江西的困境不无总结，他说：“余前在江西，所以郁郁不得意者：第一不能干预民事，有剥民之权，无泽民之位，满腹诚心无处施展；第二不能接见官员，凡省中文武官僚晋接有稽，语言有察；第三不能联络绅士，凡绅士与我营款惬，则或因吃醋而获咎。坐是数者，方寸郁郁，无以自伸。”

对于上述三种困境的形成原因，曾氏在《沥陈办事艰难仍恳终制折》中，谈到三大困难，一是没有军权。因湘军不属正规军，虽能征敢战，而有功人员却不能像绿营官兵那样补授实缺，自己“虽居兵部堂官之位，而事权反不如提镇”，即使补授小缺，也须向巡抚、总兵求情，这样久而久之，很难取信于部下。二是没有政权，客军虚悬。自己以在籍侍郎带兵，在地方上既无财权，又无政权，虽欲有所作为，却因“身非地方大吏，州县未必奉行，百姓亦终难见信”。而尤其是军饷无法保障，“所难者不在筹兵，而在筹饷”。三是没有钦差大臣的职衔。曾氏只奉出省作战之命，并没有钦差赴某省办理军务的正式命令，更没有正式印信。各项指令，皆系廷寄。因而，处处受到地方督抚的歧视、刁难、排挤乃至奚落。

由此可见，曾氏在江西政治上陷入困境，是皇帝恪守祖训，不让他兼有地方实权造成的，他处于“客寄虚悬之位”，又无“圆通济变之才”，因而与地方官的磨擦日剧，是不可避免的。

3. 复出之后，处事日趋圆熟

曾氏在家守制期间，对他办团练以来，四处碰壁的原因进行了总结，除悟出领兵而未兼有地方实权之外，还对自身修养方面的种种弱点，做了认真的检查。同时他的亲戚朋友，也对他以前在为人处事方面固执己见、自命不凡、一味蛮干的错误做法给予了批评、劝导。如曾氏回家之初，因心绪不宁而失眠，朋友欧阳兆熊深知其病根，一方面为他找医生诊治失眠，另一方面为他开了一个治心病的药方，“歧、黄（两味中药）可医身病，黄、老可医心病”。欧阳兆熊借用黄、老来讽劝曾氏，暗喻他过去采取的铁血政策，未免有失偏颇。

一年之后，曾氏复出，处事作风，自身修养有了很大转变，这与守制期间的自我反省关系很大。这一转变主要表现在两个方面。一是曾氏自此较有自知之明。后来他在给弟弟的信中说：“兄昔年自负本领甚大，可屈可伸，可行可藏，又每见人家不是。自从丁巳、戊午大悔大悟之后，乃知自己全无本领，凡事都见得人家几分是处，故自戊午至今九载，与四十岁前迥然不同。”二是曾氏较以前更善于官场应酬、日趋圆滑、世故。这以前，曾氏对官场的逢迎、谄媚及腐败等风气十分厌恶，不愿同流同污，因此所到之处，常与人发生矛盾，受到排挤，成为舆论讽喻的中心。他在给朋友的信中说：“国藩从官有年，饱历京洛风尘，达官贵人，优容养望，与在下者软熟和同之气，盖已稔知之。而惯尝积不能平，乃变而为慷慨激烈，斩爽肮脏之一途，思欲稍易三、四十年不白不黑、不痛不痒、牢不可破之习，而矫枉过正，或不免流于意气之偏，以是屡蹈愆尤，丛讥取戾。”罗汝怀也说曾氏“向无大僚尊贵之习”。经过几年的磨砺之后，曾氏意识到，仅凭他一个人的力量，是无法扭转官场这种状况的，如若继续为官，就只得向官场风气屈服，并去学习它，适应它。正如他后来所说：“吾往年在官，与官场中落落不合，几至到处荆榛。此次改弦易辙，稍觉相安。”这一转变，表明曾氏做官的本领大有提高，较以前更善于做官了。

对于曾氏这一转变，唯一颇不以为然的是胡林翼，胡批评道：“曾氏复出之后，渐趋圆熟之风，无复刚方之气。”曾氏自己也承认：“寸心之沉毅愤发，志在平贼，尚不如前次之志；至于应酬周到，有信必复，公牍必于本日完毕，则远胜于前。”不过这一转变，却为曾氏创造了更好的人际环境，此后，他无论对同僚，还是下级、上司，都更圆熟谦忍，这为他协调各种关系，搞好团结协作，起到了很大的作用。

胡林翼画像

曾氏的这种转变，还能从他教育诸弟的书信中看出。如咸丰八年二月十七日，曾氏在家守制已有一年，他给沅弟的信中说：“耿恭简公谓居官以耐烦为第一要义，带勇亦然。兄之短处在此，屡次谆谆教弟亦在此。二十七日来书，有云‘仰鼻息于傀儡膻腥之辈，又岂吾心之所乐’，此已露出不耐烦之端倪，将来恐不免于龃龉。”

同治元年五月十五日在家信中又教沅弟“谦之四端”，他说：“谦之存诸中者不可知，其著于外者，约有四端：曰面色、曰言语、曰书函、曰仆从属员。”指出沅弟“面色每予人以难堪，拒人于千里之外而不自觉”，“弟每次来信，索取帐棚子药等件，常多讥讽之词，不平之语，在兄处书函如此，则与别处书函更可知已”。“弟之仆从随员，亦颇有气焰”。最后要求他“宜于此四端痛加克治，此谦字工夫也”。

而在守制之前，如咸丰四年四月二十日与诸弟书中，则说“官场无是非，愈求分明愈加呕气”，难免有些愤世嫉俗，嫉恶如仇了。

4. 曾胡协同，互助极大

胡林翼，字贶生，号润芝，湖南益阳人，1836年中进士，授翰林院编修，1846年到贵州安顺、镇远、思南等地任知府，极善治盗，人称干吏。1854年奉吴文镕的奏调，率黔勇600人赴援湖北，走到金口附近，忽闻吴败死于黄州，遂回岳阳暂住。曾氏很赏识胡的才干，有意留他在湖南，曾氏在奏折中说他“胆识绝人，才大心细，为军中万不可少之员”。因此在曾胡相识之初，胡是曾氏的下级。但这种情况在曾氏奔父丧，守制的一年多时间里有了很大的改变。在曾氏居家这一年多时间里，由于太平天国内讧，湘军控制了湖北和江西的绝大部分地区，胡林翼等人皆“大有长进，几于一日千里”，到1858年，胡林翼已官至巡抚，加太子少保衔，曾氏复出之后，仍是个在籍侍郎的身份，与胡林翼基本上是一正一副的同僚关系了。

(1) 胡对曾氏帮助极大。

胡林翼由于得到曾氏赏识和提携，自然对曾氏具有特殊的感情。在湘军中曾胡两人关系最为密切，在湘军中有曾湘军、胡湘军、左湘军之分，但胡湘军的骨干将领如罗泽南、李续宾、鲍超等，又是曾氏的部下，形成分而复合，你中有我，我中有你的局面，不像左湘军那样同曾氏之间界限分明。

曾氏复出后，经历过“援浙”、“入川”等折腾，但最终并无一兵一卒入浙入川。1859年8月，胡林翼通过官文奏请曾氏暂缓入川，与自己一起进攻安庆。曾氏当时正在赴川途中，他走到武昌附近的阳逻镇，就收到咸丰帝新的命令，令其暂缓入川，驻扎湖北，以图安徽。曾氏接到上谕后，即回巴河，与胡林翼共同筹划进攻安徽的方略。

清政府的这一决定，成为曾氏人生中的重要转折点。从此之后，不仅军饷有了保证，而且事事有人相帮，办事顺手，再不像在江西、湖南时的情形了。曾氏后来回忆说：“以往在湖南、江西办事都不顺利，时常遭人白眼、排挤，甚至受到凌辱和斥骂。1858年复出之后，亦“倏而入川，倏而援浙”，丝毫“不能自主”。自1859年与湖北湘军汇合，胡林翼“事事相顾，彼此一家，始得稍自展布”。这次曾氏留驻湖北，全靠胡的上奏，因此可以说胡对曾氏的帮助极大。

(2) 官胡交欢，乃助曾前提。

胡林翼对湖北总督官文的笼络，巩固了自己的地位，使自己办事顺手，这为他帮助曾氏提供了条件。他对曾氏的帮助，也主要是在交欢官文，揽封疆全权之后的事。胡对官文的笼络，使曾氏亦深受启发，学到了谦忍以调和矛盾的方法。

1855年4月以后，官文接任湖广总督，胡时任巡抚。二人在湖北全境糜烂之时，皆竭力经营，但不善协作，各分防地，因而被太平军赶得东奔西走，站不住脚。后来胡采取措施，调和了与官文的关系，才使事情有了转机。

官文，字秀峰，姓王佳氏，满族正白旗人，此人官僚习气很重，生活挥霍无度，又不理政务，诸事皆委托幕友家丁处理。胡对此十分恼火，很看不起官文，欲将官文一举而劾去。当时主管湖北粮台的阎敬铭劝告胡林翼说："武汉乃天下要地，朝廷必以亲信大臣守之，决不会把这个地方完全交给汉族官员。若将官文劾去，必另派新人，后来者未必就比官文更好些，那时又将如何？而官文没有主见，又是旗人，每有大事，正好借他的口上奏，因而，不如拿些钱让他挥霍，供其享乐，每年不过耗银十万两，诸事可得自主，不致掣肘。"胡采纳了这一意见，遂转而笼络官文，甚至极力讨取其宠妾的欢心，认作义妹。从此，官对胡言听计从，不仅使其对湖北诸事全权在握，而且遇有奏请之

官文画像

事，皆由官文出面，使得事事顺利。对于胡林翼认官文宠妾为义妹，梁启超在《新民丛报》记之甚详，兹录于下：

“官文有爱妾，常宠异之。……值妾生日，伪以夫人寿辰告百僚，拟待贺者至门，然后告以实为如夫人也。届期客集，藩司某已上手本矣，得知实情，则大怒，索手本去。胡文忠亦至，询其故。藩司曰：“夫人寿辰，吾侪庆祝，礼也。今乃若此，我朝廷大僚岂能屈膝于贱妾！”文忠从旁赞叹曰：“好藩台！好藩台！”语未毕，竟自昂然传“年家眷晚生胡林翼顿首拜”之帖入祝矣。时藩司之索手本也，道府以下纷纷随索者不少，及胡文忠以巡抚先入祝，则又相随而入。官文妾几于求荣反辱，得文忠完其体面，妾大德之。文忠知官文之爱且畏其妾也，归署乃以太夫人之意请官妾宴，且告太夫人善待之。妾至，胡太夫人认作义女。对此官文有不同意见，妾曰：“你懂得什么！你的才能识见安能比我胡大哥，不如依着胡大哥怎么做便怎么做罢！”官辄唯唯奉命。自此官胡交欢，而大功之成实基于是。”

史　鉴

刘邦死后，吕氏专权，想取刘氏而代之，丞相陈平为此担忧，苦思良策而不得。陆贾对他说：“天下安定，人们重视丞相；天下危急，人们注意大将。将相和睦，则朝廷士人乐于归附，朝廷士人归附，则天下虽有动荡，而权力不会分散。你何不与太尉周勃加深友谊呢？”陈平听从了陆贾的话，于是用500金为周勃祝寿，并用丰厚的筵席宴请他。周勃也同样回报，两人结下深厚的友谊，终于斩杀诸吕，迎代王刘恒登帝，巩固了刘氏政权。

北魏时，吐谷浑首领阿豺患病，他自知不治，便召来其弟慕利延来，对弟弟说：“你拿一支箭来折断它。”慕利延折断了它。又说：“你拿19支箭来，折断它们。”慕利延无法折断。阿豺说：“你们都懂了吗？孤单的易于折断，合在一起就难以摧毁。你们要同心同德，加强团结啊。”

四、协调与下级的关系

曾氏对下级推诚相待，不夹杂权术；凡事出于公心，不夹杂私念；鼓励下属发展，从不嫉贤妒能；即使对于下级无理的“拂逆”与抵触，也是“反求诸己”，在自己身上找原因。这使他获得部下发自内心的爱戴，上下级关系也就很容易理顺了。从他处理与李鸿章、左宗棠、沈葆桢几个人的关系中，可以看出他是怎样协调与下级的关系的。

1. 曾李瓜代，无怨无悔

曾氏一直很佩服李鸿章的才具，把他作为自己的接班人培养。李鸿章谏曾氏不可进驻祁门，不为采纳，而负气出走，在江西游荡了七、八个月，既不敢去福建赴延建邵道台之任，又不敢回祁门大营。郭嵩焘见李无事可做，遂致信说："此时崛起草莽，必有因依，试念今日之天下，舍曾公谁可因依者？即有拂意，终须赖之以立功名。"劝他仍跟从曾氏。李读之"砰然有动于心"，于是又重新投靠曾氏门下。曾氏虽怨其临危出走，不与自己共患难，但经祁门遇险，更觉李鸿章"颇知兵"，于是十分热情地把他留下来，更加予以重用。曾李关系的一次危机，就被曾氏这种宽容所化解了。

在围攻金陵的最后时刻，包括曾国藩在内的许多人，都对曾国荃能否独自攻陷金陵，而不致于出现意外，感到怀疑。但是曾国荃力主独克金陵，不用援兵。曾氏于是写信婉拒李鸿章来援："舍弟所部诸将，素知阁下与贱兄弟至交多年，无不欣望大军之西来。而所疑畏者亦有两端：一则东军（即淮军）富而西军贫，恐相形之下，士气消沮；一则东军屡立奇功，意气较盛，恐平时致生诟谇，城下之日或争财物。"李鸿章心领神会，便不提出援之事，他还上奏朝廷说："曾国荃军两年围攻，一篑未竟，屡接来书，谓金陵所少者，不在兵而在饷。"并以天气炎热，士卒疲敝为由极力推延赴援之期。由于对曾李两军相会城下乃至于攻克城池之后，可能产生的矛盾有着清醒的认识和准确的预见，曾氏通过婉拒李鸿章，避免了一次可能出现的危机。

但是，曾李矛盾在剿捻时的权力交接中不可避免地出现了，经师生二人默契配合，

东捻军覆灭图之二

也顺利地度过了危机。曾氏本来一直把李鸿章作为自己的接班人加以培养，攻克金陵后的裁湘留淮，实际上就是为李的接班铺路。但在剿捻战场，两人仍产生了一些矛盾。

曾氏作为钦差大臣，督率湘淮军镇压捻军，幕僚刘秉璋献防守运河之策，于是湘淮军便在河岸修起长墙，阻止捻军通过，试图把他们围在一个狭小区域中聚而歼之。李鸿章时任两江总督，力争不可，他还给刘秉璋写信说："古代有万里长城，现在有万里长墙，秦始皇没有料到在一千多年后，遇到公等为知音。"语带讽刺。刘秉璋率万人渡河北上作战，接到李鸿章的公文，说粮饷缺乏，淮军中再不能派出援兵。对于李的讥讽和不积极支持，曾氏很不满意，但他并不直接指责李鸿章，而是在上疏中说："臣不敢以一战之功，遂自忘其丑陋。"李鸿章得知后，疑有所指，以后便谨慎多了。这可以说是曾氏又给李上了一课，这不属耳提面命之类，可能与今之远程教学相似。

对于自己力主创建的淮军，曾氏视如己出，多次强调湘军淮军是一家人，必须"视之如一家眷属"。对于李鸿章逐步取代自己而执掌中枢，曾李的地位已完全颠倒过来的状况，曾氏决没有嫉贤妒能的想法。有一次，在两江督署内，曾李师生二人谈笑风生，曾氏对李说："我每遇到困境，全靠你相助，你的才能超过我。我聊以自解的是，你毕竟是我所荐举的人才。祁门一别，胡林翼来信说：'李某早晚会出人头地，不如顺势引导，还可以大大壮大我们的力量。'现在想来，他的话得到验证了。"通过这件事可以想见曾氏之雅量，胡氏之高见，李氏之奇气。

对于曾氏的批评，李鸿章总是虚心接受，他一直以学生自居，言必称曾氏为"我师"。不仅嘴上这样说，他心中也是十分敬佩曾氏的。由于李的默契配合，曾李度过了一次又一次的关系危机，从而实现了权力的顺利交接，保持了政局的稳定和政策的连续性。

2. 曾左之争，只为国事

(1) 以诚待左、荐左

曾氏说过："驭将之道，最贵推诚，不贵权术。"待人以诚的同僚之道，是他能团结大批人才的重要原因。

左宗棠恃才傲物，自称"今亮"，即今日诸葛亮之意。他语言尖刻，亦颇有胆识。无奈科场失意，在家乡半耕半读。咸丰二年，已 41 岁，才到湖南巡抚张亮基的幕府当了个"师爷"，咸丰四年入张的继任者骆秉章之幕府中，效力达六年之久，当时有"骆秉章之功，即左宗棠之功"的说法。咸丰十年因樊燮事件，离开湖南，投于曾胡门下。

咸丰初年，曾、左同在湖南，两人时有言语摩擦。传说曾氏见左公为如夫人洗脚，笑曰："替如夫人洗足。"左公反唇相讥说："赐同进士出身。"有一次，曾氏幽默地对左说："季子言高，仕不在朝，隐不在山，与我意见常相左！"把"左季高"三字巧妙地嵌了进去。左也不示弱，说："藩侯当国，进不能战，退不能守，问他经济又何曾！"把"曾国藩"三字巧妙地嵌了进去，由此可见左公性格的桀骜。

咸丰四年四月，曾氏败于靖港，投水自杀未成，左公"缒城出，省公舟中，则气息仅属。责公事尚可为，速死非义。公嗔目不语。"更令曾氏难堪的是，咸丰七年二月，曾氏在江西瑞州营中闻父丧，立即返乡。左宗棠认为他不待君命，舍军而去，是很不应该的，湖南官绅也哗然附和，这使曾氏颇失威望。但曾氏并不计较，第二年曾氏复出，路过长沙时，特登门拜访左公，两人又和好如初。

左公虽恃才傲物，令曾氏多次下不了台，但曾氏不计前嫌，极爱左公之才。咸丰十年以后，多次举荐左公，使他三年之中，就成为封疆大吏，这些帮助，对左公可谓雪中送炭。咸丰九年，左公在湖南碰上了樊燮事件。樊某乃永州镇总兵，此人私役兵弁，挪用公款。左公为巡抚骆秉章代拟奏折，弹劾此人，不料樊某竟向湖广总督官文反告左公。官文办事糊涂，竟将案子报到朝廷，咸丰帝乃派专人前来武昌办案，并密令官文"如左宗棠有不法情事，可即就地正法"。闻知此事者莫不震惊。骆秉章与胡林翼均上疏力辨其诬，中有"名满天下，谤亦随之"等语。京官潘祖荫，与左素不相识，也上疏痛陈"天下不可一日无湖南，湖南不可一日无左宗棠"。咸丰原以为杀一举人，无关大局，却不料有如此震动，也只好"弃瑕录用"，官文也不再催左来武昌对质，此案不了了之。

此事对左公打击很大，当时他"侧身天地，四顾苍茫"，深感帝乡不可期，有委身江湖之志。咸丰十年三月，他突然接到胡林翼一封密信，邀他前往。当时，曾氏驻军宿松，胡驻军英山，正筹备宿松军事会议，商讨进取安庆战略。左公来宿松后，曾胡二人热情地接待了他，左也成为宿松会议的主角。此时左公被控一案已结，四月一日，咸丰来旨询问曾氏，应如何重用左公，方可"收得人之效"。曾氏立即上奏说："左宗棠刚明耐苦，晓畅兵机。当此需才之际，或饬令办理湖南团防，或简用藩臬等官，予以地方，俾得安心任事，必能感激图报，有裨时局。"于是，左宗棠"以四品京堂候补，随同曾国藩襄办军务"，正式成为曾氏的幕僚。曾氏立即让他回湖南募勇，创建"楚军"，即后之左湘军。几个月后，左军在江西连获胜仗，曾氏立即上专折为他报功，说："左宗棠初立新军，骤当大敌，昼而跃马入阵，暮而治事达旦，实属勤劳异常。"左公遂升为候补三品京堂。次年四月，曾氏又上奏赞扬左公"去冬堵黄文金大股，今春击退李世贤大股，以数千新集之众，破十倍凶悍之贼，因地利以审敌情，蓄机势以作士气，实属深明将略，度越时贤”，恳请“将左宗棠襄办军务改为帮办军务”，朝廷立即批准。十一月，曾氏派左援浙，左公未到，杭州已失，巡抚王有龄死，曾氏又密奏“简左公为浙江巡抚”。

曾氏一方面请求辞去节制浙江军务之职，一方面把左宗棠推荐到这个位置上。为什么呢？曾氏在奏折中说：“以臣遥制浙军，尚隔于千里之外，不若以左宗棠专办浙省，可取决于呼吸之间。左宗棠……其才实可独挡一面。”同治二年三月，左公被任命为闽浙总督，兼任浙江巡抚，从此与曾氏平起平坐了。三年之中，左宗棠由一个被人诬告，走投无路的读书人，一跃而为封疆大吏，如此一日千里的升迁，固然由于他的才能与战功，而不断的报功保举，也只有曾氏才能做到。曾氏为国得人，心中不存半点嫌隙之意。因此曾氏死后，左在挽联中写道：

谋国之忠，知人之明，自愧不如元辅；

同心若金，攻错若石，相期无负平生。

曾氏在与左公失和之后，两人曾很久不通音信。但曾氏仍教沅弟“左季高待弟极关切，弟亦宜以真心相向，不可常怀智术以相迎拒。凡人以‘伪’来，我以‘诚’往，久之则伪者亦共趋于诚矣”。他对纪泽说：“余于左、沈二公以怨报德，此中诚不能无芥蒂，然老年笃畏天命，力求克去褊心忮心。尔辈少年，尤不宜妄生意气，于二公但不通闻问而已，此外不得出丝毫意见。”即使在这种颇存芥蒂的情况下，曾氏仍倚重左公的才干，既可谓以诚待左，又可谓为国得人，不以私废公。例如在推荐左宗棠率军西征，平定新疆叛乱之前，曾氏问幕僚吕庭芷：“你对左宗棠有何看法？平心论之。”吕答：“他处事之精详，律身之艰苦，体国之公忠，窃谓左公之所为，今日朝廷无二矣。”曾氏击桌赞曰：“诚然！此时西陲之任，倘左君不去，不但我不能为之继，即起胡文忠公于九原，恐亦不能为之继。君谓朝廷无二，我以为天下第一耳。”于是上奏推荐左公担平定西事之任。

(2) 曾、左之争内情。

左宗棠性情刚直，语言尖刻，多次令曾氏下不了台，但是在多数情况下，曾氏都能谅解他。世称“曾左失和”，主要是在攻克金陵后，由幼天王洪天贵福死活的问题引发的。曾氏在攻克金陵后，与清政府的关系十分紧张，自古以来，兔死狗烹，鸟尽弓藏的事太多了，曾氏正努力缓和自己同清政府的矛盾，不料半路上却跳出个幼天王的问题，遂在曾、左、沈之间引起一场争执。幼天王洪天贵福本是与李秀成一起从城墙缺口冲出金陵的，李秀成被捕后也交待了这个问题。只因李曾说幼天王虽已出城，也可能被追兵所杀，曾氏便侥幸其死，遂不提幼天王出城之事，而以“积薪自焚”上奏。不久，左宗棠从难民口中得知，幼天王已由广德逃往湖州，便一面函知曾氏，一面将此事上奏清廷。清廷得奏，遂谕令曾氏，说幼天王逃走无疑，所报已死一说不实，令曾氏严惩防范不力之将领。

左宗棠的情报本来是准确的，他也给曾氏作了通报，但在通报中，他没有就要不要将此事上奏朝廷征询曾氏的意见，而在作此通报的同时，也向朝廷作了报告。这在客观上起到了扩大和加剧曾氏与朝廷矛盾的作用，因此曾氏认为左公故意与自己为难。曾氏联想到此前一年左公攻陷杭州时，城中太平军十万人突围而走，清廷不予过问，而金陵仅逃出几百人就要严加追究，很是愤愤不平。更何况，当时对破城的将士极力抚慰、表彰都还来不及，怎能严惩呢？因此曾氏决心抗命不办，在奏折中重提左公破杭州逃出十万人而不纠参的事，清廷无可奈何。

破城三个月后，幼天王在江西被沈葆桢所获，沈与曾氏早有矛盾，这次抓住真凭实据，便与左一唱一和，大肆宣扬幼天王逃脱的严重性。他在奏折中说，倘若幼天王真的隐于荒山野岭，或逃入太平军残部，都可被用来号召人心，则大乱不知何日可了。并奏请将幼天王槛送京师，想让曾氏走脱幼天王一事天下皆知，这无疑是在曾氏临渊危急之际，又从后面推上一把。这使曾氏恼怒异常，同左、沈关系自此决裂，不通书信。

对于这次曾、左失和，论者多以为责任在左，因为以左的聪明，他不会不知曾氏当时的微妙处境，幼天王出逃这等大事，他是不该轻易上报朝廷的，最好是通报曾氏，由曾氏自作决断为好。因此多年之后，仍有人认为左公有负曾氏。同治十三年，左宗棠驻

洪福瑱被擒图

军兰州，一日饭后与幕僚聊天，有一少年狂士批评左宗棠有点对不起曾氏，说："曾国藩心中时刻有先生，而先生心中从来没有曾国藩!"左宗棠说："先生之言是也，曾公生前，我常轻之，曾公死后，我极重之。"

同治十一年四月十四日，左宗棠在给其长子的家书中，写道：

想到曾侯的逝世，我很悲痛，不但时局大可忧虑，就是在交游和情谊方面，也难以无动于衷。我已致奠四百金，挽联所云，也是说的实话。我见到江苏巡抚何璟恳请皇上加恩，抚恤曾氏后人的奏折后，感到他对于曾氏的心事作了很中肯的评价，知道曾纪泽也有他父亲那种讲求实际的作风，可以说无愧其父了。从前我与曾侯彼此间的争论，每次写好奏折送到朝廷后，就立即抄录稿子送给曾侯，可以说绝无城府。现在在心情悲伤，没有闲暇的时候，还有理由与他负气吗?"知人之明，谋国之忠"这两句话也早就见于我写给朝廷的奏章之中，并非我过去对他诋毁，今天却对他赞誉，孩儿你应当知道我的心思。曾侯的灵柩经过湖南时，你应当前往吊丧，以敬重父亲的朋友，祭祀用的牲畜和甜酒以及丰盛的菜和饭自然不可少，如能作祭文表示哀悼，就更好。我与曾侯所争，是国事与兵略方面的问题，而不是争权夺势者所能比拟的，那些心术不正的人对我与曾侯的关系妄加猜疑和评论，何不一笑置之呢?

从这封信可以看出，曾、左两人，性情各异，但"所争者国事兵略"，不是私人的权力之争，故双方皆能持大体。

3. 下级拂逆，反求诸己

道光二十二年，曾氏在北京师从唐鉴、倭仁时，就立志"屏除一切，从事于克己之学"。所谓"克己之学"，就是自我反省，自我批评，遇事多在自己身上找原因，严于律己。曾氏说过："知己之过失，即自为承认之地，改去毫无吝惜之心，此最难事。豪杰之所以为豪杰，圣贤之所以为圣贤，便是此等处磊落过人。能透过此关，寸心便异常安乐，省得多少纠葛，省得多少遮掩装饰丑态。"这种主张自我批评，遇事多在自己身上找原因的思想，在曾氏面对老下级沈葆桢的拂逆时表现得很充分，这使他得到了人心，也调和了与下级的矛盾。

同治元年八月和闰八月间，江南各地因连年战争而瘟疫流行，宁国境内的鲍超一军死了几千人，屯兵金陵城下的曾国荃部也死亡相继，士气低沉。恰在此时，李秀成率二十万大军回援天京，自闰八月二十日起，日夜猛扑雨花台曾国荃大营，达46日之久，落地开花炮不时呼啸而下；与此同时，杨辅清、黄文金率部攻克皖南重镇宁国，并有相机夺回皖南之势；陈坤书率太平军攻击芜湖、金柱关，湘军粮道受到威胁；河南境内的捻军已进入鄂东，有取道皖北回援天京的可能。总之，湘军在军事上处于十分紧张危急的时刻。还有，战争使大江南北，特别是皖南、鄂东、赣东一带满目疮痍，残破已极。曾氏记述道："今年（同治元年）下半年，舍弟金陵一军及鲍军门宁国一军，米价至七千余文一石，肉至三百文一斤，蔬菜至六十余文。""金陵、宁国两军疾疫流行，死亡枕藉。专卒来往宁、池、太三府境内，常竟日不见烟户，不逢行人。茫茫浩劫，未知何所穷极。""皖南食人肉，每斤卖百二十文。"因而"饷糈大拙，多有积欠"。当时曾国荃、鲍超两部共七万余人，每月需粮三四百万斤，就地买粮，价格太高，远处运粮，粮道又时被冲断。两军的兵勇只得到四成的军饷，口粮也只有标准的一半，只得饥一餐、饱一顿地过日子，军心有动摇之忧，这令曾氏十分苦恼。

然而，就在此时，江西巡抚沈葆桢为确保本省军队的粮饷，在九月份，截留了供应雨花台大营的江西漕折银五万两，并获朝廷允准，这无异于是雪上加霜。曾氏在日记中多次反映了自己焦灼和忧郁的心情。如他九月十四日写道："日内因金陵、宁国危险之状，忧灼过度；又以江西诸事掣肘，闷甚不堪。"十八日又写道："五更醒，展转不能成寐，盖寸心为金陵、宁国之贼势忧悸者十分之八，而因僚属不和顺，恩怨愤懑者亦十之二三。"

沈葆桢（1820～1879），是林则徐的女婿，道光二十七年中进士，曾入曾氏幕府，执掌营务。因曾氏举荐，得任江西巡抚，同治六年接办福州船政局，扩建海军学校，光绪元年任两江总督兼南洋通商大臣，为中国近代化做出了贡献。应该说，沈作为曾氏的下级和门生，私自截留军饷，截断曾国荃军"养命之源"，已属不妥。然而，曾氏并没有向这个老下级发泄自己的愤怒，更没有对他发出指示，要他如何如何。他只是在给沈的信中，淡淡地说；本月"饷项来数较旺，为今年所未有，差强人意。（下月）若能如此月之入款，即全停江西漕折犹可支持，特恐不可为常。且待万过不去之时，再行缄商尊处通融办理"。这是多么宽厚的长者风度。

不仅如此，曾氏还反省自己"忧灼过度，皆由于平日于养气上欠功夫，故不能不动心"。他又在《日记》中写道：

"实则处大乱之世，余所遇之僚属，尚不十分傲慢无礼，而鄙怀忿恚若此。甚矣，余之隘也！余天性偏激，痛自刻责惩治者有年，而有触即发，仍不可遏，殆将终身不改矣，愧悚何已！"（同治元年九月十八日）

"日内因江西藩司有意掣肘，心为忿恚。然细思古人办事，掣肘之处，拂逆之端，世世有之。人人不免恶其拂逆。而必欲顺从，设法以诛锄异己者，权臣之行径也；听其拂逆而动心忍性，委曲求全，圣贤之用心也。吾正可借人之拂逆，以磨励我之德性，其

沈葆桢画像

庶几乎!”(九月二十五日)

这两段文字，实在是可以作为如何对待下级“拂逆”的千古典范，足为后世效法的。

但是，沈葆桢恃才傲上，他从江西本位主义出发，于第二年（同治二年）第二次截留朝廷已批准解送曾国藩粮台的九江海关洋税三万两，同治三年第三次奏请截留江西的全部厘金。曾氏一忍再忍，他对下级的一而再、再而三的掣肘与拂逆，对朝廷对沈的偏袒，也不免发几句牢骚，但对朝廷一直是晓之以理，动之以情，对沈也从不以斥责或命令相加。例如同治三年沈葆桢奏请截留江西全部厘金时，曾氏一下子慌了手脚，生怕前线战事因此而断送，他于三月十二日上《沈葆桢截留江西牙厘不当，仍请由臣照旧经收充饷折》，他在奏折中作了一些对比：“臣统军太多，月需饷额五十余万。前此江西厘金稍旺，合各处入款约可发饷六成，今年则仅发四成；而江西抚臣（指沈葆桢）所统各军之饷，均发至八成以上。臣军欠饷十六七个月不等；而江西各军欠饷不及五月。即以民困而论，皖南及江宁各地，市人肉以相食，或数十里野无耕种，村无炊烟，江西亦尚不至此。”接着又陈述缺饷的危害：“今苏、浙等省会已克，金陵之长围已合，论者辄谓大功指日可成，元恶指日可毙。故绝不可因粮饷奇缺而动摇军心，致生功亏一篑之变。”

曾氏又进一步从情理上阐述道：“臣又闻同僚交际之道，不外二端：曰分，曰情。巡抚应归总督节制，见诸会典，载诸坐名《敕书》。……数百年之成宪，臣不得而辞，沈葆桢亦不得违分也。军事危急之际，同寅患难相恤，有无相济，情也。”沈本属曾氏节制，故既违分又违情，曾氏是言之有据的。但朝廷没有准奏，而是将江西厘金一分为二，江西地方军队与曾氏湘军各一半。三月二十七日接到廷寄后，曾氏在日记中写道：“念枢廷苦心调停，令人感激；而劳逸轻重之间，又未尝不叹公道之不明也。”

朝廷对沈的偏袒，确实未能恰当处理劳逸轻重的关系，但这实际上是故意而为之。当时太平天国已江河日下，尤其到了同治三年，太平军的覆灭已成定局，这时清廷已注意到必须对湘军有所遏制，既要让它出力，又不让它为患，方法则不外乎扶植其它地方势力和消减湘军羽翼两种。因而朝廷在争饷一事上对沈的偏袒是必然的。曾氏实行“克己之学”，谦而不傲，反求诸己，使他越过了满汉矛盾的险滩，走出了同僚倾轧的隘巷，也抹平了下级拂逆的风波。曾氏对待下级的宽容、真诚、严于责己的精神，使他得以妥善地协调与下级的关系。

五、协调与上级的关系

协调好与上级的关系，也是顺利开展领导工作的重要条件。在封建社会，皇帝是最高决策者，掌握了臣下的生杀大权和人事任免权，因此一个想有所作为的臣子，必须搞好与皇帝的关系，要使皇帝对自己不疑不忌，放权使用，遇到大事还必须有皇帝的支持。这样才可能施展自己的抱负，一伸其志。曾氏在办团练初期，自立审案局，对地方“土匪”严加诛戮，创“就地正法”之制，当时湖南“文法吏”一片哗然，舆论也讥曾氏为“曾剃头”，在这种一片反对声中，正是靠咸丰皇帝的一句朱批：“办理土匪，必须从严，务期根株净尽。”才得以冲破重重阻力，实行其严刑峻法的。

不过，要得到皇帝的支持和信任，对于曾氏这样一个汉族大臣来说，是不容易的，因为清廷一直对汉官心存疑忌，恪守祖制，不予汉官实权，要想解除这道心理防线，谈何容易！但是曾氏在协调与朝廷和皇帝的关系上，做得十分出色，不仅越过了满汉矛盾，君臣疑忌的险滩，而且自己的抱负也得以施展，成就了大事。

1. 清廷疑忌汉官，用曾氏乃出于不得已

清王朝是以满洲贵族为首的满汉地主阶级联合专政的封建政权，其国体政体与前朝无异，但在统治阶级内部权力分配上，明显带有种族歧视的痕迹。满洲贵族对汉族官吏常常存有戒心，设计防范，不让他们掌握实权，尤其是军权。在清朝，总揽军政大权的是军机处，时人称军机处为“政府”。首席军机大臣多为满人，仰仗皇帝的倚重，总揽大权，汉员没有多少发言权，即使提出正确的意见，也往往不受重视。鸦片战争时期的军机大臣王鼎，就是为起用林则徐一事，在道光皇帝面前，与首席军机大臣穆彰阿一再苦争无效，愤而自杀的。

六部的实权掌握在满员手中，汉员不过是随同画诺而已。掌握地方实权的督抚也多为满员，总督的权力更重于巡抚，各地绿营兵及其长官提督，都受总督管辖。为防止汉官掌握太多军权，总督多用满人，汉员不多。对于督抚中的汉员，清廷也放心不下，往往指使满员暗中监视，密报他们的动向。此外，在科考、补缺、升迁的难易，以至遇婚、丧、疾病请假等方面，满员都有种种特权，汉员则受种种歧视性待遇。

咸丰皇帝朝服像

清廷对曾氏也是如此，不得不用他，但又时时防范他，限制他，这一情形在咸丰帝在位时最突出。咸丰年间，湘军负敢战之名，屡立战功，但曾氏却不兼有地方实权，在与胡林翼会合之前，一直处于客军虚悬的地位。1854 年 10 月 26 日，咸丰帝收到曾氏攻克武昌的报捷奏折，本来十分悲观的咸丰帝备受鼓舞，立即任命曾氏署理湖北巡抚。几天后，他还眉飞色舞地赞叹说：“不意曾国藩一书生，乃能建此奇功!”这时军机大臣祁隽藻提醒说：“曾国藩以侍郎在籍，犹匹夫耳。匹夫居闾里一呼，蹶起从之者万余人，恐非国家福

也。”咸丰听罢，“默然变色者久之”。咸丰又火速发一谕旨：“朕料汝必辞，又念及整师东下，署抚空有其名，故已降旨令汝毋庸署湖北巡抚，赏给兵部侍郎衔。”曾氏接到这一谕旨时，正准备发出谢恩奏折！且已封折待发！

其实，没有祁某的提醒，咸丰也会改变主意的，早在曾氏刚从衡阳出师时，“文宗以国藩一人兼统水陆军，心忧之，特诏贵州提督布克慎自黄州还，赴其水营，诏湖广总督台涌会其师。”布克慎、台涌俱为满人，可见咸丰对曾氏的猜疑和提防，早已有之。他严奉祖训，不使曾氏兼有地方大权，使其六、七年时间内一直处于客军虚悬地位，“不获大行其志”。从此，曾氏看透了清廷对他的猜忌心理，时时警惧，处处谨慎，有时甚至感到悲观和伤心。湖口惨败后不久，忽又传来某相国对他的攻击，这使他更为伤心。东汉著名学者杨震，官至太尉，因得罪权贵受排挤，被迫在洛阳城西夕阳亭自杀身死，曾氏与好友刘蓉谈及“夕阳亭事，怆叹久之”。1857 年 6 月，曾氏奔父丧假期将满，他不想再走客军虚悬的老路，遂奏请在家守三年之制。咸丰因其“身膺督兵重任”，不予批准。曾氏于是只好摊牌，上《历陈办事艰难仍恳终制折》，说明了不愿复出的原因，伸手向皇帝要地方大权。对这一敏感问题，咸丰谨守祖训，遂准许曾氏在籍终制，使其陷于难言之苦。

咸丰时期，肃顺和文庆是最重视汉官作用的满族大员，肃顺极力推荐胡林翼为湖北巡抚，此举补救了咸丰撤销曾氏署理鄂抚之命的错误，从而成为日后湘军转败为胜的契机。咸丰十年闰三月，太平军用围魏救赵之计，大破江南大营，张国梁、和春败死；四月攻克苏州，清廷所倚重的绿营已溃散，所剩无几，只得重用曾氏；六月曾氏即获两江总督之任。赵烈文后来评论说：“文宗末年，江左覆亡，始有督帅之授。受任危难之间，盖朝廷四顾无人，不得已而用之。”即使是“不得已而用之”，曾氏获江督一职，也还甚赖肃顺、文庆之力。尤其是肃顺，时任首席军机大臣，甚得咸丰信任，他对曾、胡、左等湘军统率知之甚深，平日与客谈论，常折服曾氏之“识量”，胡林翼之“才略”。何桂清革职之初，咸丰欲以胡接任两江总督，肃顺进言说：“胡林翼在湖北，措置尽善，未可挪动，不如用曾国藩督两江，则上下游俱得人矣。”遂有曾氏署理两江之命，可见咸丰对曾氏疑忌之深。

咸丰死后，慈禧和奕䜣通过政变上台。慈禧更加信任和放手使用汉官，一改过去咸丰那种谨小慎微的做法，把一些地方军政大权大胆地交到汉人手中。东南数省，清王朝的半壁江山，也渐渐归于曾氏为首的湘系集团的掌握之中，使曾氏得以大展其才，加速了镇压太平天国的进程。当时朝中一些大臣忌妒曾氏之功，向慈禧进谗言，如祁寯藻之流就引用曾氏年轻时游洞庭湖所作的诗“直将云梦吞如芥，未信君山铲不平”句，以及

慈禧太后油画像

忆刘蓉诗“四海一刘蓉……他日能寻访，千里捉卧龙”句，强调曾氏年轻时便有帝王思想。慈禧表面上不以为然，实际上，她并非不存戒心，只不过她比咸丰更聪明，也更善于权术，她既能最大限度地利用汉人官员，使他们得以放开手脚去镇压太平天国，又能很好地驾驭他们。

随着战事的节节胜利，太平天国已不成其为心腹大患，日益强大的湘军，却成为慈禧的一块心病。因而，早在天京陷落以前，清廷就已开始着手限制曾氏势力的膨胀。在曾、沈争饷时，有意偏袒沈葆桢，使湘军的粮饷供应几乎到了山穷水尽的地步；在军事上，也对湘军进行了防备。在湘军曾国荃部合围天京的同时，清廷以防太平军北向、东援为由，调僧格林沁屯兵皖鄂交界之处；冯子材、富明阿把守镇江、扬州；官文驻武昌，在长江中下游三大军事重镇上屯兵存粮。实际上是防患于未然，以免湘军在攻下天京后，肆意北上，问鼎京师。

天京陷落之后，清政府最大的忧患，已不再是太平天国余部，而是军政权力越来越大的两江总督曾国藩，此时曾氏不仅统帅数十万湘军，其胞弟曾国荃也掌握着五万嫡系湘军，而且曾氏的门生故吏已遍及全国各地，上至巡抚，下至提督，大有一呼百诺之势。有鉴于此，清廷利用湘军内部固有的矛盾，迅速提拔和扶植曾氏手下的将领，如左宗棠，李鸿章等人，使他们的地位迅速提高，与曾氏不相上下。当左、沈与曾氏产生矛盾时，清廷大加利用，有意扩大其矛盾，暗中支持左、沈与曾氏分庭抗礼，从内部分化曾氏的势力。而对于曾国荃则竭力压制，不让其有抬头的机会：虽已升任浙江巡抚却以尚未赴任为借口，不允许其单折奏事，巡抚一职，形同虚设；夺得攻克金陵之首功，本以为可以扬眉吐气，却不曾想到竟然接二连三地遭到严责和警告，清廷在幼天王出逃和天京窖藏等问题上节外生枝，故意刁难。

清廷对曾氏的防范，直到他衰病交加，可谓“久经考验”之时，也没有解除。1868年9月，曾氏接到廷谕，调其为直隶总督，他明显感到，自己在渐渐受到冷淡和疏远，由两江调往直隶，不过是清廷企图改变“内轻外重”状况的权宜之计，而并非是信任和重用。

2. 曾氏协调与朝廷关系之法

(1) 找准靠山，为京官时期发迹之因

曾氏于1838年中进士，1849年已升至礼部右侍郎，十年七迁，连跃十级，这在当时是很罕见的。他在仕途上春风得意，一是由于本人勤奋干练有才，在士林中颇有声

望，二是得到首席军机大臣穆彰阿的垂青和识拔。而后一条尤为重要。

穆彰阿（1782—1856），满洲镶蓝旗人，姓郭佳氏，翰林出身。他甚得道光皇帝信任，后来有人评论穆彰阿说："在位二十年，亦爱才，亦不大贪，惟性巧佞，以欺罔蒙蔽为务。"自嘉庆以来，穆公经常参与科考，历任会试主考官。多年来，他的"门生故吏遍于中外，知名之士多被援引，一时号为'穆党'"。曾氏于1838年参加会试，1843年参加翰詹大考时，都由穆公担任主考官。翰詹大考后，穆公向曾氏索取考卷底稿，曾氏立即誊正后送往穆府。这次拜访加深了两人之间的师生关系，而这种师生关系，使曾氏这个来自偏僻乡村的进士很快在京城找到了政治上的"靠山"。这几乎成为曾氏以后飞黄腾达的转折点。在此之前，曾氏之官职一直滞留未动，此后则几乎是年年升迁，岁岁加衔。

穆公经常在皇帝面前说曾氏遇事留心，才可大用。据说某日曾氏忽然接到召见的谕旨，便去了谕旨中说的一个陌生地方，等了半天也没见到皇帝，于是退回穆府休息，准备次日再去。晚上，穆问曾说："汝见壁间所悬字幅否?"见曾答不上不来，穆怅然若失，说："机缘可惜。"踌躇了一会儿，就召来一个干练的仆人，对他说："你赶快拿四百两银子去送给某内监，叫他将某处壁间的字幅，用蜡烛照亮，代为记录下来，这银子就是报酬。"第二天道光皇帝召见，则所问"皆壁间所悬历朝圣训也"。因此曾氏应答得很好。皇上对穆说："你说曾某遇事留心，果真如此。"从此，曾氏遂被皇帝重用。1850年咸丰对穆彰阿的惩处，虽然并没有牵连到曾氏，但却使他失去了一个有力的后台。从此以后，在关键时刻和重大问题上，皇帝身边就少了一个有份量的人为他说话，咸丰年间朝廷对他时冷时热，忽信忽疑，使曾氏在政治上处处碰壁，可能与此有关。

（2）笼络旗人，自削羽翼，以减少疑忌

清朝是满洲贵族执政的朝代，最忌汉族官吏手握重兵。所以，从开始创立湘军起，曾、胡二人就非常注意笼络旗人。湘军将领中，最著名的旗人统领，前期为塔齐布，后期为多隆阿，曾、胡都加意培植，特别重用，以稍减朝廷疑忌之心。塔齐布尤其与曾氏合作得好，湘军初期的许多胜仗，都有他的功劳。如湘潭一战，事关湘军生死存亡，塔齐布可谓功不可没；多隆阿亦勇悍善战，所部人数多，战斗力强，在安庆战役中负打援重任，挂车河一战，重挫陈玉成部。但他不识汉字，与曾国荃有隔阂，同治二年，坚决不来金陵与曾国荃会攻金陵，而是远走陕西，镇压回民起义，同治三年四月负伤而死。

自咸丰四年鄂抚一职刚得即失之后，曾氏时时不忘怀朝廷对他的疑忌。咸丰死后两个半月，慈禧通过政变上台，她更倚重汉官，上台仅十八天，便命曾氏于钦差大臣、两江总督之外，统辖江苏、安徽、江西、浙江四省军务，这四省巡抚、提督以下各官，均归节制，曾国荃也以记名按察使“赏给头品顶戴”。对于这种殊遇，曾氏的心情是矛盾的。一方面，他受此知遇之恩，心怀感激；另一方面，又深恐自己骤遭不测之灾。他在日记中写道：“余自（十一月）十五至二十二日，连接廷寄谕旨十四件，倚畀太重，权位太尊，虚望太隆，可悚可畏!”因此，他不得不一只眼盯着太平军，另一只眼盯着朝廷，这以后，他四次上折朝廷，要求分责分权。

十一月二十五日上疏，把自己无功受禄数落了一顿，把徽州失守，祁门被困，援江苏未能成行俱归过于己，又把攻克安庆之功，全算在胡林翼和满人多隆阿身上，绝口不提曾国荃。接着他又说左宗棠“其才可独挡一面”，朝廷命令他督办浙江军务，自己则“无庸兼统浙省”。曾氏这次试探得到的回复是“毋再固辞”。

同治元年正月十日又上疏再辞节制四省之军务。他甚至说：“臣一人权位太重，恐开斯世争权竞势之风，兼防他日外重内轻之渐。”其实，当时早已形成外重内轻的局面，而湘军在当时尤有举足轻重之势，大家都清楚，只是不道破而已。曾氏则把这薄薄的窗纸捅破，以明心迹。上谕回复说：“若非曾国藩之悃忱真挚，亦岂能轻假事权?”还加封曾氏为协办大学士。

秋天，湘军中瘟疫流行，局势严峻，“战守均无把握”。闰八月十二日曾氏再次上奏请酌“简派在京亲信大臣，驰赴江南，与臣会办诸务。”自己退居次要位置，这显然是因为困难很大，趁早为脱身之计，同时也是为了再次试探清廷对自己的态度，同时他也争得了主动权，使自己在困境中不致遭受朝廷的谴责。

十月二十七日在向朝廷报告近日军情时，他没有再请朝廷派员“主持东南大局”，只说“添一二人”以分自己之责，目的仍在稍杀自己的权势，以减少朝廷的疑忌。

通过这四次上疏请求分责分权，曾氏摸清了朝廷的态度，感到来自朝廷的危险暂时还不会发生，因此在攻下天京之前，再没有提此事。

攻克天京后，曾氏与朝廷的关系骤然紧张，其原因自然也是由于朝廷的疑忌。当时，对曾氏而言，解决矛盾的办法有两个：一是自剪羽翼，释朝廷疑忌，以自保末路；二是起兵造反，推翻清朝，自立为帝。对于第二种选择，曾氏部属曾经怂恿过他，但是，或许是由于曾氏的忠君思想，过于求稳慎的心理，或许是由于政治和军事上条件尚不成熟，称帝成功可能性小，或许以上两者兼而有之，反正从现存的正史和野史来看，曾氏一直无称帝的打算。那么，就只有第一种选择可行，且必须迅速着手。

于是，攻克天京后，曾氏采取了三条措施，自削兵权、利权、稍杀羽翼，以释清廷之疑。

一是停解部分厘金。1864年8月30日奏请停解广东厘金。11月20日，又奏请停解江西半厘，江西半厘改由沈葆桢征收，鲍超、周世宽两军拨归沈葆桢管辖，军饷归沈发放，弁勇去留亦由沈请旨定夺。这样就让出了一部分的兵权、利权给沈葆桢，在政治上争取了主动。1865年6月17日又奏请停解湖南东征局厘金。

厘金这一病商殃民的抽厘筹饷制度，于1853年首创于扬州，不久推行于全国，成为清政府的大宗财政收入。到1858年以后，也成为湘军的主要饷源。这一制度一直相延了七十多年，直到1931年国民政府统一税制时，才将厘金改为税收，因此可以说厘金是中国现代税收的前身。

二是裁撤部分湘勇。湘军本非正规军，属于有事招募，事过遣散的官勇。曾氏在攻陷天京后即着手裁军是多种因素促成的，但主要还是为了自削兵权，以解除清政府的疑心。当时，曾氏指挥的湘军中，左宗棠的四万人已成独立状态，可不予过问，江忠义、席宝田部已拨归沈葆桢，鲍超、周世宽两军已赴江西，随即拨给沈管辖。这样，曾氏手中直接掌握并承担责任的就只有曾国荃统带的五万人马。而清廷最疑惧的也正是这五万人马，所以曾氏首先裁撤这部分军队。到1865年4月，经过几次裁撤，原属曾国荃的部队除已调往江西的刘连捷部外，所余已不多了。当1865年6月曾氏奉命北上镇压捻军时，可以调动的成建制武装就仅剩下刘松山统领的老湘营了。

三是奏请曾国荃因病开缺，回籍调养。攻克天京后，曾国荃"老饕之名满天下"，一时成为众矢之的：诸宿将如多隆阿、杨岳斌、彭玉麟、鲍超等欲告去，"人辄疑与国荃不和，且言江宁财货尽入军中"。同时，清政府对他也最不放心。曾氏无奈，只好以病情严重为由，奏请曾国荃开浙江巡抚缺，回乡调理，以避开舆论的锋芒，解除清政府的这块心病。不出所料，这一奏请正合朝廷的心意。然而曾国荃却不解其意，在曾氏移驻金陵那天，当着满堂宾客大发怨言，使其兄"无地置面目"。

曾氏所做的这三件事，都是围绕着"兵权"二字进行的，正如他以前说过的那样，"设法将权位二字推让少许，减去几成"，以"善其末路"，"晚节渐渐可以收场"。但是，自削兵权，裁撤湘军的同时，曾氏对李鸿章的淮军，则大力支持其发展，寄予厚望。他在裁撤湘军时致信李鸿章说："湘军强弩之末，锐气全消，力不足以制捻，将来戡定两淮，必须贵部淮勇任之。"故"必不宜裁"，"须留以御寇"。另外湘军水师也没有裁撤，而改建为长江水师，成为正规军编制。因而曾氏为"善其末路"而裁军削权，并没削弱清朝的武装力量。

除以上三件事外，曾氏还通过一些琐屑小事来解除朝廷疑忌。比如他晚年将其与家人往来书信公布于世，其实并非为了沽名钓誉。他知道，清朝最高统治者也会对这些家

曾国荃画像

书感兴趣，从家书中可以窥见曾氏的一些内心世界，有利于解除朝廷的疑忌。

(3) 讲求奏折艺术，缓和与朝廷的矛盾

曾氏长期领兵在外，与皇帝难谋一面，主要靠奏折、上谕的往返来联系，因而奏折就显得很重要。将在外，君命有所不受，皇帝于几千里之外的遥控指挥，对于其中不切实际的错误命令，曾氏采取了“缓”和“拖”的办法；有求于皇上的时候，委婉而言，这些都能在奏折中反映出来。

曾氏曾教导其弟国荃说：“奏议是人臣最要之事，弟须加一番功夫。弟文笔不患不详明，但患不简洁，以后从简当二字上着力。”清末文学家俞樾说过：曾国藩、胡林翼、李鸿章三人的奏疏均可堪称大手笔，而曾氏奏疏更绝！

东征之初，湘军屡有败绩，曾氏幕僚写奏折初稿，中有“屡战屡败”之语，曾氏改为“屡败屡战”。一字不改，只颠倒了一下语序，就使“败不馁”之气魄跃然纸上。皇上看了，觉得曾氏虽未获胜，但勇气尚佳，仍鼓励其整军再战。后来曾氏在湖北武汉、田家镇连战连胜，其幕僚便把他在家中备好棺材，决心死战的情况，写入了奏折，曾氏见了，又将“备棺在家”改成了“带棺出征”，更能表现其坚强的决心。咸丰帝见了这一奏折，大为欣慰，令其署理湖北巡抚，但咸丰冷静下来后又收回成命，可见见到这一奏折时，咸丰是十分感动的。

曾氏在奏折中，有据理力争的时候，如他在衡阳筹建水陆军之时，咸丰过早命他出征，曾氏在奏折中据理力争，晓之以理，动之以情，坚持师不练就，决不出战。咸丰也被他的“血诚”所感动，在朱批中安慰他说：“成败利钝固不可逆睹，然汝之心可质天日，非独朕知。”但他对皇上不切实际的命令，更多是采了“缓”与“拖”的办法。如1860年10月，咸丰命他派鲍超率二千人北上勤王，交胜保调遣，他采用李鸿章的建议，“按兵请旨，且无稍动”，奏请皇帝于他自己与胡林翼二人中，确定一人带兵北上，得到批复后再启程。其实，曾胡二人谁带兵北上，并无关紧要，但根据当时驿站的速度，要半个月皇帝才能接到奏折，一个月后曾氏才能接到谕旨，而在这段时间，英法侵略军或许已议和罢战，亦不可知。即使谕旨令其带兵北上，曾胡也有一个月时间可以专注于安庆战场。

攻克天京后，清廷令曾氏率军北上，增援僧格林沁，对此曾氏十分消极。因为僧王骄横刚愎，不谙韬略，向来轻视湘军，说什么“皖军为上，豫军次之，楚军为下”，故意贬低湘淮军。曾氏清楚，如果统兵增援，势必送死有伤，论功无缘，且曾、僧二人战略战术思想不同，很难协调。此时若听从调遣，不利；不听从调遣，则不忠，在此两难

僧格林沁画像

之中，只有用“缓拖”应之。因此他上奏说：

“臣自咸丰四年躬亲矢石，屡次败挫，厥后十载，久未亲临前敌……自揣临阵非余所长，不得不自藏其短，俾诸将得展其才，此次臣若自赴楚界，未必有益，而僧格林沁、官文同驻蕲、黄，四百里之内，以钦差三人萃于一隅，恐启贼匪轻视将帅之心。”

曾氏在这里找了两个很好的理由，拒绝援僧，他采用“拖”的办法，静观成败。五个月后，僧王命丧高楼寨，曾氏遂开始筹备剿捻事宜。

曾氏在对朝廷有所求时，也多采用委婉的方式申请。1857 年 1 月，曾氏在九江劳师之后所上的《附陈近日军情请催各省协饷片》一折，就是典型的例子。曾氏本来要求将李续宾、杨载福部调回到自己手下，但他不直说，而是反复强调李、杨所率湘军水陆师，本来是曾氏的部队，是因急人所急，增援湖北而借调给胡林翼的。现在不但湖北省城武昌已经收复，就是蕲州、黄州等沿江城市也已克复。言外之意是要求将李、杨两部调回来。

(4) 力劝国荃不要弹劾官文，避开满汉矛盾

官文是旗人，在汉官密布的长江中下游地区，深得清政府器重，授以湖广总督之职，控制长江中游。胡林翼任湖北巡抚时，知其不可改动，遂改以笼络政策，使湘军诸事顺利，有求必应。胡死后，官文同湘军的关系开始疏远，但双方仍保持表面的和气，并未闹翻。曾国荃担任湖北巡抚后，与官文同在武昌城内，屡起冲突，关系逐渐紧张起来。湖北按察使唐际盛与曾国荃的至友黄南坡仇隙很深，于是唐便怂恿官文，奏请曾国荃帮办军务，使其离开武昌，由此，曾国荃便与官文结下怨仇，遂决心报复。他先是参劾唐际盛，接着就参劾官文。由于营中无文员，恰逢曾纪泽在营中，又不知参劾官文的政治利害，因而叔侄二人很快敲定了奏折的内容，并由纪泽代为缮写，“以贪庸骄蹇，欺罔徇私，宠任家丁，贻误军政”。

曾国荃怕兄长知道后，会一意阻挠，故意背着他行事。此前曾氏已看出一些苗头，在 1865 年 9 月底给沅弟的信中，他嘱咐道：

“‘顺斋排行’一节，亦请暂置缓图。此等事幸而获胜，而众人眈眈环伺，必欲寻隙，一泄其忿。彼不能报复，而众人必有思代彼报复者。余阅事最久，见此甚明……火候未到，所谓燕有可伐之罪，齐非伐燕之人也。以弟而陈‘顺斋排行’，亦是火候未到，代渠思报复者必群起也。苟公事不十分掣肘，何必下此辣手？……弟谋为此举，则人指为恃武功，恃圣眷，恃门第，而巍巍招风之象见矣，请缓图之”。（“顺斋排行”指官文）

曾氏得知沅弟已上奏弹劾后，极为紧张，赶紧从弟弟那里要来底稿，看有无理亏之处，以图补救。结果发现所奏各事基本上站得住脚，即使官司打不赢也不会有大祸。曾氏在信中严词责备沅弟说："左帅虽横行一世，尚未弹劾如官、胡之贵显者，弟作此石破天惊之事，安能久居乡井乎？"经反复思考，曾氏又"密折保官，请勿深究"，以图稍有补救。

这次满汉权力之争，官文其实没受到什么损害，调回京后仍掌管刑部，处分颇轻，曾氏感到"公道全泯"，有不祥之感。果然，不久之后，大批湘军系统的官员，如陕甘总督杨载福、陕西巡抚刘蓉、广东巡抚郭嵩焘、湖北巡抚曾国荃、直隶总督刘长佑纷纷开缺回籍，而官文却接任了直隶总督。曾氏觉得这很可能是参劾官文引起的后果。

曾氏对于官文，也说他"为身边小人所愚弄，心术亦欠光明，惟最善联络京官，牢笼乡绅"。但为避开满汉矛盾，仍坚决反对沅弟弹劾他，事实证明曾氏是有远见的。

史 鉴

秦国进攻楚国，派王翦率兵60万，始皇亲自送至灞上。王翦将行，请求始皇赐给他的田园宅地甚多。始皇说："将军只管去吧，何必担忧贫穷呢？"王翦说："为大王率兵，有功也终究得不到封侯，所以趁大王还护着我，及时请求赐些田园作为子孙的基业罢了。"始皇听了大笑。王翦到了边关，还派使者五次向始皇请赐好田地。有人说："将军如此乞求田宅，也太过份了。"王翦说："不对。秦王粗心且不信任别人，现在他把全国的兵士都交给我，我不多求田宅为子孙做基业，让他坚信我没有异志，难道要坐等秦王对我起疑心吗？"

吕后用萧何的计谋诛杀了韩信。高祖听到这个消息，派使者拜萧何为相国，增封地为五千户，令士卒五百人和一个都尉作他的卫队。人们都来向萧何道贺，唯独召平却为他悲伤。召平说："大祸开始了！皇上在外作战，而您却坐守在内，没有中箭石的危险，却增封并配置卫队，说明皇上对你有怀疑。派卫队保卫您，并非宠爱您。希望您谢绝封赏，将家财全部拿出来帮助军需。"萧何听从了召平之计，得以终其天年。

唐高祖李渊的皇后窦氏，文章书法俱佳，她和李渊的字放在一起，人们分辨不出是谁写的。当初隋炀帝杨广在位时，李渊蓄养了许多良马，窦氏说："皇上喜欢好马，何不将这些马统统献上，留下这些马会很快招来罪过，没有一点好处呀。"李渊不听，不久果然受到斥责。于是听从窦氏的话，多次奏献给隋炀帝鹰犬宝马。隋炀帝非常喜欢，提升李渊为将军。李渊对儿子们说："早点听你们母亲的话，早就升官了。"

杯酒释兵权

靠黄袍加身做了皇帝的宋太祖赵匡胤，有一次问宰相赵普："天下自唐末以来，几十年间帝王换了十个姓，征战不息，是什么原因呢？"赵普说："这是节度使势力太重，君王弱臣子强造成的。现在要治天下也没有其他妙计，只有削弱臣下的权力，控制他们的钱粮，收编他们的精兵，天下就会长治久安了。"话还未说完，太祖说："你不必说了，我已经知道了。"过了不久，太祖与老友石守信、王审琦等饮酒，到酒酣耳热时，太祖喝退左右人，对他们说："我不依仗你们的力量，不可能有今天的地位。谁不想做皇帝呢？你们虽然没有这种想法，但是你们的部下想图富贵，又怎么办呢？一旦他们也把黄袍加在你们身上，虽不想当皇帝，也身不由己。"石守信等人都叩着头，流着泪说："我们愚蠢，没有想到这些，全靠陛下可怜我们，给我们指出条生路。"太祖说："人生如白驹过缝那样时间短促。所谓爱好富贵的人，也不过是想多积蓄些金钱，自己好好享乐，使子孙不至于贫乏而已。你们为何不放弃兵权，买些好的田地房产，为子孙立下永久的基业，多买些歌姬舞女，每天饮酒玩乐，以终天年，使君臣之间互不猜疑，不也很好吗？"石守信等都向太祖拜了两拜，感谢道："陛下为我们考虑得如此周到，真有再生之恩啊！"第二天，他们都称病，请求放弃兵权，太祖同意了他们的请求，以后每年，太祖都到他们的家中慰问、叙旧，君臣无猜，相处十分融洽。

韩信平齐国后，派人对刘邦说："齐伪诈多变，是个反复无常的国家，希望做个假王来镇服它。"当时，楚军正在今河南荥阳加紧包围刘邦，刘邦非常生气，骂道："我困在这里，时刻盼望你来帮助我，你却想自立为王！"张良、陈平伏在刘邦身后，踩了刘邦一脚，贴着刘邦的耳朵轻声说："我们正处在不利地位，难道能禁止韩信自立为王吗？不如立他为齐王，好好待他，使他守住齐国，不发生变故。"刘邦也醒悟了，又骂道："大丈夫平定诸侯，要做就做真王，何必做假王！"于是派张良立韩信为齐王，征调他的军队去打楚国。这件事后，刘邦对韩信更加猜疑。

灭楚之后，韩信封为楚王，刚到封国，出入都陈列卫兵。有人告发韩信谋反，汉王刘邦打算出兵攻打韩信，问陈平是否可行。陈平说："陛下的兵士与楚王的比起来谁精锐？陛下的将领用兵谁能超过韩信？"刘邦说："都不及韩信。"陈平说："如此举兵进攻，是逼迫他作战，能保证自己获胜吗？我听说古代天子巡游天下，会见诸侯。陛下何不仿此办法，假称巡游云梦（今洞庭湖一带），在陈地（今河南）会见诸侯，韩信必然来拜见，乘机逮住他，这只是一个武士的事情罢了。"刘邦依陈平之计，韩信果然来拜见，刘邦命令武士把他绑起来，载在后面的车上。韩信说："果然如人家所说'狡兔死，走狗烹；飞鸟尽，良弓藏；敌国破，谋臣亡'。现在天下已经平定，我本来就应当被烹杀掉。"刘邦说："有人告你谋反。"于是给韩信戴上镣铐，带他回到都城，贬韩信为淮阴侯。不久之后，又被吕后用萧何之计骗至宫内，杀害于钟室。

诱杀韩信

第九章　入局——亲自参加重要的项目

大抵军政吏治，非财用充足
竟无以下手处
中外贸易，有无交通
购买外洋器物，尤属名正言顺

【原典】

国藩从官有年，饱阅京洛风尘，达官贵人，优容养望，与在下者软熟和同之象，盖已稔知之，而惯常之积不能平，乃变而为慷慨激烈，斩爽肮脏之一途，思欲稍易三四十年来不白不黑，不痛不痒，牢不可破之习，而矫枉过正，或不免流于意气之偏，以是屡蹈愆，丛讥取戾。

大抵军政吏治，非财用充足，竟无从下手处。自王介甫以言利为正人所诟病，后之君子例避理财之名，以不言有无，不言多寡为高。实则补救时艰，断非贫穷坐困所能为力。叶水心尝谓，仁人君子不应置理财于不讲，良为通论。

吾以“耕战”二字为国，泰西诸洋以“商战”二字为国……众商请开三子口，不特便于洋商，并取其便于华商者。中外贸易，有无交通，购买外洋器物，尤属名正言顺。

【译文】

我踏入仕途已有多年，对京城的风气领略已深。那些身居高位的达官显贵，故作姿态以提高自己的名望，对待部下姑息纵容，一团和气，对这种现象我知道得很清楚，但自己多年养成的禀性并未因此磨平，越发变得慷慨激烈，疾恶如仇。打算稍稍改变一下官场里三四十年来形成的不分黑白、不痛不痒且牢不可破的风气。不过，矫枉难免过正，有时也出现意气用事的偏差，因而经常招致怨恨，被人讥笑，自取其咎。

一般而言，在治国、治军方面，没有充足的财力，便无从着手。自从王安石理财，被正人君子们批评讥议之后，很多人就避开理财的问题，以不说财力的有无多少为高尚。但是补救世道艰难，贫穷困苦断乎是无能为力的。叶适曾经说，仁人君子不能不讲理财的问题，这个观点很对。

我国以“耕战”二字立国，西洋各国以“商战”二字立国……洋商要求开放三个港口，这不仅便利洋商，对我们自己的商家也有好处。中外之间通商贸易，互通有无，购买外国人的商品，是很名正言顺的事情。

点　评

李鸿章曾经讲过：“我老师的秘传心法，有十八条‘挺经’，这真是精通造化，守身用世的宝诀。”这十八条挺经中，他只讲了一条，其余十七条的内容，不得而知。不过

五口通商后的上海旧照

按他的理解，“大抵谓天下事，在局外呐喊议论，总是无益，必须躬自入局，挺膺负责，乃有成事之可冀。”曾国藩讲求实际，重视实干，他一生治军治政，洋务外交，育人用人等活动，无不贯穿“躬自入局”四个字，而在治政方面多繁杂，许多事又非替手所能代劳，因此“躬自入局”四个字体现得尤其突出。下面将从曾氏政治眼光、治政之法、理财之法几方面剖析。

一、曾氏敏锐的政治嗅觉和眼光

曾国藩生活在一个很特殊的时代。他出生之前，由于白莲教起义的冲击，清王朝已由盛世走向衰落。他做京官后，又遭遇鸦片战争，此后中国几无宁日，列强接踵而至，太平天国起义，捻军崛起，洋教纠纷……国内外种种矛盾把清王朝推到了火山口上，但是曾氏凭借其卓而不凡的政治眼光，在纷繁复杂的事件中理出头绪，对症下药，终于实现了半是现实半是梦幻的“同治中兴”，使清王朝增寿半个多世纪。

1. 广西事变前，社会矛盾空前激化

清王朝创立初期，几代统治者都很善于治理国家，其文治武功并不比汉唐盛世逊色，经过顺治、康熙、雍正三代的发展，乾隆时期已达到鼎盛。乾隆后期各种矛盾开始暴露，贪污腐化，吏治败坏，朝政日趋紊乱，权臣和珅的用事，更加速了这一进程。乾隆死后，嘉庆帝处死了和珅，惩办了一批贪官，当时有“和珅一倒，嘉庆吃饱”的说法，清廷的国库一下子充实了许多，但贪污腐败的趋势，再也难以挽回，政治风气日见泄沓萎靡，人才日见寥落。到道光年间，皇帝重用宰相曹振镛，由于曹的琐屑无能，一味圆滑，使道光时期政风日败，形成如曾氏所说的“不白不黑，不痛不痒，牢不可破之习”，“达官贵人，优客养望，与在下者软熟和同之象”。《暝庵杂识》中曾记载说：“曹文正公晚年恩遇益隆，声名俱泰。门生某请其故，曹曰：‘无他，但多磕头，少说话耳。’道光以来，世风柔靡，实本于此。近更加以浮滑，稍质直，即不容矣。有无名氏赋一剪梅，其一曰：‘仕途钻营要精工，京信常通，炭敬常丰莫谈时事逞英雄，一味圆通、一味谦恭；其二曰：‘大臣经济在从容，莫显奇功，莫说精忠，万运方通。大家赞襄要和衷，好也弥缝，歹也弥缝。’其三曰：‘八方无事岁年丰，无灾无难到三公，妻受荣封，子荫郎中。流芳身后更无穷，不谥文忠，亦谥文恭。’”这里说的曹文正公，即曹振镛，是道光皇帝最倚重信任的宰相。在他的带动下，官吏以不负责任，圆滑弥缝为做官之要诀，不但有用的人才因之消磨殆尽，国事亦因之不堪闻问。

政治腐败的同时，财政与军事状况也逐渐恶化。乾隆中期以前，财政尚有节余，及至嘉庆末年，已呈入不敷出之势。在平定吴三桂时，清朝的八旗兵，就已腐败，攻取战守，全赖绿营之力。乾隆后期，绿营也渐腐败。嘉庆初年镇压五省白莲教大起义，实赖团练之力。

乾隆中期以后，国内社会矛盾逐渐尖锐起来，长期潜伏民间的各种反清团体，如白莲教、天地会等及其名目繁多的分支派别，逐渐活跃起来。1774 年王伦领导的白莲教支派清水教，在山东首举义旗，以后不断爆发一些规模较小的起义，虽被扑灭，但已宣告盛世不再。1796 年，在湖北荆襄地区爆发了白莲教大起义，很快发展到四川、陕西、甘肃、河南，绵延五省。清廷穷天下之力，耗银二亿两（与甲午战争后中国对日“赔款”相当)，花了九年时间才把它镇压下去。这次起义是清王朝由盛到衰的转折点。

“屋漏偏逢连夜雨”，正当清王朝走下坡路的时候，新兴的西方列强又乘机打了进来。1840 年至 1842 年，英国人在第一次鸦片战争中打败了清军，逼签了第一个丧权辱国的《江宁条约》（今称《南京条约》)，此后列强们接踵而至，纷纷效尤：1843 年 10

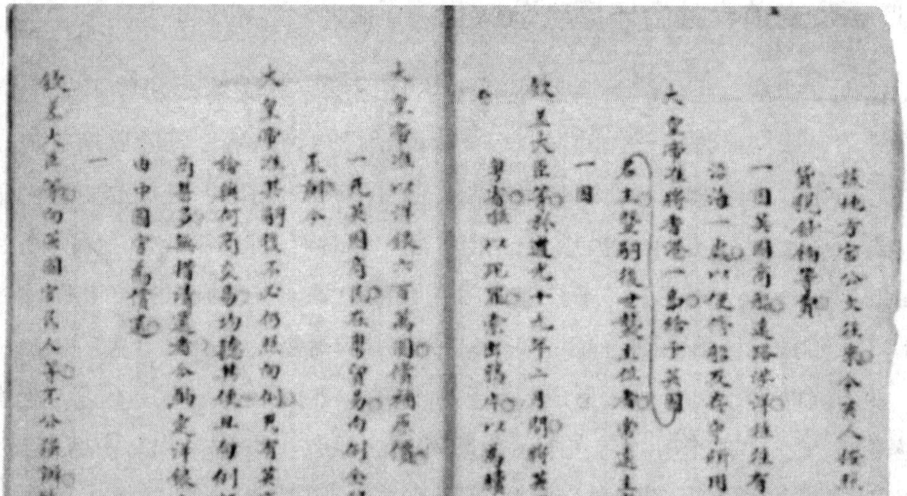

南京条约

月，与英国签订了丧失领事裁判权、关税自主权的《虎门条约》；1844 年 7 月，与美国签订《望厦条约》；10 月与法国签订《黄埔条约》；葡萄牙、比利时、瑞典、挪威、荷兰、西班牙、普鲁士、丹麦等国也纷至沓来，共享利益。外国资本的入侵，不仅激化了西方列强与中国的民族矛盾，同时也激化了国内固有的社会矛盾，出现了空前尖锐的社会危机。

由鸦片输入和洋货倾销所造成的“银荒”，使劳动人民的赋税负担加重了三、四倍，战争的大量赔款最终也落在人民的身上，人民的负担已经到了无以复加的地步。由于地主疯狂掠取土地，造成土地的高度集中，贫富的极大悬殊。到 1851 年太平天国起义的前夕，全国占人口总数 80%～90%的农民没有土地，而全国土地的 80%，都集中在只占总人数 10%的地主手中。19 世纪 40 年代，又发生全国范围的大灾荒，广西、广东两省，不仅最先承受到外国资本的压迫，而且又是大灾荒的重灾区。我们中国人的民族性，素来以仁义为怀，老百姓顺天认命，非常良善，只要能做到如孟子所说的“乐岁终身饱，凶年免于死亡”，也就满足了，日子虽然苦一点，但还是认为这是天命，不会埋怨的。逆来顺受是百姓与官府关系的“主旋律”。但是如果他们真的走投无路了，他们也会“官逼民反”，揭竿而起。据《清实录》等书的材料粗略统计，1843～1850 年七年中，人民暴动和武装起义达七十余起，平均每年十多起，而规模最大、影响最深远的则是洪秀全领导的拜上帝会的活动与 1851 年 1 月 11 日的广西桂平县金田村起义。

大规模的起义爆发于广西，不是偶然的。这里土瘠民贫，民族杂居，社会矛盾错综复杂，又山高水险，地广人稀，远离清朝的统治中心，是清政府统治力量较为薄弱的地方，本来就是容易发生变乱的地方。再加上外国资本的入侵，使广东大批失业群众沿江西上，到这里谋生，广东的小股起义军也向广西转移，这就使各种矛盾更加激化，形成一触即发之势。派到这里的地方官又总想早点调离，遇事敷衍，一味弥缝，蒙混不报，所以在很长一段时间里，清廷对广西的问题一无所知，当意识到问题的严重性时，又手忙脚乱，处置失措，特别是围太平军于永安达半年，最终竟突围而去，最后造成“扰乱十有六省”的局面。

2. 京官时期曾氏的政治眼光

由于历史和地理环境的影响，在很长一段时期内，湖南的经济文化一直处于落后状态，属于不发达省份。王闿运说湖南“财赋全盛时，才敌一大县”。同时，湖南的西部和南部多民族杂居，分别与川、黔、两广接壤，社会矛盾错综复杂，一遇天灾人祸，往往发生变乱。乾隆末年就有湘黔苗民暴动，道光以来，起义更加频繁。这种动乱和极不安定的社会环境，造成湖南士大夫所特有的政治敏感和丰富的斗争经验，湖南出现了一大批有政治眼光的士人，如曾国藩、胡林翼、左宗棠、罗泽南、郭嵩焘、刘蓉等人，是很自然的事情。不仅如此，湖南在中国的近现代史上，堪称“中坚省份”，出现了一大批的思想家、政治家、革命家，这与湖南知识分子过人的政治眼光有关。

(1) 太平天国起事之前的情况

曾氏至道光二十九年正月（1848 年 2 月）实授礼部侍郎之前，有近十年时间生活在翰林院和詹事府，有高官显位，但无实职实权，这段时间他终日读书修身，几乎不关心朝政，无从窥其政治眼光。直到道咸之交，也就是他任京官的最后两年时间中，他才上奏言事，留下十四篇奏稿，其中有三篇比较重要，从中可窥探到他当时参与朝政的大略情况和他政治思想的基本面貌。

第一篇是 1850 年 3 月 11 日的《遵议大礼疏》，对道光的遗嘱中“无庸郊配”、“无庸庙袝”两条发表见解，认为“郊配断不可易，庙袝尤在所必行。”所谓郊配，就是皇宫祭天地时，设祖宗牌位配享从祀；所谓庙袝，就是宗庙中对新死者与祖先合享的祭祀。曾氏这样反对，一是为道光皇帝歌功颂德，二是为“礼治”争正统。这篇奏折是曾氏参与朝政的起点。

年轻气盛的奕詝即位后，显出特别励精求治的姿态，谕令大臣们对用人、行政等事，据实陈奏，封章密奏。曾氏遂于 4 月 13 日上《应诏陈言疏》，指出“今日所当讲求者，惟在用人一端耳。”分析了京官有两个通病：一是“退缩”，即“同官互推，不肯任怨，动辄请旨，不肯任咎”；二是“琐屑”，即“利析锱铢，不顾大体，察及秋毫，不见舆薪”。外官也有两个通病：一是“敷衍”，即“装头盖面，但计目前，剜肉补疮，不问明日”；二是“颟顸”，即“外面完全，而中已溃烂，章奏粉饰，而语无归宿”。他总结

太平天国发起处广西金田村

说："有此四者，习俗相沿，但求苟安无过，不求振作有为，将来一有艰巨，国家必有乏才之患。"同时他提出要解决这个问题，必须"自我皇上以身作则"。他称这个叫做"转移之道"；还要注意"培养之方"，从教诲、甄别、保举、超擢（破格提拔）等四方面下功夫；也要注意"考察之法"，即通过"询事、考言"来考核官吏。这条奏折反映出曾氏的政治眼光相当敏锐。咸丰帝阅后，朱批道："剀切明辨，切中情事，深堪嘉纳。"

(2) 太平天国起事之后的情况

曾氏清醒地认识到：广西农民起义的爆发及其迅速发展的原因是官吏的贪暴和腐败，他在1851年给朋友的一封信中说："今春以来，粤盗益复猖獗，西尽泗镇，东极平梧，二千里中，几无一尺净土。推寻本源，何尝不以有司虐用其民，鱼肉日久，激而不复反顾。盖大吏泄泄于上，而一切废置不问者非一朝一夕之故矣。"

金田起义后，满清政府已躺在外国侵略者与本国农民起义的火山口上，两面受击。但是，满朝大臣有几个像曾国藩那样清醒呢？他们依然朝冠礼服，雍容方步，歌颂皇上"圣德"，赞美天朝"神圣"，继续着升官发财的美梦。金田起义后，曾氏认为"天下之大患有三，一曰人才匮乏，二曰财用不足，三曰兵伍不精"，1851年4月10日，他上《议汰兵疏》。他分析说，自1840年至1844年的五年间，朝廷财用不足，是因为"一耗于夷务，再耗于库案，三耗于河决"；1845年以后，又水灾旱情，每年都歉收，不得不动用国库救济，为弥补财政亏空，又采取捐官的办法，以至官吏过滥过杂，这实在不是取财的好路子。他又分析说，兵饷每年需一千八百余万两，成为朝廷一大负担，冗兵太多，绿营又极腐败，不堪使用。建议裁汰冗兵，加强训练，以图"缓急之际，隐然可恃"。同一时期，他对地方上的盐政，江淮的水利工程也很关心，在给朋友的信中谈得不少，颇多策划。这期间他对"粤匪未靖，而盐政未改，河事复棘"表示出莫大的焦虑，"而书生束手无策，虚縻厚禄，以是悚愧，不可名状"。

5月26日，曾氏在强烈的忠君报国思想驱动下，"业将得失祸福置之度外"，大胆直言，上《敬呈圣德三端，预防流弊疏》，这是那个时代克尽职守的诤诤直言，也是有清一代掷地有声的好文章。

所谓"圣德三端"，即"敬慎之美德"，然后又说这种"美德"，如果"辨之不早，其流弊为琐碎"，其表现在于"谨于小而忽于大，谨其所不必谨者"，以致"于国家大计必有疏漏而不暇探求者"，指出在广西前线，对将帅的使用"未尽妥善"，"对地利未熟视审计"，对军需后勤未能"慎重处置"，这实际已点明广西军事不利的根源在于皇帝谨小慎微，而战略大局有所失算。

接着他颂扬咸丰帝“好古之美德”，然后又说对这种“美德”，如“辨之不细，其流弊徒尚文饰”，其表现在于“专尚浮华，不务实际”，他斗胆指出皇帝对臣下的奏疏，“大抵以‘无庸议’三字了之”，这是“鲜察言之实意，徒饰纳谏之虚文”！对臣下的考察也只看文学，不看实际工作能力，甚至皇帝年未满二十岁，便准备刊布《御制诗文集》，对皇上“徒饰文同”直言谏阻。

最后他颂扬咸丰帝“广大之美德”，然后又说对这种“美德”，如“辨之不精，亦恐厌薄恒俗而长骄矜之气”。他指出“皇上独任其劳，而臣等莫分其忧”，这种独断专行造成大臣如虚设，而人才又难以成长。广西事变派“赛尚阿视师”，正说明朝廷“他无可恃之人”。说如果“广西而不遽平，固中外所同虑”，如“广西遽平”，则皇上必然“谓天下无难办之事，眼前无助我之人”，于是产生“骄矜之萌”。曾氏最后说，如果出现这种情况，实在是“微臣区区所大惧”。

曾氏这条奏折实在憨直得可以，从中可看出他深沉的忧国之心，敏锐的政治眼光和正直敢言的性格。在伴君如伴虎的年代，这样做是有性命之忧的。据说当时皇上看了奏折后，“捽其折于地”，并且“立召军机大臣，欲罪之”。曾氏会试时的房师季芝昌为他求情说：“此臣门生，素愚戆，惟皇上宽而宥之。”尚书祁俊藻也马上叩头，再三说：“主圣臣直，主圣臣直。”咸丰帝才稍稍息怒，并且给曾氏“优诏褒奖”，说他的奏折“虽迂腐欠通，意尚可取”。但这条奏折得到士大夫中有识之士的赞许，七天后罗泽南来一信，内称：“有所畏而不敢言者，人臣贪位之私心也；不务其本而徒言其末者，后世苟且之学也。”赞扬曾氏无私，务实。

1852年2月7日、8日，他又连上两疏，备陈民间疾苦，建议平银价以减轻人民的痛苦，希望消除社会动乱的根源，从源头上阻止广西事变的漫延。2月7日的上疏中说：“外间守令，或玩视民瘼，致圣主之德意不能达于民，而民间之疾苦不能诉于上。”他为民请愿，说“银钱太昂，钱粮难纳”，“盗贼太众，良民难安”，“冤狱太多，民气难伸”，希望朝廷拿出解决办法。第二天他又上《平银价疏》，提出六条措施，建议贵钱贱银，以平物价而减轻民间疾苦。

3. 征战时期曾氏的政治眼光

在平定太平天国和捻军的征战时期，曾氏特别重视收买人心，为此他严于治军，对百姓力争“秋毫无犯”，还编写了《爱民歌》、《解散歌》，规定“八不杀”等，湘军在战争的前期，公正地说还是做得比较好。但在攻克九江及其以后的安庆、金陵等城，湘军

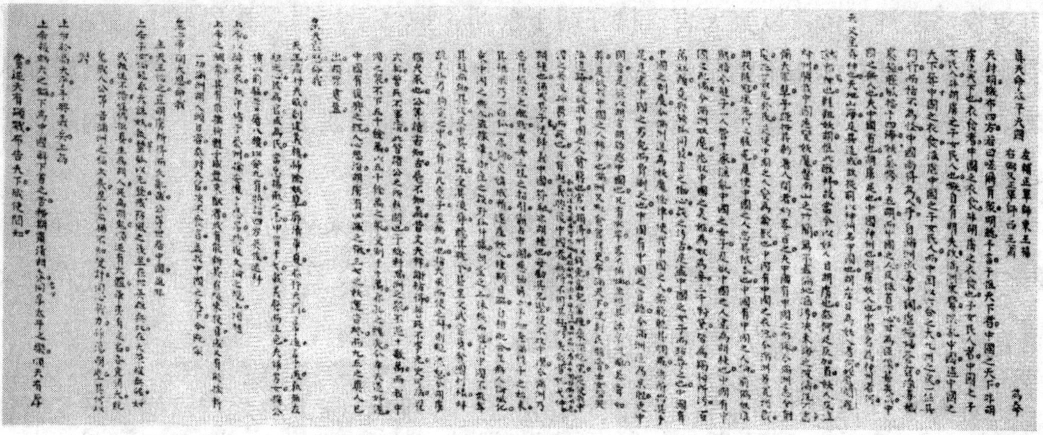

奉天讨胡檄

已占优势，大局已定的情况下，湘军每克一城，一味杀戮，这些军歌，这些约束，有时如同虚设。但即便如此，曾氏仍然处处表现出“爱民之意”，恩威并用，确实收买到许多民心。纵观其十多年的征战生涯，可见其在政治上颇重视收买人心，而其主要的手段，除了严于治军之外，就是充分运用了舆论宣传的手段。

曾、洪之较量，最先就是从舆论宣传开始的。

(1) 洪秀全等人发表《奉天讨胡檄布四方谕》

洪秀全出生于广东省花县福塬水村的一个农民家庭，他从十六岁到三十一岁，四次参加科考，都名落孙山，连个秀才也未考上，只得做乡村塾师教书糊口。他在去广州科考时，读到了基督教的布道书《劝世良言》，经过几年的酝酿，创立了“拜上帝教”。在起事之初，他以杨秀清、萧朝贵的名义发表了《奉天讨胡檄布四方谕》，以“讨胡”为旗帜。其文中曰：

“凡有水旱，略不怜恤，坐视其饿莩流离，暴露如莽，是欲我中国之人稀少也。满洲又纵贪官污吏，布满天下，使剥民脂膏，士女皆哭泣道路，是欲我中国之人贫穷也。官以贿得，刑以钱免，富儿当权，豪杰绝望，是欲使我中国之英俊抑郁而死也。凡有起义兴复中国者，动诬以谋反大逆，夷其九族，是欲绝我中国英雄之谋也。满洲愚弄中国，欺侮中国者，无所不用其极！

今幸天道好还，中国有复兴之理；人心思治，胡虏有必灭之征。三七之妖运告终，而九五之真人已出。胡罪贯盈，皇天震怒，命我天王肃将天威，创建义旗，扫清妖孽，廓清华夏，恭行天罚。言乎远，言乎迩，孰无左袒之心；或为官，或为民，当急扬徽之志。甲胄干戈，载义声而生色；夫妇男女，摅公愤以前驱。誓屠八旗，以安九有。特诏四方英俊，速拜上帝，以奖天衷。执守绪于蔡州，擒懂于应昌，兴复九沦之境土，顶起上帝之纲常。其有能擒狗鞑子咸丰来献者，或有能斩其首级来投者，或又有擒斩胡人头目者，奏封大官，决不食言。……予兴义兵，上为上帝报瞒天之仇，下为中国解下首之苦，务期肃清胡氛，同享太平之乐。”

这篇檄文中提出的“扫清妖孽，廓清华夏”，实为后来孙中山领导兴中会时提出的“驱除鞑虏，恢复中华”之先声。檄文利用满汉矛盾，社会矛盾，争取了政治上的主动。

(2) 从《讨粤匪檄》看曾氏的政治眼光

1854年2月，曾氏率刚组建的湘军，沿江“东征”，临出发之前，他发布了《讨粤匪檄》，号召“抱道君子，痛天主教之横行中原，赫然奋怒，以卫吾道”。动员封建文人和老百姓起来对抗太平天国。这篇檄文有如下特点：

一、回避“胡氛胡尘”的满汉矛盾，而是针对太平天国的“诋儒毁佛”发难，利用中国传统文化争取封建文人及广大群众。檄文中说：“粤匪焚郴州之学宫，毁宣圣之木主，十哲两庑，狼籍满地。凡所过郡县，先毁庙宇。即忠义之士，如关帝、岳飞之凛凛，亦皆污其宫室，残其身首。以至佛寺、道院、城隍、社坛，无庙不焚，无像不灭。”这些本是“拜上帝教”教徒信条的反映，也可能是太平天国的一大失策。曾氏搬出千百年来中国人心目中神圣不可侵犯的精神偶像如孔子、孟子、岳飞、关羽等，打出“扶持名教”的旗号。他又说：“自唐虞三代以来，历来圣人，扶持名教……粤匪窃外夷之绪，崇天主之教……士不能诵孔子之经，而别有所谓耶稣之说、《新约》之书。举中国数千年礼义人伦、诗书典则，一旦扫地荡尽。此岂独我大清之变，乃开辟以来名教之奇变，我孔子、孟子之所痛哭于九原。凡读书识字者，又乌可袖手安坐，不思一为之所也!”

二、称太平军为“粤匪”，利用地方主义孤立太平军。太平军的领导成员几乎全是两广之人，军中称为“老兄弟”，后来在两湖三江地区加入的新成员，多处于被领导地位，军中称为“新兄弟”。对此曾氏极尽离间之能事，他称两广人为“匪”，称两湖三江人为“被胁之人”，说“粤匪自处于安富尊荣，而视我两湖三江被胁之人曾犬豕牛马之不若”，并规定了对这两部分人使用不同的政策，从而企图从内部分化太平军。

三、利用传统伦理观念反对太平天国。太平天国宣布天下所有人之间，都以兄弟姐妹相称，只有天可称父。曾氏攻击“凡民之父，皆兄弟也；凡民之母，皆姐妹也”。显然，大多数中国人还无法接受把父亲称为兄，母亲称为姐这种“新思想”，对太平天国这种做法产生反感。

四、抓住“田则天王之田”一说，利用私有观念煽动群众反对太平天国。他说：

“农不能自耕以纳赋，而谓田皆天王之田；商不能自贾以取息，而谓货皆天王之货。”太平天国《天朝田亩制度》的核心是没收地主土地，平分给无地少地的贫苦农民。但其理论依据是“人人不受私，物物归上主”，这就不分青红皂白地打击了自耕农以上的各个阶级和阶层，扩大了打击面。曾氏利用这一弱点，煽动中农以上中小土地所有者同地主阶级站在一起，反对太平军。

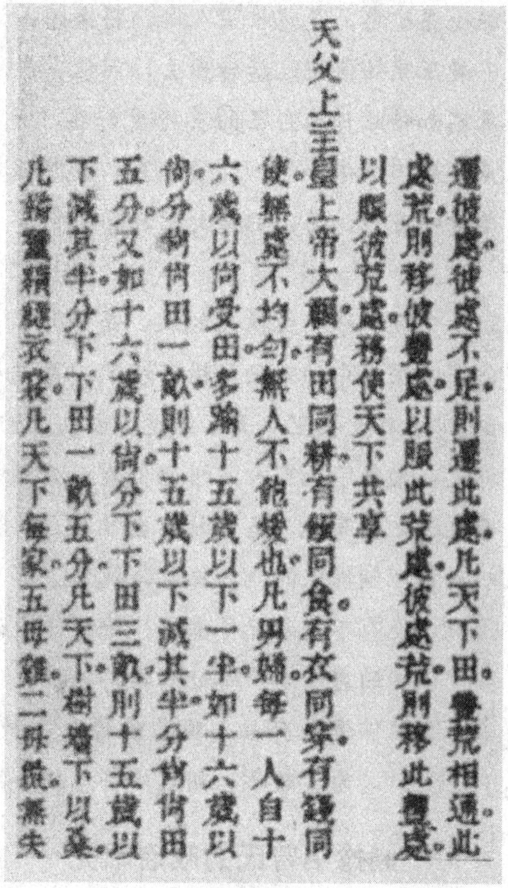
遷彼處。彼處不足，則遷此處。凡天下田，豐荒相通，此處荒則移彼豐處，以賑此荒處；彼處荒則移此豐處，以賑彼荒處。務使天下共享
天父上主皇上帝大福，有田同耕，有飯同食，有衣同穿，有錢同使，無處不均勻，無人不飽暖也。凡男婦，每一人自十六歲以尚受田，多踰十五歲以下一半。如十六歲以尚分尚田一畝，則十五歲以下減其半，分尚尚田五分；又如十六歲以尚分下下田三畝，則十五歲以下減其半，分下下田一畝五分。凡天下樹牆下以桑。凡婦蠶績縫衣裳。凡天下每家五母雞二母彘，無失

天朝田亩制度书影

总之，在这篇檄文中，曾氏不是立论于维护满洲贵族的统治，而立足于维护孔孟礼教、田产以及两湖三江的地方利益，他避开清政府与“胡氛胡主”的关系，却突出太平天国尊崇洋教，把太平天国描写成“外夷”的代理人。这些都明确表现出曾氏争取多数、孤立少数的策略思想。由于这种过人的政治眼光，他成为湘军集团的领袖，是毫不足怪的。

在这场宣传战中，双方互有胜负，但在争夺封建文人和中农以上有产者方面，曾氏却是大赢家，尤其是大量的读书人加入湘军，使双方在人才上极不平衡，这是战争最终结局的根本原因。曾氏在这方面的胜利，实际上也是洪秀全自身的失策所致。太平军围攻长沙时，左宗棠亲自前往拜见洪秀全，希望他改尊孔孟。左宗棠说：天父天兄之教，在起事初期尚可利用，但这用来吸引广大读书人是没有用的，尤其那些破坏孔庙，毁坏神像的行为更令广大读书人不理解。要得天下，必须改尊孔孟，把广大读书人吸引过来，改变太平天国“文士不足，武将有余”的局面。

当时中国怀才不遇，对清廷心怀不满的读书人很多，左宗棠即是其中杰出的一位，如果洪秀全听从左的进谏，历史也许会是另外一种结局。

史 鉴

田单做齐襄王的宰相。有一次经过淄水，一个老人因徒步趟过河而受害，一过河就不能行走。田单见了，便脱下自己的皮衣给老人穿上。齐襄王对此很厌恶，说：“田单

施小恩小惠，是想收买人心，将来想图谋作乱吧。”这话被山岩下一个采珠的人听到了，齐襄王生怕他把这话传出去，问他：“你听到我说的话了吗?”采珠人说：“听到了。大王不如借此作为自己的善行更好些，大王可下令表扬田单的善行。”襄王说：“好!”于是，赐田单牛和酒。过了几天，襄王派人到百姓中去打听，听到人们在互相议论：“田单爱咱百姓，嗨，都是大王教导的啊!”

宋朝有个叫白铁余的人，是延州（今延安）稽胡族人。善于用旁门左道迷惑群众。他先在深山中的一颗柏树下埋了一尊铜佛像，经过几年，上面长满了野草。他骗乡里人说：“我昨天夜里从山下经过，看见有佛光显现。”于是择定吉日，斋戒请迎圣佛。到了那天，聚集了几百人，叫他们在没有藏佛像的地方挖没有得到，他就骗人说：“诸位没有至诚之心布施，圣佛就不会出现。”当天，男男女女争相施舍的钱有百万之多，他就叫人在埋铜佛像的地方掘取，找到了那尊佛像。乡里百姓把他当作圣人，远近的人争相传说，没有不想看见圣佛的。他又传出话：“见到圣佛的人，百病痊愈，降福消灾。”几百里以内的男女老少都赶来瞻仰圣佛。他就用五色绫缎做成口袋，里外几十个袋子叠起来，盛装佛像。有人来观看佛像，去掉一层口袋，要布施一回。他作乱造反，自称为“目光王”，为害数年。朝廷命将军程务挺征讨并斩杀了他。

4. 剿捻中曾氏的政治眼光

僧格林沁由于没有充分地掌握捻军的特点，而一味凭勇苦战，实行“蛮牛战术”，尾追其后，穷追猛攻，被捻军牵着鼻子走，尚且不知。虽也获得一些胜仗，却花费了三四年时间，始终不能彻底击败捻军，同治四年四月二十四日，僧王进入捻军伏击圈，率百余骑突围，被杀于乱军中，横尸于麦田内。

五月二十五日，曾氏率湘淮军北上攻捻，他根据“谋定而后动”的原则，对捻军进行了深入分析，提出了军事攻剿与政治清源相结合的措施。政治清源的办法就是“清查民圩”。

为改变皖北、豫东一带民圩“拒官纳贼”的状况，曾氏定下查圩之策。他说“于四处设立重兵以遏其流，又拟查民圩以清其源”，“设立重兵以为战，又令乡村设立圩寨以为守”，他认为，如此一来，“四路皆有重兵，则无此剿彼窜之虞；各县皆有圩寨，则无掳人掳粮之患”。

七月，他派人到蒙城、亳州、宿州、永城等州县实施办理，“分别良莠，大加惩治”。他公布了查圩四事：一、坚壁清野，断绝捻军的后勤补给。二、各圩办理户口登记，分立良民册和“莠民”册，凡与捻军有过联系而又不愿“归正”者入“莠民”册，实行五行五家连坐，“从逆者，杀无赦”。三、给圩长和副圩长发给关防和执照，赋予地方行政大权。四、“询访英贤”，“借一方之人材，平一方之寇乱”。

曾氏还授予查圩委员（一共有六、七人）有随意捕杀人的权力，仿效他在湖南办团练时的做法。对于“从贼”或拒绝查圩的民圩，还采取了并圩和更换圩长的办法。清查民圩给捻军造成了很大危害，在一定程度上割断了捻军与人民的联系，使捻军在政治上和经济上都陷入比较孤立的境地，这一招是很毒辣的。

5. 剿捻后期及战后曾氏的政治眼光

同治六年正月十九日，曾氏把剿捻工作交给李鸿章，自己回任两江总督，李于同治七年六月，彻底消灭东、西捻军。曾氏远离战争之后，推行洋务运动，整顿吏治，改革军制，裁湘留淮，培养事业接班人……无一不显示出他过人的政治眼光，这些在其他章节已有涉及，下面从另外两个角度来看看曾氏的政治眼光。

（1）剿捻后期对哥老会、五福堂失火不刻意追究，不扩大矛盾

哥老会起源于四川，在湘军中则最先发现于四川人较多的鲍超霆军营。到战争后期，哥老会在湘军中已很有势力，一些下级军官也参加进来。湘军裁撤后，反而使无计谋生的散兵游勇、下级军官和当地的贫苦农民结合起来，更加壮大了哥老会的势力，且将哥老会的活动引向湘军的老家。开始时，哥老会的口号和宗旨是“有福同享，有难同当”，似乎是一种经济互助团体，并无明确的政治目的。而湘军官兵回到湖南之后，一旦在经济上陷于走投无路的境地，哥老会就成为反抗清朝统治的政治团体。当时住在家乡的澄弟来信说：“上里有三都哥老会起事，十二日已围朱惟堂、胡竹筠等之屋，杀人放火，聚众满千，虽已派团丁会剿，不知能速灭否。”

令曾氏头痛的是，不仅由于他们在湖南到处起事，而且因为这些人与湘军有着千丝万缕的联系，其中不少人是曾国荃的老部下，有的甚至已保至一、二、三品武职候补官员。这个问题如果处理不好，就会株连湘军中的很多人，甚至会把一些湘军将领“逼上梁山”。这些人本来就存在着对清朝的不满情绪，认为清政府对他们功高赏薄，与八旗、绿营相比，待遇不公。因此他给在湖南巡抚衙门充当幕僚的郭昆焘，住在家乡的胞弟曾国潢去信，要他们“哥老会之事，不必曲为搜求”。他为稳妥起见，还致信湘乡县令说：“哥老会一案，弟有告示（注：在县令面前自称为“弟”，何其谦也!），但问其有罪无罪，不问其是会非会，严禁株累诬报之风，以靖民气。澄侯不以为然，必欲搜剔根株，

窃恐愈剔愈众，愈搜愈乱，祸无了日。求阁下劝诫澄弟，不再搜寻，静以俟之。”后来幸好没有发生株连过广的问题。

同治五年十二月二十七日，时任湖北巡抚的曾国荃来信说：“黎明五福堂两栋均被焚烧，幸人丁清吉，然受惊不小。火从上而下，非会匪之毒谋，即仇家之奸细。”曾氏当时在周家口营中，他于同治六年正月初二回信，教其“勿胡乱猜疑”，他说：“鄂署五福堂有回禄之灾，幸人口无恙，上房无恙，受惊已不小矣。其屋系板壁纸糊，本易招火。凡遇此等事，只可说打杂人役失火，固不可疑会匪之毒谋，尤不可怪仇家之奸细。若大惊小怪，胡思乱猜，生出多少枝叶，仇家传播尤快。惟有处之泰然，行所无事。”这种不节外生枝，不刻意寻求乃至制造矛盾的思想，正是“太平之世”求治的良方。

（2）攻克金陵后补行江南乡试，笼络人心

清代曾有人称江南乡试为天下之盛，不仅录取名额多，且成绩往往名列前茅。太平天国定都天京后，江南乡试中断。曾氏深知江南士人急于仕进的心情，对恢复江南乡试非常积极。攻克金陵后，他首先去察看的就是贡院。见“房舍尚存，易于修复”，遂定于本年十一月举行乡试，“一以慰群士进取之志，一以招转徒无归之氓”。尽管当时整个金陵城连一处完整的办公用房都很难找到，仍然很快将江南贡院抢修出来。这次乡试“场中死者甚多，有卷面上写‘太平天国’者，有污卷面者，大多其人总在长毛中做过事也’，但毕竟有一大批江南子弟被录为举人，可以参加第二年的会试。这一次一共录取：正榜 274 人，副榜 48 人，闱墨极好，为三十年来所未有”。因而此举甚得知识分子

江南贡院明远楼旧照

的拥护。此外，曾氏还抓紧时间修复江宁城内的书院，刊印书籍，恢复文教事业。

(3) 战后赵烈文的神奇预言，曾氏对“中兴”绝望

同治二年四月，在战争的白热化时期，“皖南食人肉，每斤卖百二十文”；通信兵往来于战区，往往数百里不见人家，一两天不见炊烟；剿捻后期，曾氏回任两江途中，“所过之处，千里萧条，民不聊生……”。战后，似乎呈现过一些“中兴”的希望，但曾氏最终发现，彻底实现中兴简直是不可能的。

1867 年 7 月 21 日晚，曾氏与心腹幕僚、门生赵烈文谈起国家和朝廷的前途问题。曾氏说：“京城里来的人说，都门气象甚恶，明火执仗之案时出，而街市乞丐成群，甚至妇女亦裸身无裤。民穷财尽，恐有异变，奈何?”赵烈文说：“天下治安一统久矣，势必驯至分剖。然主威素重，风气未开，若非抽心一烂，则土崩瓦解之局不成。以烈度之，异日之祸必先根本颠仆，而后方州无主，人自为政，殆不出五十年矣。”意思是，全国统一安定的局面已经很久了，势必渐渐走向分裂。但皇帝的权威一向很重，割据的风气尚未形成，如果不是中央政府首先烂掉，否则不会出现土崩瓦解的局面。以我的估计，将来的祸患必是中央政府首先垮台，而后天下无主，各自为政，这种情况的出现大概在五十年之内。其实，赵烈文并不是算命先生，他有如此精确的预言（这个预言在 45 年后得到验证），实在令人惊服！赵烈文好厉害！曾氏手中人才济济，比赵高明的还有左、李等人，难怪他成为“中兴名臣”。

曾氏听了赵的回答，立刻皱起眉头，过了好久才说：“然则当南迁乎?”赵说：“恐遂陆沉，未必能效晋、宋也。”意思是，恐怕是彻底灭亡，不会再像晋、宋两代那样，出现政权南迁，偏安一隅的状况。曾氏有些不服气，争辩说：“本朝君德正，或不至此。”赵说：“君德正矣，而国势之隆，食报已不为不厚。国初创世太易，诛戮太重，所以有天下者太巧。天道难知，善恶不相掩，后君之德泽，未足恃也。”意思说，清朝初年大兴文字狱，强迫蓄辫子等，杀人太多，后来皇帝的德泽，也掩盖不了这些恶行，因而“君德”未足恃。曾氏无言以对，沉默良久方说：“吾日夜望死，忧见宗庙之陨。”实际上已多少默认了赵的观点。后来曾氏对“中兴”仍不时抱有幻想。1869 年 1 月底至 3 月初，曾氏在京接触到清政府的核心人物，又于 3 月 2 日从北京出发，沿途巡视永定河等水利设施，9 日到达保定直隶总督任所。通过一段时期的了解，他发现清朝的实际情况比他原来预料的还要糟，“沿途所见，几无一人面无饥色，几无一人身有完衣”，到处是一片混乱，从中央到地方没有可以依赖的人才（他对核心人物的评价见于“识人篇”），整个清王朝已渐渐陆沉，没有中兴的希望。他对赵烈文说：“吏治风俗颓坏已极，

官则出息毫无，仰资于徭役；民则健讼成性，藐然于宪典。加以土瘠多灾，暂晴辄旱，一雨成涝，”他深感“诸事棘手，一筹莫展”，“未尝不思遁入“眼闭箱子’（指棺材），昂然甘寝，万事不视”。此时他对清朝的“中兴”已彻底绝望。

史　鉴

1644年农历五月初二，清顺治朝摄政王多尔衮在击败李自成，进占北京后，立即给明朝遗老遗少下了一道旨令：“流贼李自成原系故明百姓，纠集丑类，逼陷京城，弑君暴尸，括取诸王、公主、附马、官民财货，酷刑肆虐，诚天人共愤，法不容诛！”清廷对此“深用悯伤”，命令全国官民自初六起，“为崇祯帝服丧三日，以展舆情”。多尔衮派出降清的明朝官吏曹溶等人到崇祯墓前祭奠三日，又命李明睿为礼部左侍郎，为崇祯拟谥号。不久，正式宣布崇祯帝谥号为端皇帝。这显然是告诉明朝官民：清朝并非与明朝争天下，而是与“流贼”争天下，“流贼”灭了明朝，清朝却为明朝官民复了仇。此举使许多明朝遗老遗少感动得流下了眼泪，这扩大了清朝统治的基础，缓和了民族矛盾。顺治亲政后，也赞扬崇祯“励精图治”，并为他陵墓立碑。乾隆时期，编著《贰臣集》，大力推崇为抗清殉难的忠臣如史可法、黄道周等，对随崇祯自杀的太监王承恩也竭力赞扬，而对那些投降的明朝官员，则打入“贰臣”之列。这一系列举措，对于缓和民族矛盾，消磨汉人的反抗情绪，起到很大的作用。

多尔衮像

二、曾氏治政之法

曾氏为政多年，积累了大量的处理政事的经验。他每天处理的事情很多，如不及时处理，就会造成积压与搁置。他规定自己每天早上列出当天应办之事，当天办完，决不拖至第二天。此外，他还总结出一些抽象的办事方法。

1. 治政须勤

李鸿章初任江苏巡抚时，曾氏告诫他说："吾辈当为餐冰茹蘗（吃树木砍去后长出的芽子之意）劳臣，不为脑满肠肥之达官也。"

他还创立了做官"五到"之说，他解释道：

"身到者，如做吏，则亲验命盗案，亲查乡里；治军则亲巡营垒，亲冒矢石是也。心到者，凡事苦心剖析，大条理，小条理，终条理，先要放得开，后要括得拢是也。眼到者，着意看人，认真看公牍是也。手到者，于人之短长，事之关键，随笔写记，以备遗忘是也。口到者，于使人之事，警众之辞，既有分寸又不惮再三苦叮咛也。"

这"五到"无不贯穿一个"勤"字，他以此要求别人，自己则首先做到。他曾经详细规定了一天的工作安排："每日午前于吏事军事加意，午后于饷事留意，灯后于文事注意……每日应办之事，积搁甚多，当于清早开列本日应了之事，日内了之。"

治政中有许多处理公文的工作。曾氏早年身体较好，对幕僚的依赖也少，"遇陈奏紧要之件，每好亲为草稿，或大加削改"。直到同治四、五年间，虽然"精力日减，目光逾退"，但仍"沿此旧习"。但到了晚年，尤其是由直隶回任两江后，目疾加剧，"看文写字深以为苦"，不仅公文令人代拟，文章亦令人代作，有时甚至"除家书外，他处无一字亲笔"，对幕僚的依赖越来越大，但"其最要者，犹不假人"。

同治三年七月六、七两日，曾氏亲阅"忠王"李秀成"亲供"，他在家书中说："伪忠王自写亲供，多至五万余字。两日内看该酋亲供，如校对房本误书，殊费目力。"李秀成不以文才见长，其供词中当有不少笔误或错别字，这阅读供词的事，完全可由心腹幕僚代劳，亲为之，可见其勤！

梁启超评曾氏战功的原因时说：

"文正公固非有超群绝伦之天才，在并时诸贤杰中，称最钝拙；其所遭值事会，亦终身在拂逆之中……其一生得力于立志自拔于流俗，而困而知，而勉而行，历百千艰阻而不挫屈，不求近效，铢积寸累，受之以虚，将之以勤，植之以刚，贞之以恒，帅之以诚，勇猛精进，坚苦卓绝，如斯而已，如斯而已！吾以为使曾文正公今日而犹壮年，则中国必由其手而获救矣！”

这里讲到的成功因素有立志、坚韧、刚强，真诚等，“将之以勤”也是十分重要的因素。

2. 治政四原则

曾氏归纳的“治政四原则”的内容是：

(1) 条分缕析

即在纷繁复杂的事务中，分清主次，轻重缓急，即使是办一件事情，也要先抓住主要的问题，其它问题可迎刃而解。比如怎样办好盐务，曾氏有两句话：“太平之世，出处防偷漏，售处防侵占；乱离之世，暗贩抽散厘，明贩收总税。”把各个情况下的问题要害交待得清清楚楚。

(2) 相互关联

世上万事万物都存在着有条件的联系，不能孤立地去处理一件事。做一件事，应想到它的前因后果，左右羁绊，上下影响。他说：“大凡办一件事情，其中常常有互相曲折交汇之处，如果一处不通，那么处处都会受到牵制。”

(3) 详细思考

曾氏办事谨慎，主要表现在深思熟虑上，他怕文官不勇敢，武官太粗率，总是反复叮嘱，自己办事也力图考查详备。

(4) 遵守原则

办事一定要讲原则，没有规矩不成方圆，和稀泥于事无补，反而把事情弄糟。在原则问题上，不能内外有别，亲疏有别。

3. 务实不务虚

曾氏治政，很务实，不图虚名。比如在战争时期，在用人问题上，他坚持“苟无益于胜负之数，虽盛德亦无所用之”；在阿斯本舰队事件上，他坚持宁可损失金钱，也不要这个徒有虚名的舰队；战后的洋务运动，更是他务实的表现。关于务实务虚，曾经有两个历史典故。

（1）**唐太宗务实，不接纳康居国的归附**

贞观五年，西域的康居国（在今乌兹别克境内）请求归附。唐太宗对身边的侍臣们说："以前的帝王，大都是想着千方百计拓展疆土，以求身后虚名。这种做法实际上没有什么好处，弄得老百姓也疲困不堪。如果是只对一个人有利而对百姓有害的事，我一定不会去做，更不用说为求虚名而损害百姓的利益了。康居国一旦归附朝廷，他们有急难时，我们不能不救。那时军队要远行万里，怎么能不扰民呢？扰民而求得我个人的虚名，这不是我想做的。因此，康居国请求归附，不可接纳。"

（2）**杨广图虚名，打肿脸充胖子**

杨广刚继位时，隋朝还称得上民富国强，但几年之后，就糟蹋殆尽。在这种情况下，他不顾国库空虚，人民贫困，硬是打肿脸充胖子。大业六年（610 年）春，番邦首领齐集东京，杨广诏令在端门街为他们举行歌舞盛会，戏场周长达五千步，管弦乐队达一万八千人，通宵达旦演出，夜则灯火通明，乐声数十里外可闻。这次演出持续了一个月，耗资无数。

后来番邦商人提出进入丰都市场做生意，杨广又诏令将市场内的街道装修一新，店铺的房檐要整齐划一，街边要多设帷帐，店内要摆满珍奇货物，街上的市民要衣着华丽，连卖菜的小贩，屁股下也铺着龙须草编成的垫子。最离奇的"英明"规定是：外宾从饭店门前经过，店老板须邀入就坐，免费吃喝，并骗他们说："中国富足，喝酒吃饭概不收钱。"有位聪明的外宾见街上的树木以丝帛缠绕，心知有假，便故意问道："我看中国也有衣不蔽体的穷人，何不把这些丝帛送给他们？"街上的中国人无言以对。杨广的浮夸，其实瞒不过外人的眼睛。

隋炀帝杨广画像

三、理财治饷之道

1. 筹粮治饷

(1) 后勤补给，极端重要

曾氏“东征”之初，湘军只有 1.7 万人，到同治二、三年间战争最紧张之时，各地湘军总数已达到 30 多万，仅曾氏直接指挥的部队就有 12 万人。从湘军创建的咸丰三年到同治三年攻克金陵，湘军军需用款，总计 12 年共用银 2915．4 万余两，而如果算到同治七年战事基本结束，则共用银 3500 万两左右。正是这笔巨款，保证了湘军的军需供应，才取得了对太平军、捻军的最后胜利。如果没有这笔巨款，或者欠饷太多，不用说打仗，连湘军自身的生存都保证不了。所以曾氏称军饷为“养命之源也”。

军需供应可以全部折合成为款项，但并不都用钱供应军队。衣服、军粮、军火等作战物资是以实物供应军队，这些实物的供应在战争中具有更直接的效果。同治二年，李秀成率全盛的陆军，用 46 天时间却攻不下雨花台曾国荃大营，这并不主要决定于战斗

淮军照片

力的大小，而是因为湘军的粮道近在江边，湘军水师早已控制长江，如李秀成所说，湘军“由上而下，利在水军，我劳彼逸，水道难争”。水师保证了曾国荃五万人马的粮食供应，因而能够打持久战。而太平天国的粮道是由陆路运输，在当时人挑马驮的交通条件下，陆运是千难万难的，冬衣、粮食都运不上来，无法打持久战，不得不退兵。所以李秀成总结这次战役失败的原因时说：“因八月以来，未带冬衣，九、十月正逢天冷，兵又无粮，未能成事者，此也。”

（2）出兵上海，只为饷源

同治元年三月，曾氏派出李鸿章，率湘淮军8000人由安庆乘轮船前往上海。这次出兵的目的，固然有让李鸿章独挡一面，开辟第二战场的用意。但这个第二战场也可以在其他地方开辟，之所以选中上海，曾氏是看中“上海富甲天下，人民千万，财货万万，合东南数省，不足比其富庶”，故必须“设法保全”，上海方面又“派人二次来请兵，许每日以银十万济我”，这对曾氏更具有现实诱惑力。曾氏出兵上海，收一箭双雕之效：军事上收紧了对太平军的包围，军饷上又多一财源。

（3）幕僚治饷，功不可没

西汉初年，刘邦在向诸将解释为什么张良足不出户而封赏最高时，曾把战争比为狩猎，以猎人喻张良，以猎狗喻诸将，称指挥之功胜于奔走之劳，诸将为之悦服。而在曾氏幕府，幕僚不仅有指挥之功，更有筹饷之劳，可谓功兼张（良）萧（何）。湘军军饷主要靠幕僚筹集，虽然曾氏也有亲自出马的时候，但大多数具体工作还是由幕僚完成的。曾氏在谈到幕僚的筹饷之劳时，说过一句“论功不在前敌猛将之后”，绝非夸张之词。

（4）既要开源，也要节流

曾氏理财治饷之道，注重一个“俭”字。他深知“每粒米来之不易”，“一文钱摔倒英雄汉，半碗粥扶起乞丐王”的道理。他告诫说：“从来一国或一家的财政问题不出大乱子，都是由克勤克俭所致。”

针对地方官吏的挥霍浪费，他提出“节用”的主张。力主裁减冗员，减少应酬以节省开支，并将这一措施与减轻人民负担联系起来，他说：

“近日州廉俸入款皆无着落，而出款仍未尽裁，是以艰窘异常。计唯有节用一法，尚可公私两全。节用之道，莫先于人少，官亲少，则无需索酬应之繁；幕友家丁滋长，则减薪工杂支之费；官厨少一双之箸，民间宽一分之力。”

曾氏主张无论为官为吏，都应勤俭。他任江督期间，夫人欧阳氏与大儿媳刘氏，每夜两人纺绵纱，不达四两不休息，以至使曾氏父子夜闻嗡嗡声。

(5) 曾氏筹饷，三种方法

湘军几千万银两的军需，是从“就地筹饷”得来的，就地筹饷的办法有办捐输、运饷盐、兴厘金三种。

办捐输，就是奏请皇上批准后，从户部、国子监领取空白执照，其中有职衔照，也有监照，军行所至，随处劝捐，这种与功名挂钩的募捐，收效很好。咸丰三至十年及同治三年，办捐输用者较多。仅咸丰五年一年时间，办捐输在江西境内就获军饷九十万两，同治三年秋，解散湘军时，发还欠饷需钱紧急，丁日昌等又在上海办捐输获军饷八十万两。

运饷盐，就是运浙盐行销于江西、湖南等地，以盐抵饷或者收取盐商“总税”，在湘军完全控制长江后，则主要使用后者，鼓励盐商贩运，课以盐税。前者始于咸丰五年三月，后者则畅行于同治二年五月以后。征收盐税的办法在同治二至十年的八年之中，征收课银达二千万两以上，除满足军需之外，对洋务也颇多贡献。

兴厘金，就是利用地方行政权力，对所有的商人征税。曾氏认为“病商之钱可取，病农之钱不可取”，认为对商人的盘剥是理所当然的。但是在曾氏处于客军虚悬的境地时，是无法收取厘金的。咸丰七年六月他向朝廷伸手要权时说：“臣细察今日局势，非位至巡抚，有察吏权，决不能以治军；纵能治军，决不能兼及筹饷。臣处客寄虚悬之位，又无圆通济变之才，恐终不免于贻误大局。”大兴厘金是在咸丰十年曾氏实授两江总督之后，成为战争后期军饷主要来源。

(6) 曾沈争饷，事关成败

1862 年（同治元年）以后，湘军人数不断增加，军饷开支越来越大，这时偏又出现沈葆桢争饷事件。沈葆桢是林则徐的女婿，为曾氏门生。他接任江西巡抚后，很快搞起一支江西本省的军队，为供养这些军队，他将原用做供应雨花台曾国荃大营的款项一笔笔截留下来。1862 年 10 月、1863 年 7 月两次截留 8 万银两，1864 年 4 月他又奏请截留本省厘金，全归本省支用。曾氏闻讯惊慌，急忙具疏力争，请求江西厘金仍归自己征收，“不可遽改局面，动摇军心，致生功亏一篑之变”。此时金陵城内外的敌对双方，均已精疲力竭，湘军缺饷，太平军缺粮，军饷已关系到大局之成败。后来经曾氏力争，湘军获得江西一半的厘金，并将李泰国购轮船的退款拨归曾氏，才度过危机。

2. 发展经济

政府的收入，是靠老百姓纳税而来。如果老百姓都贫穷，那么税务就会成为他们沉重的负担。宋代文学家范石湖有一首反映百姓心声的诗："种禾辛苦费犁锄，血指流丹鬼质枯。无力买田聊种水，近来湖面亦收租。"他描写种田人把坟场都挖掉改垦为田地，尽量从事生产，可是收入还不够缴纳繁重的赋税，只好到水上谋生活，可是占用湖面也要缴税了！因此要使国强，首先要民富，要发展经济。

(1) 不凭一己之好恶，开放秦淮河

金陵，乃六朝金粉之地，几经兴衰，到后来只剩秦淮河一带，还残存一些中古时代的风流了。明末，此地出了马湘兰、李香君等色艺俱绝的名妓，至今读郑板桥《访画舫》，仍觉余香萦绕。

战争中，秦淮河变得萧条凄凉了，歌妓不见踪影，唯"尸首如麻"。战后，点缀太平的画舫箫鼓又渐渐出现了，当时的地方官六安郡守涂廉访思想保守，严令禁止。但曾氏知道：要使有钱人把钱花到金陵来，最好是发展娱乐业。他不但力主恢复秦淮河的游

今南京秦淮河

乐业，而且还带上幕僚和几个地方官，乘船游览“十里秦淮”。他说：“三十年前，我想游而不敢游；三十年后，我不想游而不禁别人游。”停了一会，又说：“今天我身为两江总督，处理事情不能凭一己之好恶。”传说在这次游览中，有一个妓女，颇有文才，曾氏给她出了上联“得少住时且少往”，要她对出下联，不料这女孩和曾氏开了一个大玩笑，提笔写道：“要如何处便如何。”曾氏一向自律甚严，笑而罢。

曾氏开放秦淮河之举，对地方官影响很大，涂太守不仅撤了禁令，还积极采取措施，修复鸡鸣寺、莫愁湖、胜棋楼、扫叶楼等，将六朝古迹，前明文物一一恢复。同时，曾氏又采取了一些经济措施，据《夭根文钞》载，他为吸引工商人士赴金陵开业，下令“江宁织工三年不税，木商自江汉至江宁者，亦三年不税。”因此，“四方之工商皆集江宁，江宁城皆屋”。这些措施使金陵商贾云集，游人如织，有利于经济的恢复。

(2) 减漕减赋，减轻中小地主的负担

太湖流域是全国最富庶的地区，也是全国赋税最重要的地区。1863年以后，曾氏与李鸿章联手，在这一带搞过减赋，主要办法是裁减浮额和取消士绅免税特权，力图减轻中小地主乃至自耕农（相当于中农）的钱粮负担，以缓和社会矛盾，消除乱源。因为从历史上农民起义的发生发展来看，中间阶层的政治动向往往起着举足轻重的作用，没有他们的参加和支持，广大贫苦农民是很难发动起大规模的起义的。

曾氏在出办团练之初，就想在政治上压抑一下豪门巨室，在经济上挤出一点钱财，一方面解决财政费用问题，一方面使中小地主得到保护。后来他在苏南搞减漕减赋，也是出于这种考虑。但是豪门权贵的势力太大，尤其是李榕被巨室弹劾丢官之后，曾氏更认识到“巨室之不可得罪者也久矣”。因此，减漕减赋没有收到太大的实效，但这毕竟为日后的赋税改革指明了方向，后来李鸿章在这方面做出了一些成绩。

(3) 中外贸易，名正言顺

中国传统文化中具有“重农轻商”的倾向，但也不乏有识之士。汉代的司马迁就很重视经济问题，他在《史记》中写的《货殖列传》，成为中国经济学上的第一篇传记，他认为中国最早的经济专家有三个人：姜太公，范蠡和孔子的天才学生子贡。

曾氏也有“病商之钱可取，病农之钱不可取”的思想，但他很能适应潮流，很务实。当他发现发展商业可以多收取厘金，多与洋人做生意可以多获取洋税时，他也多少认识到无商不活，商业是财力的重要来源这一道理。因此他不仅大力发展国内贸易，也主张在不违反不平等条约，互利互惠的情况下，与外国人做生意。咸丰五年，洋人将代收关税交还70万给中国政府，曾氏为此感叹道：

"彼虽商贾之国，颇有君子之行。……（交还关税一事）在彼可谓仁至义尽矣。"

基于这种友善的认识，曾氏主张为中外通商创造有利条件。随着贸易的扩大，关税逐渐成为清政府财政收入的重要项目。《清史稿》称："迄于同治，岁入之项，转以厘金、洋税为两大宗。"

由于不平等条约和中外实力悬殊，这种中外贸易中，中国很难处于平等的地位，利益损失不少，洋人更有走私偷税的行为。但是通过这种贸易，中国获取了一些关税收入，外国资本的入侵也催化了中国的近代化，虽然这不免有些被动和艰难，这也许是弱国的必由之路吧。

(4) 容闳评曾氏治政理财

在《西学东渐记》一书中，容闳这样评价道："曾国藩之所以能指挥若定，全境肃清，实因才识和道德，均有他人不可比拟的地方。当时七八个省的政权，都在他的掌握之中。官职的设置和官员的委任，国家赋税和军用物资的供应，都要听他的调度，差不多全国都听命于他一人。不过，虽然是这样，但他从不滥用自己无限的权威。财权在握，绝没有听说他侵吞过点滴公款，或用公款去接济他的亲戚和族人。他身后遗产无几，家人和过去一样清贫。总之，他一生的政绩，实在是无一污点，他的德行足可作为后人的楷模，他完全称得上是完全的真君子，为清代第一流人物，也是中国传统教育中产生的特殊人物。"

史 鉴

宋朝时赵抃任越州（今绍兴）知府，时逢大旱和蝗灾，粮价暴涨，附近各州都禁止抬高粮价。赵抃却在交通要道上张榜公告，有粮的人可任意增加粮价出售。于是各地米商云集越州，粮价反而下降。百姓没有被饿死的。

宋朝令狐楚出守兖州时，天大旱，米价猛涨。前来迎接他的官吏一到，他就先问米价多少，兖州有几个粮仓，粮仓里还存有多少粮食。官吏们一一都作了详细的回答。令狐楚就掰着手指头自言自语道："原来的米价是多少，从各个粮库里调出多少石米，定好价格出售，就可以赈灾了。"站在旁边的官员偷听到这个计划，回郡后广为散布。富人们怕粮价下降，竞相出售所储粮食，米价顿时大减，一郡百姓皆大欢喜。

事 典

况钟（1383—1442 年），是明代有名的贤臣。字伯律，号龙岗，又号如愚，江西靖安人。七岁丧母，从小受到生活磨炼。二十四岁时被县令俞益选用为礼曹吏员，九年任满后又被荐至礼部，经永乐皇帝面试，被提升为礼部六品主事。在九年的任期中，颇受尚书吕震赏识。他勤谨廉洁，博识干练，任劳任怨，皇帝也颇看重他，永乐皇帝的奖赏就达三十一次之多，于是被逐步提升为郎中。宣德帝即位后，皇帝认为地方上的知府大多不得力，下令从中央六部官署中抽调官员到地方任职，况钟是被推荐的第一名郎中，特选他担任当时“天下第一繁剧难治”的苏州知府之职。明代初期，“天下繁剧难治”之郡有九：苏州、松江、常州、嘉兴、湖州、吉安、开封、温州、琼州，而尤以“苏州为甚”。主要是赋税繁重，官员多且腐败，驻军扰民。

明代苏州府由一州七县组成：太仓县、吴县、长洲县、吴江县、昆山县、常熟县、嘉定县、崇明县。这一地区是元末张士诚的主要根据地，当地的地主豪绅曾大力支持张士诚，所以明太祖朱元璋把这一地区的很多豪绅土地收为“官田”，按照地租租金标准收取田赋，大大提高了这一地区的田赋税额。小小的苏州府田赋竟占全国田赋总额的十分之一。而这一带的地主豪绅又特别狡猾奸诈，善于将赋税负担转移到农民头上，勾结贪官污吏，无恶不作，把好端端的一个鱼米之乡搞成了全国闻名的难治之区。

况钟断案

宣德五年（1430 年），年近五十的况钟到苏州任知府。来的时候，他带着家眷仆人，坐着政府的驿车，无声无息地进了府衙。满衙的胥吏衙役正忙不迭地为新知府筹备盛大典礼，以图把欢迎新知府的仪式搞得很隆重，而这位面目和善的新知府却请他们免礼。

有着二十多年县吏、京官经验的况钟，深明“明主治吏不治民”，“施政以吏治为先”的道理。他上任伊始，首先拿吏治开刀，他采取欲擒故纵的策略，表面上装糊涂，一切听任书吏所为。

第二天一早，新知府升堂视事。吏、户、礼、兵、刑、工六房书吏一一上堂，呈上公文，请新知府批示。只见况钟每翻一件公文，都要问上呈该件公文的书吏该怎么处理，甚至对府衙通判赵忱多次有意的欺凌也不予计较，而在暗中却将他们主要的罪恶一一作了详实的记录。

苏州府的书吏以刁狡奸诈出名，见新知府如此糊涂无能，就乘机向知府建议这应如何如何，那又应怎样怎样，说得头头是道。况钟也一副“知天命”的样子，连连点头称是，照着书吏们的建议一一批示，把整个苏州府衙门里的书吏们都乐坏了，以为这几年可以放手弄权，欺良售奸了。

这样闹了几天，到了第四天一大早，新知府忽然传急梆召集全衙门书吏衙役齐集大堂，并请来有名望的士绅。坐在大堂上的况钟一脸严肃，一扫前几天那种和事佬的神情。只见他一拍惊堂木，下令衙役把那几天揽权干政的那些书吏一一拿下，他指着这些书吏说道：“前日某事按法规应该批准，而你阻止我批准；前日又某事按法规应该禁止，而你却教我要批准。你们这些恶吏舞文弄法，欺良助奸，该当死罪。太祖洪武皇帝定律，吏卒死罪，长官可先斩后奏，我现在就按律施刑。”然后命令衙役对六名作奸犯科的恶吏“往死里打”。衙役不敢不从，当下把这些恶吏掩倒在地，挥起毛竹大板，噼里啪啦一阵猛打，不过半个时辰，六名恶吏已经血肉横飞，气绝身亡。站在堂下的书吏衙役个个胆战心惊，侧目而立。

然后况钟当堂宣布：一、已奉圣旨惩处“同人等中作奸害民者”。二、令里老们秉公从速把自已辖下的人户分列善恶两簿，开列上交，规定积大善者有大赏，累大恶者受重罚；有小善则嘉勉，有小恶则训诫。这一消息传出后，豪绅们缩首敛迹，百姓则拍手称快。不久，况钟又通过调查，以贪污罪罢免了昆山知县汪士铭等十二名县级官员。况钟的这些措施，整饬了苏州府的吏治，也为他树立了很高的威信，苏州地区的社会风气与治安问题得以改观。同时，他访问农户，了解税粮负担实情。宣德五年（1430 年）七月二十六日，况钟派专差向朝廷呈送了请求减免秋粮 72 余石的第一份奏章，八月八日上第二份，十月六日上第三份。这些奏章不仅遭到户部的驳斥，也遭到宣德帝的反对，但况钟甘冒获罪于上司的风险，指责皇帝“失信于民”，坚持再三呈送求免奏章。宣德帝终于被感动，答应了减免请求，并把它确定为定制，固定下来。不仅如此，况钟还采取了许多具体措施以减轻人民的负担：如农户纳粮，就近入仓，而原缴入淮安、徐州、临清等地的改由官军负责向北方运输，从而解除了农村精壮劳力耽误农时的大患；又如“济农仓”的设置，更是一大创造。他把免除长途解运而节省下来的损耗粮，一半直接让农民得利，另一半作为“济农仓”的本金，无息贷给贫苦农民，帮助他们的生产和生活。这样既发展了农业生产，又安定了农村秩序，有力地制止了高利贷的发生。此外，况钟还制定了“纳粮勘合簿”、“力役仓”等措施。当时有人赞叹说：“周密而不疏，施行甚易而不烦”，不到一年，农村的局面就大有改观。

况钟在其任期内还着手选拔若干德才兼备之人，充实了府、县两级的书吏队伍，他亲自轮流到七个县问案治狱，制定“禁恶棍积弊”、“革除圩长”、“戒除奢侈”等法令，有力地整顿、改善了社会秩序与风气。

宣德六年三月，况钟因母丧回籍。他走之后，苏州局面陡变，旧势力疯狂复辟。秋粮不仅不减免，且加倍收刮。奸吏舞弊复作，虐民现象复生，甚至有人上奏控告况钟仗势贩运药材牟利，奔丧时收受贿礼，这份奏折还得到巡抚成均的作证。宣德帝即令都察院详查，结果证明均系诬陷，控告人都是被成均及其手下奸吏所买通的。成均于宣德五年四月到苏州任抚民巡抚，主要负责招抚外逃的农民，抓农业生产。况钟到任后，采取的整顿吏治的措施损害了他的利益，而况钟的政绩更令他忌恨，于是便导演了这场闹剧。

都察院调查期间，湖广巡抚周兼因缉捕逃犯来到吴江县，目睹百姓们交口称颂“况知府干办勤谨，赋役均平、吏畏民服”，今况钟守制归家，“小民如失父母”的真情实景，就上专折请朝廷起用况钟。与此同时，苏州百姓三万多人联名上奏起用况钟，宣德帝为之震惊，立即允准。况钟离任十个月后，又复任返回苏州府。

况钟复任后，大力兴办实事，一两年内就疏浚了主要河道，解除了太湖水患，修整了大量农田。还大力兴办府学、县学，使文化出现繁荣景象；大力宣传法令法规，使得政化大行，路无衔冤呼天之声，民有颂德安居之乐。作为一名太守，况钟从无官架子，衙门内从奏章到告示都由自己动手撰写，从不假手于人，这对防止某些书吏借机舞弊干政有一定作用，但同时也可见况钟对书吏们极不信任，时刻防范。

欲话说“上有天堂，下有苏杭”，苏州之富，甲于天下。但况钟却自奉俭朴，每食仅一荤一素，内衙陈设也很简单。他还严束家人，作诗诫示道：“膏腴竟作儿孙累，珠宝还为妻女瑕。”他连任十三年苏州知府，而江西靖安老家未见增一分地添一片瓦。逝世归丧时，灵船上除了日常家用物品外，只有若干书籍，真正做到了“两袖清风见祖先，未带江南一寸棉”！

正统五年（1440 年），况钟按规定九年任期届满，赴吏部等候提升，启程时“送者数百里不绝”。况钟到京时，吏部已选杨衡接任苏州知府，但是苏州以张翰为代表的一万八千余人联名上奏章，恳请况钟留任，朝廷只得升况钟为按察使正三品衔续任苏州知府（知府为五品官）。史书上说“自洪武开国以来七十余年，苏州无一人能满任（九年）者”。当他再复任时，“民欢迎者，不远数百里之遥”。苏州府老少编歌谣唱道：“太守朝京，我民不宁；太守归来，我民忻哉！”著名的清官海瑞也称他为“胜作十年救时宰相”。

正统七年夏，况钟身染重病，两次上奏乞归，朝廷不允。府内七县的人民“遍祷祭坛为公祈祀，至有求以身代死者”。十二月卒于官署，享年六十岁。苏州人民如丧考妣，流着泪为他送丧，并立祠堂，来纪念这位好官。

卜式以牧羊之法治政

卜式是西汉时人，自幼“以田畜为事”。父母死后，尚“有少弟”，到弟弟成年分家时，他“独取畜羊百余，田宅财物尽与弟”，自己则入山牧羊。十多年后，“羊致千余头”，遂“置田宅”，成为富裕之家。

卜式风餐露宿，靠牧羊致富之时，正值汉王朝连续派兵反击匈奴侵扰，战争开支庞大，国家财政困难之际，卜式作为一介布衣，致富不忘国难，主动上书政府，“愿输家财之半助边”。这一举动引起朝廷注意。汉武帝为此专门派遣使者前去调查他的动机和目的。使者问：“欲为官乎？”卜式回答：“自小牧羊，不习仕宦，不愿也。”使者又问：“家岂有冤，欲言事乎？”卜式说：“臣生与人亡（无）所争，邑人贫者贷之，不善者教之，所居，人皆从式，式何故见冤！”使者感到奇怪，进一步问：“苟，子何欲？”卜式说：“天子诛匈奴，愚以为贤者宜死节，有财者宜输之，如此而匈奴可灭也。”当汉武帝把这一情况转告给丞相公孙弘并征求他的意见时，这位“性素忌，外宽内深”的丞相却无法理解卜式的义举，认为“此非人情”，实属“不轨之臣”，不能作为宣传的典型。武帝对此也有怀疑，于是置之不理。卜式则仍然从事牧羊生产。

过了一年多，匈奴浑邪王降汉，朝廷优加安置，同时加上山东等地发生水灾，“贫民大徙”，“人或相食，方二、三千里”，而政府却“仓府空”，“无以尽瞻”。卜式闻知这一情况后，再次捐钱二十万“与河南太守，以给徙民”。汉武帝从河南呈报的当地富人济助贫民的名单中看到卜式的名字，便想起一年前上书输财之事，感到卜式确是真心实

卜式助边

意为国家，绝非沽名钓誉，于是赏赐给他外徭四百人（汉制，称戍边为外徭，出三百钱可代役，赐给外徭四百人，即可得到十二万钱），但卜式旋即又将这些钱全部转给地方，以供财政之需。

当时，社会上的商贾们，“皆争匿财，积货逐利”，不济国家之急，不管贫民之困。而唯独卜式依靠双手，勤劳致富，他的家财比起富商大贾们自然极为有限，但难能可贵的是他手中有钱后，“不为利所惑”，能够把个人致富和国家兴亡的前途联系起来，“数求入财以助县官”。为此，武帝破格拜卜式为中郎，赐爵左庶长，田十顷，同时，“布告天下，尊显以风百姓”。

汉武帝为了招徕天下之财，以补政府财政不足，曾经规定捐钱献财者可以封官赐爵。按照卜式情况，自然可以封为郎官。但卜式因“不习仕宦”，因而早就表示“不愿为郎”。但武帝为了抓住这一典型，坚持要留在朝廷担任上林（朝廷园林）牧羊官，卜式只好应诺下来。史书记载，他虽为朝官，但仍然不改布衣本色，亲自参加牧羊劳动。结果不出一年时间，上林羊群个个膘肥体壮，远非昔比。有一天，武帝路过上林，见此情景，十分高兴，便问卜式牧羊之道，卜式回答之后，接着说：“非独羊也，治民亦犹是也。”那么他的牧羊之道是什么呢？卜式自己概括为两条“以时起居，恶者辄斥去，毋令败羊”。这就是说，一要按时料理羊的饮食和起居生活，二要把那些劣质羊统统挑出去，不要使它们影响羊群。听罢这番话，武帝既感惊奇又受启发，觉得卜式虽然是放羊出身，但懂得治民之道，是个不凡的人才。于是，任命他为缑氏（今河南偃师东南）县令。他到任之后，仿照牧羊之道，勤政爱民，取优汰劣，治理地方，政绩卓著，深得全县人民拥护。不久又迁任成皋令。在成皋，他调运军需民用物资，漕运成绩突出。由于这些杰出表现，汉武帝认为他忠厚朴实，是位贤臣，于是拜他为齐王太傅，不久又为国相，协助齐王治理政事。

公元前112年，南越王吕嘉反叛，不久西羌、匈奴乘机攻入，在大敌当前的紧急关头，卜式心急如焚，寝食不宁，上书朝廷，请缨出战，表示愿与儿子一起率领齐地子弟奔赴前线，为国效力。武帝再次重赏卜式，希望利用这一典型唤起人们的爱国热情。相反，对于王公贵族中不愿从军征战的人，以酹金不足为由夺爵106人。

卜式一介布衣，致富不忘国家，已属难得；他提出的“以牧羊之道治民”，在中国两千年的政治中，更是产生了深远的影响，为后世政治家效法。

第十章　变化——革新制度适应新环境

今日之劣弁羸兵，盖亦当为之简汰
以剜其腐者，痛加训练
以生其新者

【原典】

医者之治瘠痈，甚者必剜其腐肉而生其新肉。今日之劣弁羸兵，盖亦当为之简汰，以剜其腐者，痛加训练，以生其新者。不循此二道，则武备之弛，殆不知所底止。立法不难，行法为难。凡立一法，总须实实行之，且常常行之。

昔宋臣庞籍汰庆历兵八万人，遂以大苏边储；明臣戚继光练金华兵三千人，遂以荡平倭寇。今日论兵，正宜法此二事。

兵者，阴事也……无论其败丧也，即使幸胜，而死伤相望，断头洞胸，折臂失足，血肉狼藉，日陈吾前，哀矜不遑，喜于何有？故军中不宜有欢欣之象，有欢欣之象者，无论或为悦，或为骄盈，终归于败而已矣。田单之在即墨，将军有死之心，士卒无生之气，此所以破燕也；及其攻狄也，黄金横带，而骋乎淄渑之间，有生之乐，无死之心，鲁仲连策其必不胜。兵事之宜惨戚，不宜欢欣，亦明矣。

【译文】

医生治疗痈疮病人时，如果病情严重，必定剜掉他身上的腐肉，以便长出新肉。现在军中品行恶劣，体质差的士兵，也应该予以淘汰，好比剜去人们身上的烂肉一样，然后严格训练，以早日形成新的战斗力。如果不按照上述两种办法整顿军队，则武备松弛的局面，不知到何时才能改变。立法并不难，难在实行。每制定一项法令，都要切实地实行它，并持之以恒，坚持下去。

过去宋朝的宰相庞籍淘汰了八万庆历兵，于是边境的军费开支大大减少了；明朝的名将戚继光，训练三千人的金华兵，于是借此荡平了倭寇。今日整顿军事，应取法这两件事。

用兵是一种残酷的事情……无论是胜利，还是失败，每次战斗下来，看到死的死，伤的伤，断头穿胸，失足断臂，血肉狼藉，每天呈现在我们面前，哀戚有余，有什么可欢喜的呢？所以军队中不应有欢乐的气象。有欢乐的气象，无论是喜悦，还是骄盈，终归要失败的。田单在即墨时，将军有死的决心，士兵没有生的愿望，因此终于击破燕军。攻狄人时穿着华丽的衣服，驰骋在淄渑两地之间，有生的欢乐，没有死的心意，因此鲁仲连预言他们决不能取胜。用兵之事应哀怜悲戚，不应有欢欣之象，这是很易明白的道理。

点　评

曾国藩是清代后期重要的军制改革家，他一手创建和指挥的湘军，成为取代绿营的劲旅，而且他创建的军制，直接为李鸿章的淮军所继承，也明显影响着袁世凯等人所办的新军，开创了民国初年军阀军队私属性质的先河。曾氏的军制改革，造就了一支颇具战斗力的湘军，也为身后的军阀混战埋下伏笔。

曾氏一生，对军队的整治，大致分四个阶段：出山之初，至愤走衡阳之前的九个月左右时间，办团练勇，为第一阶段；移驻衡阳，至咸丰四年正月底水师建成，近五个月的时间改革军制，创建湘军为第二阶段；湘军建成后，对湘军的日常管理，训练，整军，为第三阶段；太平天国失败后，在全国范围进行军事改革，以图建立一支较强的国防力量，为第四阶段。

正黄旗军旗

镶黄旗军旗

正白旗军旗

镶白旗军旗

正红旗军旗

镶红旗军旗

正蓝旗军旗

镶蓝旗军旗

八旗军军旗

一、出山之初，办团练勇

咸丰二年十二月二十一日，曾氏抵达长沙，至次年八月为避提标兵（又称永顺兵）之祸，由长沙移驻衡阳。这期间，曾氏受命"帮同办理本省团练乡民搜查土匪诸事务"。

1. 清朝武装力量介绍，团练的历史和高潮

清朝武装力量主要有兵、勇和团练三部分。兵又称为"额兵"，是有固定编制的国家军队，由"八旗"和"绿营"两部分组成。"八旗"即八旗骁骑营，又称旗营，是满清入关前建立的武装力量，共约二十五万人。"绿营"以执绿色旗帜得名，是满清入关以来陆续收降改编的以汉人为主的武装，共约六十四万人。"八旗"和"绿营"都是国家的常备军，都有兵籍，弁兵父死子承，世代为业，军费出自国库。

勇指国家临时招募的官勇，有事临时招募，事过随即遣散，是非常备武装，军费也出于国库。鸦片战争时清政府就曾招募过官勇。太平天国起义后，清政府也募集过官勇。江南大营张国梁所带的就是勇营，战斗力胜过绿营，江忠源在广西全州蓑衣渡阻击太平军，打死南王冯云山的楚勇，也属于官勇性质。

团练则是散布在农村集镇的地主乡团武装，属于民兵的性质，经费由民间筹资。是团集训练的简称。历史上的团练，约始于唐朝德宗年间。它又源于唐初的府兵制，府兵战时应命出征，平时仍回府农耕。陆贽代德宗写的《诛李希烈后原淮西将士诏》中说："希烈差点兵马及团练子弟，并即放散。"清代前期，也有团练，但多旋募旋散。嘉庆年间，湘黔苗民暴动，傅鼐用团练的兵力和碉堡战术平定了叛乱。后来，白莲教教徒起义，波及四川、湖北、陕西、河南、甘肃等省，绵延近十年。嘉庆帝诏令各地举办团练，协助绿营兵堵截追杀，最出色的团练武装主要有两股，分别由罗思举和桂涵带领，其战功超过绿营，为镇压白莲教起义尽了犬马之劳。

鉴于这样的历史经验，当太平军兴起时，咸丰帝就谕令动乱地区兴办团练，不久之后，又要求全国各省地方官普遍举办团练，不再限于太平军已经到达的地区。于是在全国掀起了继嘉庆之后又一个团练浪潮。清廷利用请丧假或事假住在家乡的官吏，对当地人文情形较熟的有利条件，委派他们与地方督抚联合行动。在整个平定太平天国战争期间，清政府曾掀起两次团练高潮，一是太平军初起的几个月之内，任命了四十九名团练大臣；二是咸丰十年，江南大营被消灭后，任命了四十三名团练大臣。曾国藩就是首批被任命的第二个团练大臣。

2. 曾氏出山，帮办团练

湖南举办团练的历史悠久，在这方面具有丰富的经验，曾国藩家乡湘乡县也是湖南举办团练最早的县份之一。早在太平军兴起前，曾国藩的二弟曾国潢就在家乡组织“安良会”，镇压湘乡县境内的抗粮斗争。当时在京做官的曾氏曾多次在信中对这位老弟表示支持。

曾氏于咸丰二年十二月十三接到寄谕，令其协同巡抚办理湖南团练。二十一日曾氏抵长沙后，面临加强省城防卫和迅速镇压各地会党两件大事，且必须赶在太平军打到湖南之前完成，否则湖南很可能失守。

为此，曾氏决定从对练勇进行训练起步，后又认为团练武装难以得心应手，遂将各县练勇改为官勇，经费由政府支出。曾氏带领湘乡练勇赶到长沙时，各县练勇也陆续赶到，如新宁县的楚勇、辰州府的辰勇、宝庆府的宝勇，济阳县的济勇等。曾氏与巡抚张亮基讨论，认为“团练仅卫乡里，不饷于官，缓急终不可恃。”遂将调集到省城的团练由张、曾二人负责指挥，官发粮饷。然后参照明朝戚继光、嘉庆年间傅鼐的办法，进行训练。

曾氏虽为团练大臣，但他并不热心于发展团练，一是由于咸丰年间，团练经费出自民间，大兴团练，会加重人民负担，到头来惹火烧身，明代末年加派“辽饷”、“练饷”引起的严重后果，可谓“殷鉴”。二是对付太平军这样组织严密，指挥统一，水陆并进的百万之师，正规军八旗、绿营都望风奔溃，团练武装如何能螳臂挡车？基于以上认识，曾氏提出“乡村宜团不宜练，城厢宜练不宜多”。因为这样“较为易施而省费”。在这里，他把“团练”分成了两层意思，一为团，一为练。“团者，即保甲之法也，清查户口，不许容留匪人，一言尽之矣；练则必制器械，造旗帜，请教练，拣丁壮，或数日一会，或一月一会，又或厚筑碉堡，聚立山寨，皆大有兴举”。

总的来说，曾氏在出山之初，虽受命办理团练，但他对团练却十分慎重，“重在团而不重练”，唯恐扰民而又无实效。他把主要精力放在了转化练勇为官勇，切实训练及镇压省内起义，清查“土匪”这些事上面。从这里可以看到他不慕虚名而谋实效的作风。

3. 练勇变官勇，初战显身手

湖南人尚武学文的风气甚浓。在几十年前，如果一个青年男子不能表演几手功夫，就不算是湖南人。如左宗棠、彭玉麟、杨载福、谭嗣同、黄兴、蔡锷等，无不擅长拳术。

湖南文风大炽，自古皆然。自朱熹、张载到岳麓书院讲学后，教育便极为发达，且湖南的学风一直注重经世致用。

所以湖南人不善经商，唯擅长两杆：笔杆和枪杆。太平天国以后，无湘不成军，也可以说，无湘不革命。湖南不愧为中国近代史上的中坚省份。湖南人视当兵为正当的职业，许多富裕家庭，也让青年们出来当兵，往往一家三个兄弟全出来当兵，这与其它许多地方的人们认为当兵是无奈之举，权宜之计是不同的。

由于以上原因，湖南的“土匪”多，但湖南军队的战斗力更是不弱。

曾氏编练的湖南官勇，从咸丰二年冬至第二年十一月，不足一年的时间内，就镇压了省内规模较大的十多次起义，三年二月王鑫镇压曹戕、李跃的会党暴动，起义人数在一万人以上。不仅如此，这些官勇还于三年六月由罗泽南率领赴援江西，这 3600 名官勇的临阵表现，远胜绿营兵将，被认为是一支善战的劲旅。

4. 志不在团练而在建军

曾氏对团练“重在团，不在练”，“不敛民财”，另一方面大力编集练勇为官勇，实际上就已在探索建军之路了。他没有机械地执行清政府的命令，也没有盲目效仿前人，照抄邻省，而是打着办团练的旗号，摸索建军之路，其政治眼光高出时人许多。

咸丰三年八月发生的提标兵（又称永顺兵）事件，对曾氏产生了强烈刺激，加速了他建军的步伐。事件起因于湖南提督鲍起豹的提标兵与塔齐布统带的辰勇因赌博而发生的斗殴。提标兵鸣号列队，欲讨伐辰勇。曾国藩本来就对绿营兵怯于战阵而勇于私斗的风气十分痛恨，遂移咨文给鲍，指名索捕肇事士卒。鲍大怒，于是怂恿部下，围攻塔齐布，毁其居室，塔齐布匿于草中幸免丧命。又于当晚袭击曾氏的团练大臣公馆，枪伤随身亲兵，几乎将曾本人击中。仅一墙之隔的巡抚骆秉章竟装聋作哑，事后又对提标兵和鲍起豹无任何追究，对备受屈辱的曾氏却无一语相慰。当时长沙舆论认为，曾氏不应干预军事，提标兵事件实属自取其辱。绿营兵经此事件，更加嚣张，不会再接受“夏练三伏”的训练。这件事极大地加速了曾氏的建军进程，后来他在聊天时对心腹幕僚赵烈文说：“起兵亦有激而成。初得旨为团练大臣，借居抚署，欲诛梗令数卒，全军鼓噪入署，几为所杀。因是发愤募勇万人，渐以成军。其时亦好胜而已，不意遂至今日。”事件后，曾氏移驻衡阳，他没向皇帝说明其原因，隐瞒了这次事件，忍辱负重，放手发展和训练乡勇，改革军制，终于形成一支颇具规模和战斗力的军队。

二、改革军制，创建湘军

曾氏改革军制的设想，由来已久，到办团练时已趋成熟。他移驻衡阳后，只用了五个月左右时间，就基本实现改制建军的目标。

1. 军制改革背景与思想

(1) 绿营已不堪用

清朝初期，八旗兵叱咤风云，从关外打到关内，收编了明王朝吴三桂的军队，消灭了张献忠的大西政权和李自成的大顺政权，后又削平三藩之乱。“国家用以定鼎，当时劲悍无敌”。但是，执政以后，八旗子弟养尊处优，讲求享受，“积习乃坏”，不少人患有近视，八旗兵也几乎丧失战斗力。自康熙朝以后，清军主力转为以绿旗为标志的绿营。绿营是清廷削平三藩之乱后，按明代的兵制组成的，以汉人为主体的新武装。

到曾国藩任京官的时期，绿营已走过百余年历程。此时的绿营，已不堪用。咸丰元年，曾氏向新登基的咸丰帝陈述道：“兵伍之情状，各省不一。漳、泉悍卒，以千百械斗为常；黔蜀冗兵，以勾结盗贼为业；其他吸食鸦片，聚开赌场，各省皆然。大抵无事则游手恣睢，有事则雇无奈之人代充，见贼则望风奔溃，贼去则杀民以邀功。”太平军起兵后，各地驻军“筋力日懈，势所必然”，往往一触即溃，甚至于闻风而逃。太平军从全州到武昌一路攻城略地，都没有遇到强大的抵抗。为此江忠源感叹道：“军兴以来，法玩极矣！全州以失援陷，而赴援不力者相仍；道州以弃城陷，而望风逃溃者接踵。及至岳州设防不能为旦夕之守，九江列舰不能遏水陆之冲。文武以避贼为固然，士卒以逃亡为长策。”曾国藩也说：“自军兴以来二年有余，时日不为不久，糜饷不为不多，调集大兵不为不众。而往往见贼逃溃，而未闻有与之鏖战一场者。往往从后尾追，而未闻与之拦头一战者。皆以大炮鸟枪远远轰击，未闻有短兵相接，以枪钯与之交锋者。”

咸丰六年，绿营兵仍在使用，但腐败之状仍没有改变。这年冬天，漳州镇总兵周天受带领绿营兵赴援浙江，阻击已因内讧而与洪秀全分裂的石达开部。但是，这些兵勇均已糜烂，毫无战意，唯知掳掠。当时有一段文字描述这些绿营兵很形象：“最先至明镇之兵，染江南骄淫之习甚深，军中多美妇人，艳妆华服，驮以肥马，招摇过市，民咸惊讶。其所部兵勇尤为不仁，由兰溪过金华以入缙云，一路劫掠，至铅锡场，乡团大呼贼至，兵勇狂奔，遂拾其器械以杀之，并夺其辎重，将官死者马姓秦姓唐姓，勇之得免者不过十之二三，遂不能成军，其实不遇一贼耳。”这种乡团与绿营兵的相互仇杀，几乎可以使太平军不战而胜，石达开轻取处州、永康、武义等城。由此可见绿营糜烂已深，积重难返，曾氏于咸丰三年即决心另立新军的主张是正确的。

（2）曾氏对绿营弊病的分析

曾氏认为，绿营弊病约有三大端。

一为官气与惰气太深，“不能稍复”。他说：“今大难之起，无一兵足供一战之用，实以官气太重，心窍太多。”“武营习气，退缩浮滑”。

二为疏于训练，军纪败坏。他在咸丰三年六月的奏折中写道：“军兴以来，官兵之退怯迁延，望风先溃，胜不相让，败不相救，种种恶习，……推原其故，总由平日毫无训练，技艺生疏，心虚胆怯所致。”

三为调遣方法不善。战事一起，不是成建制整营整军调动，而是“此营一百，彼营五十。征兵一千，则抽选数营至十数之多。其兵与兵已不相熟，而统领之将，又非平日本营之官。……败不相救之故，半由于此”。这种调动方式是满人对汉人武装的防范心理造成的，但这种临时抽调，临时拼凑，致使“兵与兵不熟，将与将不和”，“彼营出

绿营兵旧照

队，此营张目而旁观，掩口而微笑。见其胜，则深妒之，恐其得赏银，恐其获保奏；见其败，则袖手不顾，虽全军覆没，亦无一人出而援手，拯救于生死呼吸之间”。

除以上三点之外，曾氏认为绿营的弊病还有欺压文官，不听指挥；勇于私斗，怯于公战；薪饷太低，将帅又贪污克剥，军饷不够一人食用，当兵的从事“第二职业”等。

(3) 对绿营完全绝望，决心另立新军

根据绿营这种状况，面对强大的太平军，曾国藩断言：“即有十万众在我麾下，亦将各怀二心，离心离德。居今之世，用今之兵，虽诸葛复起，未必能灭此贼！恐岳王复生，半年可以教成其武艺；孔子复生，三年不能革除其恶习。”后来，他在书信中进一步声称：“国藩数年以来，痛恨绿营习气，武将自守备以上，无一人不丧尽天良。故决不用营兵，不用镇将。”

咸丰三年八月，他在衡阳给王鑫的信中第一次提出了“别树一帜”的主张。他认为，只有“尽募新勇，不杂一兵，不滥收一将”，才能“扫除陈迹，特开生面，赤地新立，或收寸效”。此后，他巧妙利用团练与官勇的相通之处，逐步变乡勇为官勇，继而创建湘军。这是曾国藩远大的战略眼光的一次表露：把团练编为官勇，再把官勇由辅助性的武装力量变成独立的自成体系的强大军队。这正是曾国藩比江忠源、胡林翼等人高明的地方，他之所以成为湘淮军集团的领袖，决不是偶然的。

2. 军制改革措施

曾氏军制改革主要表现在两个方面：一是以募兵制代替世兵制；二是将“兵为国有”变为“兵为将有”。

(1) 募兵制代替世兵制

绿营实行世兵制，父子相承，世代以当兵为业。绿营子弟成年后即可随营习武，称为随军余丁。营中一有空额，便可补缺，吃官粮。所以，绿营一般不从外面招募，只有余丁不足时才向外招募。

湘军属官勇性质，全部对外招募，且不时可因情况需要而增减或裁撤。在招兵标准上，曾氏重视兵勇素质，他很欣赏戚继光的募兵标准，戚氏强调，招兵第一切忌不可用城市游猾之人，应招募乡野老实之人。曾氏积极加以仿效，主张募兵须“择年轻力壮，朴实而有农夫土气者为上，其油头猾面有市井气者，有衙门气者，概不收用”。因为“大抵山僻之民多犷悍，水乡之民多浮滑，城市多游惰之习，乡村多朴拙之夫”。所以“善用兵者好用山乡之卒，而不好用城市近水之人”。据说曾国藩在初募湘军时，每天坐在招募处，看到黑脚杆而又不爱说话的乡下人，便连声说“好、好”，表示可以选上；如果看到近城市的人，或好说话的人，则“唔、唔”两下，表示不可选上。因此湘军士兵，几乎无一不是黑脚杆的农民。

这种招兵标准，其原因有二：一是山野之民大多“朴实少心窍”，易于训练成军，打仗勇敢，逃兵少；二则山野之民体格健壮，惯于习苦耐劳，这与冷兵器时代对士兵体力的要求多于对士兵的知识智力要求是一致的。应当指出的是，曾氏选将时以“简默朴实”者为将，与这种招兵方法在原则上是一致的。

为了加强湘军的内部团结，曾氏招兵还注意地缘和血缘关系。所以，湘军士兵只在湖南招募，又多集中于长沙、宝庆二府，尤以湘乡县最多，初创湘军水师则全用湘乡人，以图“易于合心”。军官则多为师生、故旧、亲友、族属。

在一百多年前的中国，地方封建势力很强，传统的地域观念很浓厚，这种观念所固有的排外心理，也会使这种军队在一定时期内更具有一种向心的凝聚力，曾氏利用了这点，达到了“同乡旧部，同属一属，则将士一心，于大局必有所济”的目的。

为防止士兵逃跑，曾氏还规定应募必须出具保结，并将其邻居、父母、兄弟、妻、子女姓名详细登记入册，使士兵不敢轻易逃跑。一旦逃跑，即可令地方官访拿，向家属逼索。这种“出具保结”的办法实际上是把民间的“保甲制度”运用到招兵，这就像一条无形的绳索，束缚了兵勇的手脚，使其不敢犯上作乱，或临阵脱逃。

(2) 变“兵为国有”为“兵为将有”

曾氏军制改革，改变了清代军队的国有性质，把由清王朝直接控制、直接指挥的国家经制额兵，改变成为由地方督抚和某些将领直接控制，而清廷只能间接指挥的具有私属性质的军队。

曾氏招兵选将，采取层层招募的办法，即大帅挑选统领，统领挑选分统，分统挑选营官，营官挑选队长，队长挑选士兵，不越级挑选。曾氏认为这样做，“口粮虽出自公款，而勇丁感营官挑选之恩，皆若受其私惠，平日既有恩谊相许，临阵自能患难相顾”。“一营之中，指臂相联，兵勇视营、哨，营、哨官视统领，统领视大帅，皆如子弟之事其父兄焉”。

为了加强各级军官的权力，曾氏规定，一军之权全付统领，大帅不为遥制；一营之权全付营官，统领不为遥制。这样大大加强了各级军官的相对独立性，使他们成为所在单位的绝对权威。这对提高湘军战斗力，起到了一定作用。

这种统兵亲选，不越级指挥的做法并非曾氏首创，戚继光在其《练兵实纪》中已有述及。但在晚清动荡不安的政局下，曾氏这种改革，对后世产生了深远的影响。由于太平天国行将覆灭之际，各省绿营额兵大多土崩瓦解，湘淮军已成为清政府的主要军事支柱，要将其彻底裁撤，已不可能，这就使曾氏的军改措施得以延续下来，从而对后世产生影响。清末民初时期政局的混乱，军阀的发端，与曾氏变“兵为国有”为“兵为将有”有很大关系。

曾氏的军改，在当时的确造就了一支精干善战的军队，但给后世却带来负面影响，这对今人是有借鉴意义的。当今的经济社会改革中，有厂长负责制、部门领导负责制、校长负责制等，这对提高一个企业、一个单位、一个学校的内部运行效率，无疑很有好处。但它是否也有弊端，或流弊于后世？有识之士应对此有所思考，以便预为防范。

3. 湘军的创建

咸丰四年正月二十六日，衡阳造船厂造成拖罟、快蟹、长龙、舢板等大小船只 240 余号，以此为标志的湘军水师建成。至此，水陆师皆已初具规模，湘军人数已有一万七千人。曾氏湘军的发祥地在湖南衡阳，它的创建时间，从咸丰三年八月二十七日曾氏到达衡阳起，至他于咸丰四年五月二十八日从衡阳出发东征止，前后共 5 个月时间。

（1）湘军陆师的创建

陆师的建立最早应从咸丰三年九月（1853 年 8 月）算起。当时曾氏已开始着手改革军制，拟定营制、营规、饷章等，决心一扫绿营积弊，同江忠源商议了练勇万人的计划，初定了湘军的规模。这年秋天，又奉创办水师之命，遂改原定训练陆师万人的计划为水陆各五千人。然而这时练成的官勇已大大超过五千人，因而不得不缩编。曾氏提出，邹寿章、储玫躬、曾国葆、周凤山各为一营五百人不变，塔齐布、罗泽南各将两营缩编为一千五百人，其余遣散。王鑫不服，投于骆秉章门下。后又令朱诒、邹世琦、杨名声、林源恩各募一营五百人，罗泽南因年岁较大，率部一营驻衡阳。至咸丰四年正月二十八日，随曾氏“东征”的湘军共 10 营 5000 人，陆师初具规模。

以后随着战事发展，湘军陆师进一步扩大。咸丰五年二月二十八日，周凤山兵败樟树镇后，江西形势危急，八月，吉安又为太平军攻克。曾国荃在湖南巡抚骆秉章、吉安知府黄冕的支持下，统一指挥黄冕、周凤山所募六七千人，号称吉安营。攻克吉安后，曾国荃将这支部队解散，自己也回家买田建房，复出之后重新招募成军，脱离了骆秉章的指挥，成为湘军嫡系。

咸丰十年四月十八日，左宗棠回湖南募勇，共得 5804 人，号曰楚军，在景德镇一带作战，这实际上是湘军的旁系，乃左湘军起源。此外，以罗泽南部湘军为基础还发展了胡湘军，在胡林翼手里得到很大发展。

在整个湘军系统中，为中华民族做过大好事的有左湘军收复新疆，平定阿古柏叛乱；中法战争时率军出征的王德榜亦属王鑫旧部。

(2) **湘军水师的创建**

曾氏的好友、高级幕僚郭嵩焘力主创建水师，当时的湖北巡抚常大惇也认识到，欲“制遏贼势”，应调集炮船于长江中下游，以“断其粮运”。曾国藩也深有同感，他于咸丰三年十月二十四日专上《请筹备战船折》，他说：

“该匪以舟楫为巢穴，以掳掠为生涯，千舸百帆，游戈往来，长江千里，任其横行，我兵无敢过而问者。前在江西，近在湖北，凡傍水区域，城池莫不残毁，口岸莫不蹂躏，大小船只莫不掳掠，皆因水师未备，无可奈何。兵勇只保省城，亦无暇兼顾水次，

郭嵩焘像

该匪饱掠而去，总未大受惩创。若今为保省会计，不过数千兵勇，即可坚守无虞；若为全楚计，必须多备炮船，乃以堵剿兼施。……今若带勇赴鄂省，贼以水去，我以陆追，曾不能与之相遇，又何能痛加攻剿哉？再四思量，总以办船为第一要务。”

在此曾氏对当时战局作出了精辟的分析，并由此得出须重视发展水师的正确结论。

清廷依议，并令两湖、四川制造战船，买洋炮五百门。曾氏接令后，便与骆秉章筹划。开始，既缺资金，又无造船人才，甚至连造船的木料都找不到。后来，岳阳水师守备成名标，广西同知褚汝航来到衡阳，带来了造船技术。不久，从广西送来了大批木料，曾氏遂于衡阳设总厂，湘潭设分厂，由成、褚分任监督，召集大批工匠，日夜赶造战船。后又接受黄冕建议，每营造十只舢板船，便于在河湾港汊行驶，可补大船之不足。

曾氏对炮的质量和安装也十分讲究。当时自己造的炮，笨重、射程短、且有炸裂的危险。两三千斤的大炮还不如几百斤重的洋炮威力大。所以曾氏不惜重金，从广东购回大批洋炮，经多次研试，解决了一系列的技术难题，把它安装在战船上，从而建成了中国当时最先进的内河水师。至咸丰四年正月底，水师炮船齐备，计有大小船只 361 只。数量虽然不多，但在技术装备上大大超过太平军。水师的创建，是曾氏得意之笔。在以后征战的岁月中，湘军虽屡有挫败，但水师基本上保持优势。

在战斗中，曾氏十分注重消灭太平军水师。咸丰四年十月中旬，湘军发起田家镇战役，烧断了太平军横亘于河道上的铁锁链，大败太平军水师，焚毁船只 4000 多只。曾氏在奏折中描述说：“申酉之际，追至三十余里之武穴地方，乃纵火大烧，烟焰蔽天。”“又三十里至龙坪，时已三更，此处贼船最多，凡烧船约四千余号，百里内外，火光烛天，皆该逆近岸所掳民船，同归浩劫”。从此，太平军水师大衰。

史　鉴

晋武帝司马炎命令王濬攻打吴国。吴国人在长江西陵峡险要地段，用铁索将江面拦腰横锁起来。又铸造了许多一丈多长的铁椎，暗插进江水中，以此来抗拒上游敌舰的进攻。王濬命人制造了几十万只大竹筏，派遣会游泳的士兵登筏充当先锋。遇到江中的铁锥就让它扎在竹筏上拔掉它。又制作了许多巨型火炬，有人胸围那么粗，里面灌满麻油。遇到铁锁链就点起火炬烧它，一会儿就把铁链熔化断开了。就这样晋军战船在江面上畅行无阻，终于将吴国攻克了。

三、军队建设

本文将从三个方面，探讨建军之后，曾氏军队建设的情况。

1. 部队编制、装备、军饷

(1) 编制

曾氏根据戚继光“营出以伍什队哨为首，乃以束伍贯诸篇，庶使知次第”的经验，创建湘军，陆师以队为基础。他规定，每队十人，设什长一人，伙勇一人；队上为哨，每哨八队；哨上为营，每营四哨，另有六队亲兵。这种编制，到咸丰三年已初步形成，后来各哨增加长夫，减少作战士兵从事运输、搭棚、挖壕、炊事等后勤工作的体力消耗，使他们“神暇形壮，可以待敌”，于是每营人数合计五百人。

湘军水师和马队与之相仿，不过队这一级，水师称船，马队称棚，以上哨、营均同。

起初湘军人数不多时，营以上不再设官，各营直辖于曾国藩。后来人数渐众，遂于营官之上设置统领、分统。每分统约统五营或二、三营不等。分统之上为统领，由水陆大将充任，如塔齐布、罗泽南、杨载福、彭玉麟、李续宜、多隆阿、鲍超、曾国荃等，统带人数几千、几万人不等。统领之制始于咸丰四年初东征开始时，分统之制则始于咸丰十一年。

(2) 装备

曾氏说过：“制胜之道，实在人而不在器。”这句话实际上主要是强调了人的因素的重要性，强调了人才的重要性。说明了“人”和“器”两者的关系上，人是第一位的，“器”是第二位的。但这并不意味着不重视武器的作用。同治二年十二月二十一日与沅弟书中，曾氏曾专门论及大炮的使用。他说：“吾在水营时，教将士专用群子，‘包得圆、筑得紧、开得近’三语者，内湖各营军能做到，外江间有做到者，便是无敌之将。陆营善用大炮者，吾尚无所闻。弟营善用大炮者共若干人？然大约不满三百人，而营中之炮却不止三百尊。”这种重视武器的思想，使湘军的装备一直处于较好的水平。

陆师每哨的八队中，第一、五队为抬枪队，第三、七队为小枪队，每队之后紧跟一刀矛队；亲兵六队中，第一、三队为劈山炮队，第五队为小枪队，每队之后紧跟一刀矛队。枪炮利于冲锋，刀矛宜于肉搏。可以看出，湘军当时已使用了当时中国最先进的装备，且其合理的编伍方式，使冷热兵器相得益彰，它是曾氏“一正一奇，一接应一设伏”思想的体现。

湘军水师的装备更是远远超过太平军，尤其是装备了大量轻便威力大的洋炮。太平军装备在小船上的土炮，有时一发炮，船就被震裂，或炮管炸开，远不是近代化的湘军水师的对手。

(3) 军饷

陆师营官每月办公费与薪水合计 260 两，哨官月饷九两，哨长六两，什长四两八钱，亲兵护勇四两五钱，正勇四两二钱，伙勇三两三钱，长夫三两。阵亡者，恤银 30 两，伤重者赏银 15 两，次者 10 两、5 两不等，残废另加银两；水师军饷营官与陆师营官同，头篙、舵工与哨长同，舱长与什长同，唯哨官薪水为陆师两倍；马队营官月薪及办公费 150 两，帮办月薪 16 两，字识九两，正哨官 18 两，副哨官 15 两，什长七两八钱，马勇七两二钱，伙夫三两三钱。

湘军的军饷是相当优厚的，湘军士卒的月饷相当于绿营三倍，营官、统领的收入，连曾氏也不得不承认“章程过于丰厚”。分统、统领带兵三千以上者月入三百九十两，五千以上者月入五百二十两，万人以上者月入六百五十两。

这种厚饷制，使湘军士兵能安心操练，对将领也达到了“养廉”的目的。但是，由于湘军的军饷除少数款项是由户部指拨和外省协济外，多数饷需是靠自己双手筹集，事后逐年向政府报销，这就造成饷源不稳定，又加之厚饷制，使湘军欠饷现象习以为常，曾氏干脆采取发半饷的办法，待部队遣散时再一次算清，若士卒擅自离营则欠饷不再发给。这对稳定军心起到一定作用。

2. 湘军的训与练

曾氏把训练一分为二，认为“训”侧重于思想政治方面，“练”侧重于军事技艺方面。

(1) 训教

曾氏说：“新募之勇全在立营时认真训练。训有二，训打仗之法，训作人之道。训打仗则专尚严明，须令临阵之际，兵勇畏主将之法令，甚于畏贼之炮子；训作人之道则全出于诚，如父母教子，有殷殷望其成立之意，庶人人易于感动。”由此可见，训教的内容主要是纪律和作人之道的教育。

曾氏本人在每次操演时，总是“反复开说至千百语”。主要是训“营规”和“家规”。营规讲打仗注意守纪律之类，家规则是“禁嫖赌、戒游惰、慎语言、敬长辈，乃父兄教子弟之家规也”。曾氏对待部下，如父兄带子弟一般，特别注重他们的品行，“切不可使他因扰民而坏品行，因嫖赌鸦片而坏身体”。因此每每训教后，均收到勇丁感动得五体投地的效果。后来曾氏在评论自已带兵的长处时说：“余昔于诸将来谒，无不立时接见，谆谆教诲，上劝忠勤以报国，下戒骚扰以保民，别后则寄书告诫，颇有师兄督课之象。其于银米子药搬运远近，亦必计算时日，妥为代谋，从不欺以虚语。余谅苦衷各将士，颇有家人父子之情。此余昔日之微长也。”

曾氏十分重视民心，力戒扰民行为，以图改变百姓眼中“兵不如匪”的成见。建军初期每逢操演，他都与诸兵将讲说至一时数刻之久，真可谓“虽不敢云说法点顽石之头，亦诚欲以苦口滴杜鹃之血”。收到了“雪兵勇不如贼匪之耻，而稍变武弁漫无纪律之态”的效果。

他还把部队的团结放在突出位置上，他一再教育部下要“和衷共济”，“薄于责人，严于律已”，“平时虽积怨深仇，临阵能彼此照顾”。他深恨绿营败不相救的恶习，强调要创建“死党”，他曾经说过：“鄙意欲练勇万人，呼吸相顾，痛痒相关，赴火同行，蹈汤同往，胜则举杯以让功，败则出死力以相救。贼有誓不相弃之死党，吾官兵亦有誓不相弃之死党。”

由于曾氏杰出的政治思想工作，湘军将士的士气普遍较高。政治思想工作是他的高明之处，对后世影响很大。他用民歌形式编写的《保守平安歌》、《水师得胜歌》、《陆军得胜歌》、《爱民歌》、《营规》等，不愧为政治工作的重要文献。曾氏把《爱民歌》当作湘军扫盲识字课本，这种方法后来在红军中也得到应用。

一部《曾胡治兵语录》，十二章中前十章都是讲思想政治，这也许正是湘军取胜的原因。

(2) 操练

曾氏说：“练有二，练队伍，练技艺。练技艺则欲一人足御数人，练队伍则欲数百人如一人。”

军事训练主要有操、演、巡、点四方面。操即上操，演即演习诸般武艺和阵法，巡即巡逻、放哨、站墙子，点即点名。这可以在《日夜常课之规》中看出：

一、五更三点皆起，派三成队站墙子一次。放醒炮，闻锣声则散。

二、黎明演早操一次，营官看亲兵之操，或帮办代看。哨官看本哨之操。

三、午刻点名一次，亲兵由营官点，或帮办代点。各哨由哨长点。

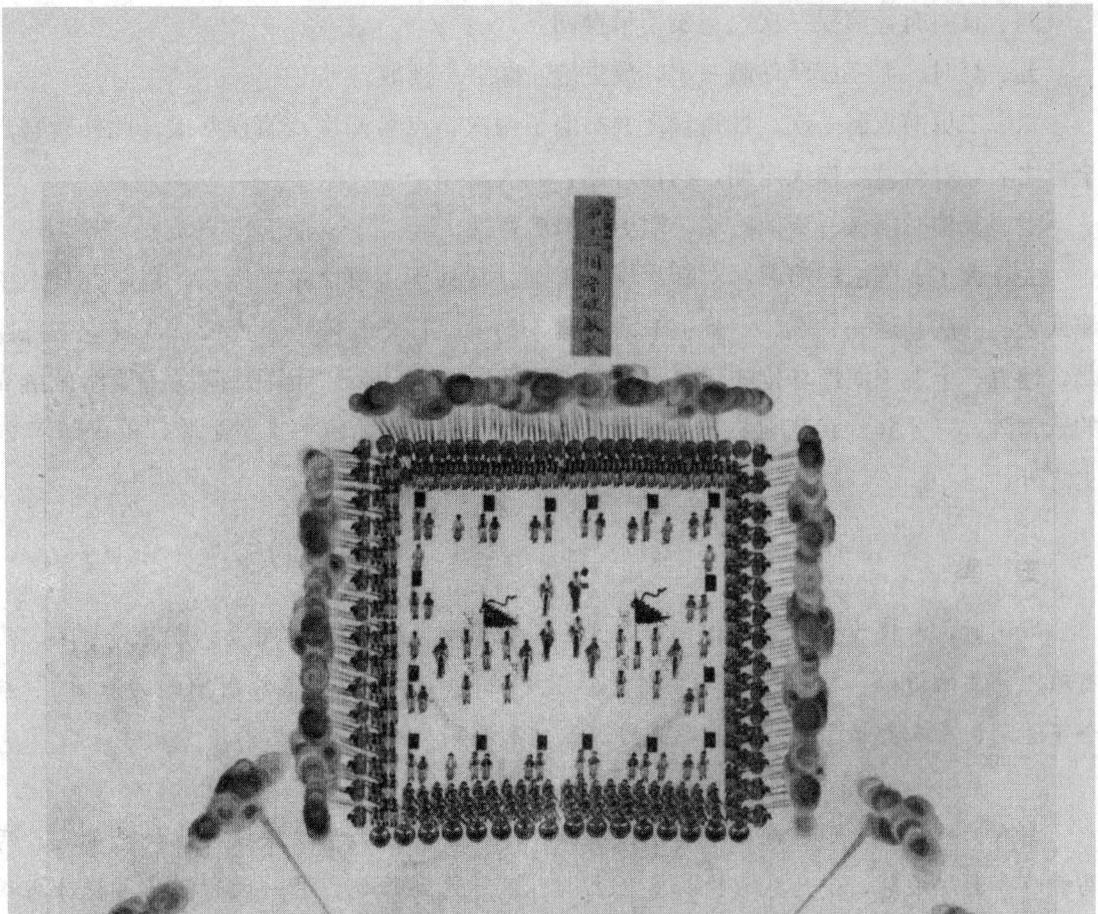

湘军阵法·固守破敌式

四、日斜时，演操一次，与黎明早操同。

五、灯时，派三成队站墙一次，放更炮，闻锣声则散。

六、二更前点名一次。计每昼夜共站墙子两次，点名两次，演操两次。此外营官点全营之名，看全营之操无定期，约每月四、五次。

七、其他时间派一成队站墙，唱更人每更替换。

关于武艺、阵法的演习，对新兵规定很细。新兵于十日之中，逢三、六、九日上午演武艺、阵法，逢一、四、七日上午演抬枪、鸟枪、打靶与阵法，逢二、八日上午练跑跳，逢五、十上午演连环枪法。每天下午则演练拳、棒、刀、矛等。阵法主要练戚继光的鸳鸯阵、三才阵。武艺则要求士兵能纵身上一丈高之屋，越一丈宽之壕，抛火球于20丈之外。

史　鉴

战国时，李悝为魏国魏文侯的守边大臣，他想让人人都善于射箭。就下令说："凡有难以判决的诉讼，就让他们比赛射箭。射中靶子的为胜诉，不能射中的为败诉。"命令下达后，人人都忙于射箭，日夜不停。这才和秦国交战，大败秦军。

胡人的母马下崽后，就把母马拴在半山上，让小马在山下跌跌撞撞地找寻母马，两马嘶鸣声此起彼落，小马尽力挣扎攀登上山，才能吃到母奶。过一段时间，再将母马移往高处，小马为吃奶爬得更高。小马长大后，行走险路如奔驰于平地。

明代大将戚继光每次与敌人交战，都排出"鸳鸯阵法"，屡战屡胜。

所谓"鸳鸯阵法"，是队长领导两盾牌兵并排在阵前，盾牌兵之后各有一名狼筅（兵器名）兵，四名手持长枪的士兵分列在盾牌兵的两旁，最后一排则是两短刀兵。

作战时，盾牌兵手持大盾低头向前挺进，如果听到击鼓前进的号令，却迟疑退缩，就以军法论斩。其余士兵紧随盾牌兵之后，双方正式交战时，狼筅兵负责保护盾牌兵，长枪兵负责支援狼筅兵，短刀兵负责支援长枪兵。一旦盾牌兵阵亡，那么盾牌兵之后的八名士兵一律处斩。

3. 治军求严，求精

曾氏治军，绝不限于训练两端，其对军队的日常事务管理，长沙整军，走精兵之路等方面，皆有可观者，均体现了他高超的领导艺术。

(1) 日常管理

咸丰四年三月二十五日与父亲书中，曾氏谈到军务五条：一为营中吃饭宜早，四更吃早饭，五更行军；二为扎营之事，择地、布局皆有规定，挑沟八尺宽六尺深，筑墙八尺高三尺厚，皆有尺寸，且墙内有内壕一道，墙外有外壕二至三道，壕内密布竹签；三为调军出战，不可太散，因人少则须抱作一团；四为破贼阵法，经常画图训戒诸营官；五为拿获形迹可疑之人，决不姑息。

同治四年十月四日与纪泽书中谈到：行军早到一天营官赏银三百，早两天赏六百，迟一日打40板，两日打80板，营官革职。

咸丰七年十月四日与沅弟书中谈到军械管理：要求他对军中器械之“略精者”，“宜另立一簿”，择人管理。一般武器如刀矛，也要勤于修整，务必做到“铠仗鲜明”。

同月二十七日与沅弟书中又教其将才之四端：一为知人善任，二为善察敌情，三为临阵胆识，四为营务整齐。认为善察敌情之将甚少。

咸丰八年四月九日与沅弟书中又教以治军之道：第一要能战，第二要爱民，第三要能协调同地方官绅的关系。

同治元年七月一日与沅季二弟书中又教以教戒将士之重要性，称“凡善将兵者，日日申诫将领，训练士卒……不善将兵者，不责本营之将兵，而妒他军之胜己”。

史　鉴

齐景公召见司马穰苴，和他讨论军事，谈得很投机，于是任命他为将军。穰苴说：“希望得到您的宠臣、国人所尊重的人来监军，这样才行。”于是景公派庄贾去。穰苴和他相约：“正午在军营大门相会。”穰苴先骑马到军营，立好测日影的表，准备了计时的漏壶，等待庄贾的到来。太阳将落山时，庄贾才来。穰苴召军法官问道：“按军法，约定时间而后到的，怎么处置？”军法官说：“当斩首。”于是将庄贾斩首示众，三军士兵都很震惊。

曹操行军时，命令军士不要践踏麦田，违反的人处死。骑兵们都下马扶着麦苗走过去。曹操骑的马突然跌入麦田中。曹操让执法官商议该怎么处罚。执法官说：“按照《春秋》的做法，刑罚不加在最高统治者身上。”曹操说：“自己制定的法令自己违犯，怎么能率领部下呢？”于是拔剑割下自己的头发扔在地上说：“权且当我的首级吧！”全军见了都毛骨悚然。

割发代首

曹操以高柔为执法官。按照旧法令，军中士兵逃亡，要拷问士兵的妻子儿女，但这样做还是不能制止士兵的逃亡。曹操想加重刑罚，并且牵连其父母兄弟。高柔进言道："士卒逃亡，确实可恨。但我听说逃亡的士卒中，经常有后悔的。我建议宽免其妻子儿女，这样才能诱发他们产生归来的意愿。如果加重刑罚，恐怕今后军中的士兵看见有一人逃亡，怕诛连到自己，也都相继逃跑。如此加重刑罚，不仅不能制止逃亡，反而会使逃跑的人更多。"曹操同意了高柔的观点，立即废止连坐。

(2) 长沙整军，走精兵之路

咸丰四年初，湘军经岳阳、靖港、湘潭三次战斗，两败一胜。曾氏认真总结三次战斗的经验教训，在长沙对湘军进行组织整顿。他根据兵贵精而不贵多和重在敢战的原则，对湘军进行大力裁撤。这几次战斗中，凡溃散之营，营哨兵勇一律裁去不用。曾国葆亦在被裁之列，据说曾国葆回家后感到无脸见人，好几年都闭门不出，拒见宾客。

这次整军，还做了三件事：将新兵、老兵在编组时搭配使用，以老兵带新兵；水师装备了更多的洋炮，火力更猛；营以上设分统、统领两级的指挥，兵力相对集中。

整军后，湘军水陆仅余五千人，随即大募新勇（溃散遣回之勇不在其列），人数迅速增至一万多人。经此整顿，湘军战斗力大大提高。

在以后的战斗岁月，走精兵之路，一直是曾氏治军的原则。这可以从曾氏家信中看出一二。

咸丰七年十月二十七日与沅弟书说："军营虽以人多为贵，而有时亦以人多为累。凡军气宜聚不宜散，宜忧危不宜悦豫。人多则悦豫，军气散矣。营虽多，而可恃者惟在一二营；人虽多，而可恃者惟在一二人。”

八年三月三十日与沅弟书中，又告诫淘汰军中之冗员：“似宜略为分别，其极无用者，或厚给途费遣之归里，或酌租民房令住营外，不使军中有惰漫滇杂之象。”

同治元年十月十七日沅弟书中说：“弟处各营有最弱者，或换营官，总宜时时存一整饬之意。弟初赴吉安时，不过三千人，足打一支大贼；今增至八九倍，而野战似尚无把握，此后总宜不加整顿。”

同治二年九月十七日与沅弟书中以酒为喻，说明兵贵精的道理：“安庆克后，弟添新兵近二万人，此次又添二万，老营能战能守之将兵分散太多。譬如一壶酽酒，掺水至四五壶，则太淡不成酒味矣。”

除淘汰冗员之外，慎用降兵降将，也是曾氏精兵之路的办法。如围攻安庆期间，他给沅弟写信说：“目下收投诚之人，似不妥善，如挤疖子不可令出零脓，如蒸烂肉不可屡揭锅盖也。”同一时期的另一封信中，他又谈到对太平军降将韦志浚部的使用，不可使之独当一路，只可作配角。他说：“弟信言韦于用兵内行，又言其心地之好。然独统一路必不可，令之随鲍超出战则可。”信中屡次提醒曾国荃，防备韦志竣“反奸”。

走精兵之路，是曾氏领军的高明之处。而其对手太平军，在后期则忽略了这一问题，如李秀成爱招兵买马，招降纳叛，动辄提兵几十万，战斗力还不如“长毛老贼”一两万。故曾氏说过，太平军“悍则不多，多则不悍”，一语中的。

史　鉴

隋朝末年，涿州郡通守郭绚率领上万军队讨伐农民起义军高士达，高士达自认才智谋略不如窦建德，就把军队交给窦指挥。窦统率这支军队后，就请高士达看守辎重，自己带了七千精兵假装是逃出来的样子，诈降归附郭绚。高士达用捉到的俘虏，称是建德的妻子儿女，杀掉了他们。建德闻讯大哭，立即上书郭绚，请求当先锋，报仇雪恨。郭绚相信了他，对他没有任何防范。于是窦建德乘机袭击郭绚的军队，俘获大批人马，在平原上追杀了郭绚，将郭绚的首级献给高士达，从此威镇山东。

(3) 治军效果

带兵并不是一件容易的事，局外人很难体察到这一点。曾氏说过他带兵“日日如坐针毡”，曾国荃在咸丰十年八月四日给阿兄的信中也说：“天下事惟学然后知不足，治军带勇亦然。昔者弟自诩可将万人，今细思之，方知殊非易事。若选将不得其人，即辖三千人亦必误事，况万人乎?”接着他又谈到军中克尽职守的部将占十分之一二，敷衍塞责的占十分之八九，驾驭实非易事，种种苦衷，一言难尽。

但是，曾氏治军，由于其高超的领导艺术，取得了很好的效果。从家信中至少可以看出。

一是湘军善战。咸丰四年闰七月二十七日与诸弟书中谈到湖北佛岭等地四战：“四次共杀贼七八百人，而我军仅一人受伤。”事实上湘军与太平军交锋时，人数上多处于劣势，甚至有几倍的悬殊。如同治二年雨花台激战46天，李秀成数十万人，竟不能克曾国荃之五万人马。

湘军官兵作战也十分勇敢，有亡命之徒的特点，其凶悍好战远过于绿营。1854年8月，湘军取得城陵矶大战胜利，太平军猛将曾天养死难，此后湘军水陆并进，直奔武昌。由于受到连战连胜的鼓舞，湘军的凶悍好战更表露得淋漓尽致，水师尤其如此。士

杨载福画像

兵军官皆露立船头，不披甲胄，不避枪弹，顺流直抵武昌城下。对此曾氏不无自豪，他在日记中说，初办水师时，曾经广求御炮子之法，竟不可得。后来杨载福等将牛皮等物摒弃不用，“直以血肉之躯矗立船头，可避者避之，不可避者听之”。而部下水师官兵亦纷纷效仿，相继矗立船头“直前无所回避”。10月上旬即轻取武汉。

二是颇得民心。咸丰四年闰七月十四与诸弟信中讲到：“岸上百姓焚香于辫顶，跪岸上欢迎，呼各勇为青天大人。”同年十一月七日与诸弟信中也说：“我军名声极好，所过之处，百姓爆竹焚香跪迎，送钱米猪羊来犒军者络绎不绝。”

三是招兵甚易。同治十年九月二十九日纪泽的来信中说：“男昨见所募者甚精壮。在湘实尚未开招，但知营官一二人到，远近青年闻声而至，即已成军。后来者不复见招。”

对于这一点，王闿运在《湘军志》中也说：

“于是陇亩愚氓，人人乐从军。闻招募则争出效命，无复绿营征调离别可怜之色。其后湘军战功遍天下，从戎者日益众。或募千人，则万人应之，募万人，则数万人应之；势不能尽收，乃有乞书千请而后得入者。其随营待补客死他乡者，不可胜数，而湘中人士迄无怨心。”

辛亥革命时期的革命家、军事家蔡锷，极推崇曾氏治军思想，认为他“一介书生，出身词林”，“其于兵事一端，素未梦见”，而竟“武功灿烂，泽被海内。按其事功言论，足与古今中外名将相比美，而毫不逊色”。因而蔡锷特编辑《曾胡治兵语录》面世，后为黄埔军校所用。

四、战后军改

当清王朝对太平天国的战争胜利已成定局的时候，统治阶级内部曾就是否恢复绿营额兵的问题展开过一场讨论。但是由于绿营兵的土崩瓦解，多隆阿不久死于陕西盩厔，僧格林沁也在山东曹州丧命，所部溃败星散，使清政府失去最后可与湘淮军争衡的军事资本。要想根除湘军制度，恢复旧的额兵制，已无可能。

但是曾氏一直希望用湘军的模式来改造京城乃至全国的经制军，以湘军军制改造和取代绿营军制，为此他曾两次上折皇上，一为《遵旨筹议直隶练军事宜折》，一为《遵旨续议直隶试办练军事宜折》。

湘军制度取代绿营成为清朝正式的国家军制，始于水师，同治四年四月，湘军水勇改为长江水师额兵一事已成定局。剿捻结束后，曾氏出任直隶总督，朝廷命令曾氏对直隶军队进行整顿，选练六军。同治八年曾氏赴任不久，即就练兵一事上奏朝廷，内容有三条：一是练军必须完全采用湘军营制、营规、饷章等项；二是彻底废除绿营陋习，一洗官气和衙门气息，使士兵勤劳朴实，吃苦耐劳；三是彻底割断绿营与练军的组织联系。

这样，仿照湘军模式重新编练的练军很快遍布全国，与湘、淮军一起构成清朝的主要军事基础。通过“练军”这个环节，湘军兵制完成了对绿营制度的改造，绿营走向消亡。至此，曾氏从创办湘军到整顿直隶练军，前后共十五年时间，终于完成全国性军事制度的改革。这一改革不仅使军制和军营风气为之大变，也对中国日后的政治走向产生了深远影响，由中央集权走向军阀割据的局面。

事　典

14世纪（我国明朝初年），日本正处于南北分裂的混战时代。内战中的许多溃兵、败将流亡海上，成为无业“浪人”。他们勾结本国的流氓、奸商等，在日本封建主的支持下，结伙到我国沿海，大肆掳掠。明朝人把他们叫作“倭寇”。当时明朝的海防力量较强，倭寇未酿成大患。

明成祖朱棣（1403～1424年）统治时期，明帝国和日本的封建经济都有了进一步的发展，双方都有进行贸易的要求，日本政府不惜以“朝贡”的名义，换取明朝的“赏赐”，获得高出贡物数倍的金银和货物。为了防止走私和骚扰，明政府对日本入贡的次数、船只、随员都加以限制，并要持有明政府发给日本政府的贸易执照，并且不携带武器。日本虽在表面上接受了这些约束，但从未按照执行。他们经常借“朝贡”为名，进行海盗活动。明政府一方面准予入贡，给以利益，另一方面坚决打击其海盗行为。如1419年，辽东总兵刘江在金州卫（今辽宁金县）的望海埚一举歼灭倭寇二千余人。此后一个较长时期内，没有重大的倭患。

明英宗朱祁镇（1436～1449年）以后，明政府政治日趋腐败，倭患也日趋严重。特别到世宗朱厚熜（1522～1566年）统治时期，政治更加腐朽，沿海军事设备大都荒废，如海防前线的山东、浙江及福建等地卫所，平均每卫只2100多人，仅占应有兵额的40%左右。而士兵多是“老弱疲惫，市井游贩之徒”，战备器械，也大多损坏，如沿海战船，仅有应有船数的十分之一、二。由于海防设备的极度削弱，倭寇乘机勾结沿海的“势家”、流氓及奸商等，肆无忌惮地侵扰中国沿海各地。倭寇每至一地，抢劫财物，焚烧房舍，屠杀和掳掠大量人口。被掳的中国人民"男则导行，战则令先驱"，所掳妇女，"昼则缫茧，夜则聚而淫之"，所掳婴儿，"沃以沸汤，视其啼号，拍手为乐"。倭寇惨无人道的兽行，给中国人民带来深重的灾难和痛苦。腐败的明官兵不能对倭寇作有效的防御。广大人民为了保卫家乡，到处展开打击倭寇的斗争。戚继光就是在这个时代出现的一位民族英雄。

戚继光（1528 年～1587 年），字元敬，山东登州（今山东蓬莱）人。始祖戚祥，是明朝开国元勋之一。戚氏后代世袭登州卫指挥佥事。戚继光的父亲戚景通，是一位精通军事的将领，曾统筹山东防倭的军事。1544 年，戚景通去世。十七岁的戚继光，承袭了登州卫指挥佥事。倭寇给人民造成的深重苦难，激发了这位青年将领的爱国热忱。他下定决心，剿灭倭寇。

1553 年（嘉靖三十二年），戚继光升任都指挥佥事，统率 3 营 25 卫所，负责山东沿海防倭的军事。当时山东的海防力量和其他沿海地区一样，卫所残破，器械不全，兵额不足，缺乏训练，几乎没有什么防御力量。戚继光到任后，立即着手改革。他一方面整顿卫所，调整编制；一方面训练士卒，严肃纪律。经过一番努力，卫所的一些不良积习，逐渐革除，一种新的昂扬的士气逐渐增长。在整顿卫所的过程里，戚继光以身作则地来执行一切法令。如他曾对在他属下服务的舅父，因不服从命令，也依法处罚。戚继光这种"法不讳亲"的作风，对部队起到良好的教育作用。戚继光了解到倭寇登岸后，往往利用内地奸民作向导，四出抢掠。戚继光便严加防范，发现后立即捕杀。这样少数

戚家军平倭图

坏分子，也就不敢助倭作恶为害。

戚继光素来主张“守不忘战”，他对狡猾的倭寇时刻保持着高度的警惕。山东海防经过戚继光积极的整顿，日渐巩固。倭寇不敢来犯，山东“海上肃然”。

戚继光在山东防倭的成就，得到舆论的好评。1555年秋，戚继光由山东调往倭寇猖獗的浙江。不久，戚继光升为参将，镇守当时倭患最为严重的宁波、绍兴、台州（今浙江临海）三府地区。戚继光到浙江以后，会同御倭将领俞大猷等打了一些胜仗。龙山（在今浙江定海境内）及岑港（今浙江定海西北）等战役，都给予倭寇一定的打击，但没有歼灭倭寇主力，倭寇仍然出没无常。戚继光逐渐认识到没有彻底消灭倭寇的原因，主要是部队缺乏训练，战斗力弱，指挥不灵；其次是战备补给极端恶劣。基于此，戚继光积极主张训练新军。早在1558年的岑港战役前，戚继光就上书浙直总督胡宗宪，提出在浙江招募3000壮士，亲自训练，作为抗击倭寇的主力的建议。但胡宗宪却将已染有浮猾、懦怯等恶习的3000官兵，交与戚继光训练。在岑港战役中，戚继光发现这支经过训练的官兵，军容虽整，但怯于短兵肉搏。于是戚继光决心到劳动群众中，去寻求打击倭寇的力量。

明朝中期以后，土地高度集中在贵族、官僚和地主手里。大批失去土地的农民，弃家逃亡。有的逃往深山，从事垦荒和开矿。1558年（嘉靖三十七年），处州（今浙江丽水）山区的流民和矿夫，流动到义乌（今浙江义乌）南的八保山开采银矿。这时，以陈大成为首的义乌县大族，组成乡团，禁止开矿，于是双方发生武装冲突。在激烈的战斗中，不仅显示流民和矿夫有着坚强的战斗力，就是义乌乡团的战斗力，也远远胜过官兵。这一事件，引起戚继光的注意。他决计把这些力量引导到抗倭方向来。

1559年9月，戚继光亲来义乌，以爱国大义号召流民和矿夫参加卫国保家的战争。流民和矿夫激于爱国热忱，在首领王如龙的率领下，毅然参加戚继光的军队。他们以后成了戚继光新军的骨干。由于倭寇的侵扰，也威胁到地主阶级的利益，以陈大成为首的义乌乡团也相率应募。戚继光根据应募的人的出身、履历、体格、武艺等方面，进行了严格的选拔。凡是浮滑的市民、打过败仗的兵痞、在官府当过差沾染坏习气的，一概不要。戚继光共选拔了精壮的新军4000人带回绍兴。

戚继光返回绍兴后，便着手训练新军。他接受了历年对倭作战的经验和教训，制定出切合实际的训练方案。

第一，以“卫国保民”的思想，对新军进行教育。戚继光对官兵的不能卫国保民，非常愤慨。他曾说过：“沿海卫所，自初建置，本以保障生民，捍卫地方，故民出膏脂，以供馈饷。今积承平二百年来，一旦被有倭患，其民社供馈军饷，且如旧矣。而军伍不惟不能保障生民，无益内地，且每事急，又请民兵以为其城守。是供军者民也，杀贼者又民也，保民者民也，保军者又民也，事体倒置如此!”戚继光针对时弊，强调指出“兵是杀贼的东西，贼是杀百姓的东西，百姓们岂不是让你们杀贼”。这就指出了新军神圣的职责是杀倭寇来卫国保民。戚继光对新军教育说：“你们当兵之日，虽刮风下雨，袖手高坐，也少不得你一日三分。这钱分毫都是官府征派，你地方百姓办纳来的。你在家哪个不是耕种的百姓？你肯思量在家种田时，办纳的苦处艰难，即当思量今日食银容易，又不用你耕种担作。养了一年，不过望你一二阵杀胜，你不肯杀贼保障他，养你何用?”戚继光以当时老百姓的心情及要求教育新军，以流民和矿夫为主体的新军，接受了这种“卫国保民”的思想。这就为新军具有坚强的战斗力和获得广大人民的拥护，奠定了基础。当然，戚继光这种“卫国保民”的思想，仍属于维护封建统治的封建道德伦理的范畴，但由于御倭战争是保卫民族利益反对民族侵略的战争，而戚继光的“卫国保民”的思想，在这种特定的历史条件下便具有了进步的内容。

戚继光阵演鸳鸯

第二，严立军纪，赏罚必信。戚继光经常以“岳家军”为榜样来教育他的新军，要求新军“畏将法，守号令”，希望新军也做到“冻死不拆屋，饿死不掳掠”。戚继光又向新军表示“若该赏处，就是平时要害我的冤家，有功也是赏，有患难也是扶持看顾；若犯军令，就是我的亲子侄，也要依法施行，决不干预恩仇”。戚继光还规定出一系列军纪法令。如互相救助的法令：凡每甲一人当先，八人不救，致令阵亡者，八人俱斩。一甲被围，二甲不救，一队被围，本哨各队不救，一哨被围，别哨不救，致令陷失者，俱依法斩其哨、队、甲长。这种法令，虽说严酷，但在当时作战中，确收到一定效果。

第三，创造鸳鸯阵法。戚继光根据江南多山岭沼泽、道路曲折窄狭、兵力不易展开的地形特点，并针对倭寇善设伏、猛冲锋、擅长短兵相接的惯技，创造出有名的战斗队形——鸳鸯阵。

鸳鸯阵是以火器、弓箭作掩护，对敌进行短距离搏斗的一种战斗队形。它以十二人为一战斗单位。最前一人是队长领导小队作战，其余之人依次是：二人一持长牌，一持藤牌，二人持狼筅[1]，四人持长枪，二人持短兵，末一人为炊事兵，其中十人为基本战斗员。在战斗开始的时候，敌人进至一百步以内，放火器。敌人进至六十步以内，弓弩手放箭，接着列鸳鸯阵冲杀。以鸳鸯阵法进攻时，二牌手执牌并列前进，牌手待敌长枪将及身，即投标枪击敌，继之取腰刀砍杀。狼筅手各跟一牌手身后，以防护牌手和掩护本队前进。长枪手每二支分别照顾一牌、一筅，如长枪进刺不中，短兵手杀上救应。这样，鸳鸯阵法不仅是长短兵器并用互济、充分发挥了各种武器的效能，而且把十二个人紧紧地结成一个整体，各尽其能，互相配合。这就可能战胜个人武艺较精的倭寇。

鸳鸯阵还可因地因敌变化队形，主要的一种是变为“三才阵”。这种阵法是队形由纵队变为横队，在一条线上展开。队长居中，左右为二狼筅，外侧各有二枪加一牌，后面则为二短兵。还有一种变为“小三才阵”，以狼筅居中，两枪夹护，两旁一牌一短兵，一个鸳鸯阵变为二个“小三才阵”。至于何时变化队形，变什么样的队形，都有严格的规定。

戚继光的新军，既提高了素质，又掌握了先进的战术，所以在以后的御倭战争中发挥了极大的威力，赢得了“戚家军名闻天下”的声誉。

倭寇多由海上来，有时在海上活动。要剿灭倭寇，除步兵外，必须配以水兵。戚继光在练兵期间，同时亲自监造了福船、沧海、艟艄等战舰40多只。戚继光对水兵的训练，除战术上有所不同外，其他和义乌新军一样要求。经过紧张的训练，戚继光的这一支精锐的新军，便投入了御倭战争。此后，御倭战争便进入了一个新的阶段。经过十二年的艰苦斗争，基本上肃清了倭寇。

---

① 狼筅又名龙筅，是一种适应江南水田地带的御倭利器，用大毛竹做成（也有用铁做的），长约一丈五、六尺，节密枝紧，杪加利刃，须力大的人，才能运用自如。

第十一章　养锐——将精锐使用在刀口上

久战之道
最忌“势穷力竭”四字
用兵无他巧妙
常存有余不尽之气也

【原典】

就全局观之，则两利相形，当取其重；两害相形，当取其轻。又不得不舍小而图大，舍其枝叶而图其本根。

久战之道，最忌“势穷力竭”四字。力则指将士精力言之，势则指大局大计及粮饷之接续。贼以坚忍死拒，我亦当以坚忍胜之。惟有休养士气，观衅而动，不必过求速效，徒伤精锐，迨瓜熟蒂落，自可应手奏功也。

“夫战，勇气也。一鼓作气，再而衰，三而竭。”国藩于此数语，常常体念。大约用兵无他巧妙，常存有余不尽之气而已。孙仲谋之攻合肥，受创于张辽；诸葛武侯之攻陈仓，受创于郝昭，皆初气过锐，渐就衰竭之故。惟荀罃之拔逼阳，气已竭而复振；陆抗之拔西陵，预料城之不能遽下，而蓄养锐气，先备外援，以待内之自毙。此善用气者也。

【译文】

就全局来看，则两个利益相比较，要选择利益大的；两个危害相比较，要选择危害较小的。又还不得不舍弃局部利益而图谋大局，舍弃枝叶而图谋根本。

打持久战最忌讳的便是“势穷力竭”四个字。力，是指将士的精力而言；势，则是指大局、大的作战计划及粮饷的补充。敌人以坚忍来抵抗我们，我们也应当以坚忍来战胜它。只有让士兵充分休息，蓄养士气，相机而动，不必过于追求速效，白白地损耗精锐，等到瓜熟蒂落，自然可以轻而易举地获得成功。

打仗是要靠士气的。第二次击鼓时士兵们都鼓足了勇气，第二次击鼓时勇气就会减弱，第三次击鼓时勇气几乎衰竭了，我对这些话，经常在内心仔细体会。大约用兵没有其他奥秘，只不过经常保存有不可用尽的士气而已。孙权攻打合肥，被张辽击败；诸葛亮攻打陈仓，被郝昭击败，都是由于起初士气太盛，难以持久，逐渐衰竭的缘故。只有荀罃攻逼阳时，原本衰竭的士气又再次振作；陆抗攻西陵时，预料难以一时攻下城池，因而养精蓄锐，先安排好外援，等待城中敌人自行灭亡。这两个人都善于利用士气。

点　评

蔡锷像

俞樾曾经把诸葛亮和曾国藩作了比较，认为曾氏在带兵打仗方面更胜一筹。他说：“诸葛亮拥有荆州这样的险要之地却不能充分利用，最后让它被吴国占去了，自己只好在散关、斜谷之间徘徊，终于陷入困境。难道说这是上天要抛弃蜀汉吗？或许领兵打仗的谋略有所欠缺吧！曾国藩在咸丰二年以在籍侍郎的身份居家守母丧。当时太平军如‘毒蛇猛兽’占据东南半壁，曾国藩在重孝之中奋起，创建湘军，开赴前线。攻克武汉后，便顺流东下，时而利用山峦和险要之地进攻敌人，时而领先战壕和兵器坚守阵地，进占咽喉，直捣空虚，敌方众多的堡垒烟消云散，十数年间，那些纷纷而起争做豪杰之士的，都像家禽得病一样僵死，都像野兽一样被击毙了……曾国藩要比诸葛亮英武得多。”

民国军事家蔡锷也认为曾氏“一介书生，出身词林”，“其于兵事一端，素未梦见”，“所供之役，所事之事，莫不与兵事背道而驰”，而竟“武功烂然，泽被海内。按其事功言论，足与古今中外名将比美，而毫不逊色”。毛泽东在青年时代也曾说过：“愚于近人，独服曾文正。观其收拾洪、杨之役，完美无缺。使以今人易其位，其能如彼之完满乎?”

曾氏一生的“功业”，当数镇压太平天国的“军功”为第一，这也是其它诸如洋务、吏治、军改等“功业”的基础。作为文人带兵的典型，曾氏建立的“军功”堪称奇迹。笔者将试图从曾氏的战略战术方面着手，并兼顾其对手太平天国的战略战术得失，分析曾氏制胜的原因。

一、曾氏战略初探

1. 战略上的远见

（1）金田起义之初，敏锐地感到广西事变的严重性

由于地方官的弥缝敷衍，清政府对广西事变的反应很迟钝，对拜上帝会则知道得更晚。开始清政府的主要注意力一直集中在遍地开花的天地会方面，直到金田起义前夕，清军与拜上帝会教徒打了一场大战，清政府才注意到它的存在。这以后清军对太平军连战连败，清政府才集中主要兵力对付太平军。不过这时他们对太平天国的内部情况仍不甚了解，往往称拜上帝会为“添弟会”，把韦昌辉当成主要领导人，还不知道有洪秀全这个人。战争初期，前线的清军内部不和，朝廷也一片慌乱，咸丰帝四顾无人之际，只好派出与自己关系最亲密的大臣赛尚阿去前线。赛尚阿到广西后，清军内部不和的问题仍然无法解决。各路清军围困永安城半年，指挥不统一，行动难一致，未能攻克城池，1852 年太平军从永安成功突围北上，把起义的烈火烧向长江流域。由于清廷的反应迟钝和绿营的腐败，清军未能在太平军初起时将其扑灭。而这一时期，曾氏却十分清醒，他为全国四处烽火，清政府财政拮据，军队腐败，根本无力应付这场战争而忧；他更为对于这种极为紧迫的情况，清朝当权者却懵然无知而忧。1851 年 4 月他上《议汰兵疏》，提出裁兵、节饷、加强训练三项措施，企图首先从军队着手，打开一个新局面，他在列举军队腐败状况后说：“医者之治疮痈之甚者，必剜其腐肉而生其新肉。今日之劣弁羸卒盖亦当量为简汰，以剜其腐者，痛加训练以生其新者。”主张“兵贵精而不贵多”。这里已有军制改革思想的一些萌芽。

（2）重视水师建设，肃清江面，夺水上之利

清朝绿营水师分为外海和内江两部分，外海水师驻广东、福建沿海，内江水师驻长

江沿岸各要隘。至咸丰初年，外海水师尚存，而内江水师久已废弛，两湖三江一带无炮无船。而太平军方面，自1852年12月在益阳、岳州得民船万只，千船百舸，蔽江而下，千里长江已是太平军天下，太平军能迅速击破武汉、金陵，实赖水师之力。当时郭嵩焘给江忠源去信，建议建立水师，江又写信给曾氏说："方今贼据有长江之险，非我造船筏，广制炮位，训练水勇，肃清江面，沿江各省恐无安枕之日。"曾氏当时也认识到对太平军作战时没有水师是很被动的，"我以陆攻，贼以水去"，根本无法接战。太平军凭借水师优势，不时袭击沿江地区，获取军需，清军防不胜防，处处挨打。

1853年9月，曾氏开始筹建水师，至1854年2月基本建成了当时中国技术最先进的、装备最优良的内河水师。在以后的战斗中，曾氏特别注重消灭太平军水师。1855年12月1日，湘军发起田家镇战役，焚毁太平军船只近五千只，"百里内外，火光烛天，皆该逆历年所掳民船，同归浩劫"。田家镇之役，太平军水师损耗殆尽，西征计划亦受重挫。从此湘军水师在长江中的绝对优势地位，从来没有动摇过，即使后来湖口之战后，被分割为两部分后仍然如此。湘军水师在作战、保障陆师后勤供应方面，贡献突出。筹建精锐水师是曾氏战略上得意之笔。

(3) 上疏攻克武汉后即东下有"三可虑"

1854年10月13日，湘军轻取武汉，武昌守将黄再兴、石凤魁等人不习战事，夜间弃城率精壮逃往田家镇，来不及撤走的太平军水陆官兵，牺牲惨重。占领武汉后，曾氏原打算好好经营一下湖北，休整部队，再以两湖为基地，进取江西、安徽，稳扎稳打，一步步地攻向金陵。10月21日，他上疏朝廷，提出攻占武汉后立即东下有"三可虑"：一是经过从岳州到武汉的一系列战斗之后，湘军人员、物资均有很大损耗，需要休整和补充，不然战斗力难以巩固，更不用说提高；二是太平军虽受重创，但仍有相当实力，又以湖北、江西为补给地，若孤军深入，稍遇挫折就可能陷入太平军包围之中；三是湖北湘军占领地区的经济未及恢复，尚无法供应粮饷，湘军东下攻取江西、安徽，仍需湖南供给。古语说："取粮千里外，将士有饥色。"由于运输线较远，有可能因粮饷缺乏而导致出现军士溃散、前功尽弃的局面。应该说，这些考虑是有战略远见的，也说明曾氏在一系列胜利之后，头脑还清醒。但是咸丰帝急于求成，"由九江、安庆直捣金陵"的主观愿望过于强烈，也低估了太平军的力量，因而拒绝了曾氏的意见，令其迅速全师东下。这一错误决策完全打乱了曾氏的计划，迫使他远离后方，轻兵冒进，为以后数年之内，湘军陷于进退维谷的困境，埋下了伏笔。

安庆省城战图

(4) 拒绝西防东征北援，专图安庆

咸丰八年六月曾氏结束守制，奉命督军援浙，拦击石达开。但石达开用兵十分灵活，当时湘军已进至赣南，还没有一兵一卒进入浙江，就已三面受敌。为改变湘军在江西战场上的处境，曾氏于咸丰九年正月上了一本著名的《通筹全局折》，指出："就全局观之，则两利相形，当取其重；两害相形，当取其轻。又不得不舍小而图大，舍其枝叶而图本根。"在这一战略思想指导下，他决定将湘军抱成一团，集中打向赣北，夺回景德镇，进而谋取安徽。在这以后的两年时间里，为实现这一计划，曾氏曾经三次婉拒君命。

一是婉拒西防。咸丰九年六月，石达开有入川迹象，曾氏获旨率部"赴四川夔州扼守"。接旨后，他与弟国荃商量说："欲即溯江为夔府之行，则弟与凯章所率之万人自须全数带去，而景德镇一松，抚、建必陷，临江、瑞、袁，在在可虞。是未救无事之蜀省，先失初定之江西。"故欲"不为此行"，经十多天的思考和审时度势，他决定拒绝西防，并上奏皇帝详述了自己的考虑。

二是婉拒东征。咸丰十年闰三月，太平军再破清军江南大营，张国梁、和春败死，四月，太平军相继占领苏、常，并向浙江进攻。同月，曾国荃率军进围安庆。

江南富庶之地，是清廷的重要财源和饷源，加之浙江兵力单薄，浙江巡抚王有龄慌了，他上疏要求派出"才全德备之臣，如唐之裴度、明之王守仁者，禀受方略，仗钺专征"，实际上是指明要曾氏出征，清廷接奏章后也认为"为今之计，自以保卫苏、常为第一要务"，因令曾氏"统领所部各军，探明道路，赴援苏常，以顾大局"，但在曾氏眼中，真正的大局在安庆，因此朝廷为此连发八道谕旨！曾氏最后上了一本《苏、常、无锡失陷，遵旨通筹全局，并办理大概情形折》，说明了不赴下游驰援的原因。

三是咸丰十年春夏之交，英法以“修约”为借口发动第二次鸦片战争，咸丰帝逃往热河，逃亡途中他令曾氏选精兵三千，交鲍超带领，“兼程前进，克日赴京，交胜保调遣”，此后又催促三次。而此时，正是安庆战事的危急关头，李元度刚大败于徽州，祁门大营危急，各路败兵又纷纷索饷，“纷纷多事，目不暇给”。北援与否，确实给曾氏出了一道难题。不北援，则于君臣大义有亏，卖国贼的头衔也会不期而至，如胡林翼所说：“士女怨望，发为歌谣，稗史游谈，诬为方册，吾为此惧。”若北援，又“缓不济急”，“无益于北，有损于南”。最后他们采取李鸿章的妙计：“按兵请旨，且无稍动”，利用奏章和谕旨往返的一个月时间，有意拖延，在奏章中提出一些其实自己就可以解决的问题，如谁领兵前往这些小事，让皇帝作决定。后来由于“和议”已成，北援一事遂不再提。

从婉拒北援一事上，也可以看出曾氏“攘外必先安内”的思想，当时曾氏意识到：西方列强尚无推翻清政府，更无占领中国的企图，无非是“金帛议和”，割地赔款而已。因此心腹之患在太平天国，必先剿灭。安定国内之后，再实行洋务、练兵、吏治等强国举措，以“勤远略”，使“中外永绝窥视之心”。应该说，曾氏是成功地沿着“攘外必先安内”的思想路线走的，但是后来的蒋介石就没有这么幸运了，虽然他经常高喊“攘外必先安内”，但日本人不是六十多年前的西方列强，小日本有推翻“政府”之意，并吞中国之心，刀已架在中国人的脖子上了，在民族矛盾和阶级矛盾都空前尖锐之时，再顽固的人也不会死守教条了，蒋也不得不顺应民意，承认共产党合法地位，联合抗日了。

曾氏之所以多次婉拒君命，“将在外，君命有所不受”，是因为他有一个专攻安庆的战略主张。他在奏折中称：“自古办窃号之贼与办流贼不同，剿办窃号之贼，法当剪除枝叶并捣老巢。今之洪秀全据金陵，陈玉成据安庆，私立正朔，伪称王侯，窃号之贼也。”他认为安庆不克，则皖北无法收拾，“江南之贼粮不绝”。因此，“欲廓清诸路，必先破金陵；欲破金陵，必先去金陵之屏障”。在他看来，金陵历久不克，主要原因在于有安庆等据点的屏蔽。若全力进攻安庆，陈玉成必以全力来救，届时围点打援，实施战略决战，可望消灭陈玉成部。如能攻克安庆，消灭陈玉成部，金陵的攻克也只是个时间问题了。咸丰十年四月，在湘军历史上具有里程碑意义的宿松会议上，曾氏“与胡中丞熟商江南军事”，胡林翼说过一句很重要的话：“凡事皆须精神贯注，心有二用则不成。”他俩取得了“安庆之围，绝不可撤”的共识。

当时太平军也很重视安庆这个战略重地，因为它既是天京的屏障，又是粮食等物资的供应枢纽，还是与捻军联络的据点，湘军以8万主力来攻，太平军也以主力来救，双方围绕安庆投入各自的精锐力量，其战争规模与激烈程度，不仅在太平天国历史上是空前的，在中国近代史上也是少有的。太平天国干王洪仁玕看破湘军后方空虚的弱点，建议攻敌所必救，乘虚直捣江西、湖北，夺取武汉，以分散敌人兵力，解安庆之围。可惜在具体实施这个计划时，陈玉成本可轻取武汉，而竟为避免与外国人的冲突而不取；李秀成沿途招兵买马，拖拖沓沓，致使南北配合失期，李秀成未能加入安庆外围决战，最后安庆战役，以太平军失败告终。

曾氏对太平军的回援战略看得很透，即使在武汉十分危急时，他头脑也十分清醒，坚持不可撤围。咸丰十年五月，洪仁玕建议用“围魏救赵”之计，攻江南大营所必救湖、杭二州，诱清军赴援，然后迅速回师，一举消灭了江南大营。因此曾氏说：“群贼分路上犯，其意无非援救安庆。……去年之弃浙江而解金陵之围，乃贼中得意之笔。今年抄写前文无疑也。”他反复强调了坚守安庆外围阵地的重要意义：“无论武汉之或保或否，总以狗逆（指陈玉成）回扑安庆时官军之能守不能守，以定乾坤之能转不能转。”

咸丰十一年八月一日，安庆被湘军攻克。争夺安庆一役，太平军死3万余人，城内守军1万多人也被杀，陈玉成的主力损失殆尽。关于这一战役的后果，洪仁玕后来写道：“我军之最大损失，乃是安庆落入清军之手。此城实为天京之锁钥而保障其安全者，一落在妖手，即可为攻我之基础。安庆一失，沿途至天京之城相继陷落，不可复守矣。”从洪仁玕的这段话，也可以看出曾氏专图安庆的战略是很高明的。

（5）开辟第二战场，使太平军首尾难以兼顾

1860年5月（咸丰十年四月），左宗棠回湖南招兵买马，又吸收了王鑫旧部，共得五千八百人，号曰楚军，9月，他率军战江西，1862年2月，李鸿章奉曾氏之命，在安徽也组建了一支军队，号曰淮军。当时苏南地区先后被太平军占领，清廷只剩镇江、上海、宝山、松江四座孤城，江苏巡抚薛焕株守上海，一筹莫展，唯知“遍召画工，日写丹青以自娱”。他手下虽有4万兵勇，却“尽皆乌合，见敌即溃”。只好向曾氏乞师求援，1861年11月，钱鼎铭来安庆“叩头乞师，情词哀迫”，“久住不去，每次涕泣哀求”，他还许愿每月接济湘军10万两银子，曾氏遂将李鸿章部用洋船输运至上海，先坚守上海，然后以此为基地，转战江苏全境。后来的事实证明，曾氏把左、李荐为巡抚，作为安插在江浙的两个钉子，他们为清廷钉住了这两个战略要地，使太平军后期名将李秀成首尾不能相顾，遂渐将太平军压缩到以天京为中心的小块地方。

当时曾氏嫡系曾国荃部五万人马，牢牢地盘踞在雨花台，监视天京。1862年10月，

金陵各营获捷战图

李秀成撤上海之围，猛扑雨花台，战46天，不利，又实施“进北攻南”计划，无奈湘军坚壁清野，太平军损兵10余万，次年6月又回到天京。左、李二人利用太平军主力转战于天京外围，无暇顾及江、浙之机，迅速扩大占领区域。左部于1863年以后连克绍兴、富阳，进逼杭州，经过一年多的争夺，杭州于1864年4月攻陷，完全控制了浙江；李部于1862年秋后，也频频发动攻势，次年1月，太平军常熟守将骆国忠叛变，李部连陷太仓、昆山等地，7月陷吴江，9月陷江阴，11月李秀成援无锡失利。这时，太平军守苏州的郜永宽等八个将领动摇变节，刺死东线总指挥谭绍光，开城投降，接着无锡失守。到1864年4月，太平天国的大据点，只剩天京、常州、湖州三处。

1861年9月攻克安庆后，湘军已处优势地位，左、李二人转战江浙，更使李秀成陷入多线作战的不利地位，形成“独木难撑”的困局，天京之围，终不得解。

(6) 借夷助剿，应限于通商口岸

1860年10月，奕䜣向咸丰帝提出“借兵助剿”，以救江苏危局。当时安庆大战正酣，湘军主力全部倾注于此，曾氏无力抽兵东征，在奏折中，他说明了自己不能驰援下游的原因，同时也委婉表示中国“足以自立”，借兵助剿不可取，他指出：“自古外夷之助中国，成功之后，每多苛求。”这刺痛了咸丰的隐忧，奕䜣也觉“流弊滋多”，“不可贪目前小利而贻无穷之患”。遂暂不提此事。

1862年1月，李秀成率精锐十余万人，分五路水陆并进，进攻上海，手足无措的上海官绅一方面去安庆向曾氏乞师，另一方面则再次向朝廷提出“借兵助剿”，希望由外国兵驻守上海并“代为收复”江南各城。咸丰帝表示支持，称“但于剿贼有利，朕必不为遥制”。上海官绅也在此之前就成立了中外会防局。在这种情势下，曾氏只好在原则上同意“借兵助剿”，但提出应限于通商口岸，不得深入内地。他说：“宁波、上海皆系通商码头。洋人与我同其利害，自当共争而共守之。苏、常、金陵，本非通商码头，借兵助剿，不胜为笑，胜则后患不测。……臣之愚见，借洋兵以助守上海，共保华洋之人财则可，借洋兵以助剿苏常，代复中国之疆土，则不可。”对洋兵采取了既要利用又要防范的策略。此后借兵助剿仅限于上海、宁波两处。

在国共相争时期，蒋介石和阎锡山也曾用过“借兵助剿”的办法。蒋介石在日本刚投降时，曾利用日伪军“维持秩序”，不许他们向共产党投降，只能等待“政府”去受降。日本投降后，侵华日军总司令冈村宁次曾向蒋建议，收编他手下的百万日军，因为这些人回国后将衣食无着，为国民党打内战还可混碗饭吃，蒋慑于国际国内舆论压力，没敢答应。后来阎锡山凭他与日军一些军官的私交，收编了几千名日军，成立了所谓“第十总队”，这支队伍的作战效能高出国民党军许多，成为解放军的凶恶敌人，但在太原战役中，仍难逃被消灭的命运。

史 鉴

公元626年冬，唐太宗刚夺取政权。突厥颉利、突利两可汗，率兵20万，到达渭水便桥的北岸，派元帅思力入朝，探听虚实。思力虚张声势说：“两位可汗率兵百万，现已兵临城下。”要李世民答复，他好回去传信。李世民说：“我与你们突厥结盟为友，而今你们背信弃义，我问心无愧，你们为什么忽然率军侵入我京城郊区，自夸强盛？我首

渭桥授盟图 颉利与李世民隔渭水结盟

先应当把你杀掉!”思力害怕，请求饶命。封德彝等人也请求依照外交礼节把他放回去。李世民说：“不行。现在如果放回去，突厥会认为我们害怕他们。”于是将思力囚禁起来。李世民又说：“突厥听说我国最近发生了事变，又知道我刚即位，所以率兵到此，以为我不敢抗拒它。我若闭门坚守，他们一定纵兵抢掠。强弱的转化，在于今天的决策。我要单独上阵，以表示蔑视他们，并且展示我军的军威，让他们知道我准备一战的决心；这样事情就会出乎他们的意料之外，打乱他们的计划，制服匈奴，在此一举!”于是李世民单骑而出，隔河与颉利对话，谴责他背信弃义，颉利弄不清李世民的意图，又见大批唐军相继而至，军容强大，又知思力被押，心中恐惧，于是请求和好，引兵而退。

当时李世民若发动突袭，李靖又已于突厥归途中设伏，必会大败突厥。但李世民放弃了这次机会，以此麻痹突厥，使其疏于防备。三年之后，唐朝国力已较强盛，又逢突厥内乱，乃派李靖统兵10万进攻突厥，一战而胜。突利可汗投降，第二年，擒获颉利可汗。李渊得知后，说：“汉高祖困白登，不能报；今我子能灭突厥，吾托付得人，复何忧哉!”

2. 战略上的慎重

(1) 兵不练就，决不出师

1853年9月、11月，清廷两次下令曾氏率兵增援湖北，以救武汉之危；12月，太平军骁将胡以晃进攻庐州（今合肥），清廷又令曾氏率船炮兵勇赴安徽救援。然而这年9月，曾氏刚移驻衡阳，所部仅为一些官勇，10月才开始创建湘军陆师，11月筹建水师，次年2月水陆军才基本练就，可以一战。

曾氏深知太平军兵多将广，战斗力强，绝非一般农民起义队伍可比，没有一支劲旅是不能冒然应战的。况且太平军水师，千船百舸，没有一支得力的水师与之抗衡，甚至连兵力调动和粮饷供应都会发生困难，更不用说打仗了。因而，曾氏打定主意：船要精工良木，坚固耐用；炮要不惜重金，多购洋炮。兵不练就，决不出征。他给朋友的信中说：“剑戟不利不可断割，毛羽不丰不可以高飞。”“断不敢招集乌合，仓卒成行，虽蒙糜饷之饥，获逗留之咎，亦不敢辞。”

对咸丰帝的两次命令，曾氏都直言回奏，说明了不能草率出兵的原因，他在第二篇回复的奏折中，慷慨激昂地表示：“臣自度才智浅薄，惟有愚诚不敢避死而已，至于成败利钝，一无可恃。皇上若遽责臣以成效，则臣惶悚无地，与其将来毫无功绩受大言欺君之罪，不如此时据实陈明受畏缩不前之罪。”又进一步倾诉道：“伏讫圣慈垂鉴，怜臣之进退两难，诫臣以谨慎，不遽责臣以成效。臣自当殚尽血诚，断不敢妄自矜诩，亦不敢稍涉退缩。”咸丰看了奏折，为其“血诚”所感动，再不摧促。曾氏更以十倍的努力，加紧了出征准备。

曾氏兵不练就，决不出师的原则，也使他失去政治上强有力的后台吴文镕和重要的军事助手江忠源。吴为湖广总督，黄州危急时向曾氏求援，后得知曾的难处后，虽自知必死，仍令曾氏万勿草草而出。他是曾氏的老师，又是重要的政治后盾。江忠源守庐州，他危在旦夕时，曾氏仅派一千士兵由陆路赴援。结果吴、江两人均兵败而死，曾氏不轻易出省作战的方针，也使他付出了个人情谊、政治后盾和军事人才上的重大代价和损失。

太平军夺取庐、黄二州后，进围武汉，咸丰帝乃于 1854 年 2 月 25 日下令曾氏东征，此时湘军已初具规模，曾氏乃奉命东进，开始了他十多年的征战生涯。由于湘军准备比较充分，9 月就攻取武汉。曾氏的慎重挽救了正在创建中的湘军，不然，草草而出，以卵击石，怎么会有以后的辉煌？

(2) 雨花台进退之争，力主稳慎

1861 年 9 月，曾国荃攻陷安庆，之后他回湖南停留了几个月，召募了七营新兵，次年 3 月回到安庆，随即率军沿江东下，一路连战连胜，6 月在彭玉麟掩护下，进驻金陵外围之雨花台。对老弟的神速进兵，曾氏“既以为慰，又以为惧”。他忧惧的是，雨花台紧邻金陵，而“金陵地势宏敞，迥非他处可比。进兵之道，不可孤军深入”。此时曾国荃已成一支孤军，多隆阿远走陕西，赴援雨花台的鲍超又被李秀成派出的杨辅清大军阻截于宁国一线，曾氏又别无他兵可调。因此他力劝老弟退出雨花台。

他对老弟说“贼势犹盛，不可遽图，百足之虫，死而不僵”，而今“弟军合水师不过二万，孤军深入，诸将帅皆以为不可，人人代为危虑”，又说“外间议弟处新营太多，兵不可靠，几于众口一词”。曾氏还写信给曾国荃的部将，“书告诸将，吾弟轻踏死地，必无万一之幸，诸将务告全军，毋从俱死”。可见曾氏对屯兵雨花台的前景是悲观至极的。曾国荃在回信中说：“诸军士自应募起义，人人以攻金陵为志，今不乘势薄城下，而还军待寇，则旷日持久，非利也。且金陵为贼根本，拔其根本，即枝叶不披而萎。金陵恃江南北各城为屏蔽，江南北各城亦恃金陵为应援。克其一城，移军他往，贼又随踞之；徒使我疲于奔命，贼则旋走旋据，是攻夺无已时也。今以一军直捣金陵，苏常各贼闻金陵事急，必来应援。彼时遣别将间袭苏常，吾因而乘之殄寇巢穴，在此一举也。”

其实曾国荃所言，也很有道理，如此可使太平军首尾不能相顾，后来的事实已证明了这点。应该说，这与曾氏“舍枝叶而图本根”的战略思想也是一致的。只是这种孤军占进，与曾氏招招求稳的思想不合拍。清军江北、江南大营，刚刚覆灭不久，前车之覆，可为殷鉴！而曾国荃只有2万人马，后来陆续增兵，也不过5万，周围几百里内，没有援军可到，屯兵雨花台，实在很冒险。

三个月后，李秀成回援天京，猛扑雨花台46日，因供给困难撤围，曾氏立即要求其弟借追击之名，赶快撤出，“以追为退”，但老弟“决计不退”。1863年3月曾氏亲往雨花台，视察防务，认为“稳如泰山”，遂不再提退兵之事。

（3）剿捻办“河防”，以稳慎制胜

1865年6月，曾氏奉命北上剿捻。在军事上，他先搞了个“重点设防”，即在捻军的根据地及主要活动地区十三个州府设置重兵，建立营寨，聚集辎重，企图以点制面，但这无异于守株待兔，捻军仍然乘虚蹈隙，“发如飘风，集如骤雨”。当时有人指出，骑兵之力不出百里，步兵之力不出十里。而点与点之间往往相距几百里，虽有游击的骑兵，亦无以制胜。于是曾氏提出河防之策以图补救。

河防，就是在黄河设置水师，在运河沿岸构建长墙和堡垒，进一步“规范”捻军的活动范围，同时防止其进入京城周围地区及“齐、苏膏腴之地”。后来他又接受刘铭传

忠王李秀成主持会议图

的建议，在河南境内的沙河、贾鲁河布置河防，河床浅的"挖壕守之"。这样，原有重点设防的13个点，现在又有河防的"四线"，点线结合，形成一个三角形战区。曾氏满怀信心地说："各分防地，层层布置，或者渐逼渐紧。"他力图将捻军驱至河南西南部"山多水多之处"，加以歼灭。这个方案，是曾氏"以静制动"的稳慎战略的反映，对于捻军的流动作战，确实造成严重的困难。但他的河防之策一出，"闻者皆笑其迂"，诸将在指挥士兵挖战壕时，大多"掩口笑之"。

事实上，后来李鸿章与左宗棠接办剿捻军事，在1868年将捻军镇压，他们的战略，无论是"扼地兜剿"也好，或"长围圈剿"也好，都是曾氏以静制动，先防后剿的战略思想的继承和发展，曾氏的河防，也为左、李二人的胜利打下了物质基础。

二、曾氏战术初探

1. 审机审势，知彼知己

(1) 用兵以审势为第一要义

1862年4月，曾国荃部将南渡长江以攻金陵时，曾氏指示说："以弟军目下论之，若在下游采石渡江，隔断金陵、芜湖两贼之气，下窥秣陵关，是为得势。若在上游三山渡江，使巢、和、西梁留守之师与分攻鲁港之兵隔气，是为失势。"这是讲在用兵地点上的审势。"至于进兵金陵之早迟，亦由弟自行审察机势。机已灵活，势已酣足，早进可也；否则不如迟进。"这是讲在用兵时间上的审势。

审势，就是指挥人员在作战中审时度势，以保持优于敌方的气势。曾国荃二万人马屯于雨花台时，曾氏曾教他"缩营坚守"，因为"凡用兵最重气势二字，兵勇之力，须常留其有余，乃能养其锐气，缩地固守，亦所以蓄气也"。咸丰三至五年，向荣屯兵金陵城下，兵不满三万，一方面与城内太平军相持，而又分兵援庐州、宁国，攻镇江、芜湖，朝野内外皆称向荣所部为天下劲旅。独曾氏不以为然，因为向荣不善审势，"不能从大处落墨，空处着笔也"。不出所料，咸丰六年江南大营被攻破，向荣败走丹阳。

审势又以审力为基础，审势在后，审力在先。所谓审力，即"知己知彼之切实工夫也"。咸丰五年，湖口之战后，湘军水师被分割为外江、内湖两部分，仅能自保；陆师攻九江，亦坚城难下；曾氏驻南康，一筹莫展。太严军乘机三克武汉。八月，罗泽南至南康、湖口一看，"知其力不足以图功"，便向曾氏提出赴援武汉胡林翼，武汉得手，则江西战事可望扭转。多年之后，曾氏还提到这件事，盛赞道："有识者皆佩服罗山用兵识时务，能取远势。余虽私怨罗山之弃余而他往，而未尝不服其知兵也。”

看明地势，有利于知彼知己，也有利于指挥人员决策和审势。1857 年 12 月，曾国荃围攻江西吉安时，曾氏教他说：“去吉城三四十里，凡援贼可来之路，须令哨长、队长轮流前往该处看明地势，小径小溪、一丘一洼，细细看明，各令详述于弟之前，或令绘图呈上。万一有出队迎战之时，则各哨队皆已了然于心。”1861 年 5 月，安庆战事已白热化，曾氏又教弟看地势不宜带队伍，“凡看地势、察贼势，只宜一人独往，所带最多不得过五人。如贼来追抄，则赶紧驰回，贼见人少，亦不追也。若带人满百，贼来包抄，战则吃亏，不战则长贼之气焰，两者俱不可。故近日将官看地势者，相戒不带队伍”。

（2）知彼知己，料敌入微

1854 年 8 月，曾氏率湘军攻克岳阳，他在给诸弟书中，分析了“敌我水战之短长”，他说：“大抵贼于水战一事，极为无能。渠所用者民船，每放一炮全身震破；所掳者原为水手，皆不愿在贼中久住。又以所掳之百姓，令其勉强打桨，勉强扶舵，皆非其所素习。……惟贼中所擅长制胜者，在渔划百余号，每战回出围绕，迷目惊心。此次余亦办得小渔划百二十号。行走如飞，以后我军见贼小划，或不致惊慌耳。”太平军水师中，人员成份复杂，炮船不堪使用，是一大弊病。后来石达开虽指挥湖口九江之战，大败湘军水师，但太平军水师始终没有振作起来。曾氏吸取太平军用民工于军于民都不利的教训，在湘军增设长夫，士兵专门打仗，长夫则挖战壕搞后勤。

1867 年 1 月，曾氏与沅弟书中谈到太平军陆师的两大长处，他说：“与此贼战，有

湘军水师攻克九江图

两难御者：一则以人多虚张声势，红衣黄旗漫山弥谷，动辄三四万人不等；季洪岳州之败，（注：曾季洪败后被裁，回家数年不见客），梧冈（即周凤山）樟树之挫，皆为人多怕震眩也。一则以久战伺暇隙，我进则彼退，我退则彼又进，顽钝诡诈，揉来揉去，若生手遇之，或有破绽可伺，则彼必乘隙而入；次青在抚州诸战是也。二者皆难于拒御，所幸多则不悍，悍则不多。盖贼多有裹胁之人，彼亦有生手，彼亦有破绽，吾转得乘隙而入矣。”这里对太平军陆师的长处作了精当的分析，但是优劣又是可以转化的，曾氏对敌之长处认识越深，就越能找到制胜之术。湘军的大多数胜仗，都是以人数上处于劣势的兵力取得的。湘军人数最多时不过三四十万人，而太平军则“有众三百万”，精锐之师亦不下百万，结果此消彼长，一胜一败，使人懂得了“没有永远的优势，也没有永远的劣势”的道理。

1863年3月，曾氏从雨花台前线视察归来，认为曾国荃所部壕墙坚固，遂撤销退兵之议。他回到安庆后就给皇帝写了奏折，报告“可喜之端”道：“昔年粤贼所至，筑垒加城，掘壕如川，坚深无比，近亦日就草率；而官军修垒浚壕，今实远胜昔日。贼中群酋受封至九十余王之多，各争雄长，苦乐不均，败不相救。”李世贤、杨辅清、黄文金、古隆贤、刘官方等既失城池，又“不甚服伪天王、忠王之调度，其行径亦与流寇相近”，而湘军于“三江两湖，水陆各营，颇能和衷共济，呼应相通”。这段话是比较符合实际情况的。太平天国政治上的腐败，军事上日薄西山之势，从中可窥一二。

1865年6月，曾氏奉命督率各军赴山东一带剿捻。在此之前，僧格林沁一味凭勇苦战，实行“蛮牛战术”，已败死于山东曹州，捻军声势大振。对于僧王的失败，曾氏早有预言，他说过：“此于兵法，必蹶上将军。”曾氏初出攻捻时，也不知捻军“伎俩究竟如何”，但他根据“谋定而后动”的原则，立足一个“稳”字，先对捻军特点进行研究，然后再思对策。

1867年1月，曾国荃在给兄长的信中说：“此股贼之难击，比发逆十数倍，恐一时万难荡平。”“捻逆虽不善攻，而人马最多，颇亦善围。（我军）步队二三十营扎为一处，贼马左右前后皆是，故文报粮草常有不通之时。”由此可见捻军十分善战。就在写这封信的前一天，曾氏也给这位老弟寄出一信，详述了他对捻军特点的认识：

“此贼故智，有时疾驰狂奔，日行百余里，连数日不少停歇；有时盘于百余里之内，如蚁旋磨，忽左忽右。贼中相传秘诀曰：‘多打几个圈圈，官兵之追者自疲矣’，僧王曹州之败，系贼以打圈圈之法疲之也。

吾观捻之长技约有四端：一曰步贼长竿，于枪子如雨中冒烟冲进，二曰马贼周围包抄，速而且匀；三曰善战而不轻试其锋，必待官兵找他，他不先找官兵，得粤匪初起之诀；四曰行走剽疾，时而数日千里，时而旋磨打圈。

捻之短处亦有三端：一曰全无火器，不善攻坚，只要官吏能守城池，乡民能守堡寨，贼即无粮可掳；二曰夜不扎营，散住村庄，若得善偷营者乘夜劫之，胁从者最易逃溃；三曰辎重妇女骡驴极多，若善战者与之相持，而别出奇兵袭其辎重，必大受创。”

基于这一认识，曾氏制订了“以静制动”的攻捻策略，其继任者李鸿章、左宗棠正是以此战略消灭捻军的。他的战略思想，他的河防与清圩，为李、左的胜利打下了坚实的基础。

史 鉴

商汤准备讨伐夏桀，伊尹说：“请用不进贡的方式来观察夏桀的行动。”桀很恼怒，调动九夷（古代东方的九个民族）的军队要讨伐汤。伊尹说：“还不能攻伐夏桀。他还能调动九夷的军队。在九夷看来失礼之罪在我们。”商汤于是向夏桀请罪，并继续进贡。第二年，商汤又不进贡了。桀大怒，再次调集九夷的军队，但九夷的军队不听调遣。伊尹说：“现在可以讨伐夏桀了！”于是商汤起兵讨伐夏桀，将桀放逐到南巢（今安徽巢县西南）。

汤伐桀

2. 战术救稳，徐图进取

战争的目的是要消灭敌人，但首先必须要保存自己，曾氏的战术思想是招招稳慎，下稳慎棋，把保存自己放在首要的地位。

1857 年，曾国荃刚组建吉字营攻打吉安时，曾氏针对他“初生牛犊不畏虎”的心境，劝他“到吉安后，专为自守之计，不为攻城之计”，“不求近功速效”。几个月后，在家守制的曾氏又给围攻吉安的沅弟赠送了一副对联，联曰：

打仗不慌不忙，先求稳当，次求变化；
办事无声无息，既要精到，又要简捷。

1861 年 12 月，他告诫围攻安庆的沅弟“总以自固为主，不必急救破城”，“只要多（隆阿）军濠墙站得住，弟军后濠守得稳，安庆终有可克之理”。1863年12月至金陵攻克之前的半年中，他五次告诫屯兵金陵城下的沅弟，要他“无贪功之速成，但求事之稳适”。“专在‘稳慎’二字上用心”。“不求奇功，但求稳着。至嘱！至嘱！”

（1）可以说曾氏是非常反对速战速决的

他曾高度评价汉景帝时期周亚夫的深沟高垒。公元前154年，周亚夫平定七国之乱时，让梁国与精锐的吴楚大军接战，自己却在昌邑深沟高垒，作壁上观，只出轻兵至淮泗口，绝吴军粮道。吴楚军与梁军大战后，锐气已挫，且饥疲不堪，勉强向周亚夫军挑战时，周亚夫又坚壁不出，只得引军而去。这时，周亚夫立发精兵追击，一举而破吴楚

西汉名将，周勃次子，因贤能袭绛侯爵。曾驻军细柳，为文帝赏识。景帝时任太尉，平定七国之乱，迁为丞相。因耿直被疏远。后被牵连入狱，绝食而死。

大军。曾氏盛赞周亚夫这种深沟高垒，后发制人的战术。并说："国藩久处兵间，虽薄立功绩，而自问所办，皆极拙极钝之事，与'神速'二字几乎违背。"他之所以这样做，因为他认为："兵，犹火也，易于见过，难于见功。"与其因求神速而见过，不如以求稳慎而渐缓见功，他很佩服曾国荃的两句话："稳扎稳打，机动则发"。称之"良为至论"。

(2) 反对浪战

要求部下"不轻言战"，"宁可数月不开一仗，不可开仗而毫无安排算计"，他称赞李续宾的"不轻进、不轻退"，说他"用兵得一'暇'字诀，及其临阵，熟虑审慎"。

曾国荃统兵在吉安前线时，他叮嘱说："凡与贼相持日久，最戒浪战。兵勇以浪战而玩，玩则疲；贼匪以浪战而猾，猾则巧。以我之疲制敌贼之巧，终不免有受害之日。"1862年，他又叮嘱在金陵前线的曾国荃："总以'不出壕浪战'五字为主。""弟坚持不浪战之意，甚是甚是。凡用兵须蓄不竭之气，留有余之力，《左传》所称再衰三竭，必败之道也。弟营现虽士气百倍，而不肯浪战，正所谓留有余之力也。"

曾氏所说的"浪战"，是指不知敌我，缺乏准备的轻率举措，这种战斗往往无胜亦无大败。浪战不仅是士卒疲困，也使他们对战争玩忽，视为儿戏，给敌方以可乘之机。与其如此，不如充分准备，一战而胜。这与毛泽东"伤其十指不如断其一指"的歼灭战思想是一致的。

(3) 反对牵连出队，约期打仗

牵连出战，约期打仗，曾在湘军中盛行一时，这固然反映了湘军的团结，没有绿营"胜不相让，败不相救"的恶习，但这样做是很危险的。当时没有先进的通讯手段，甚至在军官中手表都未普及，计时不准确，因而很容易因技术问题而出现漏洞，为敌所乘。1857年11月曾氏给沅弟的信中说："进兵须由自己作主，不可因他人之言而受其牵制。非特进兵为然，即寻常出队开仗，亦不可受人牵制。应当战时，虽他营不愿，而我营亦必接战；不应（当）战时，虽他营催促，我亦持重不进。若彼此皆牵连出队，视用兵为应酬之文，则不复能出奇制胜矣。"六天后曾氏又在信中提到"牵连出队之弊"，认为这样做"一遇大敌，必致误事"。"此营出队之时，本未通告彼营，一遇贼匪接仗，或小有差挫，即用令箭飞请彼营前来接应，来则感其相援，不来则怨其不救。甚或并未差挫，并未接仗，亦以令箭预请他营速来接应，习以为常，视为当然，彼营则恐惹人之怨，又虑他日之报复，于是不敢不去，不忍不去。夫战阵呼吸之事，若尽听他营之令，简明牵连出队，一遇大敌，必致误事。"因此在曾氏看来，牵连出队会助长请援方的依赖思想，打乱出援方的原有计划部署，这样既不利于出奇制胜，也难以搞好协同。作战中情况瞬息万变，战机稍纵即逝，如此不仅难以制胜，甚至自身的生存都有相当大的危险。

约期打仗属于牵连出战的一种情况，一般以“号炮、排枪或冲天火箭”为信号，这与持令箭请援的本质是一样的。曾氏指出：“两军相隔在五里以外，不可约期打仗……每每误事。”援军如果误点或违约，将造成战局的很大被动；更加危险的是，如果敌人知道了暗号，稍加利用，就可能会使援军钻入圈套，陷于埋伏之中。从这个角度看，令箭请援还稍微安全些。

（4）挖壕战法，以静制动

曾氏提出了“以静制动”的原则。他曾高度评价太平军“林启荣之守九江，黄文金之守湖口”，二人皆能以“悄寂无声为贵”。曾国荃围攻安庆时，曾氏反复开导他“总作一坚守不战之计”，“不分心攻城，专主坚守后壕”。他的理由是：“贼以积劳之后远来攻扑，我军若专守一‘静’字法，可期万稳。”他甚至认为，在挂车河一带打援的多隆阿部也应做“坚守之计，任贼搦战，总不出队与之交仗，待其晒过数日之后，相机打之”，因为陈玉成援军“军行太速，气太锐，其中必有不整不齐之处，惟有一‘静’字可以胜之”。这一“静”字法，实为《孙子兵法》中“敌疲我打”，“击其惰归”的具体应用。

在“以静制动”原则的指导下，曾氏还创造了挖壕筑墙的战法。最初，这只不过是湘军的自卫办法。1856年8月石达开率大军援救武昌，胡林翼、李续宾兵少力单，遂用筑垒挖壕的办法，内困武昌，外抗援军，使石达开无计可施，终于在当年12月乘天京内乱之机攻陷武昌。从此湘军引为成功经验，用这种办法对付能攻善守的太平军，使太平军无法发挥自己善于打运动战的长处，屡遭挫败。湘军用这个办法，攻下了武昌、九江、瑞州、吉安、安庆。曾国荃围金陵，也在雨花台用此办法顶住了李秀成的46日围攻。

关于壕沟的具体情况，在曾氏给沅弟的信中多次谈到：“九江修壕六道，宽深各二丈。”安庆有“内壕外壕，约计七十余里……地段太长，深以为虑”。可见工程浩大，壕沟不止一道，内外壕可以相互支援，即使攻破一壕，也不至全盘崩溃，仍可相机收复。

由于壕沟宽深各达两丈，因此攻壕难度很大。攻克安庆之前七日，曾氏给季弟的信中说：“闻贼备布袋、草靶，此二者皆余阅历之事。余攻九江，办布袋万个，为填壕之用，令每人装土于袋，负之丢于壕中……千余袋尚不能填得一丈宽，而千余人断不能站在一处。每处数十人，竟未能填一尺厚，是日伤人最多，此布袋之难用也。”

武昌省城战图

攻瑞州时，刘峙衡以稻草填壕，已填一丈宽，过壕十余人矣。贼以火蛋抛出，稻草悉燃，烧死数十人。第二次用湿稻草，贼以枪炮击之，官兵亦不如前次之踊跃，遂不能过壕。瑞州壕深不盈丈，尚且如此，此稻草之难也。”

可见用布袋草靶均难攻壕，李秀成后来围攻雨花台时，用的就是湿稻草，与刘峙衡攻瑞州相似，也是被枪炮所阻，未能过壕。在战斗中，太平军将士十分英勇，以血肉之躯，前赴后继，其视死如归的精神，令敌人胆寒。但损失实在太大，与湘军的伤亡比例几乎达到100∶1。

（5）以主待客，围城打援

曾氏提出了“以主待客”的原则，他说：“须人打第一下，我打第二下。”这是讲在具体战役中，谁先动手，谁为主，谁后动手，谁为客。曾氏认为：“古之用兵者于‘主客’二字最审也。”何为“主客”，他举例说：“守城者为主，攻者为客；守营垒者为主，攻者为客；中途相遇，先至战地者为主，后至者为客；两军相持，先呐喊放枪者为客，后呐喊放枪者为主；两人持矛相格斗，先动手者为客，后动手者为主。”他主张“以主待客”，因为“主气常静，客气常动。客气先盛而后衰，主气先微而后壮。故善用兵者，最喜作主，不喜作客”。为此他举例说：“凡扑人之墙，扑人之壕，扑者客也，应者主也。我若越壕而应之，则是反主为客，所谓致于人者也。我不越壕，则我常为主，所谓致人而不致于人也。”

以主待客，既可以逸待劳，蓄锐待敌，又可静以审势，伺机破敌。这种稳健的战术思想与孙武所说的“致人而不致于人”是一致的。毛泽东也曾经以两个拳师为喻，说是先动手的那位气势汹汹的拳师，恰恰最终被打败。在国共内战中，无论是在战略上还是在战术上，毛泽东都成功地运用了“以主待客”，“致人而不致于人”的原则。苏东坡在评论项羽的失败原因时也说：“项籍唯不能忍，是以百战百胜，而轻用其锋。高祖忍之，养其全锋而待其敝。”项羽之败，与全失主客之势有很大关系。

根据“以主待客”的原则，胡林翼最先在安庆之战中提出围城打援。在这以前，围城是重点，打援则为攻城服务。在安庆战役中，则把重点放在打援上，有计划地逼使对方进行战略决战，以歼灭太平军的有生力量。为此曾胡二人集中了所能调动的几乎全部兵力，造成湘军在安庆地区的显著优势。陈玉成等军远道而来，急于求战，湘军又深沟高垒，坚壁不出，伺其破绽，又忽出重兵，予以打击。陈玉成精锐刘玱林所部4000人就是这样被消灭的。

为达到围城打援和攻克城池的目的，围城本身也是很重要的，曾氏在与沅弟的信中

连环画中陈玉成形象

多次谈到围城之法，其要点有：

一是扎营不可离城太近。因为这样做“一则开仗之势太蹙（紧迫之意），一则军事宜隐宜诡，不宜使敌人丝毫毕知也”。

二是围城须严密，要使敌人“无粒米勺水之接济，无蚍蜉蚁子之文报”，则敌人早迟会“迫不可忍”。曾国荃颇善围城，太平军称呼他为“曾铁桶”。但他也无力防止李秀成出入金陵城。因为金陵“城大”，“兵少尚不能合围，弟之力量只此，亦无可如何”。

三是不在于日日苦战。曾氏指示围困金陵的沅弟说：“以后若非贼来扑营，似不必常寻贼开仗。盖贼之粮路将绝，除开仗别无生路；我军以断粮路为要着，不在日日苦战也。”当时部分洋商为重利所诱，私自运输粮食接济金陵城内的太平军，曾国荃对部下说：“西人商船不准在金陵水面停泊，不准接济贼匪，倘该商犯禁前往，则我国亦唯有开炮轰击之一法也。”居然要对洋船开炮，可见此断敌接济的决心之大。

（6）稳慎的战术适应了当时的技术条件

曾胡湘军，人数一直不多，起初不过近二万人，最盛时也不过 30 多万，而太平军人数则长期保持百万以上，即使在金陵失守的前夕，各路太平军也有 30 万人左右。因此，湘军本钱有限，不能轻易冒险，自然趋于求稳。从另一方面来说，湘军无论是军事素质、武器装备，还是物质供应诸方面都要优于太平军。一般来说，在兵员素质和装备上处于劣势地位的军队往往要借助机动灵活和人数众多来弥补其不足，而稳慎的战法恰恰是其克星。所以蔡锷评论说：曾胡之所以如此，是因为当时他们的敌手并非精锐之师，人数众多，武器落后，信息不灵。打仗主要是凭体力和勇气，攻击力相对薄弱，很容易受到地形地物的局限，进攻难以收效。所以战术偏重于攻势防御，是有合理内核的，适应了当时的技术条件。

史　鉴

在国共第二次国内革命战争时期，蒋介石的前四次“围剿”都以失败告终，后来他接受德国顾问的建议，采用堡垒战术：每占领一个地区，就大量修筑碉堡，力图把红军逐渐压缩到一个狭小的地区加以歼灭。而这时红军在李德的指挥下，与敌人寸土必争，红军原先赖以制胜的运动战法宝，被放弃了，结果红军遭受了重大损失，苦战一年，仍未能打破敌人的围剿，被迫进行长征。就是在长征中，李德仍未认识到自己的错误，一意孤行，与敌硬拼。湘江之战，红军损失 5 万人，这 5 万人，如果肩并肩躺着排列，长度可达 25 公里！遵义会议后，毛泽东等人掌握了红军领导权，从此运动战的法宝又被灵活运用，中国革命才走出低谷。

1861 年 5 月曾国藩给沅弟书中说：“历次以来，凡围攻最紧之处，余亲身到场，每至挫失，屡试屡验。余偏不信，三月攻徽（州），又试往一行，果又验矣。此次余决不至安庆，盖因此故。”

3. 先求稳当，次求变化

舞刀弄剑，躬亲矢石，非曾氏所长，他亲自指挥一个具体战役，多吃败仗。他自 1864 年以后，基本上没有“亲临前敌，亲自督阵”，而“不得不自藏其短，使诸将展其才”。他声称：“鄙人教练之才，非战阵之才也，将将则胜”。然而从另一方面来看，湘军的征战主要是由曾氏指挥的，特别是胡林翼死后，几乎全由他一人筹画，并节节取得胜利。可见其战略战术确实高人一筹。

曾氏原本一书生，咸丰四年正式带兵作战以后，才真正接触到军事。在这之前，他的军事知识最先是从史书中学来，而《资治通鉴》对他的影响最深。这与满人的兵法权谋，最初是学自《三国演义》相似。曾氏曾经赞叹说，《资治通鉴》一书“好叙兵事所以得失之由，脉络分明，……实六经以外不刊之典也”。他还对这套书中所述兵事战例，作过一些点评。可见，从古战例中熟悉战争，是曾氏学习军事的主要途径。但他读书并不迷信书，鉴古而不泥于古，曾氏更从军事实践中学到许多知识，并把两种知识结合起来，形成了他既求稳慎，又讲求机动灵活，变化多端的军事思想。

曾氏在赠给沅弟的一副对联中说："打仗不慌不忙，先求稳当，次求变化。"在这里已经说明了稳慎与变化的关系，二者有主次之分，先后之序。在做到稳慎的基础上，尽力追求变化。在追求变化的时候，曾氏提出要注意八个字："虚、实；奇、正；重、轻；呆、活"。

（1）虚虚实实，奇正互用

为求灵活多变，曾氏提出"虚虚实实"之法。他说："兵法最忌'形见势绌'四字，常宜隐隐约约，虚虚实实，使贼不能尽窥我之底蕴。若人数单簿，尤宜知此诀。虚实结合，主要表现在示弱上，正如《孙子兵法》所说："形人而我无形，则我专而敌分。"曾氏对此的理解是："凡用兵之道，本强故示弱者多胜，本弱故示强者多败。"他在《陆军得胜歌》中说得更具体："起手要阴后要阳，出队要弱收队强。初交手时如老鼠，越打越强如老虎。""起手要阴"，"如老鼠"，是用兵之"虚"，都属于"本强故示弱"，是为了麻痹敌人，以待可胜之机；"后要阳"，"越打越强如老虎"，就是有可胜之机时，发挥自己的实力，战胜对手，这是用兵之"实"，也是"虚"的目的。曾氏也有"本弱而示强"的时候，剿捻时他曾上演过一出空城计，这在后面将要讲到。

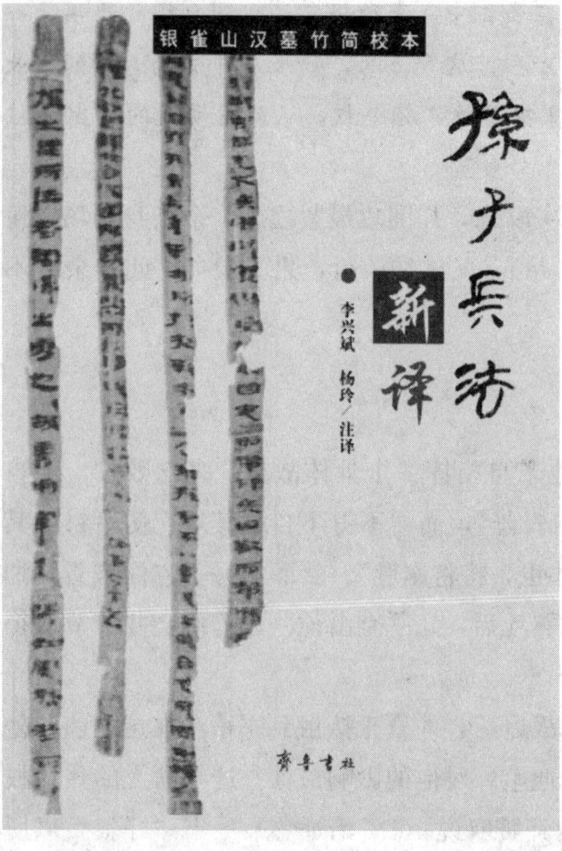

银雀山汉墓竹简校本孙子兵法新译

曾氏又主张"奇正互用"，"忽正忽奇"。他曾赞扬吴坤修率彪字营和义武营攻打新昌时，"有重兵以镇守，有轻兵以雕剿，正合古人奇正互用之法"。何为奇正呢？他举例说：

"中间排队迎敌为正兵，左右两旁抄出为奇兵。屯宿重兵，坚扎老营，与贼相持者为正兵；分出游兵，飘忽无常，伺隙狙击者为奇兵。意有专向，吾所恃以御寇者为正兵；多张疑阵，示人以不可测者为奇兵。旌旗鲜明，使敌人敢犯者为正兵；羸马疲卒，偃旗息鼓，本强而故示以弱者为奇兵。建旗鸣鼓，屹然不轻动者为正兵；佯败佯退，设伏而诱敌者为奇兵。”

一般来说，在战场上，以正兵为主，奇兵为辅。但是根据战场形势的变化，有时候要改变用兵方向，或者说，主要的着笔之处，不在正兵，而在奇兵，这是因为“凡战者以正合，以奇胜”，出其不意，攻敌不备，才能致胜。曾氏很重视用奇兵，好从敌人所不经意处下手，他说：“凡行军最忌有赫赫之名，为天下所指目，为贼匪所必争。莫若从贼所不经意之处下手，既得之后，贼乃知其为要隘，起而争之，则我占先着矣。”曾国荃进占雨花台之后四个多月，曾氏劝他退出雨花台，不声不响地占领太湖西岸，站稳脚跟。此地“战船处处可到，而环湖十四府州县处处震动。贼则防不胜防，我则后路极稳”。当时太湖沿岸不为李秀成所重视，曾国荃用兵于此，可收出其不意之效。

(2) 重轻呆活，不可或缺

曾氏很重视重兵与轻兵，呆兵与活兵的使用。对这四者他解释说：“进退开合，变化不测，活兵也；屯宿一处，师老人顽，呆兵也。多用大炮辎重，文员太众，车船难齐，重兵也；器械灵活，马驮辎重，不用车炮轿夫，飙（暴风之意）驰电击，轻兵也。”他认为四者缺一不可，但“宜多用活兵，少用呆兵；多用轻兵，少用重兵”。或者“半活半呆，半轻半重，亦有更战互休之日”，“更番互换，乃能保常新之气”。

他还讲过两句“军务要语”，一是“坚守已得之地”，二是“多筹游击之师”。前者为重兵、呆兵之用，后者为轻兵、活兵之用。他批评向荣、和春、张国梁的江南大营之败，在于“以重兵株守金陵城下，不早思变计”，即不知“从大处落墨，空处着笔”，不知运用轻兵、活兵。

1862年6月，曾国荃进兵雨花台，曾氏极力反对，后来多次劝他退兵，这既有战略上求稳慎的考虑，怕沅弟重蹈向荣、和春之覆辙；也有战术上多用轻兵、活兵的考虑。他指出：“以数万人全作呆兵”，“若长扎雨花台，以二三万劲旅屯宿该处，援贼不来，则终岁清闲，全无一事；援贼再来，则归路全断，一蚁溃堤”。说这话时，李秀成已解围失败，去“扫北攻南”了，曾氏主张沅弟向太湖方向“不经意处退兵”，“以追为退”，待在太湖办成水师之后，陆师无后顾之忧，再进军金陵，也“不过数月之事，未为晚也”。

这个退兵策略的核心，是把屯于坚城之下的重兵、呆兵，部分变为轻兵、活兵。后来沅弟“决计不退”，曾氏又要求他“筹出一支结实可靠之活兵在外纵横驰击”，指出“专以合围攻坚为念，似非善计”。曾国荃最终没有退兵，但仍取得攻取金陵的胜利，这并非曾氏少用重兵、呆兵，多用活兵、轻兵的失策，而是由于太平军已成强弩之末，再加上曾氏派出鲍超等部下不断驰击于长江两岸，牵制了太平军，使多数太平军不能到达金陵外围，力量最强的李秀成部，也因“扫北攻南”折师10余万，而元气大伤，对雨花台再难以发动大规模进攻。这一系列因素，才使曾国荃得以转危为安。

史　鉴

三国末期，魏国司马昭任用钟会，起兵征讨蜀国。钟会担心征蜀的军事行动泄密，就以讨伐吴国为名，令人在青州（今淄博）、徐州、荆州（今常德市东北）、扬州（今安徽寿县）等地建造大船。又派人在临海地区征集海船。司马昭不明白钟会的用意，就问他：“你从陆地收复四川，为何还要造船呢?”钟会答道：“蜀国如果听到我国要出兵，定会向吴国求援，所以我先虚张声势，使吴国不敢轻举妄动。等到伐灭了蜀国，大船已造好了，再带领打了胜仗的士兵去征伐吴国，不是更好吗?”司马昭听了非常高兴，钟会的策略后来果然奏效了。

突厥阿史德叛唐，有军队数十万，朝廷下令裴行俭率军讨伐。起先军粮多次被敌人掠去。裴行俭说：“用计谋可以克敌制胜。”就假装用300辆运粮车，每车内埋伏壮士15人，佩有利刃强弓，让瘦弱的士兵拉车，又埋伏精兵远远地跟在粮车后边。敌人果然劫掠粮车，老弱残兵往险要之地逃走了。敌人推着粮车到有水草的地方，解下马鞍，让马去吃草。刚要取下车上的粮食，车中壮士突然出击，伏兵赶到，敌兵几乎全部被杀或被俘。从此运粮车再也没有人敢接近了。

4. 养气攻心，讲求心战

《战争论》的作者说过“战争是政治的继续”。由此可见战争并非孤立的事物，合理地使用政治策略和手段，对于战争的胜利，这是不可缺少的辅助措施。曾国藩很注重讲求心战，以养己之士气，夺敌之锐气。

（1）心战首先是“养吾气”。

曾氏说：“凡用兵最重‘气势’二字。”“‘气敛局紧’四字，凡用兵处处皆然”。他引用了历史上许多战例，来论证养气的重大意义：“大约用兵无他巧妙，常存有余不尽之气而已。孙仲谋之攻合肥，受创于张辽；诸葛武侯之攻陈仓，受创于郝昭，皆初气过锐，渐就衰竭之故。惟荀罃之拔逼阳，气已竭而复振；陆抗之拔西陵，预料城之不能遽下，而蓄养锐气，先备外援，以待内之自毙，此善于用气者也。”所以，“凡用兵，须蓄不竭之气，留有余之力，《左传》所称再衰三竭，必败之道也”。在没有现代化武器，打仗主要是凭体力和勇气的情况下，军队的士气无疑具有特别重要的意义。

曾氏主要通过四个方面，养成军队的士气：

一是养吾正气，防其邪气。对全军将士进行政治思想教育，使大家都深信其事业是“正义”的，其军队是“正义之师”，所从事的战争是“正义之战”。

二是养吾和气，防其离气。搞好部下上上下下的团结，增强凝聚力。治军之道，贵在人和，“和则可以一当百”。如果“上不信下，下不信上，上下互疑，离心离德”，必定致败。

三是练吾胆气，防其恐气。练兵先练胆，人无胆气，一切技艺都无用。戚继光说过：在战斗中士兵的个人武艺并不是最重要的。这就是讲团结和勇气的重要。曾氏还在

北宋名将，行伍出身，因抵抗西夏有功，累迁至枢密副使。为范仲淹赏识。后平定广西叛乱，升任枢密使。因北宋猜忌武将，无过被外放监视，惊疑忧郁而终。

训话时用宿命论壮士兵胆气，他说："人之生死有命，你若不该死时，虽千万人将你围住，自有神明护佑，断不得死；你若该死，就坐在家中，也是要死。可见与贼打仗是怕不得的，也不必害怕。"

四是养吾刚气，防其娇气。"气不自壮，励之乃刚"。军纪必须威严，军容必须整齐，要培养全军上下的阳刚之气。

史　鉴

宋朝时，南方的习俗信鬼神。狄青征讨侬智高时，大军刚走至桂林南边，见路旁有一座大庙，百姓都说这里供奉的神很灵验。狄青就特地驻扎下来，进庙祷告。他祈祷说："这次出征胜败无法预料，我就拿出100枚钱币来占卜，且与神灵约定，如果获得大胜，则这次投掷的钱币，希望都是有字的一面朝上。"手下人都劝阻狄青不要这样做，假如不能如愿，会影响进军。狄青不听劝止，当万千军士正踮着脚尖注视的时候，狄青已挥手将钱币抛出，结果是百枚钱币全都字面朝上。于是全军欢呼，声震原野。狄青也特别高兴。他叫手下人找来100颗钉子，在地上一一将钱币固定，再用青纱覆盖，把钱币封好。他说："等我军胜利凯旋，再来拜谢神明，开封取钱。"后来，狄青攻取昆仑关，击败侬智高，平定邕州（今南宁）等地。等到班师回朝，路经庙宇，狄青如约取钱，并与幕僚一起观看，原来这100枚钱币的两面都是一样的字面。

曹操率军出征，军粮不够用了。曹操私下对主管粮草的官员说："可以用小斛供粮，以补不足。"管粮的官员问："倘若军中生出怨气，怎么办?"曹操说："我自有妙计。"不久军中果然有怨言，于是曹操又召见主管粮食的官员说："特地借你的头来压服众人，不然事情就无法解决。"于是就把管粮官员斩首，取下他的首级告示众人说："故意用小斛，暗中盗窃官粮。谨按军法从事。"因此瞒过缺粮的事，全军不再有怨言。

(2) 心战其次是"攻敌心"

在"攻敌心"方面，主要有：

一是以义夺心。战争之前，应大造舆论，宣传自己出师的目的是为了禁残止暴，救民于水火，揭露对方的残暴无道，借以瓦解敌方军心民心。曾氏《讨粤匪檄》即为此目的而作。

史　鉴

楚汉相争时，项羽在江中杀害了义帝。新城（今河南伊川西南）三老（秦制，乡有

刘邦像

三老，掌教化）董公对汉王刘邦说：“我听说‘顺德者昌、逆德者亡’。师出无名，事业就不会成功。现在项王无道，把义帝都杀了，是天下人的敌人。有仁义的人，不在于勇力。大王应该率领三军将士，身穿丧服，向诸侯宣告讨伐项羽。这是夏、商、周三代开国君主的明智之举。”于是汉王刘邦为义帝发丧，全军将士都穿素服，并通告天下诸侯说：“天下共同推立的义帝，却被项羽杀死，希望能跟从各位诸侯王一起，讨伐楚国杀死义帝的人。”于是天下人心归服汉王。

二是以威夺气。未战之前，大肆宣扬自己军队多么强大，给敌人以强大的心理震慑，使敌人丧失斗志，进而对敌人展开诱降。太平军后期，“此王杀彼王，纷纷来投降”，即与曾氏的心战诱降有关。曾国荃在围攻天京时，也派出大批间谍进行诱降活动，利用各种关系打入天京城内，策动政治上不坚定的分子叛变，从内部瓦解太平军。湘军还经常将劝降书射入城内，希望有人拾起，主动与他们联系。洪秀全得知后，通令全城，有得敌人文书者必须上报，不准私拆，违者严惩。由于太平军将士在政治上比较坚强，因此虽然遇到比苏、杭等城困难得多的局面，但始终没有发生将领叛变献城、献门的事。曾氏为此说过“天京非他城可比，天王非他王可比”，“洪秀全亦可谓能自固其众矣”。

史 鉴

公元前202年11月，项羽率10万军队败退到垓下地区，遂在此构筑营垒，进行防御。汉方各路大军也随即追至垓下，很快完成了对项羽军的包围。汉军在韩信统率下，分路向垓下楚军进攻，项羽率楚军奋勇力战，多次击退汉军的进攻，但由于项羽兵力不足，无力出击汉军，难以使汉军撤退，只得退入营垒固守。汉军一时还无法彻底击败楚军，于是张良建议刘邦，以楚方归顺人员和汉军中善唱歌者，每夜皆唱楚歌，引起楚军士兵的思乡情绪，这极大地影响了楚军的士气。

齐楚交战，楚将子发连败。有个小偷求见子发说：“臣下有点小技，愿为将军效劳。”子发说：“好吧。”不问什么，就派他去了。小偷半夜解开齐军将领的帷帐，拿来献给子发。子发派人送还齐军，说：“士兵有出去砍柴的，拾到将军的帷帐，现派人把它送还给将军。”第二天又偷了枕头，仍送还齐将。于是齐国将领惊恐，说：“我军再不撤退，楚军会取我们的头了。”遂撤兵。

秦朝末年，武信君攻下原赵国的十座城，但其余城池都不肯投降，于是带兵向东攻打范阳（今河北定兴）。蒯通去劝说范阳令说："先生当范阳令有10年了，秦朝的法律严酷，你得罪了不少人。现在天下大乱，法律无法施行，县里的青年都想杀你，到武信君那里去请赏。您如果派我去见武信君，就可以转祸为福了。"范阳令就派蒯通去见武信君，蒯通说："先生若用我的计谋，可兵不血刃而范阳平定。"武信君问怎么办，蒯通说："范阳令怕死，很想投降，但又怕你像前面攻下的10座城那样格杀不论。您为什么不让我带着侯印，去拜范阳令为侯？如果范阳令乘着华贵的车子，驱驰于燕、赵的城郊，人们见了都会说：'这范阳令是最先投降的。'那么燕、赵的城池可以不战而降。"武信君听从了蒯通的策略，就派蒯通赐范阳令侯印。燕赵的人听到这一消息，不战而降的有30多座城。

三是反间离心。《孙子·用间》说："反间者，因其敌间而用之。"对此杜牧的注释说："敌有间谍来窥我，或以厚赂诱之，反为我用；或佯为不觉，亦以伪情而纵之，则敌人之间谍反为我用也!"可见"反间"的原意是利用敌方的间谍，后来则泛指利用对方政治军事上固有的破绽，用计离间对方，引起内讧。曾氏在咸丰六年十月十八日与温弟书中说："日内亦多造伪文，大纵反间。"可见当时伪造对方公文，是反间计的重要手段。洪杨内讧后，韦昌辉之弟韦志浚、杨辅清在前线带兵，曾氏巧用反间计，使两人互相猜疑，最终曾氏将韦志浚策反，使他叛变，投奔了湘军。

史　鉴

马超与韩遂夹攻曹操，曹操想要离间他们，就用谋士贾诩之计，在两军阵前邀请韩遂出阵相见。曹韩原有旧交情，两马相交，二人交谈了一段时间，并不涉及两军战事，只说些在京都时故友旧交，不时地拍手欢笑。事后马超问韩遂："你与曹操谈些什么?"韩遂说："没有说什么。"马超对韩遂起了疑心。第二天，曹操又送来一封书信给韩遂，信中字迹多有评点修改，好像是韩遂阅后改过的样子。马超知晓后大怒，马、韩两人自己相互间打了起来，以至于被曹操打得大败。

5. 几个具体战例中的灵活战术

(1) 初战湘潭，攻击方向正确

1854年4月，湘军王鑫部3000人在羊楼司遭遇太平军，大败，退入岳州，后曾氏派炮船前往城下虚张声势，王鑫等900人得以从缒城逃出。太平军乘胜攻占岳州、湘

阳、宁乡、湘潭，形成对长沙的夹攻之势。由于太平军过于轻敌，进攻太快，暴露出不少弱点。尤其占领湘潭的林绍璋一军，已孤军深入，表面上好似全军的精锐，实际上却成为全军最脆弱的部分。曾氏及时抓住这个弱点，制定了集中兵力，攻打湘潭的作战计划。当时在长沙城内的军事会议上，有两种意见：一是全力固守长沙，一是对太平军实行反攻。主张反攻的人在反击点上又有三种意见：一是靖港，一是宁乡，一是湘潭。会议否定了株守长沙的意见，认为入城固守，必陷于被动，一旦失利，后果将不堪设想。会议决定攻击湘潭，因为攻湘潭即使失利，仍可退守衡州，徐图恢复，有较大回旋余地。曾氏攻湘潭的决定无疑是对的，正好击中太平军的弱点，加之太平军主将林绍璋忠厚有余而将才不足，遂致湘潭大败，损失二万人马，锋锐尽失。曾氏在家书中描述“湘潭大胜”的情形是说：

“贼于廿七早辰刻破湘潭，即刻分股，窜至朱亭、渌口、株洲一带，掳涟江之船。廿八早塔齐布在湘潭大获胜仗，踏破贼营三座，烧毁木城一座，杀贼至六百余人。是夜贼又筑营垒，廿九日塔又大战二次，初次烧贼营二座，杀贼七百人，二次真长发老贼拼命出战，塔又大胜，杀贼千余。初一、初二皆大战，皆官兵大捷。五仗共杀贼至四千人，三日连破贼营三次，至第四日，贼不敢筑营矣。凡自贼中逃出者，皆言自广西起事以来，官兵从无此非常之胜。”

湘潭之战，是太平军起义以来的首次大败，也是湘军初期具有重大意义的胜利。这不仅仅是军事上的胜利，而且在政治上，引起了清廷对湘军的重视，曾氏募勇成军的作法得到咸丰帝的支持，这对日后湘军的发展，产生了难以估量的政治影响。

(2) 安庆之役，一军围，三军战

曾、胡进攻安庆，一开始就采用围城打援的策略，其目的不仅限于攻陷安庆这一军事重镇，更主要的是要进行主力决战，歼灭太平军精锐陈玉成部。这一方针首先是胡林翼提出的，他说：“用兵之道，全军为上，得地次之；今日战功，破敌为大，复城镇为下。古之围者必四面无敌，又兵法，十则围之。若我困敌于一隅，贼必以弱者居守，而旁轶横扰，乘我于不及之地，此危道也。然不围城则无以致贼而求战。”这里的“致贼而求战”，就是调动敌人，迫其就范，最后聚而歼之的意思。

曾胡决定用曾国荃部围城。1860 年 6 月攻陷安庆东北要地枞阳后，曾国荃乘陈玉成回援天京，进击江南大营之机，用霉变陈米千石、银数千两雇佣饥民，与长夫一起开挖两道长壕，深、宽各达二丈，内壕围困安庆守军，外壕抗拒援敌。彭、杨水师封锁水道，协助围城，兼管运输。多隆阿、鲍超、李续宜三军打援。这样，打援部队在力量上大大强过围城部队，兵力分配大致是3：1，形成一军围，三军战的局面。这一部署反映了安庆之战，湘军的重点在打援上。

1861年4月，陈玉成回援安庆，天京也派来洪仁玕等率军二万来援，安庆城外展开了一场异常激烈的战斗。战线共分六层：最南一层是长江中的湘军水师，第二层是坚守安庆的太平军叶芸莱部，第三层是曾国荃围安庆的湘军，第四层是陈玉成的部队，屯于集贤关内外，第五层是清军多隆阿部，第六层是洪仁玕所率援军。形势是犬牙交错，既有包围也有反包围，内线外线层层作战。这次战役是具有决定意义的，所以双方都全力以赴。太平军的精锐之师除李秀成所部外，几乎都参加了这一战役。

湘军最终取得安庆之战的胜利，原因大致有以下几个：就湘军方面而言，一则兵力雄厚，湘军八万精锐俱集于此地；二则以逸待劳，以主待客，围城和打援的部队都有工事可守，"无绝大便宜决不出壕作战"，只在工事内"以群子火蛋打之"，而一旦盯准破绽，则全力出击。这样"贼有日竭之势，我有可胜之机"，"此贼断无持久之道"。这一战术使湘军一直处于比较主动的地位。

就太平军方面而言，陈玉成与李秀成两人战略思想不统一。安庆是陈玉成的根据地，赴援心切，在武汉城下稍遇挫折就回援安庆。李秀成重视江浙，对安庆的作用缺乏认识，一路招兵买马，进军路线迂回曲折，致使不能按期会师，在安庆危急之际，李秀成竟无一兵一卒到达战场。而从战术上看，太平军在安庆外围的失败，是陈玉成一个错误决策引发的。由于集贤关苦战失利，洪仁玕援军首告不支，败守桐城，陈玉成夹在曾国荃与多隆阿之间，腹背受敌，于是，陈玉成留八千人守集贤关，另于关外东冈岭留刘玱琳4000人，以阻击鲍超之湘军，自己则率5000余人退走桐城，企图与洪仁玕等会合后，再打回集贤关。刘玱琳部孤悬于关外，很快便被鲍超及成大吉部万余人包围，曾国荃也切断了刘玱琳与关内太平军的联系。经二十天战斗，赤冈岭这座营垒被攻破。刘部多是老广西战士，即曾氏所谓"长发老贼"，战斗力强，乃陈玉成部精锐，一直被用作先锋，陈玉成所向有功，多赖刘玱琳之力。刘玱琳部覆灭，标志着陈玉成军由盛转衰，安庆不复可救矣！而安庆一失，天京又不得可守！可以说，刘部4000人的牺牲，成为战争全局的转折点！

（3）坚壁清野，重挫李秀成"扫北攻南"计划

李秀成进攻雨花台失利后，又决定了一个"扫北攻南"的计划，即从长江北岸进攻敌人的后方，以调动敌人下游兵力上援，南岸部队北救，借此以解天京之围。12月，李秀成冒大雪进军江北，打算由皖北进入湖北，与陕西陈得才部取得联系。但皖北一带被

曾氏“坚壁清野，太平军行至六安，因无粮不能前进，又求战不得，攻城不下。另一方面，曾氏又加紧进攻天京，使李秀成不得不回援天京，次年6月，李秀成回到天京。这次出师，未获战果，反而折损兵力10余万，太平军战斗力大为削弱。从此以后，太平军基本上陷入毫无胜利希望的消耗战中，天京之围再也无法可解。

(4) 僧王、曾氏攻捻战法之比较

僧格林沁对捻军认识肤浅，他在奏折中说：“捻众繁多，其出掠，伺空虚，避官兵，以焚掠胁俘良民，党众日增，马步数万，列队百里。兵少贼多，众寡悬殊，如欲攻其巢，则相距一二百里外，井堙（堵塞之意）地赤，裹粮携水，不能持久，退为所蹑，往往失利。”显然曾氏对捻军“四长三短”的认识更为深刻和全面。

僧王一味凭勇苦战，实行“蛮牛战术”，虽也获得一些胜仗，但不能彻底击败捻军。同治帝叫他不要亲临前线，他却“日夜追一二百里，宿不入馆，夜不解带，席地而寝。天未明即食”。然后扬鞭上马，疲驰而去。以致于“王十年跨马，髀肉不生”。但他在河南战场上，累遭伏击，连败于邓州、南阳等地，将领多人阵亡。他气急败坏，竟然“击折总兵翎项”，命令将士日夜追赶，自己也几天不离鞍马，竟使“手疲不能举缰索，以布带索腕系肩驭马”。而捻军“知僧军疲，益狂奔，或分东西走，误我军”，1865年5月捻军用“打圈圈之法”，把僧军包围于曹县，此时僧王所率前队“粮食俱乏，逮夜，汹汹欲溃”，又与后队差三至七日路程，诸将请求突围。僧王饮酒至醉，二更时披挂上马，率百余骑突围，被杀于麦田中。

对于僧王的失败，曾氏早有预料，并劝他“不可久劳，宜假休息养锐气，不可视贼太轻，求效太速”。僧王败死后，捻军声势大振，剿捻的重担又落在曾氏身上。攻捻之初，曾氏就立足一个“稳”字，他在奏折中说：“臣策战事，当在半年之后。”在对捻军的特点有了深刻认识之后，他制定了“以静制动”的方针，他指出，捻军“已成流寇行径，若贼走而官兵亦与之俱走，则节节尾追，着着落后”，僧王“以动制动”已被证明是失败了的，应该“变尾追之兵为拦头之师，以有定之兵制无定之寇，庶几渐有归宿”。这“有定之兵”就有以静待敌、制敌之意。

具体措施，主要有两个，一是重点设防与河防并举，把捻军限制在一个三角形战区内，使其运动战的长处难以发挥；二是普遍清查民圩，用政治手段断绝捻军与人民的联系，使其陷于孤立无援境地。这一手抓军事遏流，一手抓政治清源，可谓用心良苦，手段也确实很毒辣，正好击中捻军的弱点，这与僧格林沁的恃勇蛮干，优劣自见。

东捻军覆灭图之一

（5）剿捻中的一场空城计

1866年9月至次年2月，曾氏驻兵周家口。11月的一个晚上，大队湘军尚未归营，大营中仅有千余亲兵护卫，捻军突然来袭，营中亲兵惊惧不已，有些混乱了。幕府文书钱应溥（后官至工部尚书）急忙向曾氏说：“现已半夜，力战肯定不行，突围恐怕危险更大。但如果我方按兵不动，泰然处之，捻军必然生疑，或许会不战自退。”曾氏于是高卧不起，幕府人员也镇压异常。守护曾氏的亲兵见主帅若无其事，于是也都平静下来，恢复常态。捻军本来就怀疑大营重地，必有重兵把守，又见湘军如此平静，更加怀疑曾氏布有伏兵，于是徘徊不定，不敢冒进，最后匆匆撤去。

三、曾氏战略上的失误和战术上的弱点

曾氏在战略战术上有得意之笔，但也不乏失误之处，其用兵谨慎，求稳当，有时也造成其战术上“懦缓”的弱点。

1. 战略战术失误，造成两年坐困江西的局面

从1855年2月曾氏退至南昌，至1857年3月他携季弟回湖南奔父丧，这两年零一个月的时间中，曾氏被困于江西，这主要是由朝廷的瞎指挥造成的，但曾氏自己也有失误。1854年9月，湘军攻下武汉后，曾氏即上疏，说明随即东下有“三可虑”，但朝廷“由九江、安庆直捣金陵”的愿望过于强烈，致使湘军孤军轻进，这是以后几年中湘军

“步步艰难”的主要原因。

湘军由武汉东下之师，起初士气颇旺，连战连胜，尤其是12月发起的田家镇战役，几乎彻底歼灭太平军水师，当月内，又陷广济、黄梅，直奔九江。太平天国东王杨秀清见形势危急，急令石达开从安庆西援。1855年1月29日，石达开设计诱使湘军水师之轻便战船，驶入鄱阳湖内，然后，湖口两侧的太平军奋勇杀出，飞速设垒设卡，把一向未遭败绩的湘军水师分割为外江和内湖两部分，在长江中留下的多是笨重船只，没有轻便战船的支援，就“如鸟无翼，如虫去足，实觉无以自立”。是为湖口之战。

2月11日，太平军林启荣、罗大纲部又在九江发起火攻，烧毁停在九江江面的湘军水师船只百余只，曾氏的大帅坐船亦被俘，他再次投水自尽，又欲效春秋晋国大将先轸赴敌而死。经湖口、九江之战后，湘军水师大衰。但太平军未趁机发展水师，因而一直未能控制长江。

此后40天的时间里，太平军重新控制了湖北大片地区，第三次攻克武汉。这时，曾氏更加确信去年9月攻克武汉后，不待后方巩固，迅速东下是错误的，他在奏折中分析失败的原因时说：一是武汉克复后当留重兵驻守，并留水师主力以作后援，这实际上是在婉转批评咸丰帝；二是九江未破，不应攻湖口，以致兵力分散，两处受阻，这是在讲曾氏自己的战术失误。但咸丰帝只看表面现象，认为失败是由于水师小船冲入内湖所致，仍令曾氏攻取九江，这种瞎指挥无异于梦呓，而曾氏也怕退兵会引起士气低落，越发不可收拾，遂以“攻剿上犯之贼”为名。将外江水师撤至金口休整，曾氏则困守南昌城中或南康的水营里。

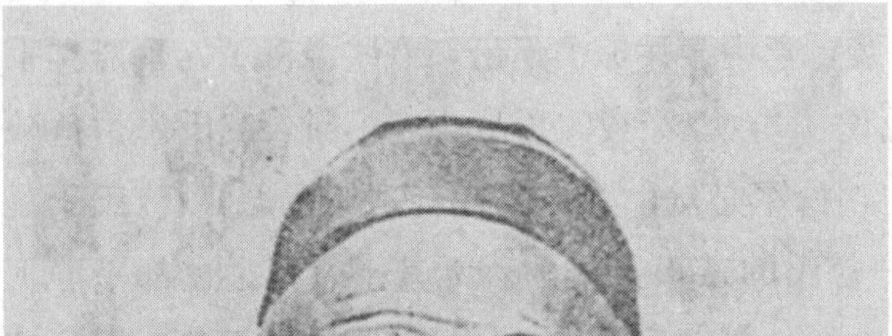

曾国藩

1856年3月，石达开获樟树镇大捷，击败湘军周凤山军，不久就控制了江西13府中的8府54州县。曾氏困守在南昌和南康两府的狭小地区，文报不通，信息中断，连送家书也不得不用隐语腊丸，化装潜行。即使这样，送信人还是往往被识破，被捕杀者达百人以上。咸丰六年四月初八（1856 年 5 月）与温弟书就是隐语密语，用商人口气叙事，人名多用代号，如“温六老板”指六弟温甫，“雄九老板”指罗泽南，“迪安老板”指李续宾，“梧冈伙计”指周凤山，“邓老八”即邓辅纶，“林秀三”即林源恩，“印渠老行”即刘长佑，“秋山宝店”即新任江西巡抚文俊，“义渠宝号”即唐训方，“吴竹宝店”即吴坤修，“开益号”即国藩自称。信的原文是：

“温六老板左右：三月廿八日，有小伙计自鄂来江，乃初九日起程者。接润之老板信三条，知雄九老板噩耗。吾邑伟人，吾让首功，何堪闻此。迪安老板新开上湘宝行，不知各伙计肯听话否？若其东来，一则恐无盘缠，二则恐润老板太单簿，小店生意萧条。次青伙计在抚州买卖较旺，梧冈伙计亦在彼帮助，邓老八、林秀三亦在彼合伙也。雪琴河里生意尚好。浙闽均有些伙伴要来，尚未入境。黄虎臣老板昨往瑞州专做生意，意与印渠老行通气，不知可得手否？

余身体平安。有省城与秋山宝店相得，特本钱太少，伙计又不得力，恐将来伙食为难耳。馀不一一。澄四老板十九日之信，已收到矣。

润公老板、迪安老板、义渠宝号、吴竹宝店均此。开益号手具。”

后来王闿运在写《湘军志》时，读到有关资料，他在日记中写道：“夜观涤公奏，其在江西时实悲苦，令人泣下。……‘闻春风之怒号，则寸心欲碎，见贼船之上驶，则绕屋彷徨’。出师表无此沉痛。”曾氏自己也说：“余昔久困江西，盖几不能自克。”可见其当年处境何等困窘。真是一着失误，全局被动，所幸没有全盘皆输。

2. 不顾一切，进驻祁门险地，历险十个月

1860 年 4 月，太平军用洪仁玕“围魏救赵”之计，再破清军江南大营，和春、张国梁败死，天京解围。同月，湘军曾国荃部到达宿松、集贤关一带，湘军统帅部曾、胡、左等人在宿松会议上确定全力攻取安庆的计划，太平军为救安庆，决定第二次西征。9 月，陈玉成率北路军自天京渡江北上，10 月，李秀成率南路军入皖南。

李秀成南路军的必经之地皖南，是个丘陵山区，在靠近浙赣边界的群山之中有一块小盆地，祁门县城就在这盆地的西端。所以李鸿章说“祁门地形如在釜底，殆兵家之所谓绝地”是有道理的。曾氏却认为，皖南地连赣浙苏三省，战略地位重要，“我守之则可通敝处（指曾氏）与尊处（指左宗棠）之气，可以固景德镇、湖口之防；贼得之则隔我三面之气，阻我进兵之路，利害甚巨”。于是曾氏率鲍超等部 13800 人，于 1860 年 7 月进驻祁门。

也许曾氏的分析有一些道理，能守住祁门固然有利于大局，但由于祁门在地形上是兵法中所说的“绝地”，因而能否守住祁门都很成问题，何谈其余？在祁门，曾氏经历了四大险情：

一是在1860年12月初，李秀成大军进占安徽黟县，距曾氏大营仅80里，“朝发夕至，毫无遮阻”。曾氏身边只有3000士兵，休宁的张运兰也自身难保，只好急调鲍超来援，但如果李秀成立即发起进攻，也是远水不解近渴。曾氏自度难逃此劫，遗嘱都写好了。但李秀成对敌情估计错误，认为祁门必有重兵，遂迟疑不进，不久鲍超赶到，李秀成大战失利，遂转入江西，曾氏得以绝处逢生。

二是12月中旬以后，太平军骁将黄文金等率二万余人，兵分三路攻祁门，曾氏又陷入惊涛骇浪之中，他在家信中说：“自十一月来，奇险万状，风波迭起，文报不通者五日，饷道不通者二十余日。”黄文金被湘军官兵呼为“黄老虎”，可见其勇，可惜与左宗棠、鲍超激战时负伤，遂退回皖南，曾氏又渡过一次危机。

三是1861年3月，太平军侍王李世贤击败左宗棠的王开琳等营，迫使左军退回景德镇，4月4日，刘官芳猛攻扼守历口的湘军营垒，历口距曾氏大营仅20里，曾国藩乃急调朱品隆部赴援，刘方解围而去。

四是4月9日，李世贤攻克景德镇，兵锋直指祁门，曾氏又陷入绝境，乃移驻休宁，率所部八、九千人攻徽州城，不料士气低落，破城不成，反被劫营，二十二营中，仅有十四营还能保持建制，其余八营不复成军。曾氏只得退回祁门。恰在此时，左宗棠在乐平击败李世贤，重新占领景德镇，李遂东入浙江，曾氏再次死里逃生。

总之，自到祁门以后，曾氏就没有轻松过，正如他给亲友书信中所说，“危机四伏，一夕数惊，无日不在惊涛骇浪之中”。他乘左宗棠东平取胜、军情好转之机，顺水推舟，赶紧离开了祁门险地。1861年5月6日他离开祁门，10日到达东流，将大营设置在靠岸的大船上，由水师护卫，这才脱离险境。从1860年7月3日进驻祁门到次年5月6日离开，前后恰好10个月。

3. 曾氏战术弱点：儒缓

有一次，友人周腾虎在与曾氏畅谈时，直率地指出他的弱点是儒缓，即胆子小与效率差。这两个字入木三分地刻画出曾氏的致命弱点。曾氏也自我评论说：“余性鲁钝，他人目下二三行，余或疾读不能终一行；他人倾刻立办者，余或沉吟数时不能了。友人阳湖周弢甫腾虎尝谓余‘儒缓不及事’，余亦深以舒缓自愧。”他又进而认为自己“儒缓”，不宜从政从军，“凡儒者多务为舒缓，而不能应机以趋事赴功”，在给家人的信中也说，“行军本非余所长，兵贵奇而余太平，兵贵诈而余太直”。

曾氏的“儒缓”，与他本性“鲁钝”是有关系的，他在小时候，到了七八岁还不太爱说话，当时他比较胖，别人就给他取了个浑名，叫“肉哑巴”；求学时期，他的才思并不敏捷，和弟国潢一起从汪觉庵读书时，不爱回答问题，汪老师对他的诗文只用“也好”二字敷衍，而十岁的国潢比他小九岁，却伶俐得多。但曾氏“极善苦思”，也许这才是他学有所成的主要原因。另外，曾氏死后，社会上有曾氏系蟒蛇精投胎的说法，姑且不论其迷信色彩，就假定是这样，那么蟒蛇可能正与“儒缓”二字相配。梁启超也许评价曾氏“在并时诸贤杰中，称最钝拙”。

曾氏的“儒缓”在军事上的表现是：行军迂缓，用兵呆板，不善于打运动战，尤其不能亲自带兵打仗。他自己也承认，“古人用兵，最贵变化不测。吾生平用兵失之太呆”，“控地道则更呆”。造成他战术上这种弱点的原因，一则与性格因素有关，这在前面已经谈到；二则与其稳慎的战略战术思想有关，真理跨越一步，便是谬误，过于稳慎，则未免懦缓。可以说懦缓是稳慎的伴生物，就像刚出土的玉石必然包裹着泥土一样。

我们可以从剿捻中看到他的“儒缓”：他接到北上剿捻的上谕 22 天之后，才勉强登舟北上。一开始，就显出了与僧格林沁急躁轻进完全不同的作风。在行军中，僧王每日行 70、80 里或百余里，将士“饥饱不均，有连日不得一餐者”，而曾氏统率下的湘淮军，自己“支帐埋锅造饭，不向州县索米供应，略师古法，日行仅 40 里，少或 20、30 里”。简直有点像在爬行。但就靠这种“儒缓”，曾氏及其继任者却消灭了捻军，由此可见，其“儒缓”在一定程度上，是与当时的技术条件相适应的。不妨可以说，“儒缓”并不全是弱点，只有对战局不利，与实际情况相违背的“儒缓”，才是弱点。如果把曾氏的那套办法，不论是稳慎也好，儒缓也好，运用于当代的战争中，恐怕会处处碰壁的，因为技术条件等情况也发生了根本性的变化。

四、太平天国方面战略战术之得失初探

太平天国从金田起义到攻克南京，只用了二年零二个月的时间，又经三年时间，达到全盛时期，“扰乱十有六省，有众三百万”，可谓其兴也勃焉；1856 年 9、10 月内讧之后，太平军在各战线立即转入守势，经过近八年争夺，各要地相继沦陷，可谓其亡也忽焉。但即使在走下坡路的时期，太平军仍有不少得意之笔。

太平军进军金陵图

1. 太平军得意之笔

(1) 进攻阶段迅速胜利的基本原因

从1851年1月金田起义到1854年3月攻克南京，是太平军的进攻阶段。迅速胜利的原因大致有四个：

一是太平军初期得到了广大人民，尤其是社会下层，受苦最深的贫苦人民的支持，因此得以把分散的细小的反抗力量汇集到自己的队伍来，使太平军从几千人迅速扩充到近百万人。

二是清政府对广西事变反应很迟钝。由于地方官的蒙混不报，清廷在金田起义前夕，才知道一些情况，但也不知其详，不知彼则被动。

三是太平军进行了一系列的军队组织和建设工作。起义之初就建立了以东王杨秀清为首的领导核心，建立和健全了各种制度，并组成了专门爆破的“土营”和从事水战的“水营”。从而在战斗力上大大超过已腐朽不堪的绿营兵。

四是军事上极其机动灵活。他们声东击西、避实就虚，使敌人求战不得，防堵不能，疲于奔命而终遭溃败。如太平军在紫荆山、永安、桂林、长沙等地遇到优势敌人时，就及时脱离，转攻其他。令清军处处设防，手忙脚乱，作战之机动兵力大减，丧失了战争主动权。

(2) 相持阶段取得湖口九江大捷等胜利

从1853年3月定都南京到1856年9月内讧，是战争的相持阶段。1854年10月，田家镇一战，太平军水师几乎被全歼，在危急之际，石达开奉命由安庆出援。

此时湘军士气很旺，石达开认为只可智取，不能力胜，而且首先必须击垮湘军水师。遂令林启容守九江，罗大纲守湖口西岸梅家洲，自守东岸湖口县城。坚壁不战，每夜用火箭、火球惊扰湘军水师。湘军疲惫不堪，急于求战。两军相持一月之后，石达开故意撤开湖口守军，诱敌深入。求战心切的湘军，就把便战船全部驶入湖口，而大船仍停在长江中。石达开见敌中计，立即把湖口水卡堵塞，把湘军水师分割为两处，当夜火攻湘军大船，焚毁39只，13天后罗大纲、林启荣又在九江发动夜袭，焚毁大船十余只，曾氏座船被俘。石达开乘胜攻取武昌，曾氏败至南昌。1856年3月，石达开部又在樟树镇击溃湘军主力周凤山部，很快控制了江西十三府中的八府五十余县。正在此时，洪秀全调石达开去破江南大营，曾氏才得以绝处逢生。1856年4月和6月，太平军还在天京外围的战斗中，先后横扫江北、江南大营，向荣败死。

(3) 防御阶段浦口、三河大捷及再解天京之围

1856年9月内讧到1864年7月天京陷落，是太平军的防御阶段。这一时期虽然从总的趋势来说，太平天国江河日下，但在陈玉成、李秀成两位年青的天才将领互相配合下，仍取得浦口、三河大捷及再解天京之围的胜利。

浦口、三河大捷。1858年8月，李秀成召集太平军将领，会于安庆东北重镇枞阳，商讨援救天京的问题，会议决定由李秀成、陈玉成合兵共解天京之围。9月25日，两军在乌衣会师。次日，在江苏江浦县西北的小店，击溃江南大营来援的5000清兵，并乘胜占领浦口。同时，陈玉成进攻江北大营前阵，李秀成袭击敌营后背，九洑洲的太平军也乘船来战，这就是太平军再破江北大营的浦口之战，歼敌万余。太平军乘胜追击，连克江浦、天长、六合等地。

太平军大战浦口之际，西线兵力空虚，安庆外围据点，全被湘军占去。李续宾、曾国华亲率精兵6000，进攻巢湖边的重要据点——三河镇，企图进窥庐州（今合肥）。太平军在取得浦口大捷后，便回援安徽。11月7日，陈玉成到达庐州西北的金牛镇，包抄敌军后路，同时守庐州的吴汝孝会合捻军南下，截断敌人舒城援军，接着李秀成也领兵前来，屯白石山以为后援。11月14日，陈李两军开始夹攻李续宾大营，三河守军也乘机杀出，经激烈战斗，李续宾的6000精锐全数被歼，李续宾自缢而死，曾国华死于乱军之中。包围安庆的湘军慌忙撤退，太平军乘势夺回桐城、潜山等地。是为三河之战。

浦口与三河之战，是太平天国战史上著名的歼灭战，它制止了湘军长驱直入的进攻。

再解天京之围。浦口、三河大捷后，太平军士兵大振，但是，这年年底屯守于滁州、全椒、来安一带的李昭寿，屯守于江浦的薛之元相继叛变，天京再次告急，次年年初，江南大营攻陷天京对岸的浦口，增兵围困天京，李秀成只得主力东调，这使湘军又获得喘息的机会。

为解天京之围，李秀成用洪仁玕“围魏救赵”之计，他于1860年1月到芜湖，率精兵进攻杭州，3月19日攻破杭州城。江南大营果然中计，分出近一半的兵力去杭州。敌人中计后，李秀成立刻放弃杭州，赶回安徽建平，会合杨辅清、李世贤、刘官芳等部，陈玉成也从安庆赶来，把江南大营团团包围，天京城内守军也从东门、南门杀出。5月5日，太平军发起总攻，江南大营不支，向镇江溃退，李秀成乘机追击，进而收复丹阳、常州、苏州、嘉兴等地。

2. 太平军失误之处

(1) 定都南京是太平天国战略上一大失策

攻克南京后，太平天国最高领导人经过一番考虑，决定定都南京，改南京（当时称江宁）为天京。

当时的形势，对太平军十分有利，清政府陷入一片混乱，显得十分脆弱。而西方列强，为了各自的利益，尚不敢冒然干涉，暂时保持“中立”。这时太平军兵力已近百万，如以主力北伐，完全可能摧翻清政府。但是洪杨等人却采取了建都南京的政策。由此而产生诸多严重后果：

一是定都天京，敌人可以集中兵力找到主要目标加以围攻，太平军方面需要拿出很大的力量进行防御，正如曾氏所说：“窃号之贼未尝不以全力护其本根。”这样，太平军

天王府西花园遗址

就失去主动，往往陷入两线甚至多线作战境地，而敌人则从被动中解脱出来。

二是为了巩固天京，就得分兵四出，因而机动兵力少了，使敌人有集中优势兵力攻击某一部太平军的可能，形成局部的优势。

三是过早建都，也为太平天国领导人过早沉缅于物质享受，争权夺利，造就温床。

因此，定都南京是战略上一大失策，更为严重的是，以此为标志，太平天国从此以保守的战略，代替了进攻的战略，为失败埋下了伏笔。

(2) 保守的战略，断送了北伐的胜利成果

1853年5月初，洪秀全命林凤祥、李开芳、吉文元等率精兵12500人，由扬州出师北伐。北伐军一路进展顺利，6月攻下归德，9月攻下直隶军事重镇临洺关，大败直隶总督军队，进逼保定。这时北京大为震动，皇帝和有钱人家准备逃走。10月底北伐军占领天津附近的静海和独流镇，攻势达到最高点。

这时北伐军虽然发展到四万人，但蚁聚于北京、保定南线的清军却有十多万人，因而进攻北京，显然力量不足，加之与天京早已隔绝，缺粮少衣，敌人又不断进攻，在这种不利情况下，北伐军坚守静海、独流达三个月，1854年2月，向西南突围，准备与援军会师。

但曾立昌的北伐援军，从安庆出发时兵力只有7500人，5月份就被清军打败。林、李二人分兵两处坚持抗敌，连镇的林凤祥一直坚持到次年3月，李开芳由高唐突围，走至山东茌平县的冯官屯坚守，一直坚持到5月。

北伐失败，首先是因为兵力单簿。北伐军发展到最高峰也不过4万人，而当时守北京的常备军就有15万，外围还集结着大量援军。要以少数孤军占领北京，是不可能的。其次，北伐军孤军深入，与后方完全隔绝，在补给上发生了严重困难。由此可见，北伐失败，主要是由于兵力不足。归根说来，是由于太平天国保守的战略，断送了北伐军的胜利成果。

(3) 太平军失败的主要原因，也有四个

一是定都天京，造成太平军陷于两线作战首尾难兼顾的不利局面。尤其是在曾氏派出左宗棠、李鸿章分别率楚军、淮军到江、浙一带独挡一面之后，太平军陷入多线同时作战的局面。西线，有以曾氏湘军为主体的汉族地主军队；东线，有日益壮大的左、李两部，并有洋枪队支援；天京城下，又有死活不走的曾国荃几万人马。当李秀成往援天京时，东线的敌人逼过来了；当李秀成往援东线时，包围天京的敌人又缩紧了包围圈。李秀成的百万雄师，就在两面应敌的奔波中逐渐消耗。

在这以前，两次作战也使太平军丧失不少战机。如石达开在江西占领八府五十余县后，此时曾氏困于南昌，攻既不可，逃又不能，援兵又不能指望，当时除坐以待毙外，实属一筹莫展。正在这时，洪秀全调石达开去破江南大营，石达开失去了消灭湘军的绝好战机；又如陈玉成、李秀成取得三河大捷后，本可乘胜展开大规模反攻，扩大战果，但天京外围几位将领叛变，形势骤然紧张，又不得不主力东调，使三河受挫的湘军争取到喘息整顿的机会，湘军又逐渐向安庆展开攻势。等天京之围得解，安庆的形势又十分恶化，又不得不再次西征。太平军就在这一次次的往返奔波中，逐渐消耗了自己的实力，逐渐失去了胜利的希望。

二是领导集团的内讧。1856 年夏，太平军在西线控制着天京上游的安庆、九江、武汉三大战略要点。在东线也击溃了江北、江南大营，解除了天京外围的威胁。但这种有利的局面，却不幸成为太平天国领导集团内讧爆发的契机，正所谓“可以共患难，不可共安乐”。在创立太平天国事业中有最大功劳，也掌握了太平天国最大军政实权的杨秀清被一系列的胜利冲昏了头脑，个人权威思想一步步发展到逼迫洪秀全封他为“万岁”。洪秀全不安，秘召韦昌辉由西线返京图杨。韦素来忌恨杨，认为这是他夺取领导权，取杨而代之的机会，于是星夜赶回天京，杀害了杨秀清，及其属下二万多人。许多久经考

韦昌辉被杀

验的中、上层干部被害，这造成以后人才的匮乏，影响极为深远。石达开责备韦昌辉不该滥杀，韦又杀死石达开家人，石达开遂起兵讨韦，洪秀全只得擒杀了韦昌辉。事变后，石达开回京管理政务，颇得人心，但遭洪秀全猜忌，竟于 1857 年 6 月带领本部 20 万人马走上分裂道路，于 1863 年 6 月兵败大渡河。

洪杨内讧是有深刻的政治根源的。太平天国运动，最先是由洪秀全发动的，1848 年初，杨秀清、萧朝贵却在洪秀全回广东宣传，冯云山被捕下狱的困难情况下，在拜上帝会会众主要的集中地——广西紫荆山地区分别假称天父、天兄“下凡附身传言”，这对当时稳定会众起了有益的作用，洪秀全也只得予以认可。杨秀清假托天父附身传言时，洪秀全还得下跪听命，这为日后的内讧种下了祸根。1851 年 11 月，杨秀清被封为东王，节制诸王，掌握了教、政、军大权，洪秀全成了名义上的最高领袖。加之洪又沉迷于享乐之中，深居简出，这为杨的争权夺利，下压诸王提供了条件。因此内讧是有其必然性的。

洪杨内讧对紧张的战争起了极大影响，各战线接连失利，不少军事重镇由于将弱、兵少、乏援而相继沦陷。武汉最先因石达开撤兵讨伐韦昌辉而失守，以后九江、吉安相继失守。原被击溃的江南大营，又振作起来。

三是在太平天国后期，政治腐败，军事组织上严重不纯。安庆失守之后，洪秀全更加深居简出，“不问国事，一味靠天”，甚至说：“朕天生真命主，不用兵而定天下一统。”他“第一重用幼西王萧有和，第二重用长兄洪仁发、次兄洪仁达，第三重用干王洪仁玕，第四重用驸马钟姓黄姓”，最后才重用带兵统将的陈玉成和李秀成、李世贤兄弟；同时，太平天国政治上已贿赂公行，卖官售爵，享受和奢华之风很盛，李秀成在天京、苏州便各有华丽的王府。

在军事组织上，则普遍存在着招降纳叛的倾向，对新吸收的大批队伍，没有进行有力的整顿和训练。李秀成手下的七八十万人，大多是他进军赣、鄂和攻取苏、浙时招集的，成份复杂，纪律松弛，战斗力差。这就是太平天国在后期战争中，使用兵力很多，动辄数十万，却远不如前期那样经得起艰苦战斗的重要原因。

四是战略思想上的严重错误。天京的被困与安庆的失守有很大关系，而安庆的失守是进攻武汉计划落空的恶果。攻取武汉的计划落空，又是因为李秀成、陈玉成战略思想不统一。安庆是陈玉成根据地，他赴援心切，在武汉稍遇挫折，遂回援安庆。李秀成重视江浙，忽视上游，对安庆的价值缺乏认识。他的西进主要是为招兵，因而走了一条迂回曲折的进军路线，所以不能与陈玉成在武汉按期会师，他在武汉也是遇难而退，致使攻取武汉以解安庆之围的计划落空。在安庆最危急的时刻，他竟为照顾江浙没给以支援。安庆陷落后，李秀成陷入多线作战的不利地位，天京之围，终不得解。

洪秀全拒绝突围，也是一大战略错误。当时死守已毫无希望，而城外尚有十万太平军，陈得才的几十万大军还在陕西活动，若有效地组织退却，保存实力，形势还有望扭转。但洪秀全已没有勇气和毅力丢掉已成包袱的天京，使太平军的剩余力量，在毫无胜利希望的战争中消耗净尽。

事　典

公元前203年6月，汉军取得成皋之战胜利——成皋守将曹咎不听项羽坚守不出的嘱咐，率军横渡汜水，攻击汉军。当楚军刚渡一半时，汉军发动猛烈反攻，将楚军击溃。汉军乘胜追击，缴获了楚军全部辎重，夺回了成皋，并围钟离眛于荥阳以东。项羽得知败讯，急忙回军，汉军畏惧，全都退守险要之地，避其锋芒。成皋之战后，战争的主动权就全落在汉军手里。这里，汉方兵多粮足，项王兵少食乏。刘邦派陆贾去游说项羽，请他放回刘邦的家眷，项王不肯。刘邦又派侯成前往游说，项王乃提出以停战议和为放人的条件。

汉高祖四年（公元前203年）八月，楚汉双方达成了鸿沟议和，中分天下，双方罢兵，割鸿沟以西者为汉，鸿沟以东者为楚（鸿沟是古运河名。从今河南荥阳北引黄河水，经中牟、开封、尉氏、扶沟等县境流入颍水）。双方士兵以为和平来临，皆呼“万岁”。

项羽按照和约的规定，释放了刘邦的父亲和刘邦的妻子吕雉，并撤军东走。

楚军撤走后，刘邦也准备下令撤军西退。这时张良、陈平向刘邦建议说：“现在汉已占领了天下的大半，诸侯皆归附。楚军已疲惫不堪，粮食断绝，这正是灭亡楚军之机，不抓紧机会消灭楚军，就是养虎遗患。”刘邦采纳了张良、陈平的建议，停止撤军西退，而乘项羽东走的机会，撕毁双方共同商定的条约，转而率军紧紧追击项羽军，由于彭越、韩信的部队没有到，项羽发起反击，大败汉军。刘邦又奔入险地，掘深壕沟，聊以自保。刘邦问张良：“诸侯不从约，怎么办呢？”张良说：“楚军将破，而韩信、彭越没有分得应得的那份封地，他们不来是很自然的。您若能与他们共享天下，他们会立刻前来，假使不这样做，事情的结局就无法知道了。您若能把自陈地以东至近海一带全给韩信，睢阳以北至自谷城一带全给彭越。让他们各自领兵来战，则楚军就容易打败了。”刘邦依计而行，派出使者去告诉韩、彭二人说：“现在应当全力攻击楚军，楚军击

汉初三大将：韩信、彭越、英布

破之后，自陈地以东至近海一带（即今淮北地区）赏给齐王，睢阳以北至毂城（即今河南东部及山东西部一带）赏给彭相国。”使者走了之后，韩、彭二人都说：“现在就进军。”

遂爆发了垓下（今安徽灵壁东）战役。

汉高祖五年十月下旬，固陵之战后，楚汉双方仍对峙于淮阳地区。此时，韩信已率军南下，以一部兵力引诱楚军出击，双方战于九里山一带。西楚军陷于韩信军伏击中。韩信军之骑兵部队乘机向彭城进攻，一举将彭城击破，汉军接着一一攻克了今江苏北部、安徽北部、河南东部等广大地区，兵锋直趋项羽军之侧背。

项羽军兵败，再失彭城，今苏北、皖北、豫东等广大地区被汉军占领之后，无法稳住局势，只得率军政官吏，携大量贵重物资，向东南方向撤退。此时，项羽军已陷入危机之中。十一月，项羽率领近 10 万军队向垓下地区败走。到达垓下地区后，项羽与大将季布、钟离昧等都认为垓下地区地形险要，可以防守，于是决定构筑营垒，进行防御，以便整顿部队，恢复军力，准备与汉军在垓下地区决战。此时，项羽军的大致态势是：季布军在垓下以西以南地区；钟离昧在垓下以东以北地区；项羽自率主力于垓下周围地区。

韩信军取得九里山大捷、进占彭城后，得知项羽率军向彭城东南方向撤走，于是挥军继续向东南方追击项羽军。这时，楚之大司马周殷叛楚后，率兵进占了楚之六地，接着统率九江兵与将军刘贾向北攻占城父。至此，汉军、刘军、九江军及彭越的梁军等四路大军会师于垓下，构成了对项羽军的包围态势。当时汉军及各诸侯军的关系位置大致为：齐王韩信统率的齐军驻于垓下东北地区；九江王英布指挥的九江兵驻于垓下的西南地区；梁王彭越指挥的梁军驻于垓下的北部地区。

汉方各路大军在完成对项羽军的严密包围后，便加紧准备与项羽军的最后决战，以求彻底歼灭项羽军。韩信为向垓下进攻，做了如下部署：以将军孔熙为左路，费将军陈贺居右路，韩信自率主力在中路主攻。汉军在韩信统率之下，分三路向垓下之楚军进攻，楚军在项羽率领下，奋勇力战，多次击退汉军的进攻，但由于项羽兵力已经有限，无力出击汉军，更难以迫使汉军撤退，终于在汉军多面夹攻之下，退入营垒坚守。韩信军遂以各路大军，把项羽军重重包围。双方虽经不断作战，但汉军尚难以彻底打败楚军，为尽快将楚军击败，张良建议刘邦采取以瓦解楚军斗志为主的“攻心战”。以楚方归顺人员和汉军中善唱歌者，每夜皆唱楚歌。

项羽兵困垓下，兵少食乏，处境更加险恶。前线坚守营垒的部队，每日黄昏战斗停顿时，就听到四周唱出的楚歌声。士卒听到这种楚国乡土歌声，看到自己目前的处境，极大地影响了战斗意志。早已被汉军收买的项王叔父项伯，力劝项羽夜间巡视军营，以便让项羽听到四周的楚歌声，瓦解楚军的斗志。果然，项羽听到这些歌声后，十分吃惊，他说：“难道汉军已经把楚国的地方都拿下来了吗？为何他们中间会有这么多的楚人呢？”项羽面对这种局面甚为忧虑，半夜里在营帐中饮酒解愁。

项羽有一妃子虞姬，很受宠爱，时常跟随在项王身边。项羽还有一匹千里马，名叫骓，是他最得力的战马。项羽边饮酒边悲凉地歌唱道：“力大能够拔山啊，气壮盖过了全世，不料时势不利啊，连乌骓也不济！乌骓马不济了啊，那可叫我怎么办？虞姬啊，虞姬！我怎么能对得起你！”项羽接连唱了几遍，虞姬也应和着一同唱。根据《史记正义》引《楚汉春秋》记载，虞姬当时也唱道：“汉兵已略地，四方楚歌声。大王意气尽，贱妾何聊生？”唱罢，即自刎而死，项羽的泪水一行行地涌流，左右的人也都泪流不止，以致互相不能抬头相看，气氛甚为悲壮。

虞姬已死，项羽悲痛地上马出营，率领800精锐骑兵乘夜向南突围而去。次日天明，汉军才得知项羽已经突围，韩信急令灌婴率领5000骑兵追击。由于项羽突围之先头骑兵急驰而行，后续骑兵未能全部跟上，待项羽渡过淮水之后，仅跟上来百余骑士，项羽行至阴陵，迷失了方向，便向一个老农问路，老农欺骗项羽说：“向左走。”项羽于是向左急奔。但走不多远，即陷入了大泽之中，行进艰难，很快被灌婴骑兵追上。项羽又引兵向东突进，至东城（今安徽定远东南50里）后，仅剩下28名骑兵，而汉军追兵竟有数千骑。项羽此时自料不能逃脱，便对跟随他的骑兵说：“我从起兵到现在已经8

年，亲身经历过 70 多次战斗，算是战无不胜，攻无不克，从未打过败仗，因此，做了天下的霸王。不料今天倒被围困在这里，这是天要亡我，并不是我在战争中的错误啊!”项羽接着又声明：今天要决一死战，必须做到三战三胜：溃围（击溃敌人，突出重围）、斩将（杀敌将领）、刈旗（砍倒敌人的旗帜）。

项羽说毕，将自己的 28 名骑兵分做四队，对着四个方向，汉军骑兵虽然包围了数层，但项羽毫无惧色。项羽说：“吾为公取彼一将。”于是他命令骑兵坚决向敌冲杀，到达山下后，在山东分三处集合。项羽吩咐完毕后，即呐喊冲杀而下，将汉军打得人仰马翻，四处溃散，并斩杀汉军骑将一人。这时赤泉侯（后来的封号）杨喜是中郎将，尾追项羽，项羽瞪着眼睛向着他怒吼一声，赤泉侯人马都受到惊吓，倒退了几里路。

项羽军到达山东三处集合后，汉军再分三队将项羽军团团围住，项羽率兵又驰逐冲杀，斩杀汉将一都尉，杀死汉军百余人。项羽将自己的兵马又集中起来，结果发现自己仅亡两骑。项羽对众人说：“各位看我打得如何?”众骑兵说：“诚如大王所说的一样。”项羽想乘汉军混乱之际，冲出一条血路，向南疾走，准备渡过乌江。项羽到达乌江，乌江亭长撑船靠岸，等待项王上船，亭长对项王说：“江东地方虽然不大，但方圆也有千里。有民众数十万，足以建立霸业。请大王急速渡江，这一带只有我有船，汉军到后将无船渡江。”

项羽之死

项羽笑着对乌江亭长说：“上天要灭亡我。我不用渡江了。当初我带领江东 8000 子弟渡江西征，现在没有一人生还，纵然是江东父老谅解我，继续拥我为王，我还有什么面目见这些父老?即便是他们不责备我，我也羞愧难当。我知道你是忠良之人，我骑的这匹马只有 5 岁，所向无敌，一日可以行千里，我不忍心杀之，现在赠送给你。”项羽把自己的乌骓马送给乌江亭长后，命令所有骑士均下马步行，持短兵器与汉军骑兵搏斗。项羽一人即杀死汉军将士数百人，自己受伤十多处。

项羽在拼杀中看见汉军中的吕马童，便指着他高声说：“你不是我的老部下吗?”吕马童转过身去，背对着项羽，装着没看见。他对汉将王翳说：“这就是项王。”项羽对吕马童说：“我知道汉军要出重金购我的头，还要封万户侯，我成全你吧，也算为你做件好事吧。”说罢，便自刎而死。王翳割取了项王之头，汉军其余将领争割项羽尸体，以便回去请功。

历时四年半的楚汉战争，终于以刘邦的胜利和项羽的失败而告终。项羽为后世留下了一个失败英雄不尽的咏叹。

第十二章 拼搏——和下属一起努力奋斗

欲求自强之道
总以修政事、求贤才为急务
以学作炸炮
学造轮舟等具为下手工夫

【原典】

欲求自强之道，总以修政事、求贤才为急务，以学作炸炮、学造轮舟等具为下手工夫。但使彼之长技我皆有之，顺则报德有其具，逆则报怨亦有其具。若在我者挟持无具，则曲固罪也，直亦罪也，怨之罪，德之亦罪也。内地之民人人媚夷，吾固无能制之，人人仇夷，吾亦不能用之。

凡恃己之所有夸人所无者，世之常情也；忽于所习见，震于所罕见者，亦世之常情也。轮船之速，洋炮之远，在英、法则夸其所独有，在中华则震于所罕见。若能陆续购买，据为己物，在中华则惯而不惊，在英、法亦渐失其所恃。购成之后，访募覃思之士，智巧之匠，始而演习，继而试造，不过一二年，火轮船必为中外官民通行之物，可以剿发逆，可以勤远略。

【译文】

自强之道，应以内修政事、访求贤才为紧急的任务，以学习造炮、造船等为着手的工夫。只要使洋人的先进技术为我所掌握，那么洋人对我们好，我们要报答它也有办法，洋人对我们坏，我们要报复它也有办法。如果我们自己手里没有一点东西，那么无论是非曲直，友善还是仇视，都是我们的过错。内地的人民人人崇洋媚外，我们无法制止；人人仇视洋人，我们也无法利用。

拿着自己有的东西向没有这种东西的人炫耀，是世之常情；忽视司空见惯的，但对极少见的东西感到震惊，也是世之常情。轮船之快、洋炮射程之远，被英、法两国夸耀为独有的东西，在中国国内因其极少见而为之震惊。如能陆续购买这些轮船大炮，据为已有，那么在我们中国就会司空见惯而不致于惊奇，英、法也会逐渐失去它所倚仗的东西。买回来之后访求那些精思聪慧的人士，机智灵巧的工匠，开始时操练演习，然后尝试制造，不出一二年，火轮船一定成为全社会通行之物，可以用来剿灭太平军，也可以为国家的长远战略服务。

点　评

曾国藩继承了中国优秀人士的爱国传统，在第一次鸦片战争期间，他在家书中写道："英夷滋扰以来，皆汉奸助敌。此辈食毛践土，丧尽天良，不知何日罪恶贯盈，始得聚而歼灭。""逆夷海氛甚恶，现在江苏滋扰，宝山失守。官兵退缩不前，反在民间骚扰，不知何日方可荡平"。"英夷之事，九月十七（1842 年 10 月 31 日）大胜，在福建、台湾生擒夷人一百三十三名，斩首三十二名，大快人心"。"英夷今年退出宁波，攻占乍浦，极可痛恨"！这些话，使我们看到青年曾国藩那颗跳跃的爱国之心。第二次鸦片战争时期，他对"天津兵败，洋鬼猖獗"十分忧虑，他写道："夷人占据天津，读之惊心动魄，焦愤难名，夜不成寐，不图北事决裂至此。"当他读到新的卖国丧权的《北京条约》，"阅之不觉呜咽，比之五胡乱华，气象更加难堪"。在曾氏的晚年，他在奏折中对皇上说："逆夷据地求和，深堪发指。卧榻之侧，岂容他人鼾睡！时事如此，忧患方深。欲使令人敬畏，全在自立自强，不在装模作样。"可见曾氏的爱国心是贯穿始终的。

对于强国之道，曾氏认为"总以修政事、求贤才为急务"，而在洋务和国防两方面下手。洋务为中国自强之本，而国防则为自立之本，保卫洋务运动的顺利进展，使中国有一相对和平的环境，洋务的成果则促进国防的发展。

一、巩固国防

对于巩固国防，曾氏是有一定信心的，他曾在咸丰八年四月十七日与沅弟书中谈到："夷船至上海、天津，亦系恫吓之常态。彼所长者，船炮也；其所短者，路极远人极少。若办理得宜，终不足患。"虽然中国在陷于内乱而为英法所乘，攻破北京，火烧圆明园，但曾氏对洋人短处的看法并未变。不过这时他对洋人的长处有更清醒的认识，从而坚定了他从事洋务和国防现代化的决心。

1. 借夷助剿问题上，对洋人的防范

(1) 借夷助剿的思想基础

咸丰皇帝的同父异母弟奕䜣，宫中呼为"六爷"。当英法联军进逼北京，咸丰逃往热河时，留他守城兼清廷全权代表，同英法侵略军谈判。由于同洋人接触较多，奕䜣遂成为清廷中最早了解西方列强对华政策的人。他认为，洋人对华用兵的目的，只是为了获得政治和经济特权，并无推翻清朝政权之意，相反，洋人还可能帮助自己镇压"发捻"，维护封建秩序。他总结道："发捻交乘，心腹之害也；俄国壤地相接，有蚕食上国之志，肘腋之忧也；英国志在通商，暴虐无人理，不为限制，中国则无以自立，肢体之患也。故灭发捻为先，治俄次之，治英又次之。"因此，在《北京条约》订立后，奕䜣就提出"借俄、法兵助剿"的议案。

奕䜣与英法俄三国代表签订《北京条约》

(2) 借夷助剿始末

咸丰十年八月，法国专使正式表示愿协助清军镇压太平天国，提出所有该国停泊港口的船只、兵丁，悉听调遣；十月，俄国公使对奕䜣说："发逆在江南等处横行，请令中国官军于陆路进剿，俄国拔兵三四百名，在水路会击，必可得手。"清廷于是问计于曾国藩及江、浙两省巡抚。曾氏于十一月初八复奏说："该夷（俄国）与我，向无嫌怨，其请兵船剿发逆，自非别有诡谋。康熙年间进攻台湾，曾调荷兰夹板船助剿，亦中国借资夷船之一证。"只是"皖、吴官军之单薄在陆而不在水"，未必能收"夹击之效"。当时湘军已占尽水上优势，太平军的战斗力主要在陆地上，因此他主张"奖其出兵之诚，缓其会师之期"，咸丰帝也怕"借夷助剿，流弊颇多，恐遗无穷之患"，不可贪目前之利，此事便搁置下来。

咸丰十一年，洪秀全对洋人许诺：一年之内不进入上海及其附近百里以内的地方。年底，李秀成就移得胜之师由杭州攻上海，英法两国悍然宣布要以武力"保卫"。于是，江苏巡抚薛焕上奏朝廷，又重提"借夷助剿"。曾氏在同治元年二十二日的奏折中明确说："借洋兵以助守上海，共保华、洋之财则可，借洋兵以助剿苏州，代复中国之疆土则不可。"这是因为上海无险可守，曾氏认为非两万人不能守，湘军尚无此兵力；且因苏常二州在太平军手中，无路可以进兵，唯有借助洋兵。后来曾氏正是派出李鸿章率8000湘淮军，秘密乘坐租来的洋船，赴援上海，与洋兵合力，才守住上海的。

当时在"助剿"的名义下，英兵驻上海，法兵驻宁波，俄国也拟派军舰前来，清廷内部如崇厚之流，他主张用洋兵"直捣金陵贼"。当时奕䜣还较清醒，他上奏说："若令外国带兵入内地攻剿，不仅得一处代守一处，足为中国腹心之患，即得一处焚毁一处，亦实为地方疮痍之灾。"又说，"以内地城池竟全委于外国"，且不论"流弊滋多"，也会使外国"太觉中国无人"。曾氏赞同他的观点，认为英法军队入内地作战，他无法驾驭控制。"肢体之患"一旦深入中国内地，占据要津，到时候赖着不走，可就成了"心腹之害"，正是"去了长毛，来了红毛"。因此曾氏在奏折中对江浙士绅官员请求洋人代收南京、苏、杭等地一事，极为反感和蔑视。他把"专借洋兵"与科场上找人代笔相比，主张"中华之难，中华当之。在皇上有自强之道，不因艰虞而求助于异邦；在臣等有当尽之职，岂轻借兵而诒讥于后"？

同治元年五月，英军头目斯迪弗任职期满回国，他特意赶到裕溪口见曾国藩，要求仿照"常胜军"，建立一支10400至10500人的洋枪队，包打天京及江、浙各城。曾氏对此态度十分冷淡，仅答以"须函商总理衙门定夺"，实际上是借词婉转推托，以后再也

常胜军炮队旧照

没有提这件事。

对在上海与洋兵“会剿”的李鸿章，曾氏要求他要以湘军为主，洋兵为辅，不可喧宾夺主；要有主见，切不可受制于洋人；要表现出良好的战斗力，以不使洋人轻视“华兵”，这都是出于“既要利用洋人，又要积极防范”的考虑。

曾氏在“借夷助剿”一事中表现出的远见卓识，维护了中国的主权，我们可以从现代史中一些史实看出这样做的意义。1945 年，苏联对日宣战，出兵中国东北。打垮日军后，苏军从中国领土上劫走了大量的财富，包括南满电站的发电机组。战后又拖延不撤军，逼国民党政府让出旅顺作军港，直到 1958 年才被共产党领导下的人民共和国收回；美军攻占朝鲜南部后，赖着不走，扶持李承晚政权，朝鲜至今仍然分裂。美军由于在二战中“帮助解放”了不少地区，至今仍然控制着许多的地方，如南韩、菲律宾、日本、西欧等地，都有美国大兵驻扎。试想当年中国如果“专借西兵”，历史当如何改写？

2. 阿斯本舰队事件，争回中国海军大权

咸丰十一年七月，曾氏向清廷上了一个购置外国船炮的奏疏，主张建立一支近代化

的海军，他指出，这支舰队必须“操纵自如，指挥由我”。每只船上“酌留外洋三四人，令其习枪习火”。次年二月，代理海关总税务司赫德也极力怂恿清政府。于是清廷决定以正在英国养伤的海关总税务司李泰国，代为办理。李企图乘机控制中国未来的海军大权，遂很快购买兵船7艘、趸船一艘及舰队所需的各种枪炮设备，擅自与英国海军上校阿思本签订了为期4年的合同，规定阿思本为舰队司令，招募英国士兵600人上船充当水手，只服从由李泰国传达的中国皇帝行得通的命令，他人不得干预，并于同治二年八月将舰队开到上海。清政府拒绝了李阿二人擅自签订的合同，决定舰队由所在地方督抚节制，攻打天京时受曾国藩和李鸿章节制，由蔡国祥指挥，阿斯本为副官，只管外籍士兵及教练技术等事项。阿斯本坚持拒绝服从中国政府的管辖，声称宁可将舰队带回英国予以遣散，也不把它交给它人指挥。他的无理主张得到英国政府的支持，清廷准备妥协，想让阿独领舰队，中国水师与其一起停泊，这实质上是将中国海军大权出卖给英国人，而保留一支仅仅是名义上属于中国的舰队。

曾氏坚决反对这种妥协。他在给奕䜣的信中，以强硬的语气指责总理衙门屡变主张，然后说：“洋人本有欺凌之心，而更授以可凌之势；华人本有畏怯之素，而又逼处可怯之地。”坚决反对长他人威风，灭自己志气这种引狼入室的做法。经过深思熟虑，曾氏提出两个解决方案。上策是给洋兵“赶紧拔给薪水经费，责成阿斯本迅速带回国，并将狡诈的李泰国趁势革退，不准其干预中国事务”，至于所费20多万两白银，要尽力索回，但即使不能全收，“亦属无关紧要”；下策是所购7船中，“酌拔数船，与阿斯本统带，配用洋兵。拨数船与蔡国祥统带，配用华兵”。结果英国人不肯接受曾氏作为“下策”的解决方案。清政府只得将新购船只7艘全部退回，白白“赔偿”阿斯本一万两白银。当时英国报纸评论道：“李泰国先生失去了中国海关总税务司的肥缺，阿斯本舰长没有当成一名满清的水师提督。”

在这件事上，曾氏的主张是对的。退回轮船虽然在经济上受到损失，但在政治上挫败了英国人企图控制中国海军的野心，倘若按奕䜣等人的妥协方案办理，经济上不仅会受到更大损失，而且“日后百端要挟，有损国威”，置中国于有海无防的境地。这令人想起50年代赫鲁晓夫提议由苏联出资，中苏建立联合舰队，被毛泽东当场拒绝的历史事件。当年奕䜣的妥协方案，充其量不过就是搞一个更加有损主权的联合舰队，且经费还全由中国出。

战争结束后，曾氏对湘军进行了裁撤，但唯独水师不但不辙，还得到加强。早在同治元年与太平军争夺处于白热化时期，他就对湘军水师的前途作了安排：“将来事定之后，利器不宜浪抛，劲旅不宜裁撤……而即以此壮我江防，永绝中外之窥伺。”湘军水师的建设是曾氏得意之笔，在与太平军作战期间，水师占尽优势，出尽风头。战后，曾氏加强了水师的建设，建立了有统一指挥的长江水师，装备人员均得到加强。至同治四年夏，长江水师共辖战船 774 号，有 24 营 12000 人，负责荆州至崇明岛之间上下 5000 余里的长江防务。他还在洋务运动中，积极支持中国自己的船厂造出铁甲舰，以适应海防的需要，中国自制的大炮洋枪也装备部队，海防江防得到了加强。

3. 晚年练兵，改革军制，发展军工业

曾氏在同治七年七月至九年六月这两年中，任直隶总督，这一时期，他抓紧练兵，通过“练兵”这一环节，完成对绿营兵制的彻底改造。他在洋务运动上，也是重点发展军事工业，学习造船制炮之术。这三件事，都为着两个字：国防。

同治七年十二月中旬，曾氏上殿陛见。慈禧开门见山地说：“直隶甚是空虚，汝须好好练兵；吏治也极废弛，汝须认真整顿。”到同治九年九月二十七日的这次召见，慈禧又是见面就问：“你在直隶练兵若干?”曾氏答：“臣新练三千，前任督臣官文练旧章

清政府从国外购买的洋炮

之兵四千，共为七千。拟再练三千，合成一万。已与李鸿章商明（当时李接任直隶，曾氏回任两江），照臣奏定章程办理。”慈禧又说：“南边练兵也是最要紧的，你们好好地办去。”曾氏说：“洋人实在可虑，现在海面尚不能与之交战，惟当设法防守。臣拟在江中要紧之处修筑炮台，以防轮船。”可见他们的国防意识还是强烈的。

曾氏在练兵时，对原绿营部队实行彻底改革，完全采取湘军营制、营规、饷章等项，彻底废除绿营旧日的烦琐仪礼，荡洗官气和衙门习气，使经过训练的部队完全割断了与绿营的一切联系。曾氏在有生之年，完成了全国性的军事制度改革，提高了军队的作战效率。

曾氏早就认识到洋枪洋炮的厉害，他一开始筹建水师时，就大批购置洋炮。同治元年八九月间，李秀成率10万余人围攻雨花台曾国荃大营，曾氏十分震惊太平军“又有西洋之落地开花炮”，九月十八日沅弟来书中也说：“刻下阵亡及受伤者千数百人，皆系洋枪之为害，此仇何可不报!”第二次鸦片战争中，僧格林沁的精锐骑兵在大沽口一役全军覆没的惨状，更令曾氏震惊。薛福成曾经有文章描述这次战况：

“……洋兵先以七百人出战，王窥其寡也，麾劲骑驰之。洋兵退，乘势蹴之。洋兵各执一枪，精利无前，数十步外，即不能近。俄而七百人为一字阵，每人相去数十步，阵长数里，辂（通“迓”，迎上前去之意）我马队三千，渐围渐迫，我军不能退，突围欲出。洋兵发枪无不中，我军如墙之溃，纷纷由马上颠溃……王师败绩于新河，收合马队，出者七人而已。精锐耗竭，势遂不支。”

曾氏后来说：“念夷人纵横中原，无以御之，为之忧悸。”因此后来曾氏十分重视军事工业的发展，造出一些船、枪、炮，为巩固国防作出了贡献。

同治十年正月十二日，曾氏上“复陈夷务折”，从中可窥见当时国防的一些情形：

“十八行省之中，滨海者六，滨江者三，合之奉天共为十省，皆洋船指顾可到，皆膏腴之地也。前任江苏抚臣丁日昌曾与臣言及防海之道，数省当合并办理。直隶、山东归并设防，而以直隶主政。……沿海七省共练陆兵九万，少者一万，多者或二万或一万数千。沿江三省共练陆兵三万，或各统一万，或小有参差。闽者前经奏明，福州造成轮船十六号。将来沪厂亦须造十六号，各以数号为水师兵船，其余以为货船，平日租赁商贾听装货物，有事则装载陆兵，互相救援，南北江海十省，均不过数日可到。以陆兵为御敌之本，以轮船为调兵之具，海道虽极遥远，血脉仍极贯通。十省之中，主持防务者四省。枪炮、子药、米粮、杂物，四省多为存储，六省亦各有存储。一遇调兵，则各件皆由轮船运之同行。平日无事，即用轮舟载货，各省习惯而渐成自然，出洋如履庭户。洋人长于水师，断非中国所能几及。至其陆军野战，则淮勇前在苏沪亦常与洋将洋兵角逐争胜，尚非不可及者。若能多练陆兵，而以轮舟装载驰援，各省举重若轻，驭远如近，似亦制敌之方，此臣妄拟规画全局之略也。”

从这条奏折中，我们不由得想起石达开评论曾氏的一句话“规画精严，无间可寻”。在曾氏的筹划下，中国的国防得以巩固，在他去世后22年的时间里，中国再未受到列强大规模入侵，此间虽然有新疆阿古柏叛乱，沙俄染指西北边陲，法军进攻台湾及东南沿海，但基本都被挫败。阿古柏叛乱被平息，法军受挫败走，曾纪泽与沙俄谈判，左宗棠大军为其后盾，居然虎口夺食，争回伊犁。湘军功不可没，曾国藩功不可没！

二、洋务创业

曾国藩是魏源“师夷长技以制夷”思想和林则徐“官办船炮局”设想的忠实继承者和切实践履者，是中国近代史上以自己的行动突破清廷的闭关锁国政策，认真向西方学习而卓有成效的第一人，是19世纪60年代在中国勃然兴起的“洋务运动”的先行者和开拓者。他对加速中国近代化进程的洋务运动，作出了开创性的贡献，对中国的近代化历程产生了深远而积极的影响。这也是曾氏至今仍是不少人心中崇拜的偶像的一个重要原因。在他身上，既有深厚的传统文化的内涵，又有面对“几千年未有之变局”的灵活应变的务实精神。以致于毛泽东在年轻时“独服曾文正”，晚年时，他也承认“曾国藩是地主阶级中十分厉害的人物”。

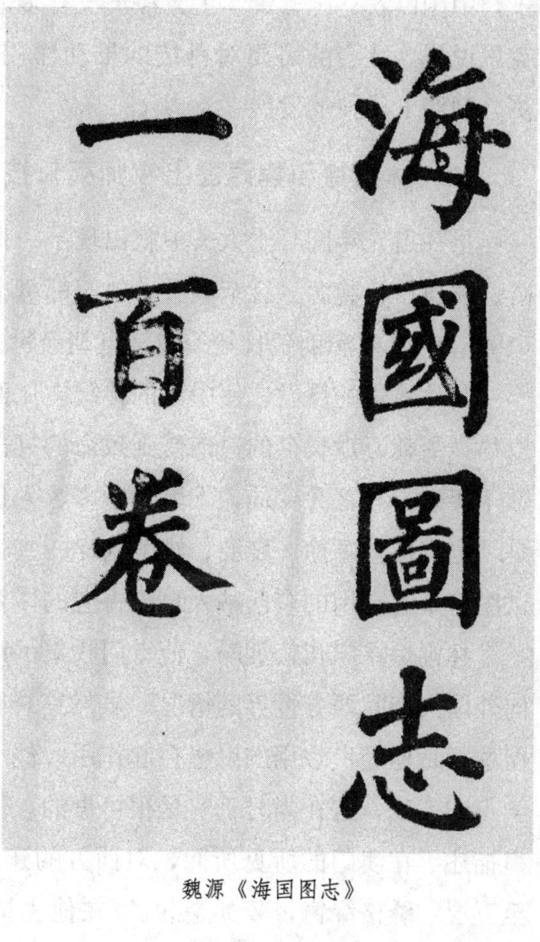

魏源《海国图志》

1. 师夷长技思想的起源

(1) 中国科技落后的原因

我国几千年来，固守以农立国，一向重农轻商，更不重视工业，对科学技术十分蔑视，称之为“奇技淫巧”，予以禁止。

讲到中国的骄傲——四大发明，无一例外都是技术性的，没有科学的根基。比如说指南针，中国古人知道它可指南北，宋朝的沈括还发现指南针的指向与地理的南北方向有一定偏差，即磁偏角现象，但并不知道它为什么会这样；中国人造出了火药，知道火药的配方，但也不知其所以然。由于缺乏对基础科学的研究，这些发明只能停留在技术的层面，而无法举一反三，触类旁通。中国古代许多技术还带有师徒相传的色彩，并不向全社会推广，这造成许多技术的失传，也减少了技术本身的应用价值，比如张衡的地动仪，在历史上就发明过几次，发明之后失传，于是又发明，又失传，消耗了几代人的智力。

中国古代的许多发明与道家的炼丹方术有渊源，而对基础科学的研究则陷入了“格物致知”的唯心主义误区。王阳明曾坐在院子里“格”竹子，“格”了几天竟没有格出个所以然。而西方科学则深入研究植物学，借助显微镜对其细胞组织进行研究。

以上讲的是中国古人在科学技术研究中本身的缺陷和误区。其实，最根本的原因在于，中国以农立国，资本主义经济没有多大发展，因而对科技没有产生强烈的需求。马克思说过，社会的需要对科技的推动作用，比十所大学都大。绵延了几千年的小农经济，制约了科技的发展。

(2) 林则徐和魏源提出“师夷长技”

早在道光年间，士大夫中就出现了一批有见识有作为的人，如陶澍、林则徐、贺长龄、龚自珍、魏源、姚莹等人，他们都尊奉明末顾炎武“经世致用”的思想，道光六年(1826年)，魏源助贺长龄编成《皇朝经世文编》，即是这一思想的反映。

鸦片战争的爆发，使中国的传统文化面临西方文化的严峻挑战，清王朝的声威扫地以尽，天朝万世长存的迷信受到致命的打击，闭关自守与世隔绝状态开始被打破。而对数千年来未有之大变局，士大夫中多数人仍然浑浑噩噩，或醉生梦死，或夜郎自大。但是，也有像林则徐、魏源、姚莹这样一些睁眼看世界的人，他们开始注意西方文化，并试图将某些有用的东西纳入自己古老的体系里，加以吸收、改造。

林则徐在广州禁烟时，他专门收集了许多外国人出版的书刊，组织人翻译，并亲自向外国人询问西方世界的情况。虽然这样做的目的在于“知彼”，以研究“制驭之术”，但这正是他经世致用的思想在起作用，他不以天朝上国的钦差大臣自居，而是抱着虚心学习的态度，这在当时确实是很可贵的。他对西方文化有一定程度的包容，如他在日记里描述了在澳门的所见所闻，对西方的建筑文化赞叹道：“夷人好治宅，重楼叠屋，多至五层，绣格绿窗，望如金碧。”在他主持翻译的《华事夷言》里，介绍了中西文化的长短异同，如针对绘画艺术，他说："中国之画，惟重写意，虚多实少，不如西洋之工细。"这些介绍，无疑对中国人认识开阔视野，很有好处，起到了启蒙的作用。

在当时的有识之士中，在思想启蒙上影响最大的当首推魏源。魏源比曾国藩大17岁，湖南邵南人，1857年去世，他是《海国图志》一书的作者，他最先向中国人系统而科学地介绍世界各国的政治、地理、经济、人文状况，对于西方世界了解之深入，在当时的中国人中是无人企及的。他最先提出了"师夷长技以制夷"的思想，还针对封建顽固势力的冥顽不化进行了尖锐的抨击。他说这些人"使有议置造船械，师夷长技者，则曰'糜费'；及一糜费十倍于此，则又谓权宜救急而不足惜。苟有译翻夷书，刺夷事者，则必曰'多事'；及一旦有事，则或询英夷国与俄罗斯国与吾远近，或询英夷何路可通。……"权贵们的愚顽真是栩栩如生！魏源提出："欲制外夷者，必先悉夷情；欲悉夷情者，必先立译馆翻夷书。"这种新鲜思想，起到了"开风气"和启蒙的作用，成为后来洋务运动的思想起源。多年以后，曾国藩利用自己的权力和影响，做到了魏源想做到，但做不到的事。

2. 躬自入局，开拓洋务

(1) 曾氏等人的"师夷长技"方案

魏源"师夷长技以制夷"的思想，引起了当时有识之士的强烈反响。1859年，太平天国领袖洪仁玕第一个在《资政新篇》中提出"师夷智"的方案，从政治、法制、经济、文化等多方面提出改革措施，包括仿制"外邦火轮车、机器"等，"任乎智者自创"，并规定"曾创至巧者，自专其利"；它鼓励"招民探取"矿物，保护私人企业和个人财产；又制定了设邮局、办医院、兴学校、立乡官乡兵以及"工商水陆关税"制度……这个方案具有资本主义萌芽的色彩，如能实行，对我国资本主义的发展，无疑有催化作用，比曾氏的洋务运动全面、深入得多，但由于太平天国正走向衰颓，不久就失败了，这一方案根本不可能付诸实践。

曾国藩最先从战争中认识到洋人坚船利炮的威力，同治五年二三月间，他与纪泽的书信中也谈到"洋药治病，立时应验"，对洋人避雷之法，"在室则束铜丝于屋顶，引雷入土，在舟则束铜丝于桅颠，引雷入水"，很感兴趣。还说"洋人谓高屋长桅旗杆大树最易引雷，不可不慎"。这些在今天看来是常识的东西，在百多年前，对中国人来说则是科学的启蒙。

同治元年五月，曾氏就形成了成熟的洋务思想，他在日记中写道："欲求自强之道，总以修政事、求贤才为急务，以学作炸炮、学造轮舟等具为下手工夫。但使彼之长技我皆有之，顺则报德有其具，逆则报怨亦有其具。”他主张“危急之际，不要靠别人，专靠自己，才是稳着”。因此他十分重视“自强”，自强又以“学作炸炮、学造轮舟”为下手功夫。认为中国的落后，只是武器装备和科学技术的落后，他说：“外国技术之精，为中国所未逮。如舆图、算法、步天测海、制造机器等事，无一不与造船练兵相表里。……精通其法，仿效其意，使西人擅长之事，中国皆能究知，然后可以徐图自强。”他又说：“列强乃数千年未有之强敌，夷情有损于国体，师其智，有得轮船机器，（列强）仍可驯服。”“有此成物，各处仿而行之，渐推渐广，以为中国自强之本。”曾氏当时没

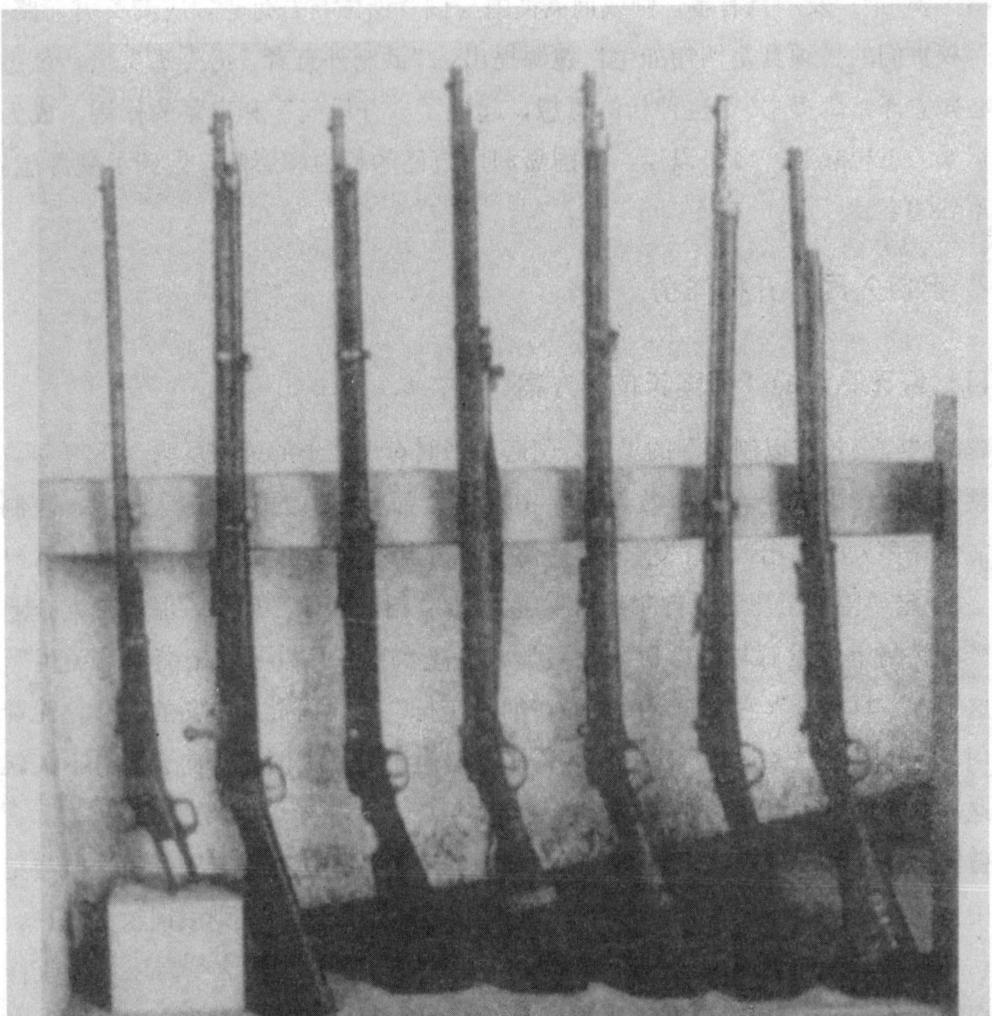

清安庆军械所仿制的美式林明敦步枪

有，也不可能想到在政治上进行深刻的变革，这是他的历史局限，是不可苛求的，任何人换到他的位置，也不会做得更好，更多。

(2) 创建安庆军械所，造出蒸气机和小火轮

曾国藩于咸丰十一年十一月在刚夺取的安庆城内，设立了中国第一家生产近代化武器的军械所，徐珂在《清稗类钞》中说："文正尝愤西人专揽制机之利，谋所以抵制之，遂邀雪村（徐寿的字）创建军械所于安庆。"该所筹建之时，正是奕䜣与赫德酝酿购建"阿斯本舰队"之际；而次年李泰国赴英办理购舰事宜时，也正是安庆军械所试造小火轮初见成效之时，小火轮虽不足与战舰相比，但它毕竟是个开端，因而也有抵制洋舰队的意义。曾氏坚决主张不要这支由外国控制的徒有虚名的舰队，为中国自制轮船开了绿灯。

安庆军械所吸引了当时中国最优秀的科技人才：徐寿和华蘅芳。它的规模并不大，基本上是手工生产，但它不是造刀矛弓箭，而是造子弹、火药、炸炮、劈山炮、洋枪和火轮船，在这以前都是没有过的。不仅如此，军火生产引起"工作母机"的输入与仿造，进而逐渐形成机械工业，推动整个近代化的进程，曾氏后来派容闳出国采购"制器之器"，正是他从军火生产需要出发而迈开的近代化步伐。

军械所的重要成就是造出了中国第一台蒸气机，并进一步造出小火轮，负责这项工作的是徐寿父子、华蘅芳等人。他们凭借自己的数学物理知识，根据书上的一张轮机简图，和对在长江上游弋的外国轮船的观察，克服军械所设备简陋的重重困难，"潜心研究，造器制机，一切事宜，皆由手造，不假于外"，由华蘅芳负责计算，徐寿主持设计、施工，徐寿次子徐建寅"出奇思以佐之"。终于在同治元年七月，成就了中国近代史上这一惊人创举。曾氏亲自观看了轮机试验的情况，他在日记中描述着："中饭后，华蘅芳、徐寿所作火轮船之机来此试演。其法以火蒸水，气贯入筒，筒中三窍，闭前二窍，则气入前窍，其机自退，而轮行上弦，闭后二窍，则气入后窍，其机自进，而轮行下弦。火愈大，则气愈盛，机之进退如飞，轮行亦如飞。约演试一时辰。"根据这些描述，这部轮机已与当时居世界先进水平的往复式蒸气机相似。曾氏接着写道："窃喜洋人智巧，我中国人亦能为之，彼不能傲我不知矣！"在列强欺凌日甚的年代，这部小机器的轰隆响声，为中国人扬眉吐气，成为中国洋务运动的先声。

华、徐等人制造的蒸气机，虽然比英国晚出 60 多年，但他们是在"全用汉人，未雇洋匠"，又无多少借鉴的情况下的再创造，并且只用了一年的时间。这一历史事件不仅成为中国机械工业和造船工业的先行，而且证明中国人的智慧是无穷的，极大的提高了民族自信心。

在此基础上，华、徐等人又陆续完成了船体的设计和制造，于同治二年（1863年）正月初，造出我国第一只木壳小火轮，交水师蔡国祥营使用。这年的十二月二十日，曾氏“出门至河下看蔡国祥新造之小火轮”，给它取名为“黄鹄”，曾氏登上轮船，行了八九里。他在日记中写道：“该船长二丈八九尺，约计一个时辰可行二十五六里，”速度相当于每小时六公里，比人步行快不了多少。但这是光明的起点，曾氏要求“试造此船，将以次放大，续造多只”。

(3) 派容闳出国采购机器，装备江南机器制造局

容闳，字纯甫，广东香山人。1828年生，咸丰四年毕业于美国耶鲁大学，是中国近代的第一位留洋学生，精通英语，学识丰富，回国后担任过翻译、海关职员，做过茶叶生意，入曾氏幕府前未受重用。咸丰十年秋去金陵对太平天国进行考察，不为所用。同治二年经李善兰介绍入曾幕。

容闳希望通过曾氏实施他的“西学东渐”计划，曾氏也希望他作为一座与西方沟通的桥梁，两人一拍即合，相见恨晚。首次会面，曾氏便问他：“君以为今日欲为中国最有益最重要之事业，当从何着手?”容闳当即回答：“中国今日欲建设机器厂，必以先立普通基础为主，不宜专以供特别之应用。所谓立普通基础者，无他，即此厂有制造机器之机器，以立一切制造厂之基础也。”这种“立普通基础”的工厂，不是专门造某种武器或轮船，而是可以造出各种机器，成为一切专业制造厂的基础。

曾氏深为“制器之器”的主张所折服，颇觉这比自己仅为适应“特别之应用”的军火生产要高出许多。几天后，他再次召见容闳，专折保奏他为五品官衔，拨白银六万八千两，派其赴美购买先进的机器设备。容闳于同治一年十月二十六日由安庆启行，经英国伦敦于次年春抵达美国，经多方洽谈，与美国朴德兰公司订约，由该公司按“制器之器”的标准制造，同治四年十月，容闳把采购的一百多种机器，全部运到上海。这是中国有史以来第一次大规模引进西方先进设备，大大充实了刚刚组建的江南机器制造局，使之成为中国第一所近代大型军工企业。一百多年后的今天，它已发展为世界第三大造船厂：上海江南造船总厂。

(4) 组建江南机器制造局，造出大型军舰

安庆军械所造出的小火轮，曾氏后来也清醒地认识到“虽造成一小轮船，而行驶迟钝，不甚得法”，加上碰到“阿斯本舰队事件”，对曾氏刺激很大，他感到只有依靠自己的力量，自立自强。他当时给毛鸿宾的信中说：“弟前年初次复奏购买轮船折，本欲访

江南机器制造总局大门

募覃思之士，智巧之匠，演习制造，以勤远略。今所购七船既已化为乌有，不得不另求造船之方。”他决心“开设铁厂，粗立规模”。在他的支持下，李鸿章买下了随阿思本舰队带来的制造军火的机器设备，在上海和苏州两地设立了洋炮局，当时外国人评论道：“它标记着中国政治家们采用机器的开端。”

同治三年，攻克金陵后，安庆军械所随同总督府一起迁到金陵，改称“金陵制造局”。接着，金陵制造局又迁至上海，与原在上海、苏州的三个洋炮局以及李鸿章责成丁日昌购买的美商铁厂一座合并，组建为一个大规模的军事工业基地，取名为江南机器制造局。此局原设于虹口，同治六年移至高昌庙，建成机器、木工、铸铜铁、轮船、熟铁、锅炉、枪炮等厂以及船坞和码头。此后又增设火药厂、子弹厂、水雷厂、炼钢厂，工人也由500名增至1300百名，高峰时期曾达到3600人。

当时，该局不但机器设备多来自外国，主要材料依靠外国供应，技术活也多由外国雇员掌握，但制造局的主权和决策权仍牢牢掌握在中国人手中，洋人不过是高薪打工仔。曾氏任命徐寿管理局务，他利用这一有利条件，充分发挥自己的科技才能，“于制造炮、枪、弹多有发明，自制镪水、棉花药、汞爆药，并为化学工业之先导，而塞银钱出海之漏卮”。制造局最初只从事枪炮军火的制造，结果产品质量很好，与西洋不相上下，这些武器大量供应军队，受到好评。后来在光绪八年（1882年）的中法战争中，制造局连夜赶制了一百门山炮，增援前线。让拿破仑的子孙们也尝到了中国炮弹的滋味。

受到这一鼓舞，曾李决定加快造船步伐。同治六年四月，曾氏批准每年拨20万两银，专供造船之用。又增聘洋人工程师及工匠，指导华工的制造技能，还责成局内委员，朝夕讨论研究，编译图书，从理论上指导技术的改进。同治七年七月，中国近代史上第一艘大型军舰终于竣工了，费银8万两，载重300余吨，长18丈5尺，宽2丈7尺2寸。“汽炉、船壳两项，均系厂中自造，机器则购买旧者修整参用。”这艘船是将轮机露出水面的明轮，取名“恬吉”，从第二艘开始，便改造暗轮，以后又相继造出“威清”、“操江”、“测海”三艘，约合一年造一艘。这些船的速度比原“黄鹄”号已大有提高，在长江中逆水时速达17公里，下水时速达30公里。这四只船，造得一只比一只好，轮机功率由392匹马力至605匹马力不等，载重量也由300吨增至1000吨，配炮也由八九门增至十五门。但是曾氏也有不满意的地方，就是这些都是木船，他对徐寿、容闳等人说：要尽快造出铁甲舰来，并说中国能有50号铁甲大舰，就可同洋人在大海争高下了。

同治十年（1871年）十月初七至十三日，曾氏赴上海视察江南机器制造局，此时局里已造出四艘大船，第五艘也即将竣工。八日他宴请了局里的译员与各匠师，其中有英美两国的许多技术人员、工程师、翻译。席间英国人傅兰雅向曾氏提出他对外国人、外国传教士的看法。在座的中国人生怕这会触动曾氏的伤心之事（如天津教案），但曾氏却高兴地回答了这个问题，大意是说天主教劝人做善事，因而也是好教，真正的外国传教士和外国朋友，只会帮助中国人。他的回答博得了阵阵掌声，外国人认为他很开明。于是争着向曾氏献计献策。科尔、傅兰雅等人告诉他，制造局的效率太低，浪费太大，同样的条件在外国，效率至少可以提高三倍。在中国制造的枪炮和轮船，用钱还比买外国的枪炮和轮船要多得多。曾氏很关心这个问题，同他们探讨症结所在。这些洋人指出这是经营体制问题，外国人是私人办兵工厂，军火当作商品出售，因而比中国官办的军工厂的效率高得多。这确实是曾氏面临的一道难题，在当时的条件下是无法破解的。在封建的政治体制没有打破以前，在资本主义经济没有大发展以前，只有官办军工厂这条路子可走。

（5）建立翻译馆，传播西方文明。建立翻译馆是徐寿的倡议，设在制造局内。翻译办法是由外国人傅兰雅等口译，由李善兰、徐寿父子等人笔录。12 年中，译全并印刷的有 98 部，计 235 本，译出但未印刷的有 45 部，未译全者 13 部。翻译的内容很广泛，涉及到当时科学技术的各个领城，“诚为西学之大观”，其中主要是数学、物理、化学和技术工艺，也有少数历史和法律方面的书。李善兰、徐建寅翻译的《谈天》，首次向中国人介绍了哥白尼的天文学说；李善兰、华蘅芳翻译的多种数学著作，介绍了代数、微积分、概率论等，打下了中国近代数学的基础；华蘅芳翻译的《金石识别》与《地学浅识》是中国近代矿产地质学的奠基之作，他还出版了自己编著的数学著作《行素轩算稿》6 种 23 卷，其中的基础读物《算学笔谈》，“数年之间，重版十数，东南学子，几乎家有其书”，《几何原本》影响很大，曾纪泽为其作序；徐寿则潜心于化学，向中国人译介了有机化学、无机化学、化学的定量、定性分析方面的知识，他翻译的《化学鉴原》，确定了许多化学元素的中文名称，至今仍在沿用。

翻译西方科技书籍，始于明末，当时徐光启、李之藻等人翻译“算学、天文、水利诸书”，成为引进西学的开始，那时一些西方传教士也开始进入中国，他们既传播基督教，也带来一些科技知识。二百多年之后，曾国藩把引进和传播西学的工作发展到空前未有的规模，这再不是几个先进的知识分子单枪匹马的小打小闹，而是汇全国之英才，实施的一项国家级的政府行为，这对西学的引进和传播，对中国近代科学的启蒙和奠基，产生了巨大作用和深远影响，无论怎么说，都不过份。美中不足的是，没有翻译政治、经济书籍，因为在当时，中国朝野的先进人士都远未认识到政治制度改革的必要。梁启超后来准确地总结道：“制造局首推工艺，而工艺必本格致，故格致诸书，虽非大

中国第一批幼童留学生

备，而崖略可见。”“格致”是“格物致知”的缩写，即研究事物，获取知识之意，当时主要指自然科学研究。

(6) 设立兵工学校，选派幼童留学

容闳是最早系统接受西方教育的中国人，他回国后，很自然地感到中国教育的落后，他于咸丰十年给太平天国的建议中，就提出设立武备学校、海军学校和各种实业学校，颁布各级学校的教育制度等。同治四年筹建江南机器制造局时，他建议在厂中附设兵工学校，曾氏“极赞许”。受到“小试其锋”的鼓舞，容闳又酝酿着中国学生出国留学的计划，但因剿捻战争影响，未得施展。同治九年，他作为翻译，随曾氏到天津处理教案，其间他多次向曾氏提到派留学生之事，曾氏同意了，容闳“乃喜不寐，竟夜开眼如夜鹰”。

这年冬天曾氏乃与李鸿章联名上奏，提出“选聪颖幼童，送赴西国学习军政、船政、步算、制造诸学，约计十余年业成而归，使西人擅长之技，中国皆能熟悉，然后可以渐图自强”。很快获得朝廷批准。次年七月，再次联名上奏，拟定章程，确定了具体实施办法：选 12 至 16 岁的聪颖少年，每年 30 名，四年共计 120 名，分批出洋。在外国学习 15 年后，陆续回国，费时则前后二十年，共需银 120 万两，每年拨 6 万两，由海关税支出。管理及中国教习人员，设正副委员各一，每员月薪 450 两，翻译员，月薪 250 两，教学中国传统文化的中国教习二员，每员月薪 160 两。幼童出国前先在上海进行半年训练。

但因当时风气未开，招生十分困难。当时一般的知识分子仍视科举为正途，把读新学看成“不齿之事”，更把出洋留学“斥为异类”。社会上当时又有谣言，说西洋人会把孩子活活剥皮，再把狗皮接种到他们身上，当怪物展览赚钱。也有人认为几万里的海路是难以通过的。即便是有见识的父母，由于招生年龄很小，一般在十二、十三岁左右。政府又要求家长在“具结”上写上“生死各安天命”，这增加了他们的疑惧，因此报名的人极少，像詹天佑的家长詹兴洪这样的人太少了。第一批留学生大部分是容闳的香山县同乡。

同治十一年夏，第一批留学生幼童 30 人，由上海乘船赴美，遗憾的是，为第一批留学生出洋付出大量心血的曾氏，已于五个月前逝世，为了纪念他，他的遗像挂在了哈特福特留美学生留学事务所的墙上。这些幼童到美国后，住在当地居民家中，以便加快通过语言关，从小学读起，直到大学，循序渐进。例如詹天佑是先进西海文小学，再进纽海文中学，最后考入耶鲁大学的雪费尔学院专攻铁路专业的。

留学生在美国“肄习西学，仍兼讲中学，课以《孝经》、《五经》等书……每遇房、星、虚、昂等日，正副二委员传侯儿童宣讲圣谕广训，亦以尊君亲上之义，庶不至囿于异学”。由于中西文化的冲突，正副委员陈兰彬、容闳对于“中体西用”的精神认识不一致，产生矛盾，这种矛盾随时表现在日常生活中，如容闳说：“例如学生在校中或假期中之正杂各费，又如学生寄居美人家中随美人而同为祈祷之事，或星期日至礼拜堂瞻礼，以及平日之游戏、运动、改装等问题。凡此琐屑细事，随时发生。”尤其是吴于登接替陈之职后，吴更顽固，从此“留学事务所无宁日矣”。吴攻击学生多已入耶稣教，必全失爱国心，他日纵然学成回国，“亦将有害于社会”，极力主张将留学生撤回，国内顽固守旧人士也遥相呼应，于是光绪七年（1881 年），留学生们分三批提前回国，当时不少有识之士为之痛惜，认为再学四年，许多人可以读完大学。但这些留学生在美国早已留心“各习一艺”，他们回国后，大多列身显要，掌握了中国的要害——军舰、军队、海关、铁路的部分权力，为中国的自强，为中国的近代化作出显著贡献，并且由此开辟了一条中国人走向世界的道路。

（7）总结

同治十年正月十二日，曾氏上“复陈夷务折”，从中也可窥见当时洋务的一些情形：

“至于讲求实际，则下手功夫贵于铢积寸累，一步不可躐室，一语不可矜张。其大要不外三端，曰制器，曰学校，曰操兵。现在上海机器局所造轮船已成四号，以后即拟专造兵船及铁壳等船。枪炮造成者甚多，即来福枪、林明敦枪，为外国所称精绝者，亦已仿造，与之相埒。以后日进不懈，不患不臻极诣。惟绝大之铁板尚不能造，且需用之铁煤极多，一一购自外国，为费太巨。闻广东、江西、湖南所产之铁，亦不减于洋铁，而佳煤则处处有之。但须略仿洋法，借洋人之机器开中国之铁煤。另立铁厂一所，与上海机器局相表里。铁煤不须购自外洋，则诸事皆绰有余裕也。外国学技以算法为第一义，而又证之以图，申之以书。中国学外国之技，则须以翻译为第一要义，得洋人一技之长，始明其迹，继探其意，既乃翻译汉文，使中国人人通晓，以利施行。今上海局中所翻诸书，颇能窥洋学之奥秘。若勤求不已，将来创立新法，别出绝技，亦属意中之事。臣又拟选聪颖子弟，赴西国书院及军政、船政等院，分门学习。曾于上年九月十六日具奏一次，彼来则延访，我往则就教，总求尽彼之长而后已。”

由此可见，曾氏受林则徐、魏源等人“师夷长技”、“经世致用”思想的影响，在外国坚船利炮的刺激下，从“学作炮弹、学造轮舟”入手，发展到从国外购买工作母机（“制器之器”），再发展到翻译和推广西方的科技知识，最后发展到派幼童直接到国外学习，一步一步走上了“西学东渐”的道路。中国的近代化，就是由此起步的。虽然创业起步是艰难的，但他的所作所为，在一向闭关自守的中国却起到了解放思想，首开风气的作用，也为中国的近代化奠定了十分重要的物质基础和知识基础。

洋务运动是前无古人的事业，在这以前，外夷都是向中国学习文化。面对“数千年未有之强敌”，曾氏有足够的冷静清醒，足够的谦虚精神，在他身上找不到夜郎自大的影子。他利用自己的权力和影响力，坚忍不拔，一点一滴地做，做到了魏源、林则徐、洪仁玕等人想做而没有做到的事。他对中国近代化作出的开创性贡献，是会永载史册的。

3. 李鸿章对曾氏洋务事业的发展

李鸿章是曾氏的学生，曾氏在世时，他就大力支持李发展洋务，同治六年（1867年），李鸿章被任命为湖广总督后，曾氏给他写信道：“鄙意北方四省因循已久，东南新造之区，事事别开生面，制器造船各事，皆已办有端绪。自强之策应以东南为主。”教他在已有的基础上再努力，争取富强一方，再带动其它。在这之前，李鸿章在曾氏的支持下，已在洋务方面有建树，他在组建江南机器制造局中出力很大。曾氏当时在家书中

北洋海军提督府

评论他说："李相创立上海、金陵两机器局，制造船炮，为中国自强之本，厥功甚伟。余思宏其绪而大其规，如添翻译馆，造地球，皆是一串之事。"

(1) 曾氏死后，李继承和发展了他的事业

由于他比曾氏小12岁，又晚死29年，李鸿章在"洋务"上的活动更多，实绩更丰。人们一般认为：曾国藩是洋务运动的开创者，李鸿章则是洋务运动的代表。

曾氏去世后，李鸿章扩大了江南机器制造局的规模，工厂工人达3592人之多，成为当时中国最大型的综合性企业。此外，他还创办了中国近代海军，兴办实业，成绩斐然。

从光绪元年到十四年（1875－1888），经过13年苦心经营，李鸿章组建的北洋海军，已经成为一支可观的大型舰队。计有巨型铁甲舰2艘，高速巡洋舰7艘，炮船6艘，鱼雷艇6艘，练船3艘，运输船1艘，共有大小舰船25艘，总排水量四万余吨。从吨位和火力、速度等方面衡量，当时中国海军实力位居世界第四，亚州第一。李鸿章还建设了旅顺、威海卫等著名军港，尤其是旅顺港，经营了16年，成为当时世界上第一流的海军军港。后来甲午海战的失败，完全是"政败"所致。

李鸿章还主张实业救国，提倡"求富"和"商战"。在"求富"一端，他认为中国富强的基础发端于矿业。于是在光绪四年创办开平矿务局，开采煤炭，同时炼铁。自光绪七年到光绪十七年止，他先后奏准开办了热河平泉铜矿，山东登州铅矿，平度金矿，黑龙江漠河金矿等近10处矿山。

他又力排众议，倡建铁路，建成中国第一条自己修筑的铁路——唐山至胥各庄铁路，随后又创建中国铁路公司。到甲午战争爆发前，他主要依靠中国自身的力量，在中国北方修建完工1300多公里长的铁路。

光绪六年，李鸿章奏请设立天津电报总局，并于次年架设了连通津沪两地的电报线，这条电报干线贯穿中国南北，把中国的政治中心和经济中心连接了起来。此后又相继建成苏浙、闽粤、上海至云贵川等几大干线，至光绪二十一年（1895年），已形成一个万里之外，"呼吸可通"的全国性电报网。

在"商战"一端，李鸿章创办了中国近代第一家棉纺织企业——上海机器织布局。为"夺洋人水上之利"，创办了轮船招商局……所作所为，无不领风气之先，一时洋务运动勃然而兴，成为当时时代的主流。

(2) 李鸿章在推行洋务中遇到的阻力

洋务运动，诚如李鸿章所说："固属中华创始之举，亦古来未有之事"，阻力是相当

大的。这阻力既有来自朝廷内部的顽固守旧势力，也有来自民间有识之士的或对或错的批评。在曾国藩生前，以前者为主的阻力就已存在，这在派幼童出国留学一事上就可以看出，从策划到幼童出国用了两年时间，并且选陈兰彬为委员，也是“欲利用陈之翰林资格，得旧学派人共事，可以稍杀阻力”之故，可谓用心良苦。曾氏去世后，阻力有增无减，一则由于李的个人威信稍不如曾，一则由于洋务本身也存在不足。在官方，则有“清流党”抵制指责，在民间则有主张政治经济同时改革的“变法派”的批评，其代表人物是王韬，他是近代中国著名改良思想家，而后方有康有为、谭嗣同、梁启超诸君子。

清末京城里活跃着一班以清高博雅自重，动辄指责时政的士大夫。这些人大多有声望而无实权，每每上书谏事，直言无忌，颇令权臣不悦，间或也使皇上及两宫太后下不了台。时人称之为“清流党”。虽名为“党”，其实并无实际组织，不过是若干同声相应，同类相聚的自命儒雅之士的松散联合。当时，清廷为显示“中兴”气象，需要些犯颜直谏者为其点缀，更重要的是，富于机诈的慈禧太后既要借用洋务派充实清廷的经济、军事实力，又担心内轻外重，权势旁落，便玩弄“以清议维持大局”的权术，利用清流党人，以牵制炙手可热的洋务派大臣。

清流党，又被谐称为“青牛党”。当时京师士人“呼李鸿藻为青牛头，张佩纶、张之洞为青牛角，用以触人；陈宝琛为青牛尾，宝廷为青牛鞭，王懿荣为青牛胆，其余牛皮、牛毛甚多”。宝廷无能，只混得个牛鞭做做，

王韬像

语颇逗人，亦可见当时阻力之大，值得一提的还有“牛角”张之洞，后来竟作了180度的大转变，成为洋务运动后期的最大洋务领袖，他比李鸿章晚死六年，继承了李的未竟事业，这确实是有些戏剧性的。毛泽东在论及中国近代工业发展史时特别强调：讲到重工业，不能忘记张之洞。

清流党按籍贯划分又有南北之别，他们虽有意气之争，但也有许多共识，如维护国权、力御外侮、改革弊端、吏治清廉等。尤其在反对“洋务”方面，更趋一致。他们“以不谈洋务为高，见有讲求西学者，则斥之曰名教罪人，士林败类”，他们“连同一气，一人言事，众口相帮”，颇能左右朝中舆论。他们务虚不务实的空谈，对李鸿章、奕䜣、左宗棠等洋务领袖牵制很大。好在李鸿章等人奉行“埋头做事，不与争论”的原则，使洋务运动在艰难之中，逐渐有了些成绩。“不与空谈家争论”，是李鸿章等人的高明之处，实干家大多都如此。

在民间，则有来自力主政治改革的“变法派”的批评，其代表人物是王韬。王韬(1828～1897)，江苏吴县人，十八岁考取秀才，但未中举，于是转而研究经世致用的学问。同治元年曾上书太平天国，建议缓攻上海，力争上游以巩固后方，未被采纳。后来此信落入清军手中，王因“通贼”而被通缉，被迫逃至香港，其间到英国居住过三年。同治十三年（1874年），王在香港创办了中国人办的第一家日报——《循环日报》。他公开宣称要借日报“立言”，以图“强中攘外”。他经常在报上发表评论，鼓吹变法，这对后来的维新运动影响很大。

王韬的变法内容中，有些是与洋务派一致的，如开矿、修铁路、架电报线等。此外，他还提出社会、政治的全面改革措施。他提出了君主立宪的主张，认为只有“君民共治”，才能“上下相通，民隐得以上达，君惠亦得以下逮”，这显然与他在英国居住三年所受的影响有关；他在指出中国官场中“因循、蒙弊、粉饰、贪罔、虚骄”等弊端后，提出取士、练兵、学校、法律都应加以变革；他还批评了自古以来的重农轻商，认为发展商业是舍本逐末的思想，指出西方各国均恃商以富国，主张中国应鼓励私人经商，从事实业，这实际上已有发展资本主义经济的思想。

王韬提出了全社会的变革方案，尤其提出了政治改革，这是洋务派他们所不敢想的。王韬尖锐地批评洋务派，说他们“虽袭西人之皮毛，而犹如附肉于骨，剪綵为花，其血脉终不能流通，色泽终不能焕发”。应该说，王韬是反对洋务的，只是其“袭其皮毛”，恨其不进行更大范围、更深层次的变革。因此，他的批评，并没有给洋务派造成多大阻力，但却在舆论上形成洋务派受到内外攻讦的印象，有损其形象。

王的变法方案，具有其合理性，如果真能照此执行，中国也许真会焕发新生，一变而成为“少年之中国”。李鸿章这样绝顶聪明的人，难道就看不出他们主持的洋务运动的弊端？甲午战争后，他曾总结失败原因，说是“军败缘于政败，政败加速军败”，可见他何尝不知政治上的诸多弊端！但这种事往往是局外人摇旗呐喊容易，当局者步履维艰啊！朝廷内外保守顽固势力根深蒂固，盘根错节，范围很有限的洋务运动都屡受诘责，更何谈政治改革。政改触动更多的人，包括慈禧的既得利益，岂可轻动！这种自上而下的政治改革既不可能，那就只有靠爆发革命，自下而上地摧毁这种体制，辛亥革命就做到了这一点。

事　典

博采众家之长，使国家强大，是有作为的知识分子孜孜以求的事，是中国文化能够源远流长的主要原因。早在汉代就有张骞出使西域，凿通“丝绸之路”，唐时更是一个宽容接纳别国文化技艺的时代，而明朝的徐光启尤其为此做出了巨大贡献。

徐光启出生于上海县徐家汇（今上海市）的一个手工业者家庭。其父以课农学圃自给，祖母及母亲亦旦暮纺织。他生长在这样的家庭中，从小对农业、手工业有较多的了解。他喜爱科学，不精通八股文，屡试不第，只好以教书维持生计。万历二十四年（1596），他在赵凤宁家教私馆，随赵凤宁到广西浔州，过韶州时认识了西洋传教士郭居静，开始接触西学。在此期间，徐光启有鉴于李时珍等人总结古典科学，遂有志于科学技术研究，对农学、水利、算学及军事学产生了兴趣，并着手搜集农学、算学等方面的资料。

万历三十二年（1604），徐光启四十二岁，终于考取进士，跻身仕途，生活和科研条件有了改善。在翰林院学习期间，

徐光启与利玛窦

他把主要精力用在研习天文、兵法、屯盐、水利、工艺等“可施于用”的科学技术方面。同时他利用课余时间向西方传教士利玛窦学习自然科学，并翻译西洋科学书籍，吸取有用的东西来弥补中国学术之不足。后来，他在利玛窦等传教士的协助下完成了《几何原本》、《测量法义》、《测量异同》、《勾股义》等书的翻译，并在家守制期间，开辟了一个小规模的试验园，从事移植甘薯的试验。与此同时，他有鉴于明王朝国穷民困和边患日深的现状，决意从富国强兵的根本之计做起，通过他的科学研究，来解决漕河水利、盐务、屯田、边饷、兵器改良等技术问题，由此他曾潜心于数学的研究。因为他认识到数学是研究科学技术的基础。

万历四十年（1612），徐光启译完了《泰西水法》六卷。他深知中国是以农立国的，农业是“本业”，而水利则是农业的命脉。他翻译《泰西水法》，旨在引进和介绍西方先进的水利知识。在全面了解中国原有的水利灌溉方法及工具基础上，他对西方水利先进方法和工具等方面的知识进行有选择的翻译介绍，而且这些介绍的方法与工具，他都要经过制器和试验，确有实用的，他才编译到书中。在此期间，他的仕途之路不得意，次年告病居于天津，在郊区开辟水田，采用新的方法，试验在北方耕种水稻。又在宅旁辟一小试验园，种植花草、草药和新的农作物、树木等。在稻田试验园和宅旁试验园里，他进行施肥、接种以及把药物制成蔷薇露等种种试验，每次试验的过程与结果都有记录，这些在后来编入了《农政全书》。

徐光启在潜心科学试验的同时，逐渐地形成了系统的科学救国思想。他多次提出“富国必以本业，强兵必以正兵”，抨击“名理之儒”不通科学与生产，固步自封，一谈及西学就言中国古已有之，但对中国古代科学技术既不应用，又不予以总结和研究，以致“失且天下之实事”。因此，他在大量翻译介绍西学的同时，十分注重对中国原有的农学、军事学资料进行整理与研究。

在农学方面，徐光启以富国强兵为目的，注重农业科学技术的研究，提出了对农业、手工业进行改革的学说，完成了著名的《农政全书》。《农政全书》作为一部农学著作，除了大量介绍和探索农业科学技术问题外，还阐述了徐光启学以致用的科研目的与思想。他认为中国贫穷的原因，是农民不知科学生产，没有充分认识和利用天时地利，以致明王朝每年只知从南方漕运几百万石大米供给京师和边防，而西北田地荒芜不垦。漕运东南大米，不仅农民负担日重，而且大量的可以用来种植水稻的水利资源也被浪费。此外，北方之民只知种棉而不织布，北棉南运，北方棉贱布贵。针对这种不懂农业科学技术所造成的问题，徐光启打破古典农书的“风土说”和囿于陈陈相因的生产经验论，通过大量的调查研究和科学实验，在理论与实践上提出了开垦西北荒地、兴修水利，把一切水源包括用于漕运之水都用来生谷，以北之棉教南之织等农业、手工业的改革学说。

为了实践和传播这些思想，他以科学试验来解决技术问题。如对高产作物的甘薯、蔓菁都作过多种试验。又如在北方种稻试验，他解决了南稻北植的许多技术问题，大开北方种稻风气。再如北方种棉不织布，它的主要问题是北方自然条件不利于浆纱刷纱。有鉴于此，徐光启通过大量的调查研究，在肃宁人纺织的经验上，提出了解决北方织布浆纱刷纱的技术问题，由此北方纺织业开始兴起。在纺织工艺方面，徐光启基于原有的技术和设备，不断地改进生产工具和方法。在缫丝技术上，他创造了“五人一灶缫茧三十斤”的方法，比旧时“二人一灶缫茧十斤”方法省了人力和物力。在纺车制造上，他设计从四（梭管）改进成五，以提高纺织手工业的生产效率。此外，他还亲自试验晒盐法，改革了传统的熬盐法。他的晒盐法试验成功，不仅大量节省了灶户的人力，而且节省了樵薪，给国家农业生产的开发也带来了利益。

改革农业、手工业生产技术，是实践他“富国必以本业”思想的试验。但是，他并不满足于这一方向，对于“强国必以正兵”也很关注，并作了大量的实验。万历四十六年（1618），杨镐的四十万军被努尔哈赤打败，明王朝面临的边祸日重。徐光启曾有意

卧薪尝胆

研究兵学，针对明军在战场失败的教训，提出培训作战军兵思想。这一年，他在通州昌平训练新兵，亲自撰写了《选练条格》，亲临校场，从事实选定实练试验。后来由于当政者不予支持，兵源饷械不足，训练计划未能实现。

十年后，他从兵器改造方面着手，吸收西方火器技术的长处，重新训练新兵。这次练兵试验，他提出了组织车营、建筑台铳的办法。车营即用火器武装起来的部队，其组织办法是“以四千人为一营，每营用双轮车一百二十辆，炮车一百二十辆，粮车六一辆，共三百辆。西洋大炮十六门，中炮八十门，鹰铳百支，鸟铳一千二百支。战士二千人”，队兵两千人。这种运用西洋大炮和中国火器的车营，在军事技术上结合了中西兵器和战术的长处。同时徐光启还提出运用西洋的望远镜。徐光启从军事技术上加强国防建设，是他科学研究与实验的一大成就。西洋大炮的制造与应用，在守卫宁远、京师等战役中发挥了它的威力。但是，由于明王朝政治腐败，他的军事技术改革的作用也是有限的。

徐光启在我国科学史上对天文历法有卓越的贡献。他融通中西历法，编译《崇祯历书》，修正了当时已经失掉正确性的《大统历》，对我国传统历法进行了重大改革，奠定了我国近三百年来的历法基础。

说到自强，我们不能不想到越王勾践的故事。

公元前494年，吴王夫差拜伍子胥为大将，伯嚭为副将，亲自率领水陆大军从太湖出发，去攻打越国。吴越两军会战于夫椒（今江苏省吴县），在水战中，越国大将灵姑浮阵亡，越国的水军几乎全军覆没。赵王勾践带领残军五千余人逃回，到会稽山上躲了起来。吴王紧追不舍，一路上杀百姓、烧庄稼，追到会稽，把越王勾践围困在山上。勾践被迫求和，到吴国服侍吴王。然而，没顶之灾与奇耻大辱并没有泯灭勾践东山再起的雄心壮志。

勾践夫妇在去吴国前，召集大臣们商议国家大事。君臣们痛苦之心，自不必说，但大家都劝越王只管放心到吴国去。他们一定要把越国治理好，将来再报仇。勾践就把国家大事托付给文种等大臣，自己带着夫人和范蠡到吴国去做人质。一路上，他们听到的都是送行百姓们的一片哭声。

勾践夫妇和范蠡到了吴国首都姑苏，吴王夫差就让他们住在阖闾坟墓旁边的一间石头屋子里，为吴王养马。夫差把勾践留在都城，是为了考验他是否真心臣服于他。夫差每次坐车出去，他都让勾践给他拉马。勾践在吴国所受屈辱，是可想而知的。

勾践夫妇在吴国住了三年。在这三年中，勾践总是很小心地伺候夫差，做到百依百顺，显得比夫差的其他仆人还要驯服。与此同时，文种还经常派人给伯嚭送礼，伯嚭也老在夫差跟前替勾践说情。

有一次，勾践听说夫差病了，就托伯嚭给夫差带话，说要去看望。夫差听说勾践这样惦记自己，就答应了他。伯嚭带领勾践进了夫差的卧房，正赶上夫差要大便，勾践就赶过去搀扶他。夫差叫勾践出去，勾践说："父亲有病，做儿子的应当服侍，大王有病，做臣下的也应当服侍。再说我还有点小经验，只要尝尝大王的粪便，就能知道大王的病是重是轻。"夫差心里很高兴，就不再拒绝了。夫差拉完屎，觉得舒服多了。勾践扶着夫差上床躺好，又去掀开马桶盖看了看，取粪尝味，然后向夫差磕头说："恭喜大王！大王的病已经没有什么危险了，再过几天，就会全好了！"夫差问他："你怎么知道的？"勾践说："刚才我尝了大王的粪便，知道肚里的毒气已经散发出来了，病还不快好了吗？"夫差看到勾践服侍自己这样周到，倒有些过意不去了，就对勾践说："你待我不错。等我病好了，就放你回去。"

由于勾践处处小心服侍夫差，再加上伯嚭不断向夫差报告越国十分平静，一点也反叛吴王的迹象，夫差就以为越王勾践真的完全臣服自己，越国对吴国已经没有什么威胁了，于是，公元前491年，夫差亲自送勾践夫妇上车，放他们回了越国。

勾践回到越国后，君臣相见，又是高兴，又是伤心。他们发誓，一定要记住亡国之痛、石室养马的耻辱，为了报仇雪耻，要上下一心，发愤图强。

勾践原来打算把国政交给大夫范蠡治理，但范蠡却说："操练兵马，行军打仗，文种不如我范蠡；治理国家，安抚百姓，我范蠡不如文种。"于是勾践就把国家政事交给文种管理，而让范蠡负责操练兵马。

勾践为了能使自己时刻牢记亡国的耻辱，不让舒适的生活消磨了自己的意志，就把自己卧室里的锦绣被褥撤了下去，而铺上柴草当做褥子，睡觉时就躺在上面；他还在房间里挂上苦胆，每当早晨起床，或吃饭之前，都要尝一尝胆的苦味。这就叫"卧薪尝胆"。他常常心中默念：苦胆再苦，也没有亡国、做奴仆苦。他平时亲自到地里耕作，夫人也亲自养蚕、织布；吃饭不吃肉，穿衣不要绸锻；经常放下国王的架子访问贤人，虚心听取意见，以礼善待宾客；对老百姓中贫穷的就想办法救济他们，死了亲人的就帮助安葬，时时关心百姓的疾苦，同百姓同甘共苦。

在当时，越国刚刚遭受战乱亡国之祸，百姓大批被杀害，人口减少，田地荒芜，生产受到很大破坏，为了恢复国家的元气，越国君臣们制订出一些措施。如上了年纪的人不准娶年轻姑娘为妻；男子到了二十岁，女子到了十七岁，还不结婚的，父母要受到处罚；妇女快临产前，一定要报官，好派医官去照顾；生一个男孩子，国王赏一壶酒，一

西施　彭连熙绘

条狗；生一个女孩，国王赏一壶酒，一口猪；有两个儿子的，官府负责养活一个；有三个儿子的，官府负责养活两个。国家还奖励耕种、养蚕、织布。与此同时，全国上下都节衣缩食，为的是年年月月给吴王夫差进贡。夫差经常收到勾践的贡品，非常满意。

当越王勾践听说吴王夫差打算建造姑苏台时，就趁机给吴王准备了几根又长又大的木料，派文种送去。夫差收到木料后，非常高兴，为了不使大材小用，就把建造姑苏台的设计加高加大，这就使得吴王更加劳民伤财。

姑苏台建成后，夫差又要越国进贡美女。勾践便下令在国内选美女。于是，范蠡找到了一个名叫西施的美女，她情愿献出自己的身子，到吴国去，为祖国效力。当范蠡把西施和其他美女送到吴国后，吴王夫差立刻被西施的美貌迷住了，对她非常宠爱。从此夫差就日夜在姑苏台同西施作乐，西施也经常向夫差说越国的好话，这样，夫差再无防范之心了。20 年后，越国已十分强盛。这一年，越国将进献给吴国的 10 万斛粟米，全部蒸熟后才送给吴国，吴国将这些粟分给百姓耕种，播种后却不发芽，吴国于是大闹饥荒。越国乘机举兵讨伐吴国，灭掉了吴国，逼夫差自杀，越国成为东方一大强国，春秋五霸之一。

第十三章　坚忍——不过多计较眼前得失

以大事小
乐天之道
孰不以为上策哉
不可衅自我开

【原典】

此次议抚，实出于不得已。但使夷人从此永不犯边，四海晏然安堵，则以大事小，乐天之道，孰不以为上策哉！

道光庚子以后办理夷务，失在朝和夕战，无一定之至计，遂至外患渐深，不可收拾。皇上登极以来，外国强盛如故，惟赖守定和议，绝无改更，用能中外相安，十年无事，此已事之成效。津郡此案，因愚民一旦愤激，致成大变，初非臣僚有意挑衅。倘即从此动兵，则今年即能倖胜，明年彼必复来，天津即可支持，沿海势难尽备。

拿犯八十余人，坚不吐供，其认供可以正法者不过七八人，余皆无供无证，将来不免驱之就戮，既无以对百姓，又无以谢清议，而事之能了不能了尚在不可知之数。乃知古人之不容于物论者，不尽关心术之坏也。

【译文】

这次《南京条约》的安抚之局，实在是出于不得已。但如果这能使英夷从此永不犯我边疆，四海之内平静安定，那么这次抚局，有谁不会认为是一种上策呢？

1840年以来，我国办理涉外事务，总是失之于和战不定，没有一个固定的方针，于是外患越来越深，终至不可收拾。（同治）皇帝登基以来，外国仍是那么强盛，只有靠守定讲和的方针，一点也不变更，这样才能和外国安然相处，这十年来的平静无事，就是这种方针的成效。天津这次教案，由于愚民们一时愤激，造成大变故，起初并无地方官员有意挑衅。如果从此对外用兵，那么今年即使幸而获胜，明年这些洋人一定还会来，天津一地即使可以支持，沿海各地势必难以处处做好防备。

已抓获罪犯八十余人，坚决不吐供，其中认供画押，可以处决的不过七八个人，其余的都无供无证，将来都不免驱之受死，这既无法面对百姓，又无法面对社会舆论，而事情能否了结还在不可知之数。现在才知道古代那些名声不好的人，不都是心术坏的缘故。

点评

曾国藩外交思想的基本格局是对外妥协，以求苟安，韬光养晦，缓图发展。这种对外妥协，并非根源于他的个人品质，而是由当时中国半殖地的历史条件决定的。正如曾氏所说："古人之不容于物论者，不尽关心术之坏也。"

当时的中国统治阶级里，主张对西方列强进行坚决抵抗的，固然不乏其人，但始终不占主流，不占优势。在"和"与"战"的抉择上，道光和咸丰两位皇帝，总是缺乏"一定之计"。一会儿，遣兵征讨，"以彰天朝之威"，碰壁后又迁罪于主战之臣，求和受辱唯恐不速。曾氏对此很反对，他坚决主张要守定"和议"，为中国争取和平发展的时间。

曾氏曾有"卖国贼"的骂名，但是，历史人物的复杂性，决不是几个字可以概括得了的。曾氏的内心是情愿"卖国"的吗？看看他晚年倾力于洋务自救运动，看看他为中国的强大所做的一切，我们不难得出结论：妥协的外交，不过是韬光养晦的权宜之计，弱者生存之道。

在史学界，曾国藩的外交，多年以来一直被简单地认定为是投降、卖国的外交。"文革"以后20多年来，一些学者开始提出异议。有论者说："人们对曾氏常用'软弱'、'妥协'、'媚外'、'投降'、'卖国'等责骂之词，未免有失公允。"他们认为曾氏的外交，实际上是对列强权且笼络，争取一个和平环境，速图自强，最终达到御侮的目的。

道光皇帝朝服像

认为曾氏能正确地审时度势，知道中外实力悬殊甚大，和列强硬拼，靠武力与之周旋，是不明智的，也对自己未必有利，因而在特定的历史条件下，贫穷落后的弱国，要生存，要反弱为强，舍此韬晦之计，别无良策。在中国古代，有勾践尝粪脱囚，卧薪尝胆的故事；在当今世界，也有战败国日本偃旗息鼓，不显山不露水，埋头苦干五十年，而跃为世界第二经济强国的例证。

一、曾氏外交思想的发展历程

曾国藩一生，经历了两次鸦片战争所引起的中国社会大动荡，曾氏外交思想经过这两个时期的发展，于晚年同治年间更趋成熟。

1. 第一次鸦片战争，外交思想初露端倪

道光二十年，第一次鸦片战争爆发，当时曾氏跻身于翰林院已有两年，刚入而立之年，正沉湎于程朱之学。由于清廷长期闭关锁国，国人对欧美的蓬勃发展一无所知，曾氏同当时多数士人和官僚一样，对“英夷”是怎么一回事，是很迷惑不清的。曾氏心中还保留有自汉唐以来，中国士大夫对其他民族的鄙视心理，以对待“蛮夷”的夜郎自大态度，来看待中国近代史上的第一个大事件。他在道光二十一年正月初十的日记中说：“去年六月，英吉利豕突定海，沿海游弋。圣恩宽大，不欲遽彰天讨。命大学士琦善往广东查办，乃逆夷性同犬羊，贪求无厌。上年十二月十五，攻破沙角炮台。正月初五，又逼虎门。皇赫斯怒，通谕中外。初九日，授奕山为靖逆将军，隆文、杨芳为参赞大臣。本日又策侍卫四人往广东，备差遣。”在这则日记中，曾氏有许多认识不清的地方。明明是道光帝惩办了林则徐和邓廷祯，并不再禁烟，使侵略者得以横行，曾氏却说成“圣恩宽大，不欲遽彰天讨”；明明是道光帝在侵略者提出苛刻条件后，宣布了没有丝毫军事准备，近乎儿戏的征讨令，曾氏却赞为“皇赫斯怒”。

道光二十一年四月初一至初七，奕山在广州与敌开战，大败，最后在城头竖白旗，派广州知府余保纯向英国陆军少将行三跪九叩首大礼，呈求降书，陪付所谓“赎城费”600万两。奕山却在初八的上奏中谎报军情，将大败改为大胜，说“焚击痛剿，大挫其锋”；又称赔款为“将历年商欠清还”，称开放禁烟为“暂准其与各国一体贸易”。道光帝被蒙，大赏“有功之人”，于是“由军功升官及戴花翎、蓝翎者共二百余人”。曾氏跟着被骗，他在家信中说：“广东之事，四月十八日得捷音”，“广东事已成功”。

后来，侵略者沿海北上，先后攻占定海、宁波、镇海、乍浦、吴淞，入长江陷镇

江，逼向南京。这段时期，曾氏更有些弄不明白了，他的情报依然不准确。八月初三他家信中说："广东事前已平息，近又传闻异辞。"九月十五日说："英夷在浙江滋扰日甚。"十月十九又说："英夷之事，九月十七大胜，在福建、台湾生擒夷人一百三十二名，斩首三十二名，大快人心。"实际情况则是余步云军当日在镇江不战自溃。这年冬天，曾氏没有听到什么消息，他说："英逆去秋在浙滋扰，冬间无甚动作。"

第二年，战争又起，曾氏在道光二十二年二月二十四日给父母的信中说："浙江之事，闻于正月底交战，仍尔不胜。去岁所失宁波府城，定海、镇海二县尚未恢复。英夷滋扰以来，皆汉奸助之为虐。此辈食毛践土，丧尽天良，不知何日罪恶贯盈，始得聚而歼灭。"

六月十日与祖父书中，谈到吴淞的战事："逆夷海氛甚恶，现在江苏滋扰，宝山失守。官兵退守不前，反在民间骚扰。"七月四日与父母书中谈到英人逼近南京的情况："逆夷在江苏滋扰，六月二十一日陷镇江，有大小船数十只在大江游弋。江宁、扬州二府颇为危虑。然而天不降灾，圣人在上，故京师人心镇定。"全城文武，当此非常之变，竟"人心镇定"，一片升平气象，这些官僚，愚顽如此！当时曾氏虽由于种种条件的限制，对前线真相了解不多，但他关心国家大事，尽其努力，较为详细地掌握了时事动态，与那些麻木的官僚形成了鲜明对比。

对于前线战事的看法，曾氏先也被奕山等人所骗，盲目乐观了一番，后来败绩越来越多地为曾氏所知，他对战败的原因作出了自己的分析。除"官兵退缩不前"和"将不知兵，兵不用命"的原因外，他还归罪于"汉奸助敌"。但他对那些屈膝投降的满族大员，不战自退的绿营将领，却不曾有一语谴责，也许因为曾氏当时不过是一个无职无权的侍郎，多少有些难言之隐吧。

道光二十二年七月，清政府与英国签订了中国近代史上第一个不平等条约——《江宁条约》，即今所称《南京条约》。曾氏当时是穆彰阿的忠实信徒，受穆彰阿影响甚深，故对西方侵略的严重后果，对"英夷"的凶恶面目和侵略本质，认识不足。加之《江宁条约》又是穆彰阿力主签订的，因此曾氏难免有些门户之见。他也跟着认为"逆夷既已扼吭而据要害，不得不权为和戎之策，以安民而息兵"。称不平等条约的签订为"抚局已定"，并说由于条约的签订，"海疆平定以来，政简人和，雍熙如旧"。这实质上反映了当时多数中国人的麻木，对"数千年未有之强敌"缺乏起码的认识。由于战后的一时平静，曾氏更幻想"夷人从此永不犯边，四海晏然安堵"。他未曾料到的是："安民而息兵"的"和戎之策"越是推行，越是民不得安，兵不得息。侵略者尝到甜头，岂会"永不犯边"。这一点，曾氏在后来逐渐看清了，于是他又通过洋务运动来"师夷长技以制夷”，但妥协的外交思想始终未变。

2. 第二次鸦片战争以后，外交思想日趋成熟

第二次鸦片战争，断断续续打了几年，其间发生了一连串事件：咸丰七年十一月的广州失守，次年六月《天津条约》的签订，其高潮则是咸丰十年八月英法联军侵占北京，火烧圆明园，咸丰帝逃往热河等石破天惊的大事。这期间，曾氏已是几十万湘军的统帅，封疆大吏，朝廷的各种文报，都能及时读到。因此对当时的外患情形，知道得相当详尽，思想震动也很大。他在日记中写道：“自二十六日接奉寄谕，知逆夷夺我大沽炮台，占据天津郡城，八月八日，在通州、八里桥接仗，我军复败，夷兵逼近京城仅二十余里，圣驾出狩热河，飞召外援，令鲍超带三千人进京……神魂震越，中夜涕零。”对火烧圆明园一事，他说夷人“派三百人至园子，焚外朝房，真堪发指”。“北事决裂至此，薄海臣民，同深痛愤”。为此他上奏皇上，表示愿应召北援，虽然他明知这“缓不济急”，“无益于北，有损于南”，但他仍然表示：“君父之难，义不反顾，成败利钝，概不复较。”“主辱臣死，理所固然”。后虽由于祁门战事吃紧，北援又无济于事的原因，

英法联军入侵北京

并无一兵一卒北上，但曾氏在“接到江西总局新刻的英吉利、法朗西、米利坚三国和约条款”后，“阅之，不觉呜咽”，“念夷人纵横中原，无以御之，为之忧悸”，流露出深沉的忧国爱国情感。

在第二次鸦片战争中，虽然国家民族遭受了奇耻大辱，但政治眼光颇为敏锐的曾氏，却从中窥视出西方列强并无推翻清政府之意，因而不能算作心腹之患。基于这种认识，他逐渐成熟了自己的外交思想。同治元年五月初七，他在日记中记录了他与幕僚们谈论时说的一句话：

“眉生言及夷务，余以为欲制夷人，不宜在关税之多寡，礼节之恭倨上着眼。即内地民人处处媚夷、艳夷而鄙华，借夷而压华，虽极可恨可恶，而远识者尚不宜在此等处着眼。吾辈着眼之地，前乎此者，洋人十年八月入京，不伤毁我宗庙社稷，目下在上海、宁波等处助我攻剿发匪，二者皆有德于我。我中国不宜忘其大者而怨其小者。欲求自强之道，总以修政事、求贤才为急务，以学作炸炮，学造轮舟等具为下手工夫。”

这段话表明，曾氏认识到外夷尚无意推翻清王朝，当务之急，应置关税高低，崇洋风气于不顾，一心一意求自强，这完全就是一个韬光养晦、伺机再起的应变之术。应当指出的是，曾氏这里所说的“不着眼于关税的多寡”，从他以后的所作所为来看，亦并非如此。因为关税关系到政府的收入，事关国家的主权，一味放弃这方面的权力，怎么能够自强呢？

3. 晚年外交方针

洋务自救时期，曾氏提出了在对外交涉中要“大事苦争，小事放松”的主张。他指出：“凡与洋人交际，小事可许者，宜示以大平恕；大事不可许者，宜始终坚持力争。若小事处处争竞，则大事或反有放松之时，不分大小，朝夕争辩，徒为彼族所轻视。”还主张与洋人交际要“恍似有几分痴气”，大智若愚。要“重信义，贵果决”，待洋人以一“诚”字。如此才是善处之道。

曾国藩画像

当时的中国，正“渐图自强”必须争取到和平建设的环境，他说：“苟欲捍御外侮，徐图自强，非持一二十年之久，未易收效。若在事端艰巨，畏缩不为，俟诸后人，则永无一自强之日。”为了赢得时间，应当给洋人一些甜头；但在大是大非面前，不可含混，而应据理力争。因而曾氏在对外交涉上有积极抗争的一面，又有很大妥协性。

(1) 不刻意树敌，但要为百姓生计苦争

曾氏认为外国人提出的请觐（觐：朝见君主），遣使，开拓传教三件事，应予以放松，尤其请觐，派遣外交使节，在中外“既已通好”的情况下，本属正常之事，不可有意把西方各国视为敌国，“以敌国之礼待之”。这种思想，与主张闭关锁国的顽固派大不相同。他还主张在不损害百姓生计的情况下，与外国通商，“中外贸易，有无交通，购买外洋器物，尤属名正言顺”。可以说，曾氏已具有一些“开放”的思想，他的思想，是同时代的中国读书人中最先进的。

但是，弱国的“开放”，最容易损害百姓生计，因为“幼稚产业”和传统产业均易受到冲击。在这一问题上，曾氏坚决主张“竭力相争”，“始终不可移易”。他在同治六年十一月十五日《遵旨预筹与外国修约事宜密陈愚见以备采择折》中，集中地阐述了以上思想，他说：“至请觐、遣使、开拓传教三事，臣派员赍京册内，皆未议及。伏查康熙十五年圣祖仁皇帝召见俄人尼果赍等，其时仪节无可深考，然当日与俄罗斯议界、通市，实系以敌国之礼待之，与以属藩之礼待高丽者迥不相同。道光、咸丰以来，待英、法、米三国，皆仿康熙待俄国之例，视同敌体。盖圣朝修德柔远，本不欲胥七万里之外洋而悉臣服之也。拟请俟皇上亲政以后，准其入觐。其仪节临时酌定，既为敌国使臣，不必强以所难，庶可昭坦白而示优容。

遣使一节，中外既已通好，彼此往来，亦属常事。论者或恐使臣之辱命，或惮费用之浩繁，此皆过虑之词，似应令中外大臣留心物色，随时保举可使绝国人员，储以待用，不论官阶，不定年限，有人则遣，无人则不遣，权仍在我，彼亦断不致以许而不遣，遂启兵衅。顷准总理衙门咨，已奏派志刚等出使西洋，从此源源通聘，使事渐多，纵或有一二不能专对之臣，亦安知无苏武、班超、富弼、洪皓者流出乎？其中为国家扬威而弭患，此可慨然允许者也。

至开拓传教一事，查天主教之始专以财利饵人，近日外国教士贫穷者多，彼之利有所不给，则其说亦将不信。自秦汉以后，周孔之道稍晦，而佛教渐行。然佛教兴于印度，今日之印度，则多从回教，而反疏佛教。天主教兴于泰西，今日之泰西，则另立耶苏教，而又力攻天主教。可见异端之教，时废时兴，惟周孔之道，万古不磨。但使中国修政齐俗，礼教昌明，彼虽百计开拓，亦终鲜尊信之者。况且前各省郡县多立教堂，业已拓之，无可再拓，将来换约之时，该国如于此条渎请不已，似可许以随时行文保护彼教，但不必再添条款，亮不至更肆要求矣。

此数端者，其害稍轻，不特不与力争，并可有求立应。独至铁路、轮船、行盐、开栈等事，害我百姓生计，则当竭力相争，不设抵制之词，不用严峻之语，但以婉言求之，诚意动之，始终不可移易，使彼知恤民以保邦，乃千古帝王之常经，亦我朝列圣之家法。在今日，中国多事，洋人方张，我不能因曲徇和议而不顾地生民之困，即异日中国全盛，洋人衰弱，我亦但求保我黎民而别无耀兵海外之心。彼虽倔强诡谲，当亦知理直不可夺，众怒不可犯，或者至诚所感，易就范围。”

（2）教案事件中的妥协

由于清王朝国势的衰弱和西方列强对华侵略的加剧，他的对外妥协有所发展，抗争的精神有所减少。有个幕僚不满他的外交政策，给他写了封信，曾氏看后大加斥责，说“洋人之患，此天所为，非一手一足所能补救”。同治八年，英国驻上海领事麦华陀不满于江苏巡抚对扬州教案的处理，带兵去南京吵闹，态度蛮横，进行露骨的军事讹诈。曾氏生怕引起战争，唯恐洋人前来寻衅打仗，对麦华陀低声下气，有求必应。偏偏一年之后，就发生了天津教案。从麦华陀事件，其实就可以预知曾氏在天津的处理方法。

曾氏明知天津教案事件是教民平日作恶太甚和丰大业向县令开枪激成的，也明知杀“犯人”无以对百姓，无以对舆论，但还是将“启衅”的罪名强加在天津人民的头上，必欲多捕多杀，以快洋人之意，以图洋人开恩，不启战端。天津教案后期，曾氏已得知法国正与普鲁士开战，“渠内忧方急，亦无暇与我求战，或可轻轻解此灾厄”。既然如此，则杀民取悦于洋人，就似乎没有必要了。在处理天津教案的过程中，曾氏的对外妥协发展到一生中的顶峰，因此当时就有人给他戴上了“卖国贼”的帽子。

这里就有一个疑问：为什么曾氏明知法国因“内忧方急”，不可能对华开战，仍坚持要杀无辜的中国人呢？这可以从他给军机大臣宝鋆的信，看出一些原因。信中说：“谓津民义愤不可查拿，府县无辜不应讯究者，皆局外无识之浮议。弟虽智虑短浅，断不至为浮议所摇。”又说，“中国与外国交接，可偶结一国之小怨，而断不可激各国之众怒”，“使彼协以谋我，处处设防，年年议战，实属毫无把握。此等情势弟筹之至熟”。

同治十年正月十二日，教案早已了结，曾氏在奏折中谈到教案时，不无内疚，但仍然认为“一国易防、众国难御”，他说：“自各国换约以来，我中华隐忍迁就，始获一日之安，得以馀间剿平发、捻诸匪。今内地粗靖，尤当一意保全和局，不宜轻开衅隙。如

天津教案地点，天津望海楼

练兵实有把握，彼族或以万分无礼相加，然后不得已而一应之耳。臣办理津案，失之过柔，至今内疚，神明耿耿莫释。然默察时势，一国则易防，众国则难御。”

从这里可以看出，原来在教案后期，曾氏所惧怕的，已不是法国，因为他明知法国人不会来开仗。他怕的是“激各国之众怒”，因为当时列强都在中国开教堂，各地教案也经常发生，教案已成为中外关系中之热点，如果天津教案处理“不好”，弄不好引来各位列强的“众怒”，这是有可能的。但是，曾氏没有考虑到，西方列强，也不是铁板一块，它们之间也有矛盾，比如德、法两国当时不是在打仗吗?！英、美、俄诸国，断不至于为了法国在中国死了几个人，而在中国开战。曾氏如果强硬一些，既可内结民心，外可绝列强好战之心。当时中国内乱基本平定，国家统一，若能集中国力，合理使用，列强决不敢轻言战端。曾氏的妥协外交，给中国带来的负面影响，一直持续到1937年。

二、曾氏外交思想对身后执政诸公的影响

曾氏死后，他的得意门生李鸿章，继承了曾氏的事业，他全盘继承了曾氏的外交思想。李鸿章曾对人说："别人都知道我前半生的功名事业，是老师提携的，似乎讲到夷务，老师还不如我内行，却不知我办一辈子的外交，没有闹出乱子，都是老师一句话指示的力量啊。"由于李比曾小12岁，又晚死29年，因而李在外交上活动更多，成绩也大。然而，李鸿章的事业终究不过是在他老师所奠定的基础上的继承发展。

李鸿章曾详述自己在接任直隶总督时，曾国藩向他传授外交秘诀的经过。他说：老师见到我的面之后，不等我开口，就先向我问道："少荃，你现在到了此地，是外交第一紧要的关键之地。我们如今国势削弱，列强们联合起来算计我们，稍有错误，就会对大局造成损害。你和洋人交涉，打算作什么主意呢?"我回答："学生正是为了这个问题，特来向您求教。"老师对我说："你既然来到这里，必定有自己的主见，不防先说给我听听。"我说："学生也没打什么主意，我想与洋人交涉，不论怎样，我只同他打痞气腔，用油腔滑调来对付他们。"老师于是用五个手指捋着胡须，很长时间才说话："哦，痞子腔，痞子腔，我不懂得如何打法，你试着打给我听听好吗?"我一听不对，急忙说："求老师指教。"他又捋着胡须不放手，很久之后才盯着我说："依我看来，还是用一个'诚'字为好，'诚'字可感动一切事物，我想洋人也同样具有这种人情。圣人说：'忠信可以实行于那些未被教化的少数民族，'这绝对不会错。我们现在没有实在的力量，尽管你如何虚伪造作，洋人是看得明明白白，都是不管用的。不如老老实实，推诚相见，与洋人平情说理，如此虽不能占到便宜，也不会过于吃亏。无论如何，只要我们讲信用，脚踏实地，失误也不至于太大，想来比痞子腔总靠得住一点。"

李鸿章听后，觉得老师的话实在有道理，是颠扑不破的，心中顿时有了把握，急忙应声说："门生定遵奉老师训示办理。"后来，李办外交，"不论英、法、德、俄，我只捧着这个锦囊，用一个'诚'字和他相对，果然没有差错，且有收得大效的时候"。李鸿章感叹道："古人说'一言可以终身行，的确如此。要不是我老师的学问经济深，如何能一语破的呢?"

值得一提的是，李鸿章在对日本的外交中也用过"痞子手段"，这实在是出于不得已。日本与我国一衣带水，由于地理上的临近，日本成为我国近现代史上最凶恶的敌

人，从1894年至1945年，在整整半个世纪里，日本几乎从未停止对中国的侵略，因此与这样的敌人打交道，一味用“诚”，岂不是太不识时务了吗？1895年，甲午战争中我国惨败，李鸿章的淮军、北洋水师和他二十多年为中国国防所做的一切，几乎毁于一旦，按说他不忧愤而死，也该忧愤致疾了吧？但他却厚着脸皮赴日求和。在马关，他遭到日本浪人的枪击，负了轻伤，尽管遭此“下马威”，受此“礼遇”，他仍嬉皮笑脸、死磨蛮缠地乞求日方首席谈判代表伊藤博文减少赔款数目。日方百般讹诈，虽然割去了台湾岛，掠去二亿两白银，使日本一步走完了美法德这些资本主义强国，要经十多年或更长时间才能完成的资本原始积累过程，也使日本一下子成为世界强国，但日本人原来的要价比这高得多！伊藤博文也不得不承认：李鸿章是清国不可多得的一流人物。

待人以诚信，是曾氏一贯处世原则，他把这一原则也应用到对外交涉上。早在同治二年，在借洋助剿问题上，他就给当时淮军首领李鸿章去信说：“与洋人交际有四语：曰言忠信，曰行笃敬，曰会防不会剿，曰先疏后亲。”这四句话与他后来讲的“以自立

马关条约签订

为本，以推诚为用”是一个意思。同治六年十一月，他为筹备外国修约事宜，向朝廷陈述已见说：“臣愚以为与外国交际，最重信义，尤贵果决。”他与友人信中也说：“鄙人尝论，与洋人交际，首先贵一‘信’字，信者，不伪不夸之谓也。”对外国侵略者讲求诚实守信用，这多少有些迂腐的成份。李鸿章把它奉为“锦囊”，固然在平时也取得了一些成效，但在甲午战争中，面对日本这样的虎狼之国，这样的“诚信”外交岂不是与虎谋皮吗？

由此可见，李鸿章办理内政外交的那套本领，基本上都是从曾国藩那里学来的。难怪清末学者夏震武说：“合肥（指李鸿章）、南皮（指张之洞）一生所为，其规模皆不出湘乡（指曾国藩）。……合肥之政术，南皮之学术，始终以湘乡为宗，数十年来朝野上下所施行，无一非湘乡之术也。”李死后，袁世凯继承其衣钵，1927年后，因北伐战争而崛起的蒋介石政权，也奉曾氏为宗师。有一位香港学者在评论曾国藩对后世执政诸公的影响时，不无感慨地说：

“从曾国藩、李鸿章自咸丰十一年讲求洋务以来，一直到一九三七年抗日战争爆发前，中国都谨守曾李的‘不宜自我开衅’之戒。只在‘万分无礼相加’时，不得已才应战，故东西各国频年对中国之‘无礼’，执政者都不欲言战，于是二十一条逼签，也只好俯首签字；五卅惨案、沙基惨案，亦不了了之；九一八事变，日本人一夜之间夺去我东北四省，我们仍遵守曾李遗教！曾李的精神真伟大极了，已死三五十年，还能影响执政诸公也！”

他又说：“有些人论李鸿章办的是卖国外交，媚洋外交，无非是说他所订的条约，多丧权辱国，但从李的时代起，以至于一九四九年，办外交的人，会不会比他好呢？”实际上，“民国的外交家”，还“万万不如李鸿章”。

妥协的对外政策，在曾氏身后越演越烈，像袁世凯，“二十一条”这样的亡国条约都愿意去签，称为卖国贼，并不过份。后来“九一八事变”，蒋介石密令张学良“绝对不抵抗”，全军退入山海关内，蒋当时确有其苦衷，也有一些不得已而为之的理由。但丝毫不作抵抗，全师退入关内，似非上策。当时如果一面留下大量武装潜伏下来，其余队伍边打边撤，拖延时日，消耗日本人的实力，阵地战与游击战相结合，仅以30万东北军，就足以与日人周旋；另一方面申请国联干涉，因为只有东北还在中国人手中，国联的干涉才会收效。一旦失去，要从日本人手中夺回来，岂无异于虎口夺食！

可惜当时蒋害怕一旦抵抗，引发日本人大举入侵，中国当时内战频仍，一盘散沙，完全有全面失败而亡国的危险。

但把东北喂给日本人，正如苏洵在一篇文章中说：诸侯六国用土地贿赂秦国，则“赂秦而力亏，败亡之道也”。不仅自己力量削弱，敌人力量增强，而且会刺激敌人进一步侵略的野心。“九·一八事变”后，中国的国防前线已到了山海关。和与战，都是艰难的决择。

中国最终走出妥协外交的阴影，还是在新中国成立之后，以周恩来、陈毅为首的新中国外交家，树立了崭新的外交形象，一扫昔日一味退让萎靡的风气。仅就外交一点而言，共产党就让人十分佩服，即使面对超级大国苏联的讹诈，中国政府也不卑不亢，有理有节，赢得了外交上的胜利。共产党之所以能做到这些，恐怕与一流的外交人才；不断增强的国力，尤其是原子弹的试验成功；还有共产党依靠人民，敢于发动人民这三大因素有关。当年珍宝岛事件爆发后，苏联领导层一片嘈杂，多数人主张对华用兵，部长会议主席柯西金说了一句话：“我们应当考虑一下：我们的机械化部队进入华北和东北平原后，可能遇上人数超过1000万的中国军队和民兵。”那些好战分子一听，都哑了。挑战强敌，是曾国藩时代的封建统治者想都不敢想的。他们不敢发动人民，因为人民起来后又会危及封建政权，慈禧太后就曾经利用义和团，但很快又镇压义和团。因此，考察曾氏至1937年前的中国外交，还应考虑政治腐败的因素。政败，军败，国弱，内乱再加上一条妥协的外交路线。决定了旧中国外交的基本格局。

曾国藩时代及其身后六十多年的中国，对外一直奉行妥协的外交政策，在中国历史上强盛的时期，这是不曾有过的。像西汉的文景之治，唐朝的贞观之治，清朝的康乾盛世，那时中国国力强盛，四夷臣服，对外政策也比较强硬。就是在东汉王朝，也有班超“夜斩虏使”的杰出外交事例。

史　鉴

东汉名将班超出使西域，来到鄯善（在今新疆），鄯善王广待班超一行礼节甚为周到。后来忽然变得疏远冷淡了。班超对他手下的官员说：“你们难道不觉得广的礼节疏慢了吗？一定是有北方匈奴的使者来到，鄯善王犹豫不决，不知何去何从的缘故。聪明的人能看到尚未发生的事，更何况是已经很明显的事呢？”于是，召来当地的侍者来问。侍者很惶恐，把实情都说了。班超把侍者禁闭起来，召集自己手下的官吏士兵共36人，对他们说：“你们与我都在西域，如今匈奴的使者来这里才几天，鄯善王的礼仪就废弃了。如果匈使者令鄯善把我们抓起来送到匈奴去，我们的尸骨就一定会被豺狼吃了！怎么办？”部下们都说：“生死都只从您的命令。”班超说：“不入虎穴，焉得虎子！现在看

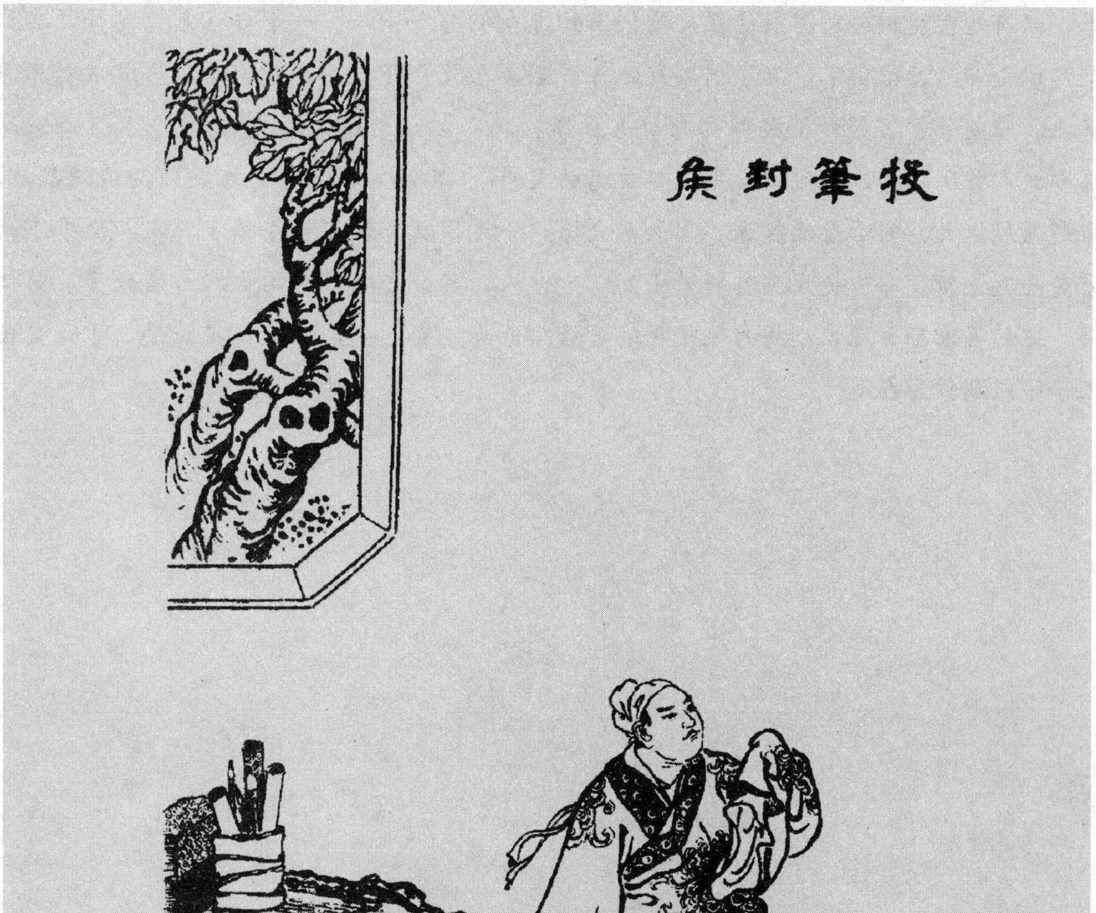

班超投笔从戎

来，只有趁夜晚用火攻匈奴使臣。他们不知道我们有多少人，一定非常震惊恐怖，我们就可以全部消灭他们了。灭了这些匈奴人，鄯善人就会吓破胆，我们的大事就成功了。”晚上，班超带着官吏和士兵奔向匈奴人住所，正巧刮起大风，班超令10个人带着鼓藏在匈奴人住所后面，约定“看见火起就鸣鼓大叫”。其他的人拿弓箭在大门两边埋伏着。班超顺风纵火，前后鼓噪起来。匈奴人大惊，一片慌乱。班超亲手杀了三人，他手下的官吏士兵也斩了匈奴使臣及其所带士兵三十多人，其余100多名匈奴人都烧死了。第二天，班超召来鄯善王广，将匈奴使臣的首级给他看。鄯善全国下下都很惊恐，于是交出王子给汉朝作为人质。

第十四章　威信——树立自己的威严信用

世风既薄
人人各挟不靖之志
不治以严刑峻法
将来无复措手之处

【原典】

世风既薄，人人各挟不靖之志，平居造作谣言，幸四方有事而欲为乱，稍待之以宽仁，愈嚣然自肆，白昼劫掠都市，视官长如无物也。不治以严刑峻法，则鼠子纷起，将来无复措手之处。是以一意残忍，冀回颓风于万一。书生岂解好杀，要以时势所迫，非是则无以锄强暴而安我孱弱之民。牧马者，去其害马者而已；牧羊者，去其扰群者而已。牧民之道，何独不然？

若非严刑峻法，痛加诛戮，必无以折其不逞之志，而销其逆乱之萌……即臣身得残忍严酷之名，亦不敢辞。

【译文】

当前世风已薄，人人都怀有不安份的心思，平时造谣惑众，希望天下大乱而去作恶为害，稍微对他们宽大仁慈些，他们就更加嚣张放肆，光天化日之下，竟然在都市抢劫，视官府如无物。不拿严厉的刑法处治他们，那么，坏人就会纷纷而起，将来就无法收拾了。因此我才注意采用残酷手段，希望挽回颓唐的风气于万一。读书人哪里喜欢杀戮呢？关键是被眼前的形势所逼，不这样就无法铲除强暴，从而保护那些孱弱的百姓。放牧马群，去掉害群之马就可以了，放牧羊群，去掉捣乱的羊就可以了。治理百姓的办法，何尝独独不是这样呢？

如果不用严刑峻法，痛加杀戮，则一定无以挫其不安份之志，从而把事变消灭于萌芽之中。为此，即使我得到残忍严酷的恶名声，也不敢有所退却。

点　评

乱世用重典，盛世行德政。中国历史上的“贞观之治”是很出名的。当时有五年时间，全国的死刑犯一共有29人。还有一年，唐太宗下令让死囚们“放假”几天，回家与家人诀别，然后回来受死，结果全都如期归来，无一潜逃者，这说明德政威力之大，仁义已服人心。贞观五年，即公元631年，太宗盛怒之下，杀了大理寺丞张蕴古。事后不久，他即后悔不该处死张蕴古，责怪房玄龄等人没有直言规劝，也十分自责。为此他发布诏令：“凡判处死刑，虽已下令处决，必须经过五次审奏。”对死刑的复核制度就是从这次事件开始的。太宗一再指出“人死不可复生，执法宜宽大简约”。由于执法宽大简约，以仁义感化人民，在贞观之治的盛世景象中，法律有好几年时间几乎可以搁置不用。

但是，在曾国藩所处的时期，天下大乱，“人人皆挟不靖之志”，“视官长为无物”，“稍待之以宽仁，愈嚣然自肆”。因此，他在咸丰三年刚出来办团练时，就提出了“严刑峻法”的主张，在咸丰三年三月十二日的《严办土匪以靖地方折》，对皇帝说明了他这一主张，并得到支持，从而严刑峻法的思想得以贯彻实施。以下将分三大部分，对曾氏峻法思想和行为略为剖析。

一、峻法思想

1. 曾氏峻法思想起源于韩非法家思想

战国晚期的韩非，是秦国名相李斯的同学，他是中国古代法家思想的集大成者。他从法的角度，对君臣吏民的不同职能及相互关系，发表了自己独特的看法。尤其对为君、为臣之道，说得很细。

(1) 为君之道

他认为，作为君主，应该是处势、任法和用术三者并举。

韩非子，战国末年法家学说集大成者。出身韩国贵族，与李斯同是荀子学生。曾劝说韩王安变法，不被采用。后被秦国招徕，不久被李斯、姚贾陷害，死于狱中。

关于处势。韩非十分重视势的作用，他说："势者，胜众之资也。""民者固服于势，势诚易以服人"。"有材而无势，虽贤不能制不肖。故立尺材于高山之上，下临千仞之溪，材非长也，位高也。桀为天子，能制天下，非贤也，势重也；尧为匹夫，不能正三家，非不肖也，位卑也。"韩非又通过比喻来说明势对于君主的重要性："威势者，人主之筋力也。""国者，君之车也；势者，君之马也"。韩非告诫君主，只有严守势位，才能驾驭臣下，"明主之治国也，任其势"，决不能过份放权于臣下，"故威不贰置，权不共门"。不给臣下夺权的机会。处势的观点，与孔子"名不正则言不顺"，"在其位则谋其政"有相通之处，领导者应充分利用自己的地位，来驾驭下属，来实现自己的工作目标，如果失去了这个地位，名不正则言不顺，还有谁会听你的呢？像拿破仑那样，能从流放之地逃回来，一呼百诺，转眼之间又组织一支大军与敌决战，这样的领导人又有几个呢?

关于任法。韩非认为，仁政或暴政，都于国不利，“仁暴者，皆亡国者也”。要想国泰民安，必须推行法治。用他的话说就是“抱法处势则治，背法去势则乱”，强调势、法并用。“家有常业，虽饥不饿，国有常法，虽危不亡”。强调立法的重要性。“释法术而心治，尧不能正一国；去规矩而臆度，奚仲不能成一轮；废尺寸而较尺长，王尔不能半中（半数的准确程度）。使中主守法术，拙匠实规矩尺寸，则万不失矣”。强调人君应以法治国，不可凭主观臆断，如此，则中等才能的君主也会万无一失。曾氏“中则治”的思想即与“仁暴皆亡国”相通，这将在后文曾氏峻法思想中谈到。

韩非还谈到法的概念与定义，他的观点很有意思，“法者，编著之图籍，设之于官府，而布之于百姓者也”。“法者，事最适者也”。韩非主张，立法应当以普通老百姓的理解能力和承受能力为根据，不能以高标准为度立法，他说：“仅明察之士能知之，不可以为令，夫民不尽察，仅贤者能行之，不可以为法，夫民不尽贤。”其次，还应当将法令制定得详备具体，“明主之法，必详尽事”。如同圣人之书写得简略会引起弟子们的争论不休一样，法令制定得简略，会导致法律的伸缩弹性，有空可钻，这不利于法律的执行。最后，法令一旦制定，就不可朝令夕改，应保持相对稳定并坚决执行，“法莫如一而固”。韩非关于“法”的论述，与当今的“有法可依，有法必依，违法必究，执法必严”有许多相通之处。韩非不愧为中国法学界的祖师。

此外，韩非针对君主“舍常法而从私意”的情况，明确提出君主也应当恪守法令，做到“不游意于法之外，不施惠于法之内，动无非法”，“功名所生，必出于官法”。韩非的任法主张含有行政规范化，依法执政的趋向，这在两千多年前就产生的思想，在今天仍然具有指导意义。曾氏根据依法行政的思想，还提出过“赏罚以法”，即根据法令，下臣有功则予奖赏，有罪予以惩罚，奖惩分明，皆依法而行。这一点在封建社会里，无论君臣，都是难以做到的，因为在人治社会，领导者个人的情感因素，喜怒哀乐，直接关系到奖惩赏罚。直至今天，以言代法，权大于法的现象依然存在。

(2) 为臣守职之道

韩非从维护君主权威的目的出发，提出为臣守职之道，主要有四点：

一是竭诚事君。韩非主张：“贤者之为人臣，北面委质，无有二心……有口不以私言，有目不以私视。”可见，韩非理想中的人臣品格，就是尽心奉上，一切服从君主的意志。但考虑到这样的臣下毕竟太少，所以韩非又说："所谓忠臣，不危其君。"这种要求就比较现实了，是多数人臣都能做到的。

二是告恶谏过。申不害说过："治不逾官，虽知弗言。"即为官只管好自己份内之事，不越职侵权，也不要揭发他人的错误。这实际上是许多恪守中庸之道，世故颇深的官吏终身所奉的法则。韩非对此批评道："治不逾官，谓之守职也可；知而弗言，是不谓过也。人主以一国目视，故视莫明焉，以一国耳听，故听莫聪焉，公知而言，则人主尚可知闻焉。"韩非主张，人臣有揭发罪恶之责，知恶不告，则与之同罪。不仅如此，人臣还应当善谏君过，"夫为人臣者，君有过则谏，谏不从，轻爵禄以待之，此人臣之礼也"。

三是循法遵令。韩非认为，下臣必须遵守法令，不得越雷池半步。他说："法者，官所师也。""人臣循令而从事，案法而治官"。在这里，法是下臣行动的唯一准则。

四是勉力职事。韩非要求，"为人臣者，譬之若手，上以修头，下以修足，清暖寒热，不得不救，剑锋及体，不敢不搏"，"在朝不敢辞贼，在军不敢辞难"。这就是说，人臣应当不畏劳苦，尽职尽责，为君主排忧解难。

以上四条为臣守职之道，曾氏受其影响甚深。曾氏一生克尽职守，夙兴夜寐，直言皇上之过，弹劾枉法之官，忠诚体国，节劲凌霜，堪为百僚是式，为官者之榜样。其学于韩非之处，多矣！

2. 曾氏之严刑峻法思想

曾国藩深受韩非法家思想影响，并加以消化吸收，而成其为自己的思想。他认为统治者必须既有"盛德"又有"尊严"，这与韩非之处势主张是一致的。他认为必须视赏罚为同等大事，这与韩非依法奖惩的主张相似。曾氏一生所倡行的"中则治"的统治术，则更是学自韩非仁政、暴政都于国不利，"仁暴皆亡国"的思想，当然也有孔子、荀卿、子产等人类似的思想或治国经验教训的影响。

曾氏曾经把"中则治"的统治术提高到哲学的高度，他在答复刘蓉的信中说："天地温厚之气始于东北，而盛于东南，此天地之盛德气也，此天地之仁气也；天地严凝之气始于西南，而盛于西北，此天地之尊严气也，此天地之义气也。斯二气者，自其后而言之，因仁以育物，则庆赏之事起；因义以正物，则刑罚之事起。"在大谈了一些哲学理论之后，他总结说："中则治，偏则乱。"

所谓"中则治，偏则乱"，是指治政者要把庆赏与刑罚，宽大与严酷二者并举，则天下治。重一轻一，则天下乱。如果一切以礼以德，宽大优柔，则民无所畏忌，积弊从生，政令不行，这就是一味的仁政于国不利。如果一切以刑以法，严酷刚暴，则民无所感激，积怨充溢，揭竿而起，这就是一味的暴政于国不利。

“中则治”的统治术，也得益于春秋时期郑国大叔为政甚宽的教训，这个故事被以后的许多思想家所引用：当时郑国大叔为政甚宽，结果群盗蚁聚于萑苻在泽，利用湖泊之险抗拒官府，最后事件越闹越大，不好收拾了，郑国大叔又不得不兴兵“尽杀之”，盗贼才稍微有些收敛。郑国大叔失之于宽在先，失之于严在后，两者均走极端，教训传之千秋。

事后，郑国大叔才对自己的“不忍猛而宽，而卒不得不猛”后悔。这时他才想起子产去世之前开导他的话：“火烈，民望而畏之，故鲜死焉；水懦弱，民狎而玩之，则多死焉。故宽难。”子产是主张宽严并举，且倾向于稍严的。《左传·昭公十二年》在叙述了这个故事后，引用孔子话说：“政宽而民慢，慢则纠之以猛。猛则民残，残则施之以

子产像

宽。宽以济猛，猛以济宽，政是以和。”认为治政宜以“宽—严—宽”的方法，注意宽严的随时调济，而不要出现过宽、过严的情形。对于这种宽严相济，曾国藩也有自己的提法：“威惠并施，刚柔互用。”

“中则治”的统治术要求宽严并举，刚柔相济，但这并不意味着二者等量齐观，按相同的比例使用。而应是根据具体情况，有所侧重，但又不是完全偏重一方，使两者过于失衡。这种统治术，说起来容易，实行起来却很难，到底应是一种怎样的比例，这很考领导者的领导艺术。大致说来，乱世应以严为主，而济之以宽；盛世应以宽为主，而济之以严。不审时则宽严皆误，后来治蜀者要深思。

曾氏在做京官时期，晚年在直隶总督任上，由于国家基本太平，他的治政思想以宽柔为主，做京官时他有过“平银价、清冤狱”等主张；晚年有过赈救灾民，兴修水利工程，清理狱讼，为小民生计与洋人苦争，不深究哥老会等举措。

战争期间，则以严为主，严刑峻法，“莠民”血流成河，“良民”肯定也误杀不少。但这期间也有宽柔的一面，如攻陷安庆、金陵后恢复县学府学，赶修江南贡院，补行乡试，开放秦淮河，在战争最困难的时期，他仍念叨着“重农事”，“禁扰民”等劝诫。

曾氏严刑峻法思想，带有鲜明的阶级性。例如，他强调要“分别良莠”，把人民分为“良民”、“莠民”或“奸民”两大类，认为“民可爱，奸民不可爱”。而分别良莠的标准就是看是否遵循封建的道德标准，是否威胁或危害着封建秩序。因此，曾氏杀过的一些“奸民”、“贼匪”，换个阶级立场来看，也许正是些“英雄”、“勇士”，这也是至今曾氏仍是一个颇有争议的历史人物的一个原因吧。对于这一点，曾氏生前早有预料，带兵杀人之事，“难于见功，易于造孽，尤易于贻万世口实”。因此当年曾氏是“久处行间，日日如坐针毡”，内心十分矛盾和痛苦。但为了恢复社会秩序，乱世重归于治，曾氏抱定“苟利国家生以死”的宗旨，一切在所不惜。

二、峻法行为

曾氏的峻法行为大致可分为两个时期：最初出山办理团练，担任帮助团练大臣的初期和愤走衡阳后，建立湘军，带兵打仗的战争时期。

1. 团练时期

(1) 初出以办匪为要务

早在道光二十八年，曾氏在京城做官，他就对老家的“贼情”十分关注。当时国家虽然已露末世景象，但大乱尚未发生，京城大多数官员仍然自我陶醉，夜郎自大，曾氏却以其少有的政治敏感，察觉到一种潜在的危机，他在家信中要求澄弟曾国潢“办贼”，并教了惩治盗贼的原则，即“使人畏我威，而不恨我恶”。他说：“澄弟办贼，甚快人心，然必使亲房人等知我家是图地方安静，不是为一家逞势张威，如此人人畏我之威，而不恨我之太恶。贼既办后，不只面上不可露得意之声色，即心中亦心存一番哀矜之意。”多年以后，曾氏在实施其严刑峻法的时候，“使人畏我威，而不恨我恶”，“办贼之后，心中存一番哀矜之意”，都是他恪守的原则，后来他又说过：须于杀人中寓止暴之意。这些话的内容是相通的。原此，曾氏杀人甚多，而许多人并不认为他残暴，知其乃不得已为之。时人不恨曾氏之恶，而敬畏其威严。这种政治艺术实在高超，而其基本思想早在曾氏做京官时就已形成。

咸丰二年十二月二十一日，曾氏受命帮办团练，是日抵达长沙。他认为当务之急在于“团结人心，搜查土匪”，其次才是办团练兵，因为这样“较为易施而省费”，如此凝聚民心，稳扎稳打，团练才好开展。咸丰三年正月十二日，他在给牧云兄的信中说：“弟在省办事，以查办土匪为第一要务。以各县之正人，办各县之匪徒，其次则操练兵勇。”曾氏的这种做法，在当时太平军将入湖南的情况下，显然是必须的。

当时的湖南和其他各省一样，由于地方官的掩饰遮掩，全省到处都布满了反抗清政府的团会组织和散兵游勇，地方治安坏到了极点。小至白昼抢劫，大至攻破城池，焚掠官署，占领山岭险要，构筑工事，变故层出不穷。各种团体，秘密会党，多不可数。太平军将到湖南，便有数万会党群众出省会合，省内的会党，也跃跃欲试，翘首盼望太平军。攘外必先安内，对湖南一省而言，太平军是外部的敌人，必须肃清内务，方可言及其它。因此，曾氏到达长沙一个多月后，他就给皇上上《严办土匪以靖地方折》，为争取皇帝的支持铺平峻法道路。

(2) 上奏皇帝争取支持

他在奏折中对皇帝汇报说：“湖南会匪众多，人所共知。”“有征义堂、哥老会、串子会、红黑会、半边钱会、一股香会、天地会等，名目繁多”，此外又有“教匪、盗匪”，“三者之外，又有平日之痞匪，与近时新出之游匪”，何为游匪呢？“逃兵、逃勇奔窜而返，无资可归，无营可投，沿途逗留，随处抢掠，此游匪之一种也。粤寇蹂躏之区，财物罄空，室庐焚毁。弱者则乞丐近地，强者转徙他乡，或乃聚会丑类，随处劫掠，此游匪之一种也。大兵扎营之所，常有游手数千随之而行，或假充长夫，或假冒馀丁，混杂于街市，偷窃于支应局内，辗转流落，到处滋扰，此游匪之又一种也”。在这里，曾氏指出湖南匪患严重，会匪、教匪、盗匪、痞匪、游匪，五匪猖獗。他指的游匪，把溃兵游勇也算在内。从这折奏折中，可以看出一些天下大乱时的情景，天下大乱，受苦最深的还是人民，这是久于和平生活的人难以感受到的。

“土匪”为什么如此众多呢？奏折中说：“盖缘近年有司亦深知会匪之不可遏，特不欲其祸自我而发，相与掩饰弥缝，以苟且一日之安，积数十年应办不办之案，而任其延宕，积数十年应杀不杀之人，而任其横行，遂以酿成今日之巨寇。”使得“乡里无赖之民，遂以为法律不足凭，官府不足畏也”。

如何才能剿办“土匪”呢？曾氏定下了方针：“严刑峻法”，因为“若非严刑峻法，痛加诛戮，必无以折其不逞之志，而销其逆乱之萌”。对于这些土匪，要“认真查拿，遇有形迹可疑，曾经抢掠结盟者，即用巡抚令旗，恭请王命，立行正法”。其具体办法是令各地团练头子直接捕杀和捆送形迹可疑之人，然后于各县就地处决，或送往省城交曾氏本人讯办。这个奏折，是曾氏墨经从戎后宣布的第一个大政方针，并得到咸丰帝的支持，朱批道：“办理土匪，必须从严，务期根株净尽。”曾的严刑峻法引起地方官员的不满，此奏折换得皇帝的支持，也堵住了地方官员的嘴。

(3) 严刑峻法，设审案局，创就地正法之制

得到了皇帝的首肯，曾氏就放手实施其严刑峻法。他首先致信湖南各州、县官绅，要他们办好团练，对于“素行不法，惯为猾贼，造谣惑众者”，要“告之团长、族长，公开处罚，轻则治以家刑，重则置之死地！其有逃兵、逃勇，经过乡里劫掠扰乱者，格杀勿论！其中匪徒痞棍，聚众排饭，持械抢掠者，格杀勿论”！当时天下大乱，政局动荡，一般地主富户都不敢公开同会党、穷人作对，各地敢于出面办理团练的，多是一方之土豪士绅。平时他们武断乡曲，威风八面，一旦办起团练，更成为当地的土皇帝，操有生杀大权，镇压“土匪”，卖命得很。所以曾氏称赞他们“以之防土匪则有余”，他积极扶持这些人办团练，并美其名曰“借一方之良，锄一方之莠”。

各地团练头子对“格杀勿论”者可就地处决，其余则捆送省城。最初是全由湖南善化县审理。后来曾氏嫌其效率太低，便在团练大臣公馆设立审案局，从重从快处理，“即寻常痞匪，光棍之类，亦加倍严惩，不复拘泥成例”，甚至已经送到善化县的人，他强行提来杀掉。

曾国藩早就对清朝地方官员的腐败无能心怀不满，更不信任他们，于是他决心在司法机关外设置独立的机构，自行审案。他在长沙鱼塘口自己的寓馆内设立审案局，委派候补知州刘建德、照磨严良浚二人协助审案，“匪类解到，重则立决，轻则毙之杖下，

又轻则鞭之千百”。刘、严二人对上述三种情况可独自决断。而大案要案则由此二人汇报曾氏，由曾氏一手经办，以“期于立办无所挂碍牵掣于其间”，案子到了曾氏手里就“即时讯供，即时正法，亦无所期待迁延”。为了调动地方官绅的积极性，曾氏将过去衙门办案的办案费全部都省去，不收捆送人犯来他这里的人一分钱。同时，对被捆送者的处置，既不依照法律条文，也不需要任何证据，唯捆送者的言词为据，稍加询问，立即结案。

曾氏设审案局是在咸丰三年正月下旬，到六月十二日，他即向咸丰帝奏称：“臣设局以来……一经到案讯明，立予正法。计斩决百零四名，立毙杖下者二名，监毙狱中者三十一名。”在不到五个月的时间里，就杀死了137人！差不多每天杀一人！并且经他批令于各地“就地正法”者，还不在此数。如湘乡知县朱孙诒密捕串子会“会匪”92名，皆被陆续就地正法。如此大规模的残杀，使湖南大小官吏一片哗然。

这种就地正法的非常措施，其实也不是始于曾氏，《宋史》上曾经记载：宋代的薛奎在成都时，有一天在大东门外设宴，城里有卫兵作乱，立即被抓获。都监跑来向薛奎报告，薛指示就在抓获的地方处决。当时民间认为这是一项聪明的决断，干净利落，不互相牵连，迅速结案，未尝不是一个好办法。

但是，大规模地实施就地正法，并把它作为一种有效手段传之于后世执政诸公的，在历史上，恐怕只有曾国藩一人。

这样，曾国藩就在中国近代史上开了恶劣的先例，撇开一切法令条文、司法程序和司法机关，随意捕人、杀人，这一做法被后世的政治家所效仿，同时也受到正直学者的批判。早在清朝末年就有人指出：“就地正法之制倡于湘乡，秦、隋之暴所未有也。不经法司而可以杀人，则刑部为虚设，而民命同于草芥。淫刑已逞，惨酷已极，彼尚不肯奏改于贼平之日，而谓其不得已之苦衷可以告天地、质鬼神，其谁信之?”就地正法的制度为曾氏的首创，不经司法而可以草率杀人，确为恶劣的先例，这与韩非的法家思想也相抵触。韩非主张任法，行政司法无不依法而行，而就地正法之制是典型的人治行为。曾氏继承了韩氏宽严并举的思想，但却放弃了其依法治国的思想，这在天下大乱的非常时期，尚可托词为“不得已”，那么大乱已平之后，就应上奏皇帝取消就地正法之制，但曾氏并没有这样做，而让这种制度流传下去，影响近百年。或许曾氏“不肯奏改于贼平之日”的原因是：虽然大乱已平，但中兴局面尚未形成，“民穷财尽，恐有异变”，大乱随时可能死灰复燃，因此继续沿用“就地正法”之制，有利于防患于未然。不管怎么说，曾氏作为一个乱世重臣，严刑峻法之刑杀有余，民本爱民之仁政不足。

(4) 严刑峻法之下，湖南“大治”，成为乱世之中一片“净土”

曾氏在设立审案局的同时，还派出团练武装袭击各地会党武装。太平军途经湖南时，湖南天地会的群众有二万人随太平军北上，但留下来的会党势力仍然强大，衡阳、永州、郴州、桂阳、常宁、宝庆、靖州这些地方，“匪患”更烈。可惜太平军悉数东下，没有留下部队来发动群众，联络会党，在咸丰三年正月至十一月这十一个月时间内，湖南各地会党，被曾氏各个击破。在出兵剿匪的过程中，不知又有多少人死于刀下。“曾剃头”之浑名不胫而走，但这些血腥的镇压，使湖南全境的地方性群众斗争遭到了严重挫折，进入低潮，这为逐步恢复被太平军和会党冲乱了的社会秩序，为湖南后来成为湘军兵源与粮饷供应的重要大后方打下了坚实的基础。这期间曾氏的所得与所失，显然得远大于失，为了如此丰厚的收获，他是“身得残忍之名亦不敢辞”！

2. 战争时期

在对太平天国作战期间，湘军主要的屠杀行为有九江、吉安、安庆、金陵大屠杀。这些大屠杀对于消灭太平天国有生力量，铲除后患，以免死灰复燃，起到一些作用。但杀戮太重。中国兵法中历来有“穷寇勿迫，降人勿杀”的古训，而曾氏对此置若罔闻。秦昭王四十七年，秦国大将白起在长平坑杀了赵国降卒四十万人，纸上谈兵的赵括也死于是役。白起大概是中国历史上规模“杀降”的始祖，被后世称为“人屠”，白起在晚年被秦王赐死，他的家人感到很冤，但白起似有良心发现，他说：“我几十年前坑杀赵卒四十万，罪孽深重啊，今日之死，有什么冤屈呢?”于是自杀。曾国藩也颇似白起的传人，如果在现代社会，他早就会被送上国际法庭，而冠以“反人类罪”，“种族灭绝罪”。而在百多年前的中国，曾氏则以无数人血流成河为代价，换得大乱的平息。据有

长平之战

关资料显示，咸丰同治时期，中国人口骤减一亿多，亦可见战乱造成的损失之大。

(1) 九江、吉安、安庆大屠杀

咸丰八年四月七日，李续宾、杨载福率水陆两军攻陷九江，太平军守将林启荣以下将士一万七千人全部战死。当时曾氏还在家中“守制”，他按捺不住心中的兴奋说，李续宾在攻克九江后，对太平军屠戮尽净，“三省官绅士民同为称快”！当时吉安亦被湘军围困，住在湘乡老家的曾氏即与前线的曾国荃（曾国荃攻克吉安，所以他的部队称为吉字营）通信，五月的信中说：“九江克复，闻抚州亦已收复，建昌想亦于日内可复。吉贼无路可走，收功当在秋间……虽迟至冬间克复，亦无关系，只求全城屠戮，不使一名漏网耳。如似九江之斩杀殆尽，则克城虽迟亦无后患。”八月十五日，曾国荃等军攻陷吉安府，城内太平军将士全部遇害。

安庆是太平天国首都天京的重要屏蔽，乃双方必争之战略要地，湘军和太平军都使用了最精锐的部队，拼死争夺，在安庆战役的前前后后，曾国藩总不忘“屠戮净尽”四个字，这很不人道，但也的确使太平军大伤元气。

咸丰十一年五月初一，鲍超在安庆城外赤岗岭，大破陈玉成精锐刘玱琳部之二、三、四垒，李仕福等三千将士殉难。第二天，刘玱琳率第一垒战士突围走桐城，至马踏石遇河流被阻，八百将士全部遇害。曾氏于初三便迫不及待地写信问曾国荃：“其已降之三垒，已杀之否?”对于刘玱琳，曾氏十分敬重，他称其为玱翁，又称其为玱琳先生，曾氏说：“敬其人，故称先生；爱其人，故称翁。”后来他得知刘玱琳已于半夜冲出，他认为：“知玱翁果已漏网，将来此数百人为害必烈耳。”五月初六，曾氏得知刘玱琳被擒，“闻已肢解，将头函送菱湖以示众贼，今而后喜可知也”。

赤岗岭一战，太平军损失精锐4000多人，他们大多数是广西起事时的老兵，战斗力强，以前陈玉成所向有功，多赖刘玱琳之力，刘部覆灭之后，“狗部大衰”。这4000多人，阵亡者有四分之一，更多的则死于大屠杀。曾氏甚爱刘玱琳其人，可惜，玱翁不免一死，哀哉！

五月二十八日，曾氏又谆谆告诫在前线的沅弟：“目下收投诚之人，似不妥善，如挤疖子不可令出零脓，如蒸烂肉不可屡揭锅盖也。克城以多杀为妥，不可以假仁慈而误大事。”又告诉他：“屠城以泄其愤，迪庵在九江亦是如此办法。”极力为曾国荃打气。

六月初一，安庆城外太平军各垒全部被曾国荃攻破，这位“九帅”遵从其阿兄旨意，大肆杀戮，太平军八千多人殉难。这时曾国藩对大屠杀之后的尸体处置想得不少，因为如处理不好，盛夏天气，极易诱发疾病。他于初四的信中说：“弟处杀人甚多，腥其文曰：

“道光三十年，广西贼首洪秀全等作乱。咸丰三年二月十日，陷我金陵，据为伪都。官军围攻，八年不克。十年闰三月，师溃（指江北江南大营的覆灭）。贼势益张，有众三百万，扰乱十有六省。同治元年五月，浙江巡抚曾国荃率师进攻金陵。三年六月十六日，于钟山之麓，用地道克之。是岁十月，修治缺口工竣，勒石以识其处。铭曰：穷天下力，复此金汤；苦哉将士，来者勿忘!”

在曾国藩严刑峻法思想的影响下，同时也由于湘军官兵自身素质低劣和军饷长期拖欠等客观原因，湘军入城之后，主要就干了四件“大事”：大屠杀，大抢劫，大焚烧，大奸淫。

第一件“大事”是大屠杀。曾氏在奏折中称：“三日之内，毙贼十余万，秦淮河尸首如麻。凡伪王、伪王将、天将及大小头目约三千余名，死于敌军中者居其半，死于城河沟渠及自焚者居其半。”当时天京城内总共不过三万人，曾氏所谓“毙贼十余万”完全是夸张之词，然而这也说明平民死者极多。湘军破城后第五天，即六月二十一日，赵烈文记述道：全城“尸骸塞路，臭不可闻”。二十三日又写道：“精壮长毛除抗拒时被斩杀外，其余死者寥寥，大半为兵勇扛抬什物出城，或引各勇挖窖，得后即行纵放。”这说明投降后，为湘军官兵猎取财物出过力的太平军士兵，还有一条生路。但是那些老弱的本地人，既不能挑抬物品，又不知窖藏财物地点，则“尽情杀死，沿街死尸十之九皆老者，其幼孩未满二三岁亦所戮以为戏。妇女四十岁以下一人俱无。老者无不受伤，或十余刀，数十刀，哀号之声达于四远。其乱如此，可为发指”。赵烈文为曾氏心腹幕僚，重要谋士，他都觉得湘军太过份，尤其是许多平民被杀，为此他与曾国荃闹得很僵。据记载，金田起义前一年，全国有人口 4 亿 1400 多万，而至太平天国覆灭这一年，全国人口骤减至 2 亿 3700 多万，这固然是因为天下大乱，天灾频仍，但严刑峻法思想指导下的大屠杀，也是一个因素。

第二件“大事”是大抢劫。围攻金陵时，曾国荃始终不愿李鸿章前来助战，这里便有财货和军功的两个考虑。据说在天京总攻前夕，他集合将士训话，他说：“他人来矣，辛苦两年，以与人耶?”众将士齐声说：“愿效死力!”可见他部下将士，舍命攻打金陵，也是想破城之后发一笔财，尤其是一般士兵，无官可升，无名可享，只有发一点财最实际。当时湘军屯兵金陵坚城之下，已有两年多，军饷拖欠，士兵困苦，但军队并未溃散，都坚持熬到最后，发财的信念是他们最可靠的精神支柱。正因为这个原因，破城之后，曾国荃并未制止抢劫，相反，他也获得下属的进贡，“战利品”比部下的绝不会少。

赵烈文在日记中纪实说：“各军入城后，贪掠夺，颇乱伍。中军各勇留营中者，皆去搜刮，甚至各厮役皆去，担负相属于道。”这些人采用了一切可能的手段进行抢劫和搬运，把金陵城洗劫一空。并且为争财物，兵勇互相争夺，时有杀伤。这样一直闹了一个多月，实在无油水可捞，才停下来。

第三件“大事”是大焚烧。起初攻城之时，放火是湘军在巷战中进攻的方式，大家都知道巷战难打，历史上精锐劲旅挫于巷战者不少：二战时，德国精锐部队第六军团进攻斯大林格勒，一路势如破竹，但在巷战中受到重创。抗战时，日本第十军三攻长沙，第二次进攻，日军死伤数万人，日军对薛岳“层层阻击，利用一切有利地形进行巷战”的战术很伤脑筋。前不久俄罗斯攻车臣，也在格罗兹尼巷战中吃了大亏，为攻下一幢大楼，俄军死伤数百人，丢下了一百辆最先进的T——80型坦克，而对方仅仅只有一些冲锋枪和火箭筒。

从以上分析可以看出，巷战之时，使用火攻，至少还有一点借口。那么，战斗停止后，湘军放火则是为了毁灭罪证，为抢劫灭迹。关于放火灭迹，北宋时期有一则故事：

史　鉴

忠定公张咏还未中进士时，曾到荡阴县游览，县令送给他五匹帛和一万钱，张咏就背着它回家乡。有人对他说，这一路回去，还是结伴而行的好，因为这一带人烟稀少，山路崎岖，比较危险。张咏说：“已经是深秋了，双亲年老还没有制备冬衣。”只打了一把短剑就走了。走了三十多里，投宿于一个孤零零的小店，里面只有一个老头和他的两个儿子，他们想杀害张咏，夺取他的钱财。刚刚半夜，老头的儿子就叫道：“鸡叫了，秀才可以走了。”张咏不答。老头的儿子就推门。张咏先用床顶着左边的门，又用手顶着右边的门。老头的儿子叫唤后没有回音，就撞门，张咏忽然向后一退，那人闪身而入，张咏用剑刺其头，把他杀了。不一会儿，老头的次子也来了，张咏也把他杀了。张咏拿剑逼视着老头，这老头正在烤火挠痒，张咏把他也杀了。一家老少三人都死在房间里。于是，张咏放火烧房。他走了二十多里才天亮，只听到后面的旅客在相互交谈：“太惨了，我们路过的那个小店失火了，一家人都烧死了。”

看来，杀人劫物，而以放火灭迹，古已有之。

湘军的焚烧，把金陵变成一片废墟。六月十六日金陵城破，至夜半，有组织的抵抗实已停止。六月二十日曾氏与沅弟书中说：“十九日夜有自泰州（安庆）来者，云十八日戌刻坐轮舟过金陵，见城内火光二十余处，但知城已克，而不知详情，恐巷战三日未休也。”曾氏所述“火光二十余处”，正是湘军大焚烧的写照。而所谓“恐巷战三日未休”，不过是曾氏不明情况，做出的估计。由于湘军以火攻为手段，猛烈进攻，六月十七日凌晨，已没有什么仗可打了。

事实上，城中大火持续了八天，到六月二十四日，才因大雨熄灭。曾氏之女曾纪芬，时年十三岁，她后来回忆道：“九月朔日，全家赴宁，初十入督署，即故英王府也。方师之入城也，搜捕余党，悉焚其巢穴，巨厦皆为灰烬，洪秀全所居天王府更无论矣。唯陈玉成先死，英王府独空，遂未被灾，故暂以之为督署。”

湘军的疯狂烧杀抢掠，造成了严重的政治经济后果。对此，曾国藩曾表示过悔意。三年之后，同治六年六月十七日，曾国藩邀赵烈文到他的卧室久谈，谈及金陵兵灾，赵颇耿耿于怀，曾氏也说：“金陵本地人尚知感激，如果不是各营官统领猎取无厌，大肆抢掠，攻克金陵岂非万全美事。”言罢有悔意。金陵攻克后一年左右，仍是一座空城，四周皆荒田。同治四年五月初三，李鸿章任两江总督，到金陵，面对如此残破的景象，他感到善后无从着手，当时曾经有人劝李“废弃一切，移署扬州”，可见破坏之烈！李鸿章感叹道，此地“无屋无人无钱，管（仲）（诸）葛（亮）居此，亦当束手”，“似须百年方冀复旧也”。李还对曾国荃表露了不满：“沅翁百战艰苦而得此地”。竟导致“妇孺怨诅”，朝廷当局固然拿他没有办法，但他给后来的治理者出了大难题，“后贤竟难厥施”。所幸的是，100 年后，金陵早已治愈战争创伤。但 73 年后金陵又惨遭日本鬼血洗，军民遇难者 30 万人，百年之内，两次毁灭，两次兵灾。遭遇如此奇惨，医创如此之快，南京人民之伟力，可钦可敬！

第四件“大事”是大奸淫。抢夺妇女，使一些妇女死于非命，更多的则被湘军拐带回籍。早在金陵攻克前，城内由于缺粮，放出大批妇女小孩，被陈湜部掳去一些，余者被曾氏兄弟严令送回。曾氏兄弟的往来信件中有此事的叙述，同治三年正月二十日，曾国荃信告其兄：“连日城内从太平门放出老幼妇女小孩二三千人，均言城中之米价，七十余串钱一石，忠酋尚在城内死守，各酋长尚无去志，惟夜间凶闹劫抢，近来尤甚，竟有声达于前敌梁子内者。”三月二十四日，曾氏在信中告诫其弟：“城内放出之妇幼，迪庵前在九江一概不收，仍送进城内，一则城内饥饿者多可致内乱，二则恐贼之眷口从此得生也。”语露杀机，对妇幼均不放过，可见曾国荃屠城，至少是其兄长默许纵容的，曾国藩难辞其咎。

金陵城破，这些被送回城中的老幼妇女，或被杀，或被奸，或被拐，“少年以上男子皆死”，“即小孩亦斫戮以为戏”，“妇女四十岁以下一人俱无”，多是被湘军兵士抢回老家“成亲”去了，还有一些则死于湘军的奸淫，湘军中也有为此“献身”者。攻打金陵城最卖命的年轻总兵李臣典，是个好色的禽兽，恣意妄为，攻下金陵城一个月，他便

李臣典画像

死了，时年才27岁。《中兴将帅别传》中含蓄道出其病因："恃年壮气盛，不谨，疾之由也。"即是说他自恃年青气壮，奸淫妇女过多，是其生病致死的根本原因。

史 鉴

雍正年间，山东东平人宋国英，以教习的资格获授潞城县令一职。他贪婪残暴，催逼百姓的钱粮十分霸道严酷，被他杖毙的人，狼藉于庭。一次有位秀才路过，恰见宋在施刑，便讽谏道："做百姓的父母，威风和气焰真的需要达到这地步吗？"宋洋洋得意答道："哦，不敢！我官虽小，但到任100天，已杀了58人。"几天后，宋的母亲来看望他，见他如此凶暴，吓得颤声说道："人命不应是你可以随意摧残的，你会遭天报的，我还是先回老家给你准备好棺材和坟墓吧。"于是立即返回，宋仍我行我素，半年后，他正坐在桌前办公，忽然间瞪着眼睛站起来，手忙脚乱，似乎在推拒别人。他自言自语道："我罪当死！我罪当死！"扶入官署中，很快死去。遗体运回老家，他妈正好把棺材、坟墓备好。可谓：丧事已备，只欠宋公了。

后人评说

与曾氏同时代的《湘军志》作者王闿运曾这样评价曾氏的严刑峻法："大要为谨守所误，使万民涂炭，犹自以问心无愧，此儒者之罪也，似张浚也。"意思是说，曾氏一生为忠君思想所误（王多次劝曾称帝自立，故反对其忠君），所作所为虽使万民涂炭，他仍然自感问心无愧，这是中伪儒学之毒太深所致，与宋之张浚差不多。由此可看出，王对曾的严刑峻法是持有异议的。

清末民初时期，章炳麟说曾国藩"誉之则为圣相，谳之则为元凶"。当时还有人认为：曾氏"得了错误的学问（伪儒学），本着错误的动机（好名之心），施行错误的手段（滥杀同胞），以达到错误的目的（扶满灭汉，维护封建专制制度），而所谓修身、克已、涵养、克勤克俭、刚毅、坚忍等品德，与其知人善任、治兵用将、处世待人、治家教子等长处，皆不过其所利用之工具"。是"大盗亦有道"。持这种激进观点的人，当时受了排满思潮的影响，但曾氏严刑峻法的一些过火行为，也难免授人以口实。

在二三十年以前，曾氏更是被咒为"汉奸"、"大刽子手"，是近代中国数一数二的大坏蛋，差不多是与袁世凯一个档次的大卖国贼，甚至其名声之坏，还超过袁世凯。并且近代中国的几多屈辱，似乎都要与他挂上钩。这种认识的根源，在于政治上对太平天国的一味肯定。曾经有一种看法：凡是农民起义，都是革命，凡是革命，都代表进步，谁镇压农民起义，谁就是封建卫道士，是大刽子手。于是民族英雄林则徐，因晚年赴广西平定太平天国，虽然他并未杀死一名天兵天将，就死于途中，但也足以令他"晚节不保"，赴粤平叛成为林则徐人生的一大污点。明末建立大西政权的张献忠，虽有血洗四川的壮举（清初为填补大屠杀造成的人口真空，不得不实行"湖广填四川"），仍被尊称为"农民起义领袖"，是不容玷污的。其实，马克思主义哲学早就提出"具体问题具体分析"、"实事求事"的认识事物的方法。对于历史上的农民起义，也不可一概而论，有的农民起义要分阶段看。一些农民起义造成社会经济的大破坏，社会秩序的瓦解，而事成之后也不过是"以暴易暴"，封建制度未受丝毫触及，社会在大毁灭之后又艰难地重建。中国虽有五千年光荣的历史，而今却不如立国仅二三百年的美国，中国历史上这种周期性的大震荡、大循环，也是一个原因吧！

当代期盼社会稳定，期望国家发展的中国人，对待历史问题，更应实事求是。像太平天国起义，有其进步一面：反抗封建势力和列强侵略，公布并实施了一些有利于生产力发展的政策，妇女禁止裹脚，提高女性地位。但也有其倒退或落后的一面：以异教惑众，且以异教立国，摧毁中国传统儒学文化。官员腐化、内讧，争权夺利，在天下未定就已如此，若定天下，也必短命。太平天国在其有生之年，根本就没有得到汉族读书人的支持，形成“武将有余，文士不足”的局面等。再来看太平天国的历史功过：它固然动摇了清朝统治，打击了列强的干涉势力。但它定都南京之后实施的保守战略，使其成为偏安东南的小朝廷，若其军事成功，也许不过保一个“南北朝”局面，中国将分裂。若其失败，也不过徒然大乱一场，“天国精神”也消失得无影无踪。我们如果想到这一时期的日本正在大踏步前进，而中国却陷入一场并不能拯救民族的无希望的动乱之中，该多么痛惜。我们如果想到英法联军进攻北京，火烧圆明园时，中国的精锐湘军和太平军都陷在安庆战场，而独当英法联军的只是被人民称为“败保”的胜保和有勇无谋的僧格林沁所带的八旗、绿营，又该多么痛惜！尤可痛惜的是，太平天国接连失误，未能早日完成统一大业，使夷人有可乘之机！

平定太平天国以后，中国实现了重新统一，此后一直到1894年以前，列强再没有武力进攻中国，不是他们不愿，而且不敢！而在甲午战后，中国军力受到重创，就有八国联军光顾了。一句话，国家的统一和稳定，是富强的基础。

太平天国领袖们所犯的一系列错误，是农民阶级缺点的反映，这种阶级缺点决定了太平天国农民战争，在有进步的性质和作用的同时，不可避免地有倒退和落后的一些东西，这些又进一步决定了太平天国的历史功过。太平天国的失败表明：没有工人阶级的领导，单单依靠农民阶级的力量；没有正确的科学信仰，单单利用只能吸引无知群众的异教，是不可能消灭封建制度和打败外国侵略者的，是不可能把革命引向胜利的。

我们对曾国藩的评价也应本着实事求是的原则。对于他的严刑峻法，应看到当时的历史背景，作为封建士大夫，他要维护行将崩溃的社会秩序，采取过于严酷的手段，确有过火的地方，但也有其苦衷。但他创立的“就地正法”之制，置法律条文和司法体系于不顾，这不仅与现代法治思想，也与古代韩非的法家思想，背道而驰。每克一大城，多有屠城杀降行为，这与中国古人“降者勿杀”的古训和剿抚并用的策略也是背道而驰的。既看到其苦衷和理由，又看到其过火和太酷，才会有较全面的评价。

事典

金陵，又称江宁，原系江苏省城，太平军于咸丰三年二月十日攻克金陵后，据为都城，更名为天京。同治三年六月十六日正午，围城已两年之久的湘军，在金陵太平门龙脖子距城墙不过十多丈的两处地道内，引火爆炸，几声巨响，城墙崩塌二十多丈。李臣典、武明良为先锋，蜂拥入城。接着，湘军四路并进：王远和、王仕益、朱洪章、沈鸿宾等为中路，攻天王府以北；刘连捷、张诗日、谭国泰等为右路，经台城攻神策门，与梯攻而入的朱南桂等，合取仪凤门；彭毓桔等为左一路，夺通济门；萧孚泗、熊登武、萧庆衍等为左二路，夺朝阳门、洪武门。水师黄翼升部也加入战斗，攻占中关。湘军进

萧孚泗画像

展迅速，至傍晚，金陵的九座城门皆被湘军抢占。太平军退入子城，当天半夜，子城也被攻破，至此，太平天国建都十二年的天京，完全沦陷，城内太平军的有组织抵抗到此结束，但个别王府仍在抵抗。虽然天京城被围困达两年之久，太平军将士已饿得骨瘦如柴，但面对蜂涌入城，如狼似虎的湘军，他们中大多数人，都以惊人的勇气和毅力，同湘军进行拼死抗争，他们高喊“弗留半片烂布与妖享用”，或自焚，或凭借工事进行最后的抵抗。曾氏在奏折中说：“此次金陵城破，十万余贼无一降者，至聚众自焚而不悔，实为古今罕见之剧寇。”太平军如此顽强，乃至于集体自焚，与他们的宗教信仰有一定关系，太平军不同于以往的农民军的地方，很重要的就是他们有共同的信仰，虽然这种信仰并不为当时绝大多数读书人所认同，但在太平军战士心中，却根深蒂固。事后据赵烈文估计，金陵被焚毁的财物和房子，十分之三系太平军自已焚烧的，十分之七系湘军所为。

在天京沦陷前的五月底六月初，天王洪秀全病逝（一说系服毒自尽），葬于天王府花园内。曾国藩七月到金陵后，令熊登武挖坟焚尸。他在七月二十八日的日记中，对已葬两个月左右的洪秀全尸体描述道：“扛来一验，胡须微白可数，头秃无发，右臂股左膀尚有肉，遍身用黄缎绣龙包裹。验毕，大雨约半时许。”他又写道：“旋有一伪宫女，呼之质讯。据称为道州人，十七岁掳入贼中，今三十矣，充当伪女侍之婢，黄姓。谓洪秀全死于（五月）二十七日。黄氏女亲埋洪秀全于殿内，故知之最详。”继位的幼天王洪天贵福，在六月十六日夜随李秀成从城南冲出重围，后由太平军黄文英部保卫，辗转奔逃于安徽、浙江、江西，最后在江西石城被俘，同治三年十月六日，与洪仁玕同时遇害于南昌。至此，湘军“大功”告成。

这一爆炸性的消息，使清廷内外“同深嘉悦”，很快清廷便为曾国藩及其以下文武官员加官进爵，一百三十多人蒙受“皇恩”。其中赏给曾国藩太子太保衔，封一等侯爵，世袭罔替，清廷虽然没有兑现当年咸丰帝许下的诺言“谁破南京，封谁为王”，但封侯也算皇恩浩荡了。赏给曾国荃太子少保衔，封一等伯爵。此外，李鸿章封一等伯爵，李臣典封一等子爵，萧孚泗封一等男爵。骆秉章、鲍超、杨载福、彭玉麟等人，均赏给一等轻车都尉世职。鉴于水师的特殊贡献，彭、杨二人还加太子少保衔。

兵火中的六朝古都

古人云：“兵犹火也。”此言不虚，湘军入城之后，六朝古都金陵，转眼之间成了人间地狱。

1. 火烧

最初一两天，杀人的目的主要是为了攻占天京城，消灭抵抗的太平军。据《李秀成自述》，城破之前城中仅有三万多人，太平军将士约有万余人，能守城作战者不过三、四千人。因此，头一两天，湘军杀害的主要是这三、四千能战斗的太平军。由于巷战易守难攻，火成了湘军进攻的武器，湘军攻到哪，火便烧到哪。赵烈文对此描述道：

“山下屋火起，又少顷，城中火大起，伪天王府火骤发，焰冲入云，则贼（火）藏药燃也。……又少顷，通济门一带火起，……又少顷，西门外贼垒火起。又少顷，中关拦江矶贼垒火起。午夜，望城中火光烛天。”“官军进攻，亦四面放火，烟起数十道屯结空中，不散如大山，绛紫色”。

率先入城的朱洪章称：

“（城墙炸塌后，朱洪）章奋勇登城，大呼而进，各队奋然并进。贼不败溃。斡军追杀至老城梗太平门，贼又败转滥房。（于是）章令两路放火。顷刻火起，贼不能支，遂又败北。时，日已瞑，章乃冲入伪王府，搜其党而歼之，令将辕门紧闭，以两营守之，余皆分扎前后，封其府库，以待九帅（注：九帅指曾国荃，此府库不久又遭劫掠后被焚）次日，九帅复令各处搜贼。忽贡院前阴沟火起，贼匿其中，章令撒火药烧之（注：此可见湘军放火之手段），贼冒火突窜。”

2. 杀戮

至十六日午夜，湘军便完全控制了金陵城，除少数王府仍在抵抗外，战斗已基本结束。可是，此后屠杀并没有结束，杀戮的目的已不是出于作战的需要，而完全变成了掳掠、奸淫和对人生命的践踏。杀戮的对象已不主要是太平军战士，而是天京城内的无辜百姓，其中不乏在政治上是支持湘军，反对太平天国的人，都同归浩劫。这场惨绝人寰的大屠杀持续了十多天，以致于“秦淮长河尸首如麻”。

赵烈文以纪实的手法描述了当时大屠杀的惨状：“沿街死尸十之九皆老者，其幼孩未满二、三岁者亦斫戮以为戏，匍匐道上。妇女四十岁以下者，一人俱无，老者无不负伤，或十余刀，数十刀，哀号之声达于四远，其乱如此，可为发指。”整个金陵城内，“尸骸塞路，臭不可闻”。

在金陵遇难的太平军将士，总共不过几千人，其中三、四千精壮“长毛”因抵抗而被斩杀，其余太平军战士死的就不多了，他们为湘军兵勇抬财物出城，或带领湘军士兵挖窖藏，事后就被放走。还有一千多“步贼”，二百多“马贼”，由李秀成带领从南门缺

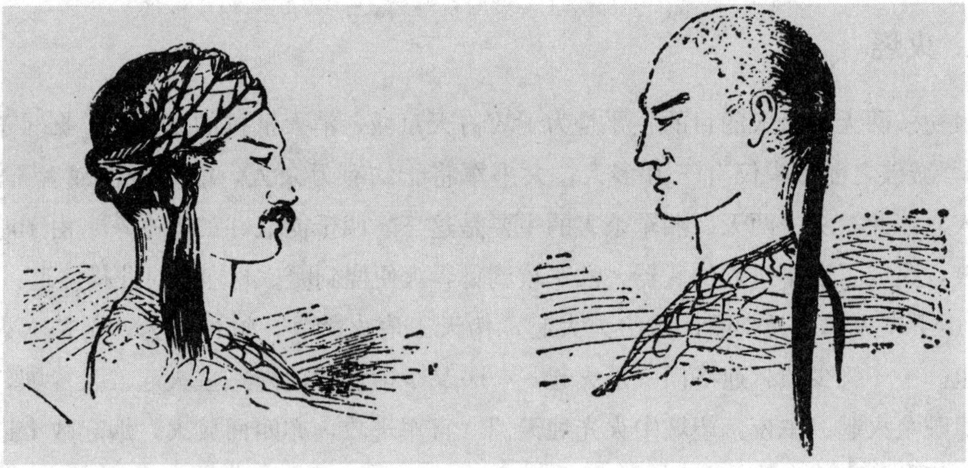

太平军发式

口冲出。从城上四面缒城而逃的广西老兵更多。总计城内将士生还者至少五千人以上，即有近一半的太平军将士得以逃脱。这些“长毛”的生还，与湘军上上下下专注于掳掠有关，顾此则失彼。但是，不少平民百姓的死亡，也与掳掠有关。湘军上下抢财物，夺妇女，受害最大的还是平民百姓，却给太平军将士带来一线生机。

3. 抢劫

多年以来，“中外纷传洪逆之富，金银如海，百货充盈”。攻入天京发财，是湘军上下在缺粮缺饷的困境中撑下去的精神支柱。因此，天京陷落后，湘军便开始了长达一个月的掳掠。抢劫大军成员广泛，上至将领，下至士兵，甚至连曾国荃身边的随从、厮役、伙夫，都加入抢劫的行列，他们以抢夺各王府为主要目标，挖掘地窖，掘坟盗墓，拆屋取材，直至公私荡然，洗劫一空，真可谓“各尽所能，各取所需”。天京城的大路小道上，景象也颇可观，到处是车水马龙，士兵们成群结队，肩挑手提，甚至还有人为他们挑抬物品。在天京至湖南的长江水路上，“湘军满载金银子女，联樯而上，万目共睹”。

湘军还用纵火来为他们抢劫灭迹，如萧孚泗在天王府中取出金银财宝，“即纵火烧屋以灭迹”。在破城以后的抢劫中，大火便时时伴随着，无论是王府，还是民宅，抢劫之后，必定是付之一炬。天京的大火燃烧了近七天，直到二十二日才被大雨淋熄。

为了抢掠财物，湘军士兵不惜互相厮杀。城破十日内，街上经常出现湘军士兵成群结队相互火并的情景，不是为争夺财物，就是为争夺妇女。有时他们抢红了眼，对外营营官也不客气，禹汲三、朱星槛、唐新泉都遭受过外营士兵的抢劫，几乎送了命。

湘军的抢劫，还出现了许多不择对象的事。有一个原住在天京城内的人，不知何时跑到泰州，很可能是逃亡地主一类的人，至少也是现在政治上拥护湘军、反对太平天国革命的人。他听到湘军攻陷天京的消息后，就带着妻儿行李返回天京。不料，湘军兵勇看上了他的老婆和钱财，遂“指为‘余党’，搂其妇女，搜其财物而去”。此人向姓唐的营官哭诉，“唐不敢问”，于是只好一个人对着墙哭泣。这事发生时，天京陷落已一个月零八天了，此时，“城内各军尚纷乱不止，兵勇互相掠夺，时有杀伤”。

李秀成护着幼天王从孝陵卫逃出天京后，藏匿在城东南的荒山中，被一个叫陶大兰的山民出卖，捆送到萧孚泗营中。萧孚泗这位破城第二号功臣，不仅谎报李秀成是由他派队擒获的，而且他还怀疑李秀成有大批金银藏在陶大兰家，不但不给这位献俘的陶大兰一文钱，而且将他的家属和邻居全绑至军中，“逼讯存款”，以至“合村遗民，空村窜匿”。以至赵烈文骂他“丧良昧理，一至于此，吾不知其死所”！赵还对没有及时俘获幼天王做出了如下推测：“忠酋生得，而民人转被诛求，则幼主之得脱，安知非民人惩前车而纵之使之?”虽是推测，却合情理。

经过一个多月的掳掠，参加攻城的湘军官兵，大多发了财。王闿运在《湘军志》中描述道：“湘军筹饷艰难，其后人人足于财，有二万金以上资产者有百人之多。”这些人都是曾国荃的部下，多是湘乡人，所以多年以后，湘乡还流传着到金陵去发财的说法。

4. 夺妇

在茫茫大劫中，年轻妇女成为5万湘军竞相追逐的重要对象。面对只有四处躲藏之能的妇女，他们肆意践踏，甚至在光天化日之下，“搜曳妇女，哀号之声不忍闻”。在《湘乡县志》中，记载了金陵少女黄淑华一家被湘军迫害的事。

“甲子六月，官军复金陵，黄女方庆出水火而登衽席矣。孰意克城之后二日，则有乱兵至，杀兄于庭，乃入搜诸室，一壮者索女出，弟牵其衣，母跪而哀之。兵怒曰：‘从贼者杀无赦，主帅令也。’遂杀母与弟。长嫂至，又杀之，而仲嫂则不知何往。兵掠女行，女悲哭但求速死。兵大笑曰：‘余爱汝，不杀也’。挟之登舟，溯江而上，兵屡欲犯之，女以计免。有金姓张姓二女，亦被掠同行，被逼不从，跃江死。……至湘潭，舍舟登陆，女将因此杀之，适有与兵偕行者，不得其便。夜投关王朝旅店，张灯共饮。乃计诱使醉，杀两兵，自缢于梁。女周身缝纫，怀中得一帛帖，自述颠末。此同治三年九月十八日事，时女年十七也。葛隐耕孝廉有长歌咏其事，载‘寄庵诗钞’中。”

文章最后评论道：“余不寄官兵死于女手，而独奇女母及兄弟之不死贼手，而反死于官兵之手，更奇女因计死官兵，遂缢而死，亦不啻死于官兵之手。然而官兵之为官兵可知，而所以使官兵为官兵者更可知矣。”《湘乡县志》的这篇文章，对湘军的暴行有所指责，对湘军集团的统帅们，提出了婉转的批评。

黄淑华是被作为“烈女”而被记入县志的，她的所作所为，符合封建“孝悌节义”的伦理观，因而有此幸运。事实上，类似于她或比她遭遇更惨的妇女，不知有多少！从这里，我们不难理解赵烈文所目睹的“沿街尸体中十之九皆老者，妇女四十岁以下一人俱无”的这一奇怪现象了，不知这身首分离的老人中，有多少是为保护自己的女儿而惨遭杀害的。

5. 祸首

经过这场浩劫，昔日繁华的古都几乎变成一片废墟。赵烈文在日记中多次描述过天京遭劫后的荒凉景象，他说：“满目残墙断壁，遍地碎砖烂瓦，连一颗树木都很难找到，更不用说昔日的楼台亭榭，花卉虫鸟了。”曾国藩也不得不承认这是一场空前的“浩劫”，“自五季以来，生灵涂炭，殆无逾于今日”，李鸿章署理两江总督后，也认为金陵城内“无屋、无人、无钱，管、葛居此，亦当束手”，“似需百年方冀复旧”。

三十年后的光绪二十二年，谭嗣同来金陵，所见依然是满目凄凉，他写道：

“时在光绪二十二年六月，余来金陵，见满地荒凉气象。本地人言发匪据城时并未焚杀，百姓安之如故。然终以为彼贼匪也，故日盼官军之至。不料湘军一破城，见人即杀，见屋即烧，子女玉帛尽数入于湘军，而金陵遂永穷矣。至今父老言之，犹深愤恨。”

金陵浩劫的罪魁祸首是曾国荃及其亲信将领。曾国荃于金陵攻陷的当天就进了城，当天夜间，烧杀淫掠即已开始，但他没有整顿秩序。与他同时进城的赵烈文见各军入城后疯狂掠夺，肆意烧杀，当夜就请曾国荃亲自出面，制止部下的胡闹，整顿秩序，加强各处的守卫，以防止太平军残部乘隙逃出。当时曾国荃很疲倦，正要入睡休息，听到赵的话后很不满，瞪着眼睛说：“你要我怎么办?”赵说：“听说缺口很大，恐怕还应当由你亲自前往堵截。”曾国荃摇头不答。果然，由于五万湘军注意力几乎都集中在劫掠上，遂使李秀成率领200余骑兵、1000余步兵护卫幼天王及部分女眷，从城北突围而去。

当天夜里，赵烈文又亲自拟定“制止滥杀、保护妇女、设善后局、禁米麦出城”四条禁令，第二天清晨呈给曾国荃，曾却拒绝“止杀”一条，致使其他各条皆流为形式。至第七天，曾国荃虽然签署了告示，贴遍全城，但却无人遵守，“惟知掠夺，绝不奉行”。赵烈文曾想将各营掠夺的妇女搜查出来，遣送回去，不料四处碰壁，无人支持，连曾国荃委任的“善后总办”彭毓橘、陈湜等人也极为推诿，骂赵“不识时务”。赵并不同情太平天国，只是身为苏南绅士，又受曾国藩之托，欲稍维护一下家乡的地方利益和曾国藩个人的政治声誉，曾国荃却因而对他极为反感，两人关系弄得很僵，曾国藩到金陵后，赵旁敲侧击地在他面前说曾国荃的不是："沅帅为左右之人累之耳！其实子女玉帛，无所与也。各员弁，自文案以至外差诸人，则人置一竹箱，有得则开箱藏纳，客至则倾身障之，丑态可掬。"

金陵浩劫的祸首是曾国荃，但其长兄曾国藩也负有不可推脱的领导责任。赵烈文是曾氏的"私人代表"，从赵的态度上可以看出：曾国藩断然不至于公然唆使其部下烧杀抢掠，但他的严刑峻法思想，至少为其部下壮了一些胆！且曾氏为使将士效力，为追求作战效率，不得不以名利诱使其兵将，对达到作战目的所用的手段，则较少过问。夺取九江、安庆之后的烧杀就是明证，金陵浩劫只不过是前两次的继续和发展。湘军扰民、害民之事，他不是不知，但他深知"兵犹火也"的道理，过份禁止，恐乱军心，群起哗变，亦未可知。曾国藩虽写了《爱民歌》之类教育约束湘军，但毕竟是封建军队，士兵没有崇高的信仰，也不像共产党治军，把政治指导员设到连队一级，政治工作做到基层。所以在缺粮缺饷又发财无望的情况下，曾氏很可能难以驾驭这支军队。于是，曾氏对湘军后期的暴行采取了知而不力禁，甚至在言谈、奏折中多方为其掩饰、弥缝。至于杀降杀俘，更为他公开支持和纵容。湘军的暴行，曾氏难辞其咎。

李秀成之死

天京城破，太平天国后期重要将领忠王李秀成，与洪仁玕等护卫幼天王突围，出城后他将自己的壮马让给幼天王，自己却不幸被当地奸民发现，六月二十三日被解送到曾国荃所部萧孚泗营中，萧又立即将其上送至曾国荃司令部。

曾国荃曾多次被李秀成打败，差点丧命的战斗就有几次，可谓恨李入骨。得知李秀成解到，急忙从内堂走出。他身着短褂，手握铁锥，向李秀成身上乱刺，直刺得李血流如注。赵烈文急出劝阻，曾国荃才住手。

晚上，赵烈文探望了李秀成。李在回答赵的问题时，说自己是"骑虎不得下"，并一再表白他曾优待过被俘的清朝官员。刁猾的赵烈文看出李"言次有求活之意"，于是又问："汝今计将安出？"李答："死耳。"接着又说："顾江右者皆旧部，若得尺书散遣之，免戕其命，则瞑目也。"

五天后，曾国藩赶到金陵。当时，太平军仍有残部十余万，幼天王、洪仁玕、李世贤、黄文金、陈得才等，仍然健在。起初，他从赵烈文口中得知李有"求活之意"，就动了利用李招纳太平军残部的念头。当晚便亲自审讯李秀成。

李秀成被押上来了，在灯光下，曾氏凝视了他很久，最后说："你就是李秀成吗？你也是条好汉，可惜！可惜！"接着，便不停地叹息。

李秀成在太平军阵营中，颇为洪秀全所猜忌，只是不得已而用之，李对天王也深为不满。咸丰九年夏，洪秀全先后封洪仁玕、陈玉成为王。叛将李昭寿原是李的部下，便暗中利用李秀成未获封王一事进行离间，"命亲使送文前来"，劝他也背叛洪秀全，加入湘军阵营。当时李秀成正在浦口与家人住在一起。消息传到天京，洪秀全料他"定有变意"，（注：可见洪行赏不公，用人多疑），遂将船只尽行封锁，断绝了李秀成与所部官兵的往来。但事实使洪秀全消除了疑虑，他又用黄缎亲书"万古忠义"四个大字赐与李，并封他为忠王。忠王的"忠"字，即源于这四个大字中的"忠义"二字。由这一件事可看出洪秀全对李是不够信任的，只不过是由于内讧之后，第一代将领死的死，走的走，不得已才启用李秀成等第二代将领。后来在许多重大问题上，洪秀全也不采纳李的意见，如天京城破之前，李曾劝洪"让城别走"，以图东山再起，但洪不听，李秀成满肚子的委屈。

现在，自己的敌人——曾国藩却是如此地了解自己，同情自己，李秀成禁不住眼泪夺眶而出。他向自己的敌人忏悔、请求宽恕，并希望给他一些时间，写一份供词。

李秀成用九天时间写完了供词，他在供词里详述了太平天国兴亡的历史，总结了太平天国的历史经验和教训。但也对敌人进行了肉麻的阿谀奉承，向曾氏乞降，还为曾氏瓦解太平军余众提出"招降十要"。

现在我们所见到的供词，实际上是已被曾氏删改的"修正稿"，其中对曾氏和湘军集团不利的话已删去。据曾氏后人说，李秀成见曾氏拥有清廷最强大的兵力，曾经在供词里建议曾氏取清廷自代。

一代名将李秀成被俘后的怯懦表现，反而促成曾氏定下了立即处死他的决定。曾氏发现，李秀成并不是一个顶天立地的硬汉。李既然能在他面前恭维备至，解送到京城后，也完全可能讨好清廷，将金陵库藏财物金银等情况和盘拖出，则曾氏欺君之罪，非同小可。李虽提出了"招降十要"，但实际上太平军残部是否会响应，还不能肯定，并且此时太军平虽有十万余人，但缺乏有效指挥，形同散沙，各个击破也并不难。曾氏与赵烈文于八月三日晚会商后，得出"甚狡，不宜使入都"的看法。六日晚，曾氏最后一次审讯李，李再向曾"乞恩"，曾氏推说要"听旨"，次日下午，曾氏拿到李秀成供词全稿后，便派人告知李："国法难逭，不能开脱。"随即将其放出饮宴一通，便处死了。

曾氏处死李秀成之前，清廷的命令"遴派妥员，将李秀成押解来京"，已被曾氏收到。但曾氏先斩后奏，谎报说谕旨因驿站误投安庆，待转到金陵后，李已处死。但事后并未见追查驿站人员的责任，更无一人为此获罪，这说明清廷已心知肚明，为避免矛盾激化，默许了曾氏的所作所为，不久又下文追认了对李的判决。